Mídia /
Mídia alternativa

Nosso objetivo é publicar obras com qualidade editorial e gráfica.
Para expressar suas sugestões, dúvidas, críticas e eventuais
reclamações entre em contato conosco.

CENTRAL DE ATENDIMENTO AO CONSUMIDOR
Rua Pedroso Alvarenga, 1046 • 9º andar • 04531-004 • São Paulo • SP
Fone: (11) 3706-1466 • Fax: (11) 3706-1462
www.editoranobel.com.br
atendimento@editoranobel.com.br

É PROIBIDA A REPRODUÇÃO

Nenhuma parte desta obra poderá ser reproduzida, copiada,
transcrita ou mesmo transmitida por meios eletrônicos ou gravações,
sem a permissão, por escrito, do editor. Os infratores serão punidos
de acordo com a Lei nº 9.610/98.

**Este livro é fruto do trabalho do autor e de toda uma equipe
editorial. Por favor, respeite nosso trabalho: não faça cópias.**

Xavier Dordor

Mídia /
Mídia alternativa

A escolha de uma estratégia global
de comunicação para a empresa

Tradução: Fernando Santos

Nobel

Publicado originalmente sob o título *Médias/hors médias*
© 1998 Edition Juridiques Associée (E.J.A.) Gualino, Paris.

Direitos desta edição reservados à AMPUB Comercial Ltda.
(Nobel é um selo editorial da AMPUB Comercial Ltda.)

Publicado em 2007

Dados Internacionais de Catalogação na Publicação (CIP)
(Câmara Brasileira do Livro, SP, Brasil)

Dordor, Xavier
Mídia/mídia alternativa — A escolha de uma estratégia global de comunicação para a empresa / Xavier Dordor ; tradução Fernando Santos — São Paulo : Nobel, 2007.
Título original: *Médias/hors médias*

ISBN 978-85-213-1365-6

1. Comunicação em marketing 2. Comunicação na administração 3. Publicidade — Mídia — Planejamento I. Título.

07-3580 / CDD-658.45

Índice para catálogo sistemático:
1. Mídia/mídia alternativa: Comunicação empresarial: Administração de empresas 658.45

Biblioteca Grupo de Mídia

Títulos

A essência do planejamento de mídia: um ponto de vista mercadológico
Arnold M. Barban, Steven M. Cristol, Frank J. Kopec

Planejamento de mídia: aferições, estratégias e avaliações
Jack Z. Sissors e Lincoln J. Bumba

Praticando o planejamento de mídia — 36 exercícios
William B. Goodrich e Jack Z. Sissors

*Gerenciamento de mídia:
ajudando o anunciante a ampliar seus conhecimentos em mídia*
Herbert Zeltner

*Como vender a mídia:
o marketing como ferramenta de venda do espaço publicitário*
Mary Alice Shaver

A conquista da atenção: a publicidade e as novas formas de comunicação
Richard P. Adler e Charles M. Firestone

*A publicidade como negócio
operações — criatividade — planejamento de mídia — comunicação integrada*
John Philip Jones (org.)

Media handbook: um guia completo para eficiência em mídia
Helen Katz

A publicidade na construção de grandes marcas
John Philip Jones (org.)

Midialização: o poder da mídia
Angelo Franzão

Uma visão de mídia para gestores de marca
Larry D. Kelley e Donald W. Jugenheimer

*Grandes nomes da mídia brasileira — Tributo a
Altino de Barros, Oton de B. Vidal e Waldemar Lichtenfels*

Tem alguém aí? — As comunicações no século XXI
Mark Austin & Jim Aitchison

A Biblioteca Grupo de Mídia
é uma iniciativa do Grupo de Mídia São Paulo
e conta com a participação
da Editora Nobel.
O projeto foi concebido e dirigido por
Claudio Venâncio, com a colaboração de um conselho editorial
formado por Waldemar Lichtenfels, Altino João de Barros,
Maria Cecilia Chagas, Renata Policicio, Osvaldo Inocima,
Geraldo Leite, Rodney Ulrich e José Carlos Veronezzi.
Profissionais da área de mídia contam
com uma biblioteca atualizada, com a chancela do
Grupo de Mídia São Paulo,
para reciclar seus conhecimentos
e otimizar ainda mais suas estratégias.

Grupo de Mídia São Paulo
Av. Dr. Cardoso de Melo, 1340 — 15º andar
São Paulo — Vila Olímpia — 04548-004
Fones: (11) 3846-1203 — 3842-5219
e-mail: gm@gm.org.br
www.gm.org.br

GRUPO DE MÍDIA
SÃO PAULO

Agradecimentos

Falar de mídia não é nenhuma novidade. Nós mesmos publicamos, em 1989, um livro intitulado *L'Esprit Média* (O espírito da mídia) para fazer um balanço acerca da estratégia e o planejamento de mídia. Quanto à expressão "mídia alternativa", embora venha se espalhando com rapidez, só começou a ser utilizada há dez ou quinze anos. Hoje em dia, todo mundo enche a boca para falar de "mídias" e de "mídias alternativas". Os profissionais certamente, o que é normal; mas também os políticos, o que, neste caso, causa certo espanto.

Não havia nenhum livro que fizesse o balanço das mídias e das mídias alternativas. Como utilizá-las na publicidade? O que são elas, em sua relação recíproca? Simples oposição ou realidade mais complexa? Procuramos oferecer uma obra de reflexão, não-dogmática, que não toma partido nem de um lado nem de outro, o que, aliás, seria inútil: as mídias e as mídias alternativas vivem juntas. E nós, profissionais de comunicação, vivemos com elas e por meio delas. O objetivo deste livro é orientar as empresas e as marcas sobre a utilização desse novo sistema de mídias/mídias alternativas, permitindo que se comuniquem melhor em seu contexto.

Não pretendemos esgotar o assunto, e sim fazer com que o leitor-anunciante reflita, ajudando-o a melhorar a percepção de sua estratégia de mídia/mídia alternativa, esperando com isso reforçar a sinergia entre os veículos e as técnicas de informação, os quais, longe de se excluírem, completam-se de maneira perfeita.

Gostaríamos, antes de mais nada, de agradecer aos clientes da agência Alliance, agência esta que Claude Alpeyrie e eu fundamos há mais de vinte anos. Para alcançar os objetivos que nos foram apresentados por esses clientes, pusemos em prática estratégias de mídia/mídia alternativa originais e que alcançaram sucesso.

Tivemos a oportunidade de trabalhar com uma centena de marcas, das maiores às menores — talvez quanto ao porte, mas não quanto ao interesse despertado pelo desafio. Alcançamos, com essas e com outras marcas, uma nova etapa de comunicação, uma etapa rica de mídias, mídias alternativas e novas mídias, todas elas fascinantes em razão da ausência de limites entre si e de sua interatividade.

Gostaria de agradecer também a todos aqueles que me ajudaram — clientes, colaboradores, fornecedores ou pura e simplesmente amigos —, consciente ou inconscientemente, por meio do diálogo, de conselhos e de exemplos. Fica registrado aqui meu reconhecimento. Cito em especial:

- Claude Alpeyrie (Alliance);
- Serge Andrieu (BVA);
- Eric de Barry (Alliance Directe);
- Patrick Bartement (Controle de Veiculação);
- Jack Bille e a equipe de pesquisa de informação da AACC;
- Catherine Brun (Insert);
- Philippe Clerget (*L'Usine nouvelle*);
- Pierre-François Colleu (Interdeco);
- Pierre Conte (Emap);
- Michel Coquart;
- Anita Dexmier (*Le Point*), que leu os originais;
- Laurence Doyen (Grupo Test);
- Marc Duteil (Havas Média Communication);
- Jean-Pascal Favier (Alliance) e o departamento de mídia da agência Alliance;
- Louis Gillet (vice-presidente da Manchette e presidente da Presspace);
- Alain Grangé-Cabanne (vice-presidente da UDA e novo presidente da Federação Francesa da Indústria do Perfume);
- Yves Guénot (Alliance Design);
- Jack Guesdé (CB News);
- Philippe Guillanton (Yahoo);
- Daniel Juillard (SIAL — La Compagnie Scheffer);
- Yves de Kerautem (*Guide de l'Entrepreneur*);
- Jacques Louvet (SETE);
- Pierre Marti (Secodip);
- Jean-Louis Missika (BVA);
- Hervé Pointillart (Calyx);
- Jean-Louis Redon (*Que choisir*);

- François Rouffiac (*Marketing Magazine*);
- Didier Truchot (IPSOS);

e o conjunto de colaboradores da agência Alliance, os quais seria incapaz de citar um a um — com uma menção especial, entretanto, a Vanessa Wypychowski e, sobretudo, a Caroline Douare, que precisaram decifrar meus hieroglifos para compreender os originais.

Finalmente, para terminar, uma dedicatória especial à minha esposa, Gertrude Dordor, que, ao mesmo tempo em que me ajudava a redigir, conseguiu escrever seu próprio livro e publicá-lo antes do meu — tendo começado a escrevê-lo depois de mim. Isso sim é que é talento!

Sumário

Introdução 17

Parte um — A constatação: mídia/mídia alternativa ... 21

1. Mídia/mídia alternativa: quem está dentro e quem está fora? 23
   Ao lado da publicidade e da comunicação mediática: a comunicação pessoal 25
   Ao lado da publicidade e da comunicação mediática paga: o informe publicitário 26
   Ao lado da publicidade e da comunicação unívoca: a comunicação reativa 28
   Ao lado da publicidade e da comunicação através da mídia — logo, global:
   a comunicação *one-to-one* 30
   Para uma classificação das mídias/mídias alternativas 31
   Uma cartografia que deve ser diariamente reinventada 36

2. A questão mídia/mídia alternativa já tem uma longa história 37
   Um crescimento das práticas em paralelo 37
   A ruptura que vem com a II Guerra Mundial 40
   O crescimento da mídia impressa 40
   O rádio, mídia promocional por excelência 41
   Publicidade, o caminho por excelência 43
   O surgimento da TV 45
   Evolução do panorama mídia/mídia alternativa ao longo de 30 anos 46
   O limite do sistema de mídia 50

3. Investimentos na mídia e na mídia alternativa: para entender
   melhor os números 53
   Diversidade de fontes 53
   O peso da mídia e da mídia alternativa em 1996 57
   As duas principais mídias da França fazem parte da mídia alternativa 60

O crescimento dos investimentos dos anunciantes deve-se mais à mídia alternativa... e às mídias de resposta imediata 61
Mercado local: o Eldorado da mídia e da mídia alternativa 63
O acesso às mídias ainda continua (demasiadamente) elitista?.................... 66
O fenômeno da mídia alternativa não é tipicamente francês 69
Doravante, a multimídia ocupa o horizonte e a mente de todos.................. 70

4. Os métodos dos profissionais 73
Número de veículos utilizados 73
A parte do faturamento investida em publicidade 74
Satisfação com o investimento em publicidade................................... 75
Abertura sistemática... 76
A obsessão pelo marketing direto 78
A descoberta da interatividade 80
A busca por parceiros que compreendam suas novas necessidades 82
A revalorização da profissão de anunciante....................................... 84
É preciso haver pesquisas com novas abordagens para que as decisões sejam fundamentadas... 85

Parte dois — As apostas na mídia/mídia alternativa ... 87

5. Evoluir junto com o consumidor 89
Esqueça o consumidor, pense no indivíduo...................................... 89
Compreendendo melhor o consumidor em seu próprio consumo................ 95
Conhecer melhor o consumidor de hoje em sua relação com a mídia.......... 107
Como compreender melhor o consumidor em sua relação com as novas mídias..... 110
O consumidor em sua relação com a publicidade na mídia e na mídia alternativa..... 112
Aceitação muito diferenciada segundo o veículo: de mídia ou de mídia alternativa 119

6. Antecipar a evolução do marketing....................................... 131
Participar do debate "marca ou varejo?" 131
Redescobrir as virtudes da segmentação: o marketing diferenciado............ 134
Recuperar o primado da pessoa 138
Reforçar a relação: o marketing de relacionamento 140

7. Imaginar o futuro das mídias 145
A transformação do papel de mediador social e o advento do porta-voz das "etnias" ... 146
Fragmentação de público: um fenômeno novo que não é exclusivo da TV 151
Mídia de massa e "eu-mídia" 153
O futuro publicitário das mídias 157
A integração das mídias de hoje e de amanhã 159
Internet, uma mídia do futuro que não se enquadra nas classificações habituais 160

8. Assimilar o potencial da mídia alternativa 165
   A mídia alternativa mal começou 165
   Trata-se menos de mídia alternativa que de publicidade alternativa 166
   As técnicas se combinam e se reforçam na busca de um melhor resultado 167
   Caem os tabus contra a mídia alternativa 168
   O avanço inevitável dos bancos de dados 169
   As normas e percentuais devem ser continuamente reinventados 172
   Tanto na mídia como na mídia alternativa, o que o consumidor quer
   é ser surpreendido 173

Parte três — Os critérios de escolha entre mídia e mídia alternativa 175

9. As grandes apostas estratégicas da comunicação, base da
   estratégia mídia/mídia alternativa 177
   A trilogia inicial seria a chave de toda a reflexão sobre mídia/mídia alternativa? 177
   Para serem adequadas, as respostas de mídia/mídia alternativa por vezes
   fogem de qualquer dogma excessivamente rígido 182

10. É a partir de objetivos de comunicação que se constrói
    a estratégia de mídia/mídia alternativa 185
    O objetivo do discurso da mídia/mídia alternativa 186
    Os objetivos dos públicos-alvo 188
    Os objetivos de tempo/lugar 190
    Os objetivos de pressionar o público-alvo 194
    Os objetivos da natureza do contato 196
    O objetivo da linguagem 198
    Os objetivos de *feed-back* do contato 200
    O objetivo de imagem/efeito da mídia 200
    O objetivo de custo 200

11. O mix de mídia/mídia alternativa é montado em função
    do desempenho que se espera de cada veículo 203
    Todo veículo de mídia/mídia alternativa reúne seu público em torno
    de um critério que o torna específico 204
    Cada veículo de mídia tem uma dinâmica de cobertura que lhe é própria 207
    Cada veículo ou mídia possui uma capacidade de segmentação construída
    sobre uma variável ativa que pode ser muito adequada 209
    O efeito da fonte, critério essencial de comparação entre veículos 211
    Natureza do relacionamento desenvolvido com o público atingido 215
    Interatividade, ou participação do público nessa relação e em seu reforço
    com *feed-back* 217

Contexto de recepção 219
A linguagem da mídia, critério objetivo de comparação 221
O custo, ou antes, os custos, critério fundamental de comparação 224
Complementaridade das soluções de mídia/mídia alternativa 228

12. Por um planejamento de mídia para a mídia/mídia alternativa............ 231
Uma expectativa múltipla e ilusória 231
Um modelo lógico comum 233
Uma atitude de conhecimento por meio dos bancos de dados.................. 234
Uma atitude de avaliação e simulação caso a caso 243
A onipresença das análises de custos.. 245
Testes e planejamento de mídia... 250

Parte quatro — Uma estratégia de mídia/mídia alternativa na prática.. 259

13. Orientar... 261
Reencontrar a missão da empresa 261
Situar o mercado da empresa 263
Compreender o funcionamento do mercado... 264
Descobrir o valor agregado da empresa 265
Fazer o balanço dos diferentes públicos da empresa 267
Determinar os objetivos.. 269

14. Definir os públicos-alvo e os objetivos em relação a eles 271
Trabalhe a busca de públicos-alvo 272
Qual é a estrutura do seu trabalho com públicos-alvo múltiplos? 276
Retome seus objetivos de marketing e comunicação e transcreva-os
em objetivos de mídia/mídia alternativa.. 278
Analise os comportamentos de mídia/mídia alternativa
de seus segmentos de públicos-alvo 281
Estude os comportamentos de mídia/mídia alternativa do setor concorrente............ 284
Saiba como passar dos objetivos de públicos-alvo para as grandes opções
de mídia/mídia alternativa 285
Cruzamentos objetivos→soluções.. 286
Cruzamento de idéias de mídia/mídia alternativa→objetivos 289
Faça a triagem das idéias de mídia/mídia alternativa................................. 290
Fazer a triagem já significa ter uma idéia da composição
mídia/mídia alternativa.. 291
Algumas perguntas que devem ser feitas antes de concretizar as escolhas
de mídia/mídia alternativa 293

15. Elabore seu planejamento geral de mídia/mídia alternativa 297

Procure sua lógica de elaboração 297
Comece pelo núcleo da campanha 299
Jogue com o tempo 300
Reparta os papéis 302
Passe a palavra ao público-alvo e organize o *feed-back* 302
Aja para tornar sua estratégia de mídia/mídia alternativa compreensível 304
Algumas perguntas a se fazer diante de sua própria construção
de mídia/mídia alternativa 305
Multiplique as ações com o menor custo 309

16. Pôr em prática as técnicas utilizadas 311
Trabalhe por técnica e por ação 311
Respeite os fundamentos de cada técnica 312
Transgrida as regras 326
Retome a coerência e o sentido de sua ação 327
Pague o preço justo e saiba como tirar proveito das oportunidades 328
Escolhas seus parceiros 328

17. Valide sua estratégia de mídia/mídia alternativa 331
Observe as práticas dos concorrentes 331
Escolha diversos níveis de critérios de validação 332
Ponha em prática o antes e o depois de maneira recorrente 334
Faça simulações e fixe objetivos 335
Faça uma análise de custos integrada em todos os níveis 336
Procure ajuda para suas avaliações 338
Pense no ano N + 1 339

Conclusão 343

Introdução

Mídia/mídia alternativa: uma confrontação em resposta a uma verdadeira questão para os anunciantes, a da comunicação da sua marca ou dos seus produtos. A solução não está na alternativa, ou seja, na escolha exclusiva da mídia ou da mídia alternativa, mas na associação das duas. Mesmo assim a proposta de composição ainda distingue as duas disciplinas, que se fundem cada vez mais numa reflexão comum, mas transversal: mídias/mídias alternativas.

É uma proposta única, uma energia global que deve animar a reflexão do homem de comunicação, sem barreiras, sem tabu. O caminho não é fácil, pois quis-se sempre opor as mídias tradicionais e as mídias alternativas, as últimas se definindo como menos importantes. Falsa premissa que limita qualquer reflexão independente aplicada às mídias alternativas, sobre as quais, os conceitos de análise e de medição se ajustam mal. Mesmo reivindicando sua identidade, a mídia alternativa não consegue dispor das ferramentas específicas de medição. Conclusão: muitos veículos chamados de mídias alternativas reivindicam um "status" de mídia como um todo.

Mídias/mídias alternativas, a reflexão é destinada a ajudar o homem de marketing a raciocinar em bloco, a transpor as disciplinas clássicas: publicidade, promoção, marketing direto, patrocínio, mecenato, "design", identificação visual, assessoria de imprensa, relações públicas, parcerias de mídias e outras. Inventamos permanentemente, para defender as marcas, as imagens e os produtos que nos foram destinados. Misturamos e combinamos cada vez mais essas técnicas por meio de planos de comunicação multitécnicos que utilizam as mídias, ou não, para distribuir os impactos desejados sobre os públicos-alvos a serem atingidos e mobilizados e fazê-los mudar de atitude ou comportamento: hoje não existe mais plano de comunicação que só utilize uma única mídia, exceto no caso de divulgação, na imprensa especializada na comunicação para as equipes de venda ou ao *trade*. Os planos de comunicação, nesse sentido, tornaram-se multimídia, utilizando diversas mídias ou soluções de mídia alternativa para distribuir os impactos, e numerosas técnicas de comunicação para validá-los ou torná-los objetivos.

É também, de maneira subjacente, a resposta aberta a uma segunda pergunta, que perpassa a primeira: publicidade ou publicidade alternativa? Esta é uma distinção que tem, no mínimo, o mesmo grau de importância, e que muitos profissionais de comunicação confundem com a primeira questão: mídia ou mídia alternativa? Como se a publicidade e a mídia andassem juntas e, numa reação automática, a publicidade alternativa e a mídia alternativa se afastassem dos caminhos trilhados em busca de seu itinerário específico... Costuma-se distinguir — distinção essa que permanece bastante prática — a publicidade que fala de "si", de sua identidade, das performances de "seu" produto, da promoção ou da publicidade alternativa que fala antes de "você", do consumidor cujo comportamento a marca aspira a mudar. À primeira vista, tal distinção esbarra principalmente no fato de que o "si" e o "você" misturam-se intensamente na mesma proposta comercial, que o "você" pode construir o "si" (o comportamento pode alimentar a identidade). Enfim, diariamente vemos cair por terra a distinção global publicidade/mídia e publicidade alternativa/mídia alternativa, seja na TV, na imprensa, nas campanhas "publipromocionais" ou nas "novas mídias", que não se importam com essas delimitações por vezes arcaicas.

Mídia ou mídia alternativa, publicidade ou publicidade alternativa: duas questões complementares sobre um veículo da comunicação e sobre a linguagem a ser escolhida. Tomemos, por exemplo, a escolha de uma videoconferência falada em inglês, com diversos públicos reunidos em multiplex: a escolha da técnica do vídeo e da língua de Shakespeare são, *a priori*, escolhas autônomas, uma podendo existir sem a outra; mas se, num determinado momento, foram mantidas juntas, é porque respondiam a questões de alvo, de local de veiculação, do tempo necessário para que cada um pudesse assimilar a mensagem... espaço e tempo vivenciados como obstáculos eventuais para se alcançar um determinado objetivo. E, ainda assim, havia outras possibilidades para expressar a mesma mensagem e alcançar o mesmo resultado junto à platéia. Em matéria de comunicação, não existe nada congelado, definitivo, absoluto e exclusivo. Trata-se de determinar e mensurar os parâmetros, envolvendo-se, de maneira predeterminada ou espontânea, com a energia necessária para que a mensagem "passe" bem e perdure. *Pois se, cada vez mais, a empresa comunica instantaneamente, em tempo real, cada vez mais ela espera resultados no longo prazo.*

Mídias/mídias alternativas: este neologismo traduz um comportamento sintético e coerente que todos podem assumir em sua empresa ou organização. As questões apresentadas — "mídia ou mídia alternativa", "publicidade ou publicidade alternativa" — vêm de longe: um levantamento histórico precederá a **constatação** das práticas de hoje e de seus pesos respectivos, desconhecidos por ser difícil considerá-los de maneira exaustiva. Justamente: será que devemos ser exaustivos? Isso não diluiria a realidade em problemáticas por demais antagônicas, de acordo com o porte e o tipo de empresa? Feita a constatação, conheceremos *os cenários futuros*, pois a questão mídia/mídia alternativa é alimentada pela evolução do consumidor, de sua relação com as marcas, a distribuição, a publicidade ou as mídias. A crise de confiança que afetou o consumo na década de 1990 modificou profundamente a atitude, a psicologia e os reflexos do consumidor. Pois hoje, para tirar o consumidor de sua toca e fazê-lo agir, é preciso criar novos cenários que o seduzam e surpreendam.

A questão mídias/mídias alternativas também se alimenta da fantástica evolução técnica, notadamente informática e digital, que proporcionou o desenvolvimento dos bancos de dados, e que hoje permite os avanços do marketing direto, da multimídia e da multitelevisão, chegando ao "on-line". Finalmente, após analisarmos os cenários, analisaremos o método, abordando, de maneira pragmática, **um plano de comunicação para mídias/mídias alternativas** que coloque as perguntas certas no momento certo. Sem artifícios ou linguajar estereotipado, sem rigidez; tão-somente com alguns princípios simples que permitam construir, validar e medir os resultados de um plano com diversos vetores e técnicas... um plano de mídia/mídia alternativa.

> "A mídia alternativa está para a mídia assim como o impedimento está para o jogo. Uma tática excelente para induzir o concorrente ao erro e criar ótimas chances de marcar."

Parte um

A constatação: mídia/ mídia alternativa

Mídia/mídia alternativa: quem está dentro e quem está fora?[1]

Vivemos uma época paradoxal: todas as mídias propõem a seus clientes campanhas publicitárias ou promocionais que utilizam mídias alternativas e os grandes veículos da mídia alternativa reivindicam para si o status de grandes mídias. "Vá entender, Charles!", responde a campanha do PMU, que faz uso tanto da mídia como da mídia alternativa...

Definir quais são as grandes mídias não é algo, aparentemente, difícil. São aceitas universalmente como grandes mídias: a imprensa, a TV e o rádio, que, por seu conteúdo informativo, geram uma audiência da qual a publicidade tira proveito. Os puristas, de maneira mais precisa, dirão: a imprensa paga, a TV aberta e o rádio de alcance nacional ou local. Porque por trás da idéia de mídia está a idéia de mídias de massa, consumidas pelo que são: mídias de informação de massa acessíveis a todos. Alguns acreditam que falta ao cinema essa característica de acesso de massa para que possa pretender ser uma mídia no sentido completo. É preciso reconhecer, entretanto, que o consumo do cinema se dá de maneira voluntária ao mesmo tempo em que, como mensagem publicitária, ele se inclui em um sistema autônomo de espetáculo apropriado para atingir simultaneamente um público mais amplo; devemos atribuir ao cinema, sem hesitação, o status de grande mídia de informação — e, pelos mesmos motivos, à TV a cabo ou satélite — em busca de uma audiência de massa.

---

[1] A dificuldade de saber o que diz respeito à mídia e o que diz respeito à mídia alternativa foi exemplificada — se ainda fosse preciso — pelas hesitações do governo francês quando, no outono de 1997, buscava modalidades de ajuda para a imprensa diária (mídia) taxando em 1% as mídias alternativas. Elas incluem, certamente, os folhetos distribuídos nas caixas de correspondência e os mailings enviados pelo correio, mas, será que incluem a imprensa gratuita?

E o outdoor? Será que é uma mídia de verdade? Alguns acham que ele talvez seja, hoje, a única mídia publicitária de massa, considerando-se a queda dos índices de audiência de TV, previsível com a ascensão da TV a cabo, do computador, até mesmo de sistemas de acesso à TV que ainda não dominamos. Para outros, ao contrário, trata-se apenas de um veículo da publicidade, não se constituindo numa mídia.

Em primeiro lugar, o cartaz padece, aos olhos dos puristas, do fato de ser a soma de veículos individuais, cada um com suas características, antes de ser uma mídia única; e, sobretudo, é "culpado" de ser uma *mídia de exposição* mais que uma *mídia de consumo*. O cidadão escolhe ser o espectador privilegiado de um programa de TV ou de uma transmissão, enquanto, com o cartaz, ele se encontra exposto a uma mensagem simplesmente publicitária, não desejada por ele — de uma maneira ou de outra —, e diante da qual ele é passivo. Sutilezas, responderão os defensores do cartaz 4×3 folhas: o telespectador não escolhe nem os programas nem as mensagens publicitárias, e sua passividade diante da telinha não difere em nada de sua exposição ao cartaz. Há um aspecto particular que, por vezes, perturba a classificação natural do cartaz no rol das grandes mídias: trata-se da multiplicação das formas do cartaz e a forte dependência que algumas delas têm do veículo ou do lugar de exposição. Por conta disso, certos tipos de cartaz pertencem naturalmente à mídia voltada para o grande público (o 4×3, o que se utiliza do mobiliário urbano, o *bus-door*...), enquanto outros fazem parte do grupo a favor de propaganda no ponto-de-venda (vitrines, bancas de revista...). O local determina o caráter público ou privado do cartaz.

Além das três mídias clássicas (**mídia impressa, rádio e TV**), que correspondem a uma evolução da tecnologia da informação (escrita→som→imagem), os dois veículos de informação que são o **outdoor** e o **cinema** fazem parte, de fato, do universo das grandes mídias publicitárias. Qualquer campanha que utilize esses canais seria, então, uma campanha publicitária, e, desse modo, uma campanha de mídia? Deve-se observar, antes de mais nada, que o fato de utilizar o canal das mídias é condição necessária, mas não suficiente, para definir a publicidade como mediática.

A definição mídia/mídia alternativa apóia-se, primeiramente, na utilização dessas cinco mídias. Inversamente, contudo, qualquer ação que utilize diretamente uma dessas cinco mídias definidas não pertence, obrigatoriamente, ao espaço das campanhas de mídia. Este, na verdade, identifica-se naturalmente ao universo único da publicidade através da mídia, ou seja, à utilização de mídia paga por meio da compra de espaços predeterminados e vendidos como tais, para a veiculação de mensagens de caráter comercial. Essa definição pode ser enriquecida se tomarmos emprestada uma frase de Henri de Bodinat: "A publicidade é uma comunicação paga, unívoca, mediática e global"[2]... de caráter comercial.

A oposição entre mídias e mídias alternativas, para utilização publicitária ou de comunicação, não se reduz a uma simples oposição de *veículos de informação*. Trata-se de uma oposição de *formas de utilização*, de *conteúdos* e de *intenções de informação*: cada vez mais o meio e a mensagem se confundem, definindo novas técnicas que vêm competir com o estilo publicitário da mídia clássica. Essas novas abordagens constituem o universo da mídia alternativa, o qual, com seus segredos e evolução, vai se revelar ao aprofundar os atributos da publicidade mediática. Daí a importância de defini-la. Antes de estruturar uma matriz de formas de comunicação, raciocinemos com uma oposição binária.

Ao lado da publicidade e da comunicação mediática: a comunicação pessoal

Ao lado da publicidade mediática encontra-se a *comunicação direta*, ou seja, aquela que abre mão do uso das cinco grandes mídias substituindo-as por *outros veículos de informação*, (semi) *públicos*, de acesso franqueado a todos (correio, telefone, videotexto, internet...), *ou privados* (distribuição porta-a-porta, panfletagem, tablóides...). De maneira contrária à comunicação mediática, mas distinta dessa comunicação direta que utiliza as novas tecnologias ou caminhos mais personalizados, existe uma outra forma de comunicação que abre mão da mídia: é a que se apóia nos "emissores" físicos da empresa: os homens (discursos, conferências, intervenções verbais, depoimentos), as marcas (logos, identidades), as fábricas (arquitetura), os produtos (design), as próprias embalagens (todas as mensagens promocionais na embalagem), mas também o ponto-de-venda, fantástico suporte de mídia alternativa que promove o encontro entre produto e consumidor. A distribuição é, em si própria, uma mídia muito poderosa... da mídia alternativa.

Existem, na verdade, naquilo que chamamos de mídias alternativas, duas famílias distintas: *a mídia alternativa de divulgação*, que, um pouco como as mídias, organiza o maior número possível de impactos (cobertura ideal), embora utilize outros veículos de distribuição, talvez melhor controlados diretamente pela

---

[2] *Un Pavé dans le marketing*, Henri de Bodinat, JC Lattès.

empresa: publicações, mailings (enviados pelo correio), prospectos[3] (ou folhetos distribuídos por correio ou outras empresas de distribuição), panfletos, até mesmo a embalagem do produto (a mensagem é difundida pela embalagem)...; e a ***mídia alternativa de fixação*** ("ponto a ponto"), a qual, em um tempo e lugar determinados, permitirá um conjunto de relacionamentos individuais ou coletivos que, sem ela, não teriam podido existir: conferências, eventos, feiras, mecenato e, também, de uma certa maneira, a web, onde relações interprofissionais passageiras se fazem e se desfazem. É claro que, nas estratégias de mídias/mídias alternativas, a veiculação e a fixação se reforçam e se completam. É comum que, ao longo do tempo, uma se siga à outra, como etapas de um mesmo ritmo da marca ou do produto.

> Mídias alternativas de veiculação: mailing, folhetagem, embalagem, telefone, propaganda no ponto-de-venda...
> Mídias alternativas de fixação: eventos, conferências...

Ao lado da publicidade e da comunicação mediática paga: o informe publicitário

A gratuidade da mensagem indica um outro modo de utilizar as mídias além da compra de espaço publicitário. Trata-se de todo ***uso jornalístico das mídias*** por meio dos jornalistas e condutores de programas — às vezes de maneira absolutamente oficial e legítima, às vezes de modo mais oculto e menos "necessário" no que tange à informação. As marcas, os produtos e as empresas fazem parte de nossa vida, e, quando influenciam nosso cotidiano, o que lhes acontece nos diz respeito. É compreensível, assim, que os responsáveis façam uso do canal jornalístico para que se fale de sua marca, de seu produto e de sua empresa. A questão toda — sincera quando parte do cidadão comum — é verificar a utilidade pública de uma informação que vem legitimar sua presença no telejornal das 8 da noite, e saber quem tomou a iniciativa dessa informação: o jornalista, a partir de uma iniciativa investigativa pessoal, ou o diretor de comunicação que, por meio de uma iniciativa de cunho comercial, pressiona o jornal para obter um artigo, uma entrevista ou uma reportagem especial; ou ainda o assessor de imprensa, cujo trabalho consiste em aproximar esses dois atores... Trata-se aqui, sempre, de uma

---

[3] Impresso sem endereço, folheto distribuído em todas as caixas de correspondência.

questão de ética, freqüentemente difícil de definir e de respeitar dada a especificidade de cada caso.

É uma questão importante, pois sob o manto da informação podem-se transmitir comunicações que ganharão mais força, uma vez que trarão a marca de "verdades comprovadas" da informação e portarão o status de marcas "vedetes", já que farão parte do noticiário. Ocupar tal posição, para um produto, significa chegar ao ápice. Para uma marca, significa também lidar mais facilmente com a lei, escapando da legislação que regulamenta a publicidade. Assim, por exemplo, na França é proibida a publicidade de tabaco (lei Evin), qualquer que seja o veículo, sendo que essa proibição atinge especialmente a TV. A casa Davidoff, no entanto, foi alvo de inúmeras homenagens da parte dos telejornais por conta da vida de seu fundador... Na noite de 23 de fevereiro de 1997, um domingo, como segundo tema do telejornal das 8 apresentado por Claire Chazal, foi apresentada a cinco milhões de franceses uma matéria sobre o 50º aniversário do Cohiba (charuto de alto luxo fabricado em Cuba), de uso quase exclusivo do Líder Máximo e de seus amigos. Foi apresentada uma entrevista com o criador do charuto, que, enfático, justificava detalhadamente a fineza do produto e a origem de seu sabor inimitável. A reportagem se estendia sobre os "privilegiados" que tinham acesso à felicidade de poder fumá-lo, mostrando o prazer de que desfrutavam ao consumir o produto incandescente... Só nos resta ficar chocados diante de tal contradição entre a regulamentação publicitária (mídia) e as liberdades tomadas por iniciativas desse tipo (mídias alternativas) que utilizam as mídias.

Na categoria das utilizações "gratuitas" ou, ao menos, fora da tabela publicitária das mídias, deve-se incluir ainda *o patrocínio e o mecenato*. Ambos fazem parte de uma atitude proposital de utilização da mídia. Sobretudo o patrocínio esportivo, que se manifesta de maneira muito direta pela presença no lugar da ação e da gravação (notadamente na forma de cartaz), e, embora pago, nas transmissões genéricas de TV ou rádio que reproduzem as transmissões esportivas. Os interesses econômicos ligados ao patrocínio esportivo deram origem a uma avalanche de regulamentações por vezes contraditórias: assim, é difícil fazer cumprir aquelas que proíbem categoricamente a publicidade de tabaco e de bebidas alcoólicas na telinha, quando a Marlboro e seu cavalo vermelho ou a Camel e seu dromedário são os onipresentes patrocinadores de escuderias da Fórmula 1; ou quando um dos mais importantes times de futebol europeu pertence a um dos maiores fabricantes de cerveja do mundo. Isso já fez com que certas partidas e grandes prêmios não fossem transmitidos, e a celeuma está longe de terminar (basta lembrar a discussão quanto à extraterritorialidade do Estade de France durante a Copa do Mundo de Futebol de 1998).

Devemos, por outro lado, incluir o mecenato nesse tipo de atividade de mídia indireta: a empresa ou a marca se apresentam associando-se a uma manifestação, exposição ou "causa". Ela participa do financiamento por meio de uma iniciativa altruísta, freqüentemente artística, humanitária ou beneficente. O evento assim organizado passa a merecer cobertura jornalística em uma ou em diversas mídias de informação, por conta de sua originalidade, respeitabilidade e caráter inovador: imprensa diária, revistas semanais de informação, noticiários de rádio e TV — incluindo programas especializados de TV[4], que podem retomar os assuntos na íntegra, valorizando dessa forma a iniciativa da empresa, apresentada como um testemunho de sensibilidade para com as questões sociais. Quanto mais interessante for o evento, mais a ação da empresa em relação ao evento é apresentada como algo original e pertinente, e mais numerosos serão os repiques jornalísticos. Isso não quer dizer que as mídias sejam simplórias, mas que associam de maneira inteligente a informação objetiva ao fato de agradar a esta ou àquela marca, a este ou àquele grupo industrial. É assim que se constrói grande parte da informação diária que recebemos e se criam as lendas das marcas de família, bem como a reputação dos heróicos empreendedores de nosso tempo.

> Relações com a imprensa ou com as mídias
> Patrocínio e mecenato
> Criação de eventos para serem difundidos pela mídia

Ao lado da publicidade e da comunicação unívoca: a comunicação reativa

É bastante freqüente a publicidade passar uma mensagem *de emissor*. Aliás, não falamos de *promessa* publicitária? Nesse discurso, o consumidor está freqüentemente (demais) ausente. Mais do que tudo, a publicidade não lhe pede uma resposta imediata, tangível, uma resposta comportamental cujos efeitos possamos medir. Além de comprar o produto (muitas vezes sem obrigar a fazê-lo dentro de um determinado espaço-tempo ou num determinado lugar), não pedimos nada ao consumidor. A publicidade clássica quase nunca lhe pede que se manifeste. Para amenizar tal

---

[4] Programas do tipo "ShopTour". (N. R. T.)

carência, da qual o consumidor dos anos 1990 às vezes se ressente fortemente, as marcas criaram ações publicitárias interativas; é a mídia alternativa/publicidade alternativa que, antes de mais nada, dá o tom em matéria de interatividade. A imprensa e a própria publicidade "cedem a palavra" por meio de cartões-resposta a serem recortados, fornecem endereços e números de telefone 0800... Os textos jornalísticos estimulam o consumidor para que demonstre seu interesse, escreva, telefone, se encaminhe a um determinado local. Mas sobretudo o marketing direto, em sua dimensão individual, favorece a reação imediata do consumidor (comercial ou beneficente, por exemplo). O telemarketing e as novas mídias, como a internet, são a interatividade levada ao extremo, uma vez que o diálogo é a razão de ser do sistema. Em matéria de interatividade, é preciso igualmente citar todas as iniciativas promocionais que fazem o consumidor participar (jogos, concursos...), responder a questionários que permitem aproveitar boas oportunidades, até mesmo procurá-las: especialmente a ação de fidelização (por exemplo, o sistema de promoção de pontos das empresas revendedoras de combustível).

Todas as mídias alternativas se engalfinham para ocupar o vazio deixado pelo discurso de emissor da publicidade, para dar o lugar de honra ao consumidor, ou ao cidadão, conduzindo-o pela mão para que decida agir por conta própria. As mensagens das marcas vieram reforçar o desejo de autonomia do consumidor: "Nós faremos você preferir o trem" (SNCF — Societé Nationale des Chemins de Fer/Rede Ferroviária Nacional Francesa), "A próxima vez que você passar por aqui, não será por acaso" (Total); ele acentua o surgimento de uma mídia alternativa que favorece a interatividade e transforma o discurso altruísta teórico de determinadas marcas em ação tangível a serviço do consumidor.

> Comunicação interativa por meio da mídia
> Comunicação por meio de abordagem direta
> (mailing, telemarketing, novas mídias)
> One-to-one, Fund raising[5]
> Promoção (jogos-concursos, brindes etc.)

---

[5] *Fund raising*: técnica de coleta de fundos destinados sobretudo ao setor cujas atividades são de caráter beneficente (Médicos do Mundo, Farmacêuticos Sem Fronteiras, Restos du Coeur — organização francesa fundada em 1985 que distribui refeições e cestas básicas às pessoas mais carentes).

Ao lado da publicidade e da comunicação através da mídia — logo, global: a comunicação *one-to-one*

A publicidade através da mídia aperfeiçoa cada vez mais seu foco, porque as mídias focam cada vez mais. As audiências se consolidam em torno de núcleos duros, afastando-se umas das outras. Com efeito, a concorrência entre os programas de TV ou entre os jornais obriga os editores ou produtores a ser cada vez mais específicos e rigorosos e a acrescentar, às tradicionais definições de público-alvo, definições que levem em conta comportamentos ou atitudes bem focadas. Quem poderia prever, há quinze anos, o sucesso de revistas segmentadas de decoração, com sua definição de público-alvo de caráter totalmente psicológico? As próprias redes de TV temáticas são concebidas em torno de uma vontade de delimitação de público-alvo, ao contrário da tradicional TV de sinal aberto, acessível a todos.

    A publicidade veiculada pela mídia trabalha naturalmente com a definição de público-alvo. Isso quer dizer que a escolha da mídia ou do veículo é feita comparando-se os perfis do público aos perfis das pessoas que se deseja atingir. Ela exige que o publicitário faça uma reflexão que leve em conta os segmentos da população, por vezes definidos de maneira absolutamente prática e concreta (proprietários deste ou daquele computador), por vezes absolutamente abstrata, já que descritos em termos estatísticos desprovidos de "rosto" (por exemplo, homens entre 25 e 49 anos que moram em cidades com mais de 100 mil habitantes: qual o motivo da exclusão das esposas dos homens de mais de 50 anos, ou de menos de 24, que moram numa cidade de 90 mil habitantes...?). Definir o público-alvo significa escolher, mas devemos reconhecer que, às vezes, essas escolhas são arbitrárias. A escolha que a publicidade veiculada pela mídia faz de seu público-alvo continua sendo, além disso, uma escolha muito coletiva, uma escolha de grupo, e se exprime por meio de critérios aproximativos e não por um endereçamento específico e individual.

    É verdade que, freqüentemente, a mídia alternativa raciocina por segmento e por público-alvo — para isso recebe a ajuda da tecnologia — para definir e ordenar suas informações; ela pode, no entanto, fazer uma escolha de público-alvo *individual*, sobretudo no caso do marketing direto, trocando o contato de cobertura ideal, estabelecido pela mídia, pelo contato *one-to-one*, como é cada vez mais conhecido. Os mailings personalizados, o telemarketing, o fax e as novas mídias eletrônicas... estabelecem um contato individual exatamente da maneira que a marca deseja. O mesmo acontece no caso de inúmeros eventos de relações públicas com convite personalizado, ou seja, feito a partir de uma qualificação prévia dos bancos de dados (para conferências, seminários, *soirées* exclusivas, até mesmo liquidações exclusivas). Enquanto que mesmo em outros eventos, como feiras e promoções de pontos-de-venda, se o contato é individualizado e nominal — até mesmo diretamente humano —, a prospecção de tal contato continua a fazer parte do domínio do anúncio coletivo e não do endereçamento individual. Assim, é a interatividade e o *feed-back* da pessoa atingida, que criam a *individualização* do contato. Conscientes dessa diferença de escolha de público-alvo e da superioridade da mídia alternativa nesse caso, os responsáveis pelo marketing das mídias aprenderam os desdobramentos naturais de sua atividade publicitária clássica autorizando o uso de seus bancos de dados, realizando *screenings*[6] bem precisos e dirigindo-se eles próprios diretamente a seus leitores, ouvintes ou espectadores. Tal iniciativa permite-lhes, além do mais, fortalecer os laços com estes últimos.

Para uma classificação das mídias/mídias alternativas

Uma classificação só tem interesse se ela permitir situar, em função de critérios adequados, todos os veículos existentes — para melhor compreendê-los ou organizá-los —, e os veículos futuros — para inventá-los ou ajustá-los melhor, por exemplo.

Em vez de construir uma matriz de apresentação onde os casos — intervalos das colunas e linhas — são estanques, e, portanto, sem possibilidade de se mover, pareceu-nos mais correto apresentar a argumentação sob a forma cartográfica, na qual o veículo ocupa um lugar específico, posição que pode evoluir em razão da mensagem transmitida e da influência desta no veículo, pois, se na publicidade clássica *"medium is message"*, na mídia alternativa — mesmo que a frase de Mac Luhan continue adequada —, também podemos invertê-la e dizer: *"message is medium"*.

Oporemos as mídias e as mídias alternativas no eixo horizontal, sendo que o ponto de encontro estará ocupado pelas relações com a imprensa e a midiatização das ações de RP (relações públicas), de mecenato ou relacionadas a eventos — que fazem parte da mídia alternativa mas que utilizam as mídias de maneira indireta para divulgar suas iniciativas e ir além do quadro de espectadores primários do evento. Parte da mídia alternativa, toda atividade ligada a eventos se completa nas

---

[6] *Screening*: varredura estatística para identificar os indivíduos que segue critérios pertinentes previamente definidos.

reprises da mídia, de modo consciente e previsto ou de maneira inesperada em razão de um acontecimento próprio para atrair a sua atenção. Aliás, as empresas freqüentemente fazem de tudo para provocar essa atração "espontânea" da mídia — o que só faz aumentar o sucesso.

No eixo vertical, trabalharemos com os 3 estratos já delineados, que diferenciam bem o tipo de relação que se pode ter com as mídias:

- As mídias percebidas de maneira mais imediata são aquelas que consumimos em razão da informação que elas nos trazem: são as *mídias de consumo*. Elas abrem espaço para a publicidade para alcançar um melhor equilíbrio de custos, e nós as consumimos por conta de seu conteúdo informativo e da valorização que esse consumo nos traz. O fato de nos expormos à publicidade nada mais é que uma conseqüência provável do nosso consumo de informação (conseqüência necessária, mas não suficiente: o leitor pode perfeitamente ler um jornal e não se expor de maneira consciente a uma publicidade). Essas mídias são, sobretudo, a imprensa, o rádio e a TV... mas também, no campo da mídia alternativa, as revistas das empresas ou de distribuidores, determinados prospectos muito bem produzidos que despertam interesse, sendo, portanto, lidos. Nesse aspecto, os mailings são mídias de consumo;

- As *mídias de exposição* são outro tipo de mídia. Sua mensagem impõe-se a nós sem o álibi do consumo de informação, sem que a tenhamos desejado, mas, com freqüência, porque somos expostos fisicamente a ela, em razão de nossos hábitos pessoais de vida: na rua, no estacionamento, na frente de uma vitrine, numa loja ou diante de uma prateleira. Essa exposição não-desejada pode chegar até a publicidade *on-pack*, que é uma exposição não programada.

- Do lado contrário, um outro tipo de mídia nos é imposto cada vez mais: as *mídias de participação*. Por meio do discurso e do modo como operam, elas solicitam a opinião do consumidor e/ou estimulam-no a agir e a modificar seu comportamento. Em razão de a interatividade ser um valor essencial ascendente dos anos 1990, as mídias que demonstram competência para isso têm sucesso garantido. Mais ainda, existem determinadas mídias que só se legitimam com essa modalidade de comunicação. O que elas têm de matéria redacional ou informativa restringe-se, no limite, àquilo que cada um traz. O único objetivo passa a ser comunicar-se... Não é esse, afinal, o objetivo da web?

Portanto, é natural encontrarmos nessas mídias os novos veículos eletrônicos ou digitais e as mídias *one-to-one*, mas também os veículos mais próximos do consumidor em nível local (IDR — Imprensa Diária Regional —, TV e rádio locais e, igualmente, os anuários ou a imprensa gratuita), um certo tipo de revista especializada profundamente tematizada, os recursos do marketing de relacionamento e todas as mídias promocionais que favorecem a participação do indivíduo.

Podemos, portanto, reduzir a cartografia à seguinte matriz:

	Mídia ←———	Mídia alternativa ———→
Mídia de exposição		
Mídia de consumo		
Mídia de participação		

Cada um pode preenchê-la como quiser, no conjunto do panorama mídias/mídias alternativas ou, ao contrário, numa única área, refinando a análise com um *zoom* específico a fim de responder a uma pergunta precisa. Esse sistema de coordenadas gerais parece funcionar sempre, mesmo na análise de veículos ou mídias de uma mesma família. O eixo *"exposição→consumo→participação"* alcança uma dimensão de implicação pessoal em relação à mídia, e da mídia em relação ao indivíduo. O eixo "*mídia←→mídia alternativa*" apóia-se na dimensão intermediária ou através da mídia, até mesmo da mídia de massa, ou no caráter direto da linguagem dos símbolos da empresa, começando pelo *on-pack* ou o design global.

Assim todos entendem melhor o papel da midiatização de uma ação de mídia alternativa que confere uma *dimensão de força* graças à repercussão alcançada, numa ótica mais voltada para a *exposição* ("vejo, sei") ou para a *participação* ("faço, ajo, vou... compro").

Mapeamento das soluções pa[ra]

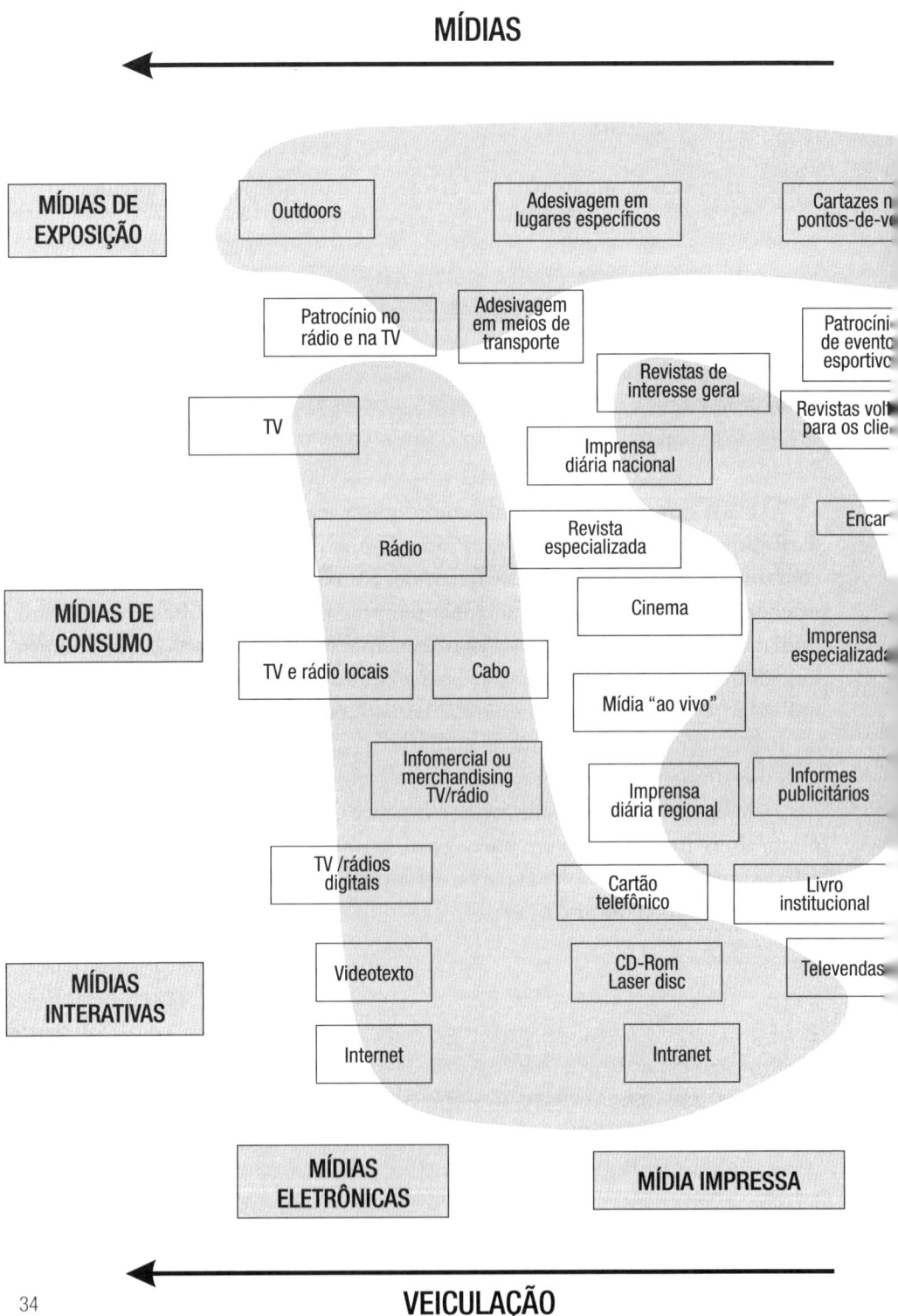

MÍDIAS →

MÍDIAS DE EXPOSIÇÃO
- Outdoors
- Adesivagem em lugares específicos
- Cartazes n[os] pontos-de-v[enda]

- Patrocínio no rádio e na TV
- Adesivagem em meios de transporte
- Patrocíni[o] de evento[s] esportivo[s]
- Revistas de interesse geral
- Revistas vol[tadas] para os clie[ntes]
- TV
- Imprensa diária nacional
- Encar[te]
- Rádio
- Revista especializada

MÍDIAS DE CONSUMO
- Cinema
- Imprensa especializad[a]
- TV e rádio locais
- Cabo
- Mídia "ao vivo"
- Infomercial ou merchandising TV/rádio
- Imprensa diária regional
- Informes publicitários
- TV/rádios digitais
- Cartão telefônico
- Livro institucional

MÍDIAS INTERATIVAS
- Videotexto
- CD-Rom Laser disc
- Televendas
- Internet
- Intranet

MÍDIAS ELETRÔNICAS | **MÍDIA IMPRESSA**

← **VEICULAÇÃO**

mídias e mídias alternativas

MÍDIAS ALTERNATIVAS →

DIRETO	PROMOÇÃO	EVENTOS

- Propaganda no ponto-de-venda
- On-pack
- Embalagem
- Panfletagem
- Prospectos
- Promoção de redução de preço
- Ambientação
- Couponage
- Placa
- Saldão
- Identidade
- Mailing agrupado
- Imprensa gratuita
- Brindes diretos
- Design global
- Mala direta de abordagem
- Catálogo
- Amostragem
- Ponto de gôndola
- Mostra especializada
- Mala direta com folheto
- Feiras exposições
- Fontes interativas (sites)
- Demonstração no ponto-de-venda
- Iniciativas de RP
- ostagem
- Anuário
- Brinde diferenciado
- Telemarketing
- Cartão de crédito da loja
- Compromisso de troca
- Fórum de trem
- Conferência, simpósio
- Mailing de marketing de relacionamento
- Cartão de fidelidade
- Sorteios
- Convenções seminários
- Venda por correspondência
- Concurso de adivinhação
- Promoção Loja de marcas
- Mecenato cultural

FIXAÇÃO →

35

Uma cartografia que deve ser diariamente reinventada

Há algo que continua a opor a publicidade através da mídia e as ações da mídia alternativa: do mesmo modo que a publicidade está sujeita a regulamentações, códigos, condições gerais de venda, custos bem precisos do espaço-tempo (a expressão "compra de espaço" parece ter sido mesmo tomada de empréstimo do paradoxo dessa rigidez), assim também a mídia alternativa obedece menos a custos e regras precisos. Notadamente porque sua concepção e prática existem em razão das idéias e iniciativas de cada um, e não ainda de *diktats* comerciais que seriam aplicados à oferta nas mídias alternativas.

Na verdade, com o passar do tempo a mídia alternativa de veiculação mais "clássica" cristaliza-se em procedimentos próximos da mídia (vide os prospectos, a imprensa gratuita ou determinadas formas de propaganda no ponto-de-venda, enquanto a mídia alternativa de fixação certamente continua a escapar desse risco porque a *noção de valor agregado* da mensagem ou de sua encenação é mais importante, mais valiosa, e, portanto, mais onerosa que a veiculação da mensagem.

Desse modo, as mídias alternativas estão permanentemente condenadas a ser criativas todo dia para escapar de uma normalização da qual a regularização de tarifas é só um dos aspectos.

Diferentemente da publicidade, na qual numerosos elementos foram codificados ao longo da história, deixando a criação da mensagem (o que é essencial) como único livre-arbítrio, a mídia alternativa resiste numa dimensão forçosamente descontrolada: para surpreender, ela precisa se renovar constantemente. Pois a repetição de modelos de operação realizados pela concorrência ou de ações já terminadas que marcaram uma determinada técnica está freqüentemente destinada ao fracasso ou é sinônimo de falta de imaginação.

Com as mídias alternativas, é preciso inventar e alardear a invenção: isso é parte do sucesso da operação. Observemos, simplesmente, que o desenvolvimento da prática da mídia alternativa também estimula a publicidade na mídia. Esta se renova por meio da criatividade de suas mensagens, mas também por suas inovações em matéria de oferta: infomercial na TV, formatos específicos na imprensa (como os *folders* ou todas as possibilidades de encartes múltiplos), crônicas no rádio ou jornadas temáticas... Tudo pode ser feito, tanto na mídia como na mídia alternativa, se explorarmos ao máximo as possibilidades materiais e as diferentes linguagens dos recursos utilizáveis.

O contágio da mídia alternativa só pode ser um forte e poderoso estímulo para a publicidade na mídia.

A questão mídia/ mídia alternativa já tem uma longa história

Mídia/mídia alternativa: esse debate, há alguns anos, não existia, pelo menos não com esse nome. No entanto, quem acha que tal discussão é recente, tem a memória curta. A opção entre essas técnicas de comunicação não data de ontem, ela apenas modificou-se um pouco com o correr do tempo.

Um crescimento das práticas em paralelo

A história da publicidade, como a História com "H" maiúsculo, nada mais é que um eterno recomeçar: assim, o célebre "lava mais branco" remonta à comparação do grau de limpeza de dois lençóis lavados na mesma lavadora com dois sabões diferentes. Essa comparação, utilizada na propaganda de TV, data de 1633; o ancestral do produto vencedor era um sabão das manufaturas reais! O teste da janela e o pano de chão torcido ainda não tinham sido inventados, mas a questão do "lava mais branco" dos anos 1970 e sua resposta já existiam então.

Para que se possa debater em torno da mídia/mídia alternativa é preciso haver mídias (publicitárias); ora, estas são igualmente muito antigas. O próprio Voltaire exultava, em 1767, diante de um "anúncio impresso a respeito daquilo que se pode mandar de Paris para o interior". Alguns anos depois, em 1772, surge o primeiro cartaz publicitário... de guarda-chuva. Logo, aliás, a publicidade ganha foros de nobreza, reconhecidos pelo povo. Bailly, prefeito de Paris em 1789, mandara inscrever uma frase que não desagradaria a Bernard Cathelat, arauto da sociedade da comunicação dos anos 1980: "A publicidade é a salvaguarda do povo". As pessoas passam grande parte de seu tempo na rua, que se tornará o palco das marcas no século XIX. Considera-se que os folhetos datam do Império e os homens-sanduíche, da Restauração.

Um século e meio antes de J. C. Decaux retomar a exploração publicitária das colunas Morris, surgem em Paris as colunas Rambuteau, nas quais a publicidade era reservada para espetáculos e peças de teatro.

No século XIX, já havia a oposição entre a publicidade feita na imprensa, centralizada na marca e no produto, e as outras técnicas de venda, de caráter mais comportamental. Os defensores de uma publicidade mais direta, aliás, exageravam nos pequenos anúncios, inundando os jornais com eles, o que se constituía no verdadeiro marketing direto de então. Interessados na distribuição e seduzidos pelo atrativo dos homens-sanduíche, eles desenvolveram, além disso, abordagens baseadas na distribuição de amostras e de folhetos por bairro. São os primórdios do geomarketing. Dá para ver que a história se repete! Do mesmo modo, a busca pela fidelização do cliente — de que tanto se fala hoje — já se encontrava avançada nessa época. Um fabricante de sabão de Nova York criou, em 1850, um evento ao oferecer uma pintura decorativa a quem lhe trouxesse 30 embalagens do sabão vendido por ele.

Já no século XIX, os teóricos da publicidade se faziam ouvir. Claude Hopkins, sem dúvida um dos maiores redatores-criadores publicitários, posicionou-se contra a publicidade centrada nas marcas, batendo-se por um tipo de promoção voltado para o interesse do consumidor. Há exatamente um século ele escreveu:

"Os dois maiores erros da publicidade são a presunção e o egoísmo... Estou convencido de que 90% do dinheiro gasto em publicidade é desperdiçado com preocupações egoístas alardeadas aos quatro ventos..."

E mais adiante:

"A maioria das peças publicitárias, ainda hoje, apóia-se no seguinte argumento: 'compre minha marca'. Esse tipo de argumento nunca convenceu nem nunca convencerá ninguém."

"Quem não estiver disposto a atrair a clientela sobre bases altruístas não tem lugar na publicidade nem no comércio."[7] Inúmeros profissionais retomaram por conta própria essas afirmações, sempre atuais, nas publicações especializadas em marketing dos dias de hoje.

Também na França, a reflexão acerca da publicidade progride bastante. Essa reflexão é global; a separação teórica entre publicidade e promoção ainda é limitada. A imprensa é, de longe, a principal mídia e concentra a maior parte dos

---

[7] *Ma vie dans la Publicité*, Claude Hopkins (tradução francesa), 1988, Idegraf.

investimentos das grandes marcas; os teóricos da publicidade logo passam a buscar formas de utilização das mídias originais. Em 1930, por exemplo, no livro *Pour bien faire sa publicité* (Como anunciar bem), Louis Auge, redator-chefe da revista *La Publicité*, reflete acerca das técnicas de encarte e de reportagem-publicidade, bem como acerca de suas respectivas vantagens em relação à publicidade clássica. Se a mídia impressa é a mídia publicitária mais importante, isso não se deve somente à sua distribuição, mas também às técnicas de impressão, que avançaram bastante. Assim, a heliogravura permite reproduções de qualidade em quatro cores, atendendo à enorme demanda da indústria de perfume e das marcas de luxo: graças à publicidade colorida nas revistas, já nas primeiras décadas do século XX, as grandes marcas de perfume impõem sua imagem.

As marcas de produtos alimentícios, que buscam um público cada vez maior, vão redescobrir o cartaz e se deixar seduzir por sua dimensão popular. Encontro entre a implantação racional dos painéis (os circuitos ainda não existem), a qualidade da impressão e a evolução gráfica, instala-se na França o reinado do cartaz. Ele deixará, além de obras de grande significado, uma tendência geral da criação publicitária (e não apenas do cartaz) para o simbolismo.

Essas mesmas marcas irão igualmente conduzir todo o mercado para os objetos do dia-a-dia que possam ter um caráter publicitário. O objetivo é tornar seu nome familiar, presente no centro da vida cotidiana, inscrevendo-o em cinzeiros, risca-e-rabisca, jogos de mesa, e também canetas, facas e toalhas... A criatividade nessa área não tem limites e fez a alegria de crianças e adultos, bem como, no final do século XX, fará a alegria dos proprietários de lojas de objetos usados, que revenderão a peso de ouro esses artigos.

A promoção e a criação de fluxo de clientes são a essência das lojas grandes e pequenas, que são os anunciantes que utilizam o maior número de técnicas publicitárias e comerciais de mídia e de mídia alternativa, publicitárias e promocionais. Antes da guerra, o comércio especializado (lojas que trabalham com malha, couro, lingerie, chapéus ou móveis como Segalot ou Levitan...) é importante anunciante, com altas verbas publicitárias utilizadas para divulgar o nome e atrair a clientela. Essas lojas empregam tanto a publicidade na mídia como a promoção na mídia alternativa, e o sucesso comercial das campanhas é seu único critério objetivo.

A ruptura que vem com a II Guerra Mundial

Foi uma ruptura total. As gerações de hoje, que só a vivenciaram através da intermediação narrativa dos livros e do cinema, não têm idéia do *corte total* que a II Guerra Mundial provocou na economia. A dimensão histórica cria um tipo de miopia profissional: temos certa dificuldade de entender que, no plano econômico, os problemas não foram solucionados com a Liberação, graças tão-somente à assinatura da capitulação e ao retorno da soberania nacional.

Ora, foi preciso reconstruir, e construir; retomar a produção antes mesmo de pensar em criar uma oferta no sentido em que hoje a entendemos. Foi preciso alojar a população francesa, ou seja, construir casas, bem como mobiliá-las e organizá-las, reinventando uma habitação popular de baixo custo para famílias mais numerosas, com filhos pequenos (*baby-boom*), e poder de compra insuficiente. A economia de escassez da época responde às necessidades básicas, e não pode ter a pretensão de ir além disso. Menos da metade das marcas que existiam antes da guerra consegue sobreviver, e novas marcas aparecem à medida que ocorre a retomada das marcas e do poder de compra: Moulinex (que "liberta a mulher") é criada em 1957, e a SEB (Societé d'Emboutissage de Bourgogne — Sociedade Metalúrgica da Borgonha) ainda continua com o espremedor de batatas manual, embora sua panela de pressão já seja a preferida da dona de casa.

O crescimento da mídia impressa

Nos anos do pós-guerra e da reconstrução — e, portanto, de forte crescimento do consumo das famílias —, as mídias se (re)criam e se organizam: há uma redistribuição de cartões de fidelidade da imprensa diária regional e nacional, surge uma nova modalidade de revista colorida de variedades e cresce o poder do rádio[8]. A imprensa diária nacional, sobretudo a parisiense, nunca foi tão forte; e nunca a imprensa teve tamanha importância como formadora de opinião e como fonte de esclarecimento do noticiário. As marcas perceberam isso e, nos anos 1950, utilizaram o poder de mobilização dos jornais (diários, claro) e da nova veiculação das revistas de atualidade independentes (*Paris Match*) ou confessionais (*La Vie*

---

[8] O rádio já era uma mídia promocional antes da guerra — Marcel Bleustein-Blanchet foi um de seus importantes pioneiros, notadamente com a Rádio Paris —, mas foi no início dos anos 1950 que se organizou o sistema de estações conhecidas como periféricas, embora algumas delas tenham sido criadas anteriormente: Europe 1 (1952), RTL (1931, com o nome de Rádio Luxemburgo), RMC (1942, com o nome de Rádio Monte Carlo).

Catholique), mas também de uma nova mídia impressa feminina que assume o papel de precursora de uma certa liberação da mulher e da transformação de sua vida doméstica (*Marie Claire, Elle...*). É nessa época que também começa a aparecer um grande número de revistas centradas nos grandes símbolos socioeconômicos de então: a casa, o carro e a mídia, com o surgimento da imprensa cujo tema são os programas de rádio e de TV. Toda essa mídia impressa, sobretudo feminina, foi o cadinho da democratização de inúmeras marcas de cosméticos, perfume, vestuário e acessórios. Foi através desses veículos que as francesas e os franceses entraram em contato com marcas que, hoje, estão em primeiro plano. As revistas femininas foram, sobretudo, o instrumento de aprendizagem das marcas.

A mídia impressa se organiza enquanto mídia desde os anos 1960; ela é o local de reflexão da publicidade, de onde esta recolhe a maior parte de seus proventos (ver, à p. 48, os gráficos acerca da distribuição mídia/mídia alternativa, extraídos de dados do IREP[9] para o período 1957-1992). Orgulhosa de si mesma e de seu rápido soerguimento no pós-guerra — que, graças aos novos capitalistas da mídia (Prouvot, Dassault, Beytout...), tomou ares de revolução —, a imprensa acredita na "ideologia publicitária" e faz investimentos técnicos a fim de produzir as mais belas campanhas com o uso da quadricromia. A concorrência da mídia alternativa (sobretudo as promoções) não constitui, para ela, nem oportunidade nem risco.

O rádio, mídia promocional por excelência

O rádio talvez tenha sido a mídia que rompeu com a coexistência, sem relações específicas, entre publicidade e promoção. Os anos 1950 assinalam a descoberta dos concursos radiofônicos de perguntas e respostas, nos quais as marcas comerciais investiam grandes somas, do *Jeu des 1.000 francs* (Concurso dos 1.000 francos), a *Quitte ou double* (Largar ou dobrar); as longas transmissões do *Grenier de Montmartre* (Sótão de Montmartre) ou novelas como *La famille Duraton* (A família Duraton) e *Ça va bovillir* (Pegando fogo), que foi seguido de *Signé Furax* (Assinado Furax), predecessores das séries de TV de hoje, eram todos patrocinados por marcas que continuam existindo: Monsavon, Omo, Picon... E os sarcásticos animadores de então, de Francis Blanche a Jean Yanne ou Jacques Martin, ridicularizavam a publicidade que os fazia viver *sketches* e situações inesquecíveis.

---

[9] O equivalente ao nosso Ibope Monitor. (N. R. T.)

Com os "deslocamentos dos emissores", o rádio tornar-se-á a mídia da animação e da promoção. Mídia de amplificação, as emissoras de rádio se beneficiarão da aura das manifestações e de sua proximidade para conquistar o público. Será a guerra das ondas entre Europe 1 e Rádio Luxemburgo por meio de programas intercalados. Colocando-se no meio do Tour de France (disputa ciclística que percorre o país), no centro das partidas do torneio das Cinco Nações e de inaugurações de centros comerciais, o rádio beneficiou-se enormemente de tais deslocamentos esportivos ou comerciais. No entanto, isto deu ao rádio uma imagem de mídia promocional da qual ele não consegue se livrar, e que, às vezes, prejudica sua imagem junto a determinados anunciantes.

O Tour de France é um acontecimento excepcional que merece ser analisado mais detidamente. Tendo se tornado, nos anos do pós-guerra, o grande evento nacional, é a primeira mídia da França[10] no que diz respeito à técnica de distribuição de folhetos e de venda promocional das marcas participantes da caravana. Elas mobilizam seus departamentos comerciais, além de uma grande quantidade de extras, para distribuir centenas de milhares de brindes ou folhetos, gerando assim milhões de impactos nos consumidores existentes ou potenciais. Essa "distribuição-mania", apreciada por gente de todas as idades, se estenderá a outros momentos privilegiados que são as feiras e exposições regionais, começando pela Feira de Paris. Elas atraem milhões de franceses seduzidos pelos novos eletrodomésticos e modelos de automóveis… As marcas assinalam sua presença de maneira destacada, adotando — segundo a natureza de seu mercado —, políticas comerciais (venda direta ou com o suporte da concessionária local) ou promocionais (degustação, demonstração, brindes…). É claro que seu objetivo é *conquistar uma nova clientela* estimulada pelo crescimento da renda e pelo *baby-boom* do pós-guerra, mas também elas querem *fidelizar* essa clientela, que, agora, tem acesso a novos prazeres e novas marcas. É onde imperam "os pontos Tintin" em inúmeros produtos alimentícios, as figurinhas Poulain para colar no álbum (trocado por selos), as bandeiras L'Alsacienne para colar no mapa-múndi e os grandes concursos de âmbito nacional. É, sobretudo, a década dos brindes e presentes de caráter publicitário: o risca-e-rabisca ainda está na moda, isqueiros e cinzeiros fazem um grande sucesso, milhões de chaveiros são distribuídos e todos os pacotes de café Mokarex trazem uma colherzinha de brinde.

---

[10] O Tour de France é o mais importante evento esportivo anual do mundo considerando-se o número de espectadores, o que parece confirmar seu sucesso.

Comunicação promocional ou ligada a eventos, relações públicas, marketing de relacionamento etc., nos anos do pós-guerra a mídia alternativa tem presença marcante, com uma ótica local ou regional freqüentemente substituída pela imprensa diária regional ou pelas rádios comerciais. Pode-se mesmo afirmar que, nesse período, a mídia alternativa, tal como a entendemos hoje, domina amplamente a política comercial das marcas; e é delas que a própria mídia extrai seu dinamismo comercial. Quantos adultos de hoje foram apresentados a *Le Figaro*, quando eram criancinhas, em razão dos jogos nas praias?

Publicidade, o caminho por excelência

As revistas, e até certo ponto o rádio, introduziram um novo fenômeno que influenciará bastante o momento atual da história mídia/mídia alternativa: a concorrência comercial entre as mídias.

Como hoje, os diários regionais só raramente competiam entre si; também como hoje, os diários de alcance nacional se opunham, antes de mais nada, segundo a opinião e o modo de vida de seus clientes quando as revistas que haviam se instalado em seus mercados iniciaram, de verdade, uma importante rivalidade comercial junto aos anunciantes e agências: elas precisavam marcar posição para conseguir o espaço publicitário necessário para sua consolidação enquanto títulos. A arma da concorrência foi a medição de leitura dos títulos, quantitativa e qualitativamente. Essa medição tornou-se possível graças ao desenvolvimento da técnica de pesquisa, do conceito de mídia (impactos, cobertura e freqüência) e dos modelos de mídia, ferramentas probabilísticas para calcular a distribuição dos impactos que foi facilitada com o surgimento dos computadores. A própria profissão de publicitário estruturou-se com a criação de um organismo certificador de audiência de mídia (CESP) e de uma associação interprofissional de conhecimento de dados sobre publicidade (IREP), motivada pela busca de uma "posição tripartite" entre mídias-anunciantes-agências que garantisse a integridade dos números e das ferramentas.

O desenvolvimento dos conceitos de mídia alimentou um intelectualismo por vezes exagerado da profissão de publicitário que veio junto com o profissionalismo das equipes de marketing dos clientes e a sofisticação das ferramentas de marketing (sobretudo os painéis de pesquisa).

As agências desenvolveram serviços e análises de mídia, e a concorrência entre elas alimentou-se da comparação de sua *expertise* em relação à mídia, sobretudo no que se refere à imprensa. Como a dupla sofisticação marketing e mídia podia se basear em dados numéricos de partes do mercado — a serem relacionados com os dados do universo de cobertura ou de partes dos entrevistados —, isso criou, para um grande número de executivos, um certo cientificismo laico, instaurando a importância da publicidade através da mídia como algo concreto e sedutor.

As agências voltaram-se, em sua grande maioria, para a publicidade através da mídia, e o desejo de todos os melhores profissionais de seu departamento comercial era fazer carreira nesse ramo da publicidade. Nas agências de publicidade clássicas, a promoção de venda geralmente tinha que se contentar com o pessoal do "segundo time" e alguns inquietos empreendedores que teimavam em se fazer ouvir. As agências de publicidade estavam muito ligadas aos indivíduos e confiavam em pessoas, numa caderneta de endereços ou até mesmo na aparência pessoal. As empresas de mailing (já se começava a falar em marketing direto) continuavam marginalizadas, exceto em setores específicos como o industrial ou médico, em que eram criadas lucrativas unidades especializadas.

Em suma, o caminho por excelência era a publicidade através da mídia, e a remuneração das agências pela famosa comissão de 15% nada mais era que a consagração e a reafirmação, *de facto*, desse primado.

A denominação "bellow the line", tomada de empréstimo aos anglo-saxões, acentuou ainda mais um certo tipo de descrédito para com a mídia alternativa. Mal compreendida, ela relegou essas técnicas ao final da lista de recomendações na estratégia de comunicação, quando nada mais havia para ser acrescentado à estratégia de mídia.

É claro que alguns técnicos tentaram sofisticar as abordagens matemáticas do rendimento das promoções, dos mailings ou da repercussão das ações de relacionamento com a imprensa, mas nada disso se comparava com a sofisticação da abordagem da mídia, e isto por dois motivos básicos. Antes de mais nada porque, diante da publicidade feita através da mídia e de sua unicidade conceitual, elas surgiam como algo disparatado e heterogêneo, até mesmo concorrendo entre si (logo, suspeitas, assim que pretendiam enunciar alguns princípios específicos); e, sobretudo, porque as mídias financiaram, com freqüência, a pesquisa sobre os conceitos de mídia, a qual não podia ser transferida para a promoção ou o mailing. A Fundação Jours de France — Marcel Dassault deu início, assim, a um grande número de reflexões — e a direção Interdéco, por meio de seu inquieto fundador, Bertrand de la Villehuchet, foram os grandes promotores de uma maior profissionalização da venda de espaço, baseada no conceito de audiência e também de posicionamento e função dos títulos e alimentada por análises cada vez mais sofisticadas. Desse modo, as mídias e suas autarquias financiavam amplamente o

CESP, no que diz respeito à medição, e o IREP, no que diz respeito à pesquisa, concentrando, de maneira legítima, os esforços e toda a atenção na publicidade veiculada pela mídia.

À era do reclame — muito centrada na mídia alternativa quanto ao espírito, mas em razão também da falta de mídias — sucedeu, portanto, o reinado da publicidade veiculada pela mídia extremamente lucrativa, na França, para a imprensa e o rádio, antes de sê-lo para a TV.

O surgimento da TV

O nascimento oficial da publicidade na TV ocorre em setembro de 1968, alguns meses depois da famosa primavera que, ela também, deve bastante à TV: em 1968, ⅔ das residências dispõem da "telinha"; a solenidade do telejornal das 8 da noite conseguiu sacralizar as escaramuças do bulevar Saint-Michel e a ocupação da Sorbonne. Maio de 68 talvez seja o primeiro acontecimento nacional a ter tirado partido da transmissão direta pela TV. É certo que a Guerra da Argélia já recebera cobertura televisa, mas a censura e o pequeno número de aparelhos receptores (de 2 a 20%) ainda não haviam permitido que se percebesse o crescimento da força dessa mídia.

Maio de 68 é que irá permitir que isso aconteça, estando na origem da chegada da publicidade à telinha. Tal chegada, tardia se comparada à situação existente na Inglaterra e nos Estados Unidos, vai criar um apelo para as multinacionais, que aguardavam a liberação da publicidade na TV francesa: os fabricantes de produtos de limpeza e de alimentos e a indústria automobilística vão tomar de assalto uma rede de TV, logo mais a segunda e depois a terceira, deixando para trás industriais franceses sequiosos para arranjar um lugar ao sol: assim é que o sucesso de Boursin e Ducros deve ser creditado à TV. Do mesmo modo, podemos citar marcas como Dim, Levi's, Wrangler, que souberam tirar partido do caráter muito democrático dessa mídia e de suas conseqüências diretas. Para determinados setores da indústria, a publicidade na TV levou a grandes decepções, pois, ao investir em campanhas de grande alcance desprovidas de fundos suficientes, que não levavam em conta os limites mínimos de público, eles não obtinham nenhum resultado com investimentos que, ainda que limitados, para eles eram extremamente importantes.

As marcas que compreenderam exatamente como funciona a mídia TV foram as que, concomitantemente, investiram no único ponto em que ela era fraca: a proximidade, o chão de loja. E, muito naturalmente, *a TV foi o principal artífice do desenvolvimento da promoção no ponto-de-venda*. A TV garantia a notoriedade e a imagem, e a promoção o contato com o produto. Nesse esquema, quanto mais a TV estimulava a promoção, mais ela reforçava a dicotomia entre publicidade/mídias e promoção/mídias alternativas, e a oposição, de que falamos anteriormente, entre publicitários e profissionais ligados à promoção. Felizmente, os publicitários americanos foram suficientemente precavidos e criaram estruturas promocionais no interior de seus grupos, a fim de oferecer uma abordagem global e um atendimento completo a seus clientes. Aliás, a decisão de adotar uma abordagem global da comunicação estará, periodicamente, na origem dos movimentos no interior das agências no sentido de criar entidades ou adotar posicionamentos específicos. A questão toda é saber quem — no que se refere à decisão de orquestrar de maneira global os vetores da comunicação — é o regente da orquestra, e que vai orientar o cliente e sua estratégia na direção da mídia ou da mídia alternativa.

Evolução do panorama mídia/mídia alternativa ao longo de 30 anos

Se examinarmos os números publicados pelo IREP[11], seguindo a divisão "grandes mídias"/"outras ações" — o que corresponde, no geral, à nossa classificação mídias/mídias alternativas —, perceberemos que existe uma similaridade de números durante o período de 1959 a 1989. Nesses 30 anos, as grandes mídias representam 63% e as outras ações 37%: a verdadeira evolução encontra-se em outro lugar.

Antes de mais nada, ela se encontra na divisão entre as grandes mídias. A mídia impressa, que representa mais de 40% nos anos 1960, passa a 35% em meados dos anos 1970, caindo para 30% — barreira que será ultrapassada dez anos depois em razão do violento ataque das TVs privadas. Pois, desde 1968, não há dúvida de que é a TV que, ano a ano, vai ficar com a parte da mídia impressa. Por outro lado, não foi só a TV que liquidou com a publicidade no cinema (que, nos anos 1950, representava 5% do investimento total): em primeiro lugar foi o rádio, seguido pela TV, que a deixou no patamar de 1%, de onde nunca mais sairia.

---

[11] O IREP, criado em 1957, logo se dedicou a analisar os gastos publicitários dos anunciantes. Seu trabalho é o resultado de pesquisas feitas junto a grandes anunciantes, não levando em conta o pequeno comércio e as pequenas e médias empresas cuja produção, dentro de uma perspectiva industrial, atende unicamente às necessidades de outras empresas. Trata-se de pesquisas feitas a partir de declarações dos anunciantes; o questionário evoluiu um pouco em função da época, mas o conjunto de respostas permaneceu absolutamente significativo até 1992.

Mídia jovem, o rádio ocupará a segunda posição durante cinco anos, de 1964 a 1969. Antes desse período, ele vivia nos calcanhares do cartaz, historicamente melhor implantado; depois dele, e no espaço de um ano, será definitivamente ultrapassado pela TV, sem jamais conseguir emparelhar com ela novamente.

O sucesso da TV é imediato, abocanhando 8% do mercado em dois anos. Se foi preciso esperar dez anos — ou seja, até o final de 1978 — para que ela ultrapassasse o patamar de 10%, isso se deve ao contingenciamento de espaço (e à proibição de livre acesso aos resultados das pesquisas de audiência feitas pelo CEO[12]).

Contrariamente àquilo que muitos possam ter dito, nos últimos trinta anos não houve, de modo geral, uma queda drástica do investimento em mídia (em %) e uma transferência elevada para a mídia alternativa, pelo menos levando-se em conta os números publicados pelo IREP.

O gráfico da página seguinte mostra a evolução estrutural dos investimentos em mídia/mídia alternativa durante o período 1959–1990.

---

[12] CEO: o Centre d'Étude d'Opinions (Centro de Pesquisa de Opinião) era quem media a audiência de TV nessa época; os resultados de suas pesquisas eram passados exclusivamente às redes e ao governo, e as agências não tinham acesso a eles.

Estrutura dos investimentos em mídia/mídia alternativa ao longo de 30 anos

Despesas de publicidade em %

- Outros
- Patrocínio, mecenato
- Propaganda no ponto-de-venda
- Promoção
- Exposição, demonstração
- Publicações, publicidade direta
- Televisão
- Rádio
- Cinema
- Outdoor
- Mídia impressa

Mudança da divisão mídia/mídia alternativa ao longo de 30 anos					
	1959	1968	1979	1989	1991
Mídias de grandes coberturas	63,4%	62,8%	61%	63%	60%
Outras ações	36,6%	37,2%	39%	37%	40%

Percebe-se uma pequena mudança no equilíbrio mídia/mídia alternativa ao longo de 30 anos

Fonte: IREP

É muito mais difícil avaliar os dados relativos aos investimentos em mídia alternativa, por serem muito menos precisos e carecerem de universalidade. Ademais, para compensar essa dificuldade de compreensão, o IREP modificou por diversas vezes o questionário de coleta de informações, o que dificulta a tarefa de analisar longos períodos. (Esse fato põe em evidência alguns desvios difíceis de explicar, como o de 1975.)

Assistimos, ao longo de vinte anos, ao forte crescimento da promoção de vendas (de 7 a 17%), à queda da publicação-publicidade direta, mas que, sem dúvida, é a queda da primeira mascarando a segunda, cuja evolução final está completamente ausente dos indicadores do IREP. O espaço ocupado pelas exposições, feiras e salões diminui no geral, traduzindo a queda das feiras-exposições genéricas desde os anos 1960, enquanto os salões especializados mantêm claramente uma posição vantajosa durante os anos 1970–1980, posição esta, aliás, não confirmada desde então. A propaganda no ponto-de-venda, finalmente, conheceu seu apogeu nos anos 1970, mas, com a concentração do comércio, a diminuição do número de marcas no setor alimentício e o controle de suas linhas de produtos pelos hipermercados e pelas cadeias especializadas (tipo Darty[13]), os investimentos no ponto-de-venda diminuíram.

Podemos ter acesso a outros dados que são menos favoráveis aos investimentos em mídia que aqueles apresentados pelo IREP, e que dão conta de uma repartição mais equilibrada. Durante os anos 1970, a promoção fica com a parte do leão, chegando a quase 20% de participação. Igualmente, se incorporarmos o setor de *business to business* e se considerarmos como marketing direto todas as ações comerciais por correspondência ou telefone, veremos que nos anos 1980 a participação do marketing direto cresce para 25–30% do total de investimento

---

[13] Rede francesa de pequenas lojas especializadas em produtos alimentícios. (N.T.)

— números que, no longo prazo, continuam carecendo de confirmação e não podem ser usados como comparação.

Temos, portanto, até 1990, um quadro de grande estabilidade global no que se refere à distribuição mídia/mídia alternativa, com significativas transferências internas. Na mídia, a inversão das transformações mídia impressa/TV; na mídia alternativa, a transferência de inúmeras atividades comerciais para um variado número de técnicas importantes como a promoção e o marketing direto, em detrimento das publicações e das feiras-exposições.

É preciso lembrar que se trata de mudanças *relativas*. O *boom*, em valor, da publicidade e do comércio é tal que, em trinta anos, o faturamento de todas essas mídias e técnicas vai às alturas.

O limite do sistema de mídia

A oligarquia do sistema de mídia que se desenvolveu nos anos 1980 seria abalada pela concorrência e pelo dinheiro, espinha dorsal da competição das mídias para atrair os investimentos dos anunciantes bem como a boa-vontade das agências. Devido à concentração e à inflação dos custos de compra de espaço, o sistema de mídia levou a uma redução do número de participantes e criou as estruturas de compra de espaço, verdadeiros atacadistas cuja missão inicial era atingir economia de escala em benefício de seus clientes anunciantes. Tal sistema permitiu a ocorrência de um determinado tipo de desvio, no qual os compradores determinavam as taxas e os descontos em seu próprio benefício e/ou no de seus clientes, em vez dos retornos de mídia mais adequados. Este foi, no clima nocivo dos anos 1980, um fator inflacionário importante, pois as mídias acresciam a suas tarifas as comissões normais e as supercomissões cobradas no início ou no fim do acerto, ocultas ou oficiais. Essas práticas — e suas conseqüências — foram ainda mais acentuadas com a chegada, nos mesmos anos 1980, das novas mídias (as rádios locais e, sobretudo, a TV), ávidas em abocanhar uma parte do bolo publicitário e dispostas a todo tipo de negociação para alcançá-lo.

O reinado das mídias hegemônicas deu origem a seus opostos. Além dos fatores endógenos de desenvolvimento do marketing direto (notadamente a democratização da informática), o ressurgimento da mídia alternativa nos anos 1980 é uma resposta econômica dada pelos anunciantes à alta de tarifas da mídia, mas, também, ao aumento do investimento mínimo necessário para conseguir se destacar em uma determinada mídia. Com efeito, durante os anos 1980, a saúde das empresas estimulou cada vez mais as marcas a investir na publicidade em mídia, aumentando o custo de cada ponto percentual a mais de *share of voice* e o custo por ponto de cobertura eficiente.

Durante esse período, a moderna distribuição (hipermercados, grandes redes especializadas...) também aumentou o custo de participação no mix de produtos, o custo de gôndola e o giro mínimo exigido para as marcas interessadas. Resultado: nem todas as marcas tiveram condição de estar presentes no mercado da grande distribuição; para aquelas que dispuseram dos recursos necessários, os responsáveis pelas marcas buscaram soluções de mercado mais baratas que alcançassem retorno rápido: técnicas promocionais, guerra de preços, incentivo às redes de merchandising etc., em detrimento das margens e, às vezes, das marcas, arriscando-se a ter que reforçá-las, na seqüência, por meio de operações de patrocínio e de mecenato.

Fica claro que o final dos anos 1980 presenciou uma diversidade de práticas de marketing e de seus opostos, apresentando um quadro mídia/mídia alternativa um pouco caótico — em razão de sua multiplicidade —, cambiante e muito reativo no curto prazo, por vezes sem a necessária visão das marcas e de seu futuro. Mas a mídia alternativa ganhara foros de nobreza e, para nomeá-la, os teóricos já empregavam um vocábulo unificador cujo objetivo era fazer com que ela se apresentasse unida diante da publicidade na mídia e suas práticas.

A Lei Sapin[14] (31 de março de 1993), concebida para combater as práticas discriminatórias, atingiu em cheio a publicidade na mídia, mais do que as práticas discriminatórias de determinados distribuidores aos quais ela visava. Ela teve seu impacto reforçado pelo comportamento muito favorável da mídia, que esperava interromper o custo proibitivo dos descontos e reembolsos concedidos aos intermediários. Seus dirigentes queriam recompor as margens e voltar a praticar certo nível real de preços. O volume financeiro muito elevado dos reembolsos somava-se ao custo crescente das equipes de publicidade formadas pelas próprias mídias para evitar os desvios de orientação e a dependência exagerada de compradores cada vez mais importantes. Foi por esse motivo que os dirigentes das mídias — utilizando às vezes um discurso diferente para não melindrar seus interlocutores publicitários e anunciantes — viram com bons olhos a aplicação da lei.

O conjunto da mídia talvez estivesse se arruinando em termos de rentabilidade, e não se pode negar que essa lei foi um choque necessário para o mercado.

---

[14] Lei que determina que toda compra de espaço feita para o anunciante deverá ter um contrato firmado.

Do nosso ponto de vista, entretanto, em razão da falta de debate inteligente e de consenso profissional, foi imposto à mídia e aos agentes publicitários um quadro legal excessivamente rígido — definido por funcionários públicos que nunca haviam comandado uma empresa — que privou agências e anunciantes do direito básico de exercer sua atividade e a mídia de uma competição sadia.

Talvez seja necessário que nos debrucemos novamente sobre essa lei — não para revogá-la, pois é impossível voltar atrás completamente —, mas para modificá-la, repensá-la, até mesmo complementá-la, sobretudo no que diz respeito à multimídia. A própria mídia encontra-se travada dentro do sistema que elaborou com a ajuda dos legisladores, e agora inventa caminhos tortuosos para poder discutir novamente com os anunciantes e as agências e exercer livremente sua atividade. Quanto à mídia alternativa, esta vai muito bem, tendo finalmente escapado dessa lei, o que lhe permite exercer sua atividade com uma certa liberdade, e a intensificação de sua prática oferece às agências uma maior liberdade de remuneração.

Crescimento da mídia alternativa, passo em falso do sistema de mídia, competição feroz entre mídia e mídia alternativa e surgimento da multimídia para embaralhar as cartas. É assim que se apresenta hoje o panorama mídia/mídia alternativa no qual evoluem as marcas em busca de novos territórios onde possam se destacar, economizando as energias numa conjuntura difícil e face a um consumidor totalmente modificado.

	Panorama dos grandes períodos			
	1945–1960	1960–1975	1975–1990	1990–2000
Sociedade	Os anos de liberação	Os anos modernos	Os anos positivos dos hipermercados	Os anos da dúvida
Mídias	A construção do sistema (imprensa/rádio)	Os anos da revista (imprensa/TV)	Os anos da mídia. Cores e exposição	Os anos da gestão. A tentação da multimídia
Comunicação	A festa da mídia (ou da mídia alternativa)	O reinado da mídia	A mão dupla mídia e mídia alternativa	A sinergia mídia/mídia alternativa

Investimentos na mídia e na mídia alternativa: para entender melhor os números

O capítulo precedente ilustrou, se ainda restasse dúvida, o fato de que a coexistência entre mídia e mídia alternativa (ontem uma coexistência pacífica que, hoje, transformou-se em guerra fria) sempre existiu, sobretudo depois do advento da mídia de massa. Enredados nos termos usados recentemente, acabamos por nos esquecer disso. Trata-se de um fenômeno comum: os profissionais de marketing têm a tendência de renegar as épocas passadas, acreditando (ou querendo fazer crer) que todo novo período traz problemáticas novas, para as quais a experiência não acrescenta nada.

Essa rejeição do passado — como quadro de referência distante demais — por parte do pessoal de marketing transforma-se, inversamente, numa busca obsessiva por dados dos anos recentes, para comparar, segmentar, analisar as tendências e apresentar propostas para o futuro.

O marketing alimenta-se de estatísticas, e a análise dos investimentos em marketing e em publicidade não escapa a essa regra.

Diversidade de fontes

Existem várias fontes de informação, mas elas não medem as mesmas realidades.

A cada um o que lhe é de direito: desde 1959, o IREP tem se interessado sobretudo nos investimentos publicitários feitos nas "grandes mídias", pesquisando junto a elas no que diz respeito a seu faturamento. Seus estudos só analisam o custo do espaço e não os gastos com a produção das mensagens (filmes, gravações, fotos ou ilustrações...). Como não dispõe dos recursos financeiros necessários, o IREP não conseguiu manter um quadro de anunciantes suficientemente importante que lhe permitisse integrar em sua análise o conjunto de suas despesas. Entretanto, utilizando o método de custo técnico, o IREP procede a uma avaliação anual do conjunto de gastos.

O Secodip[15] é outra instituição francesa, mas de vocação internacional. Esse organismo privado recolhe as inserções publicitárias numa amostragem bastante ampla das grandes mídias, quase exaustiva no que se refere às mídias de grande público e de alcance nacional (mídia impressa, rádio, TV...), menos representativa em relação a determinados mercados especializados ou regionais. Ao contabilizar cada uma dessas inserções pelo preço de tabela, o Secodip fornece o que se pode chamar (de modo inapropriado) de "investimentos dos anunciantes", que incluem também determinadas receitas de mídia já sem os descontos e descontos de veículos. Essas informações são extremamente úteis para os publicitários e anunciantes, que, graças a elas, podem analisar a distribuição e a concentração de gastos dos anunciantes por veículo, grupos de veículos e meios. Todas as perguntas relacionadas à participação do *share of voice* das empresas e de marcas nas grandes mídias encontram respostas pertinentes nos dados do Secodip. (Exceto pelo fato de o Secodip calcular os investimentos pela tabela cheia, que está longe da tabela real, e de não ser capaz de levar em conta a política comercial dos veículos nem as campanhas fechadas na última hora ou sob a forma de permuta.)

Para avaliar os gastos dos anunciantes precisamos nos voltar para os próprios anunciantes, usando um sistema de pesquisa que, forçosamente, é extremamente pesado se quisermos ser exaustivos, quer dizer, se quisermos que ele seja representativo do tecido industrial e comercial e não apenas dos grandes anunciantes. O custo de tal sistema, que fez o IREP recuar, levou, por outro lado, um instituto como o IPSOS — bastante especializado no mercado publicitário dos grandes anunciantes — a constituir um Observatório da Publicidade que acompanha os gastos dos anunciantes cujos investimentos ultrapassam 2,5 milhões de francos. Esses anunciantes não perfazem 10 mil empresas, ou seja, 0,4% dos 2,4 milhões de estabelecimentos industriais ou comerciais da França. Um universo extremamente reduzido, ainda que pareça representar, em valores relativos, 37,5% dos gastos dos anunciantes.

---

[15] Sociedade francesa do consumo, distribuição e publicidade, equivalente ao nosso Ibope monitor. (N.R.T.)

A fim de medir os gastos dos anunciantes de maneira exaustiva, os grandes participantes do mercado lançaram o estudo France Publicité[16]. Essa pesquisa sem precedente faz um levantamento das práticas de aproximadamente 2.500 estabelecimentos pesquisados, que são uma amostra das 2,4 milhões de empresas ou estabelecimento da França. Rica em ensinamentos, ela recolhe e analisa os investimentos em comunicação das empresas, segundo uma grade bem ampla que leva em conta tanto a mídia como a mídia alternativa. O questionário aborda as práticas dos anunciantes, suas opiniões a respeito dos diversos meios de informação e as razões que os levam a utilizá-los ou não. Desse modo, a pesquisa permite que se tenha um panorama completo, tanto nacional como local, e tanto das empresas que têm por alvo o grande público como daquelas que visam a outras empresas (*business to business*). Existem limites para esse tipo de análise:

- a pesquisa classifica sob o nome de "estabelecimento" tanto uma empresa individual (um bar na Corrèze, por exemplo) como a cervejaria Kronenbourg. Considerando-se tal mistura de extremos, pode-se perguntar qual o significado da palavra média. Por outro lado, assim como hoje se domina a técnica de amostragem em termos de porte e de setor empresarial, do mesmo modo torna-se difícil, até mesmo impossível, fazer seu cruzamento com as cotas por função (DG, DMkg[17]... através de um mosaico de empresas de porte muito variado;
- às vezes é difícil classificar as mesmas realidades com o mesmo nome. Isso já acontece quando se trata de empresas que têm uma cultura de mercado comparável — o que a experiência comprova —, mas quando se trata de empresas tão diversas como aquelas do exemplo utilizado, as diferenças atrapalham demais: o termo marketing direto ou marketing de eventos, ainda que esmiuçado pelo pesquisador diante do entrevistado, não tem o mesmo significado para um dono de bar e para a principal cervejaria da França;
- finalmente — e não se trata aqui de uma falha específica dessa análise —, do mesmo modo que é simples para uma empresa identificar e contabilizar a compra de espaço na TV, no rádio e na imprensa, ou num catálogo

---

[16] A análise France Publicité teve início em 1992, pela ODA. Hoje, o Grupo Havas e Havas Média Communication em seu conjunto (Havas Régie, ODA, Avenir, Comareg, Delta Diffusion) são os patrocinadores dessa análise. Por estarem bastante presentes no marketing local, esses grupos puderam, por meio dessa análise, pôr em relevo o peso dos pequenos anunciantes e dos agentes publicitários locais e regionais, que são seus clientes prioritários.

[17] Coordenadas de vetores. (N.R.T.)

ou guia, na mídia alternativa, a dificuldade de traduzir as palavras para o senso comum e a complexidade do detalhamento dos gastos tornam mais árdua a verificação das declarações e das contas.

Assim, quando a France Pub fazia menção aos impressos publicitários, não levava em conta de maneira sistemática sua utilização no marketing direto. Os autores da análise da France Pub, cientes desse fato, fizeram algumas correções nas pesquisas de 1995–1996. Desde então, o cálculo de gastos com a mídia alternativa passou a fazer parte dos investimentos necessários para a utilização dos estudos (distribuição, franquia...). Do mesmo modo, os investimentos em mídia fazem parte dos custos técnicos daquilo que vem ocupar os espaços comprados: custo de filmes, de *spots*, de impressos, de cartazes...

Seja como for, a pertinência e a riqueza da análise da France Pub merece ser destacada, e cada um de nós deve dedicar, todos os anos, o tempo necessário para ficar a par do peso que têm os investimentos em mídia e os investimentos em serviços de marketing (marketing direto, promoção, RP etc.).

Concentração dos investimentos de comunicação

Tamanho do orçamento	Nº de estabelecimentos	%	Peso orçamentário (em bilhões de francos)	%
< 20 KF*	1.878.000	78,2%	6,54	4,4%
20 a 100 KF	343.000	14,3%	16,20	11,0%
100 a 500 KF	125.800	5,2%	25,75	17,4%
500 KF a 2 MF**	43.900	1,9%	43,99	29,8%
> 2 MF	9.300	0,4%	55,21	37,4%
	2.400.000	100,0%	147,69	100,0%

* *Kilofranc* – Unidade monetária francesa de conversão.
**Milhão de francos.

2/3 dos investimentos em publicidade estão nas mãos de 2,3% dos estabelecimentos!

Fonte: France Pub

Segundo a France Pub, em 1996 os anunciantes gastaram ao redor de 152 bilhões de francos em comunicação. Esses valores devem ser comparados aos 170 bilhões que as empresas gastaram em equipamentos e aos 70 bilhões dispendidos na compra de equipamentos e programas de informática. Conclusão: a comunicação tornou-se, na verdade, um investimento produtivo para a maior parte dos dirigentes de empresa, ainda que a comparação com os números referentes a outros países coloque a França atrás na fila dos principais países industrializados[18]. Em termos de evolução, desde 1990 — o que pode ser comprovado por ter sido analisado de modo mais sistemático — o mercado da comunicação dos anunciantes entrou "em um ritmo de fraca expansão, que, de todo modo, é superior ao crescimento do PIB[19]. O ano de 1993, aliás, é objeto de certa controvérsia, pois, se de acordo com a análise da France Publicité na qual iremos basear nossa reflexão, o crescimento desse ano foi de 1,9%, o IREP registra uma queda de 3,7%, o que assinala as dificuldades de um ano em que baixou a demanda das famílias (−1,3%), em que a publicidade na grande mídia foi bastante afetada pela crise (−5% segundo o IREP), mas também pelas leis Evin e Sapin, que vieram limitar o mercado (uma delas) e transformá-lo (a outra), ocasionando uma desestabilização generalizada dos agentes, das agências e das centrais, como também dos anunciantes. De fato, entre 1992 e 1996 — ou seja, em quatro anos —, o investimento cresceu em 20 bilhões de francos (passando de 132 a 152 bilhões). A responsável por esse crescimento foi, sobretudo, a mídia alternativa.

O peso da mídia e da mídia alternativa em 1996

De acordo com o levantamento da France Pub, em 1996 a grande mídia ficou com 36,2% do bolo contra 63,8% da mídia alternativa. Esses percentuais não são fruto do acaso nem um acidente cronológico: a evolução da divisão dos investimentos das empresas entre mídia e mídia alternativa tem sido contínua desde 1992, data do surgimento da pesquisa France Publicité. O peso da mídia alternativa é ainda mais evidente quando se sabe que as duas principais mídias da França pertencem àquilo que se convencionou chamar de mídias alternativas: o marketing direto e a promoção, mídias que superam o conjunto da mídia impressa e da TV. Caminhamos rapidamente para uma relação dois terços/um terço em favor da mídia alternativa. Aliás, se ficarmos somente com os anunciantes que investem localmente — ou seja, aproximadamente 2.186.000 empresas do universo de 2,4 milhões de empresas anunciantes —, a divisão de seu investimento já se situa nesse nível de 66%, o mesmo ocorrendo com os anunciantes *business to business*, que aplicam ⅔

---

[18] Segundo o levantamento Europub realizado pela Havas, o nível de investimentos em publicidade coloca a França na 5ª posição, atrás dos Estados Unidos, Japão, Alemanha e Reino Unido, e o investimento em mídia representa só 0,7% do PIB francês, enquanto nos Estados Unidos esse percentual é de 1,2%.

[19] Indicadores Estatísticos da Publicidade, SJTI-96.

de seus investimentos em comunicação na mídia alternativa! Parece que, de agora em diante, a mídia alternativa vence por nocaute.

Divisão entre mídia e mídia alternativa de 1992 a 1996

	1992	1993	1994	1995	1996
Peso da mídia	39,1%	37,1%	36,8%	36,6%	36,2%
Peso da mídia alternativa	60,9%	62,9%	63,2%	63,4%	63,8%

Fonte: France Pub

Crescimento dos gastos do mercado publicitário entre 1992 e 1996

	1992	1993	1994	1995	1996	92/96
Total global (em bilhões de francos)	132,822	135,37	141,337	147,688	152,034	
Crescimento		+ 1,9%	+ 4,4%	+ 4,5%	+ 2,9%	+ 14,5%
Total das mídias tradicionais (em bilhões de francos)	51,802	50,11	51,98	54,014	55,106	
Crescimento		− 3,3%	+ 3,7%	+ 3,9%	+ 2,0%	+ 6,4%
Total das mídias alternativas (em bilhões de francos)	81,02	85,26	89,357	93,674	96,928	
Crescimento		+ 5,2%	+ 4,8%	+ 4,8%	+ 3,5%	+ 19,6%

A cada ano, o crescimento da mídia alternativa é sempre maior que o da mídia.
Fonte: France Pub

Por outro lado, a análise de conjuntura IPSOS já citada — o "Observatório do mercado publicitário" — apresenta uma relação entre as mídias completamente oposta: 70% para as mídias e 30% para as mídias alternativas, considerando-se as empresas que investem mais de 10 milhões de francos anuais em publicidade na mídia, chegando mesmo a indicar 78% contra 22% quando se trata de empresas que investem mais de 100 milhões anuais.

Quem tem razão e quem não tem? Todos — ou ninguém. Essas duas análises medem, cada uma à sua maneira, duas realidades econômicas diferentes de dois universos bem distintos. Se tomarmos o conjunto das empresas francesas, a primazia da mídia alternativa é evidente. Tal primazia é reforçada sobretudo quando a empresa trabalha com públicos-alvos locais ou *business to business* — e não o grande público — que contam com pouco apoio publicitário para estabelecer contato com ela. A análise, portanto, é simples: quanto mais específico é o público-alvo da empresa, menos ela encontra mídias que correspondam a suas necessidades. Sua reação natural, então, é criar os próprios mecanismos de ação e de comunicação para transmitir suas mensagens: marketing direto, promoção, catálogos e guias, eventos e RP são os veículos preferidos. Junta-se a isso o custo de acesso às mídias, isto é, o custo real para ser visto/ouvido, obtendo, portanto, uma certa eficácia. Para determinadas empresas esse custo é proibitivo e impede o uso da mídia, a não ser no caso de iniciativas de grande alcance, servindo apenas para satisfazer o ego dos proprietários sem cobrir o mercado. Em outros casos, o custo não é necessariamente proibitivo, mas é percebido como tal pelos anunciantes, freqüentemente por desconhecimento.

O público-alvo dos grandes anunciantes, por outro lado, é bastante amplo e faz parte do grande público, a quem se vendem produtos de uso freqüente ou que têm margem de lucro elevada. Somente esses públicos-alvos, ou mercados, permitem e legitimam os orçamentos de comunicação elevados que eles geram. Tanto é que 12 mil empresas, ou seja, 0,5% do total, utilizam a TV, e 178 mil empresas, ou seja, 7,4%, utilizam as revistas (dados de 1995). Para essas empresas, o recurso à publicidade tem uma razão evidente, expressa em termos de pressão publicitária, cobertura e freqüência. O peso da mídia é prioritário em seu investimento porque a força da mídia é indispensável para o desenvolvimento de seus mercados, enquanto para inúmeros dentre esses anunciantes a mídia alternativa constitui um fator de diferenciação estratégica ou tática, vindo em primeiro lugar o marketing direto, sobretudo em sua dimensão de contato individual e personalizado, que permite conservar a relação marca/cliente. Para esses grandes anunciantes, o custo de utilização da mídia é tal — se quiserem marcar sua presença — que as mídias (ainda) perfazem ⅔ de seu investimento. Considerando-se o volume total de investimento, o ⅓ restante permite que eles também sejam os anunciantes mais importantes da mídia alternativa. É o que acontece com a situação paradoxal de determinados mercados de produtos de massa — como o setor alimentício, por exemplo —, no qual os líderes conseguem investir dezenas de milhões em outdoors ou TV e apenas alguns milhões em mídia alternativa, e, apesar da prioridade dada ao investimento em mídia, ser os principais anunciantes em mídia alternativa do setor, não deixando nenhuma possibilidade de liderança às pequenas empresas ou às empresas regionais, que, com razão, têm que se limitar à mídia alternativa.

Essa análise apresenta, portanto, dois universos bem distintos: o dos grandes anunciantes e o dos "médios". Estes últimos são os anunciantes cujos públicos-alvo são mais ativos, que desejam influenciar fortemente esse público e que, na busca de uma alternativa ou estratégia conjugada que respeite seu orçamento, se perguntam: "mídia e/ou mídia alternativa?". Estamos cientes do peso que tem essa pergunta.

As duas principais mídias da França fazem parte da mídia alternativa

Este é um paradoxo histórico que confirma de maneira clara — ainda que desnecessariamente — o primado da mídia alternativa. As duas principais mídias utilizadas pelos anunciantes são, portanto, o marketing direto (31,09%) e a promoção (15,82%), sendo que esta última ultrapassa por pouco a totalidade da mídia impressa (15,71%) — primeira mídia no sentido clássico do termo —, que vê sua participação histórica ser corroída pela TV (11,88%). Assim, dois veículos da mídia alternativa encontram-se à frente do *hit-parade* dos meios de comunicação. Algumas pessoas podem contestar dizendo que essas duas mídias são abertas, reagrupando às vezes técnicas muito variadas e apelando para diferentes meios (panfletos e uso do telefone para o marketing direto, por exemplo), e que as técnicas do marketing direto e da promoção unem o meio e a mensagem, não podendo ser, assim, sempre comparados aos outros veículos de comunicação. O argumento é passível de discussão, que não se limita simplesmente ao *hit-parade* liderado por essas duas técnicas, o que revela sua importância durante os anos 1990. Além disso, se existe o interesse pela mensagem e não somente pelo meio, podemos creditar ainda a essas duas técnicas determinados investimentos importantes em mídia: na área do marketing interativo (ou direto), sob a forma de mensagens ou *spots* voltados de modo bastante específico a *feed-backs* imediatos, ou, na área do marketing promocional, sob a forma de mensagens e *spots* especialmente destinados a fazer com que o consumidor participe de jogos ou iniciativas específicas.

Em matéria de divisão do investimento dos anunciantes (exemplificada, a seguir, por meio de uma "pizza"), perceberemos de modo particular — para entender melhor a estrutura de investimento — que:

- *marketing direto e promoção* representam, sozinhos, quase 50% dos gastos, o que ratifica a necessidade de interatividade sentida pelos anunciantes;

Mercado publicitário em 1996
Gastos dos anunciantes
152.438 bilhões de francos (BF)

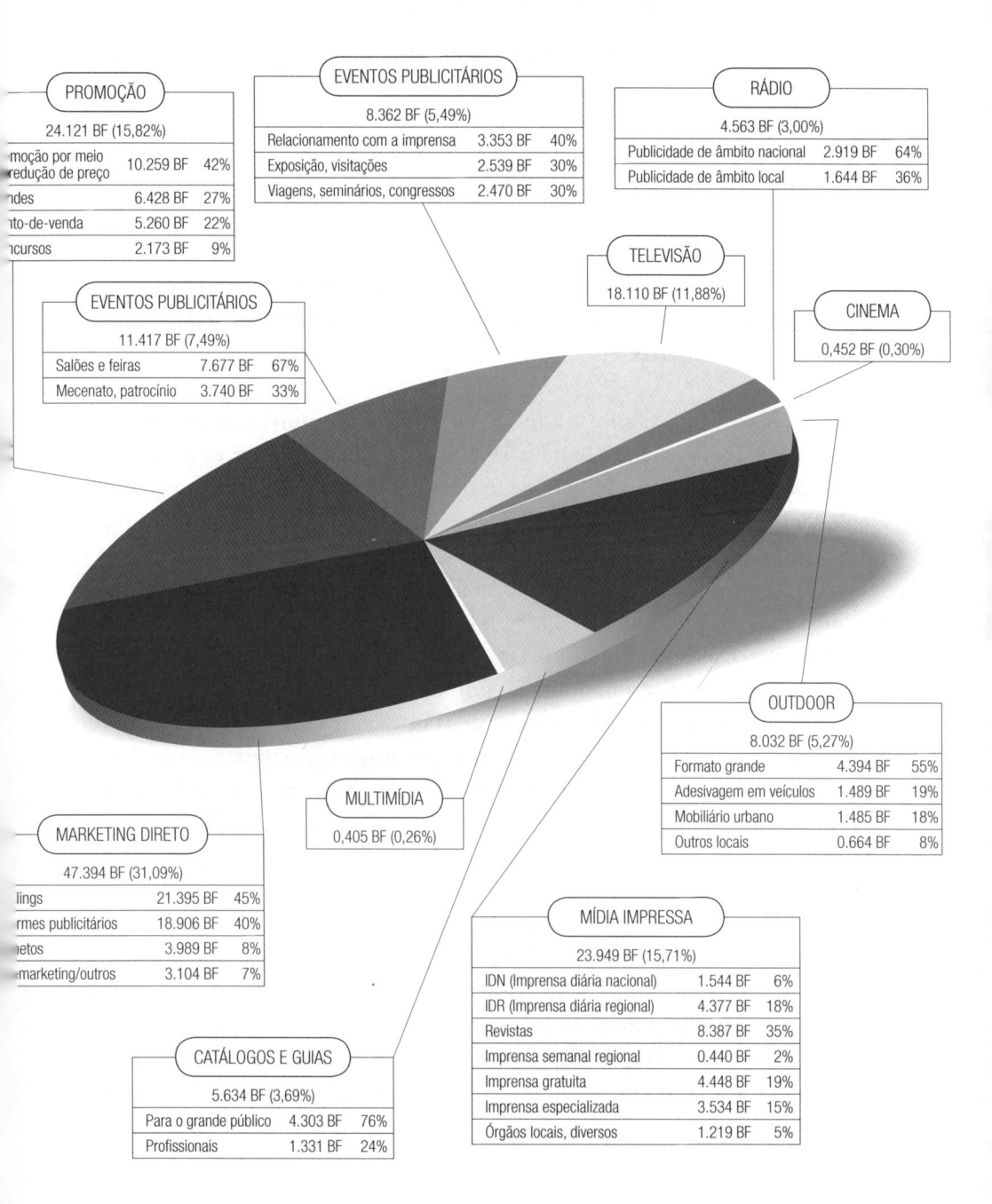

PROMOÇÃO

24.121 BF (15,82%)

moção por meio redução de preço	10.259 BF	42%
ndes	6.428 BF	27%
to-de-venda	5.260 BF	22%
cursos	2.173 BF	9%

EVENTOS PUBLICITÁRIOS

8.362 BF (5,49%)

Relacionamento com a imprensa	3.353 BF	40%
Exposição, visitações	2.539 BF	30%
Viagens, seminários, congressos	2.470 BF	30%

RÁDIO

4.563 BF (3,00%)

Publicidade de âmbito nacional	2.919 BF	64%
Publicidade de âmbito local	1.644 BF	36%

EVENTOS PUBLICITÁRIOS

11.417 BF (7,49%)

Salões e feiras	7.677 BF	67%
Mecenato, patrocínio	3.740 BF	33%

TELEVISÃO

18.110 BF (11,88%)

CINEMA

0,452 BF (0,30%)

OUTDOOR

8.032 BF (5,27%)

Formato grande	4.394 BF	55%
Adesivagem em veículos	1.489 BF	19%
Mobiliário urbano	1.485 BF	18%
Outros locais	0.664 BF	8%

MULTIMÍDIA

0,405 BF (0,26%)

MARKETING DIRETO

47.394 BF (31,09%)

lings	21.395 BF	45%
rmes publicitários	18.906 BF	40%
etos	3.989 BF	8%
marketing/outros	3.104 BF	7%

MÍDIA IMPRESSA

23.949 BF (15,71%)

IDN (Imprensa diária nacional)	1.544 BF	6%
IDR (Imprensa diária regional)	4.377 BF	18%
Revistas	8.387 BF	35%
Imprensa semanal regional	0.440 BF	2%
Imprensa gratuita	4.448 BF	19%
Imprensa especializada	3.534 BF	15%
Órgãos locais, diversos	1.219 BF	5%

CATÁLOGOS E GUIAS

5.634 BF (3,69%)

Para o grande público	4.303 BF	76%
Profissionais	1.331 BF	24%

- *marketing direto, promoção, mídia impressa e TV* representam ¾ dos investimentos, deixando o outdoor e o rádio (só 3%) atrás de eventos (7,49%) e de relações públicas (5,49%) no *ranking* das técnicas de importância financeira média.

Quando não levamos em conta o conjunto da divisão por setores e subsetores, não percebemos de imediato certas verdades. E, na verdade, os "veículos" mais conhecidos não são, forçosamente, os mais utilizados. Quem poderia imaginar que a participação dos catálogos fosse tão importante quanto a do cartaz 4×3 ou quanto a do rádio de alcance nacional e local?

O crescimento dos investimentos dos anunciantes deve-se mais à mídia alternativa... e às mídias de resposta imediata

De 1992 a 1996 (cinco anos), a mídia alternativa teve um crescimento de 15 bilhões de francos — equivalente a 19,6% —, enquanto os investimentos em mídia aumentaram em 3,3 bilhões de francos, ou seja, um crescimento de 6,4%. Qualquer que seja a maneira de analisar os resultados, podemos dizer que a mídia alternativa cresceu três vezes mais rápido.

Os motores desse crescimento são, mais uma vez, o marketing direto (+28,1% em cinco anos) e a promoção (+39,9%). Já tendo sido identificados como os mais importantes veículos para os anunciantes, eles são os mais dinâmicos do ponto de vista econômico. Sua importância, portanto, não é unicamente conjuntural e ligada à crise, como determinadas pessoas quiseram fazer crer; ela reflete um importante e duradouro fenômeno de busca de resultados comerciais através de uma interatividade mais forte entre a empresa, ou sua marca, e seu público-alvo. Deve-se destacar também, em termos de evolução, o desempenho da TV (+19,4%) e do rádio (+10%), os únicos veículos de mídia/mídia alternativa a apresentar um crescimento de dois dígitos.

Devemos, desde logo, levantar uma questão mais ampla: se não são as mídias/mídias alternativas de distribuição de cobertura rápida as que hoje são as mais procuradas pelos anunciantes. Porque quando dizemos mídia de distribuição de impacto rápido, isso freqüentemente significa mídia de resposta imediata, o que vem ao encontro das preocupações de curto prazo de inúmeros anunciantes que querem um retorno no prazo de semanas, e não mais ao longo dos meses e anos vindouros.

Uma análise mais refinada das técnicas e não mais dos grandes veículos, no período 1994-1996, confirma essa hipótese: os (folhetos distribuídos nas caixas de correspondência) cresceram 69,5%, o telemarketing, 35,8% e os mailings, 21,8%: três técnicas cujo poder de fogo é instantâneo e cujo público-alvo e distribuição de impactos são cada vez mais precisos. O resultado disso tem sido, há alguns anos, um aumento de eficácia, que os anunciantes logo perceberam e apreciam.

O mesmo acontece com a promoção. A promoção por meio da redução de preços, técnica cuja fatia de participação no total de investimentos dos anunciantes já era amplamente majoritária, com 42%, é a que cresce mais rápido (+16,2%) ao longo de um ano, enquanto os concursos apresentam um crescimento mais fraco (+ 8,8%). A primeira tem um efeito imediato, ainda que implique geralmente em redução de margens; os segundos têm um efeito estimulante concreto, porém mais aleatório.

Ficamos com a mesma impressão ao analisarmos o item relações públicas, no qual as portas abertas e as visitas — com data preestabelecida e voltada a um público-alvo — aumentam rapidamente sua participação no orçamento dos anunciantes (+11,9%), de todo modo mais rápido que o mero relacionamento com a imprensa ou que o item "viagens, seminários, congressos", geralmente sinônimos de gastos exagerados e contatos aleatórios (−11,7% em dois anos). Os salões (sempre com um público-alvo) e feiras (geralmente locais) aumentaram em 5,5%, enquanto o mecenato (−0,2%) é penalizado em razão de sua presumida ineficácia por conta do caráter caritativo ou voluntário.

Mercado local: o Eldorado da mídia e da mídia alternativa

Em 1996, os anunciantes declararam haver gasto 50,6 bilhões de francos para atingir públicos-alvos locais. Esse montante representa ⅓ do total de gastos em publicidade.

Tais gastos não significam que estamos falando de anunciantes cujo investimento é exclusivamente local[20]. Na verdade, se 1.897.000 anunciantes que investem exclusivamente em suas regiões gastam aí 21,5 bilhões, é preciso levar

---

[20] A grande maioria das empresas que investem no mercado local (1.897.000 estabelecimentos) é de microanunciantes que gastam menos de 20 KF por ano em publicidade.

Evolução dos gastos do mercado publicitário entre 1992 e 1996

		1994	1996	Evolução
Televisão (em BF – bilhões de francos)		16,372	18,11	+ 10,6%
Rádio (em BF)		4,628	4,563	– 1,4%
dos quais	Publicidade de âmbito nacional	3,106	2,919	– 6,0%
	Publicidade local	1,522	1,644	+ 8,0%
Cinema (em BF)		0,382	0,452	+ 18,3%
Outdoor (em BF)		7,66	8,032	+ 4,9%
dos quais	Formato grande	4,179	4,394	+ 5,1%
	Adesivagem em transporte público	1,421	1,489	+ 4,8%
	Prédios públicos	1,426	1,485	+ 4,1%
	Outros locais	0,634	0,664	+ 4,7%
Mídia impressa (em BF)		22,938	23,949	+ 4,4%
dos quais	IDN (Imprensa Diária Nacional)	1,592	1,544	– 3,0%
	IDR (Imprensa Diária Regional)	4,144	4,377	+ 5,6%
	Revistas	8,321	8,387	+ 0,8%
	ISR (Imprensa Semanal Regional)		0,44	
	Imprensa gratuita	4,214	4,448	+ 5,6%
	Imprensa especializada	3,402	3,534	+ 3,9%
	Órgãos locais, outros	1,265	1,219	– 3,6%
Catálogos e guias		5,529	5,634	+ 1,9%
dos quais	Para o grande público	4,159	4,303	+ 3,5%
	Especializados	1,37	1,331	– 2,8%
Marketing direto		42,86	47,394	+ 10,6%
do qual	Mailings	17,571	21,395	+ 21,8%
	Informes publicitários	20,65	18,906	– 8,4%
	Folhetos	2,354	3,989	+ 69,5%
	Telemarketing, outros	2,285	3,104	+ 35,8%
Promoção		21,636	24,121	+ 11,5%
da qual	Promoção por meio de redução de preço	8,827	10,259	+ 16,2%
	Peças publicitárias	6,136	6,428	+ 4,8%
	Ponto-de-venda	4,676	5,26	+ 12,5%
	Concursos	1,997	2,173	+ 8,8%
Eventos publicitários		11,021	11,417	+ 3,6%
entre os quais	Salões e feiras	7,274	7,677	+ 5,5%
	Mecenato, patrocínio	3,747	3,74	– 0,2%
Relações públicas		8,31	8,362	+ 0,6%
entre as quais	Relacionamento com a imprensa	3,245	3,353	+ 3,3%
	Exposição, visitação	2,268	2,539	+ 11,9%
	Viagens, seminários, congressos	2,797	2,47	– 11,7%

Fonte: France Pub

em conta que outros 29 bilhões originam-se de 320 mil anunciantes, certamente mais importantes, que investem tanto em nível local quanto nacional.

Os anunciantes se deram conta da importância do trabalho local sobre seus públicos-alvos. Eles utilizam sobretudo o marketing direto e a promoção, mas também os catálogos e a mídia impressa local — paga ou gratuita — e os outdoors, assim, mais da metade dos gastos com cartaz é investida em nível local. O mesmo acontece com o rádio, em que quase 40% dos investimentos são destinados às rádios locais.

Os estabelecimentos que anunciam localmente estão presentes em todos os setores da economia, notadamente na distribuição (22%), nos bancos/seguradoras (4%) e nos serviços pessoais (17,9%) — dada a necessidade de estar próximos de seu público. Podem fazer parte, também, do setor *business to business*, caso em que não visam ao grande público, mas diretamente às empresas que compõem o tecido econômico local: são as indústrias, a construção e o transporte público (24%), o setor de prestação de serviços às empresas (10%) ou o comércio atacadista (7%). Quanto às coletividades locais e ao serviço público, representam 11% dos anunciantes e já contribuem com 4,9 bilhões de francos do investimento em nível local, ou seja, 10% do total de investimentos locais!

Diante da mídia de massa nacional, as mídias locais fazem o papel de ligação e de poder social. As regiões conseguem se fazer ouvir melhor na medida em que se alicerçam sobre a infra-estrutura da mídia, notadamente da mídia impressa, mas também do rádio, que unifica opiniões e solidifica comportamentos diante dos poderes locais ainda bastante presentes. Diante das antigas regiões, dentre as quais algumas não passam de lendas e fazem parte da História, as novas regiões econômicas precisam das mídias para se expressar e dialogar. É aí que surge a oportunidade para determinadas mídias locais como os semanários regionais (ISR), que substituem os diários em certos cantões onde os grandes jornais regionais não conseguem penetrar. Os anunciantes não se enganam quanto a isso, e, se nos voltarmos para as mídias, perceberemos aquilo de que trataremos mais adiante, no capítulo dedicado ao desenvolvimento do marketing de relacionamento, notadamente no que diz respeito à proximidade: *um grande desenvolvimento da publicidade em nível local*, sinônimo também de eficácia imediata da comunicação e de seu controle.

Assim é que o rádio, mídia em busca de investimentos publicitários, vê sua participação local crescer 8%, a IDR (Imprensa Diária Regional) aumenta (+5,6%), enquanto a IDN (Imprensa Diária Nacional) despenca (–3%) e as revistas de circulação nacional entram em processo de estagnação (+0,8%).

E se a TV passasse por uma regionalização mais profunda, sua participação aumentaria fortemente. As redes de TV sabem disso muito bem, e é por isso que pedem ao governo a permissão de inserir publicidade regional durante os intervalos comerciais.

Quando se compara a estrutura de investimentos de cobertura dos anunciantes locais com a dos anunciantes nacionais, fica claro o caráter bastante pragmático dos primeiros: sua iniciativa está voltada, sobretudo, ao crescimento do negócio (faturamento, número de clientes...), e os meios de comunicação que eles utilizam são essencialmente comerciais, aqueles que falam mais de perto com seu público-alvo. O varejo e os shopping centers, por exemplo, operam com um corte bastante preciso em termos geográficos (clientela/tipo de produto e/ou clientela definida por zona comercial, e de manutenção com os ritmos de contatos anuais...). No caso dos anunciantes *business to business* (atacadistas, prestadores de serviços às empresas), é o caráter profissional e local que predomina, e os veículos como mailing, telemarketing e catálogos — e mesmo eventos fechados — são os veículos preferidos de comunicação.

Isso quer dizer que, como regra e salvo exceções em nível local, não se faz nenhum investimento de comunicação ligado à imagem e à notoriedade dos estabelecimentos e de suas marcas: o espaço regional é pragmático e busca resultados imediatos. Isso talvez se deva ao fato de os investimentos em nível nacional e na imagem serem bancados pelas matrizes (como, por exemplo, no caso da indústria alimentícia ou especializada, em que a iniciativa local/nacional acompanha essa dicotomia), ou talvez porque os investimentos em imagem visem ao mercado nacional — caso de uma pequena ou média empresa do setor alimentício que, em nível local, investe no fluxo de clientes, notadamente na imagem dentro da loja, para seu público-alvo, seus clientes. Ou ainda, talvez, porque uma certa carência das mídias locais possa ter impedido esse tipo de estabelecimento de investir localmente em sua imagem. O desenvolvimento das mídias locais (cartaz, rádio, equipamentos de MD de qualidade, estruturas profissionais para a realização de eventos como câmaras de comércio ou setoriais...) permitirá que se dê uma resposta a essa ambição local.

O acesso às mídias ainda continua (demasiadamente) elitista?

A análise France Pub revela o número de estabelecimentos que utiliza cada mídia e o montante médio gasto por veículo.

Essa análise[21] mostra um distanciamento muito grande entre a TV — reservada a 12 mil estabelecimentos, ou seja, 0,5% do total de empresas — e a promoção, acessível a quase 50% delas, o que mostra que o acesso à mídia alternativa é mais fácil do que o acesso à mídia. Não está incluída aqui a imprensa, utilizada por um de cada dois estabelecimentos, e o cartaz, presente em um de cada quatro estabelecimentos; mas provavelmente inclui os cartazes sinalizadores e as plaquetas de identificação usados em ambientes fechados (lojas e redes do varejo...).

Portanto, parece que a utilização intensiva da mídia destina-se unicamente a 15–20% dos estabelecimentos, o que revela bem seu elitismo.

A análise dos valores despendidos põe em destaque a relativa parcimônia das somas investidas: 61.250 de francos anuais, em média, por estabelecimento. É claro que a organização de uma amostragem tão ampla, que reúne desde empresas com um empregado até grupos que empregam milhares de pessoas, pode explicar esse número! Esses 61.250 de francos não têm, de maneira nenhuma, o mesmo valor em termos financeiros para empresas tão diferentes entre si, nem acarretam as mesmas conseqüências. Ao fazermos a correspondência entre a proporção das empresas que utilizam cada mídia ou veículo e o montante investido fica evidente o quanto o custo de determinadas mídias é seletivo — como a TV (1,45 MF) — bem como o baixíssimo nível de investimento em outras mídias: 30 KF no rádio, 17 KF na IDR, 14 KF na imprensa gratuita, 20 KF na imprensa especializada. É claro que as médias escondem disparidades; entretanto, parece claro que, diferentemente das mídias de âmbito nacional, determinadas mídias, sobretudo as de alcance local, têm uma estrutura de clientela formada por milhares de pequenos clientes aos quais elas dão acesso ao espaço público: a imprensa local, o cartaz e o rádio são uma prova viva desse fato.

Constatamos, assim, uma incrível dicotomia entre estabelecimentos e mídias. De um lado, os grandes anunciantes, que investem dezenas ou até mesmo centenas de milhões de francos por ano nas mídias de alcance nacional que cobrem seu mercado como um todo. Para estes, a escolha das mídias é, antes de tudo, uma questão de porta de entrada para se destacar e ser visto, levando-se em conta uma ótica competitiva de *share of voice*; isso faz com que o investimento necessário cresça sem parar, a ponto de eliminar determinadas mídias, favorecendo evidentemente o crescimento ininterrupto da mídia alternativa. De outro lado, os pequenos anunciantes — geralmente locais ou especializados —, que raciocinam em termos

---

[21] A grande maioria (1.890.000 estabelecimentos) é de micro-anunciantes cujo investimento publicitário é de menos de 20 KF por ano.

de *custo de acesso* à mídia ("quanto custa para aparecer") e que utilizam diferentes meios de comunicação a partir de orçamentos compatíveis com as exigências de equilíbrio financeiro.

Ambos os grupos se servem das mídias e das mídias alternativas, e o fazem com um investimento diferenciado que faz com que os problemas por eles enfrentados sejam bastante diferentes.

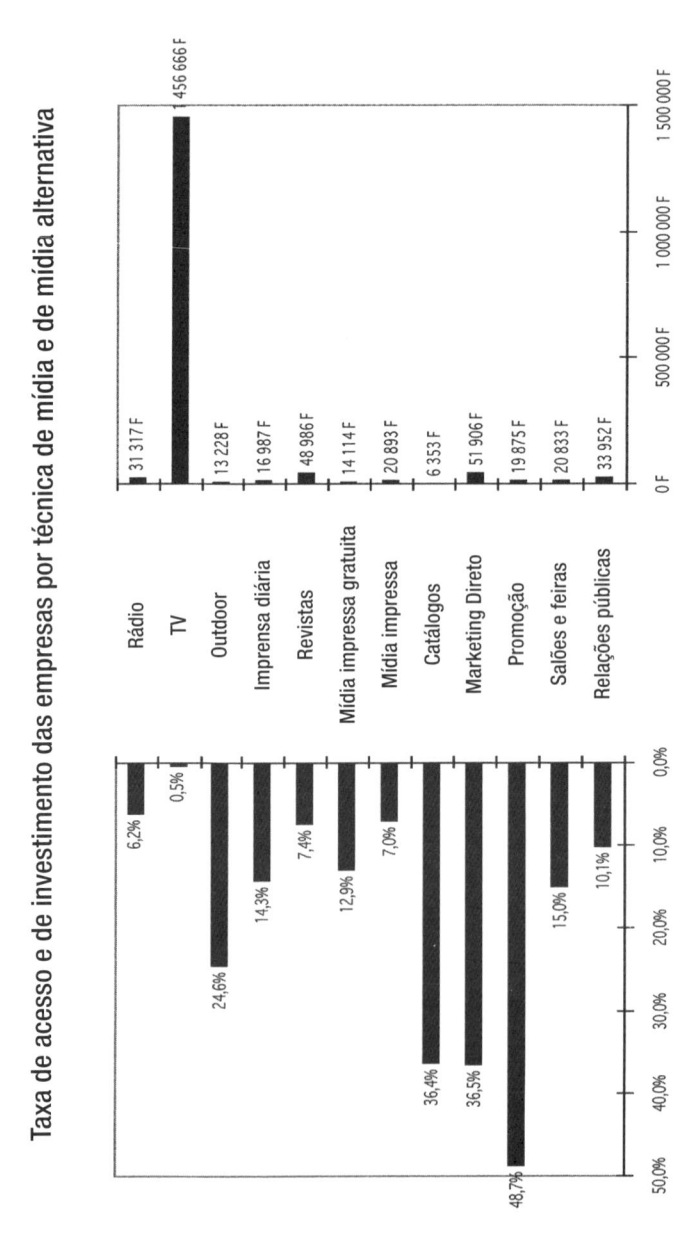

Taxa de acesso e de investimento das empresas por técnica de mídia e de mídia alternativa

Técnica	Custo de acesso	Taxa de investimento
Rádio	31 317 F	6,2%
TV	1 456 666 F	0,5%
Outdoor	13 228 F	24,6%
Imprensa diária	16 987 F	14,3%
Revistas	48 986 F	7,4%
Mídia impressa gratuita	14 114 F	12,9%
Mídia impressa	20 893 F	7,0%
Catálogos	6 353 F	36,4%
Marketing Direto	51 906 F	36,5%
Promoção	19 875 F	48,7%
Salões e feiras	20 833 F	15,0%
Relações públicas	33 952 F	10,1%

O fenômeno da mídia alternativa não é tipicamente francês

Contrariamente ao que se poderia pensar, a França é um dos países que integra o pelotão de frente no que diz respeito à mídia alternativa, ficando atrás apenas da Bélgica e da Itália (ao redor de 66%), e à frente da Alemanha (61,8%). Apesar de fatores aleatórios estatísticos que não permitem uma comparação rigorosa, as tendências são muito claras. Elas confirmam o peso importante que a mídia alternativa tem na França, ainda que o marketing direto esteja abaixo do nível europeu (18,7% contra 20,1%), o mesmo ocorrendo com os investimentos em promoção (15,9% contra 18,2%)[22]. A explicação parece estar no fato de que os franceses produzem uma grande quantidade de material impresso, descuidando-se, entretanto, de sua divulgação, e, portanto, de sua eficácia, contrariamente ao que acontece com seus vizinhos europeus. Trata-se, sem dúvida, de um resquício cultural do modo francês de administrar!

Quando comparamos o peso da mídia e da mídia alternativa nos diferentes países, é possível descobrir uma lógica para essas diferenças? Geográfica essa lógica não é, como seria o caso, por exemplo, de o Norte e o Sul da Europa estarem em campos opostos.

Divisão entre mídias e mídias alternativas nos diferentes países europeus

	Europa	Alemanha	R.U.	França	Itália	Espanha	Holanda	Bélgica	Suíça
Mídias	40,1%	38,2%	49,1%	36,2%	34%	50,3%	42,3%	33,4%	41,2%
Mídias alternativas	59,9%	61,8%	50,9%	63,8%	66%	49,7%	57,7%	66,6%	58,8%
MD	20,1%	26,2%	15,6%	18,7%	9,6%	26,1%	25,7%	10,1%	33,1%
Promoção	18,2%	15,8%	18,0%	12,4%	15,6%	7,8%	19,3%	30,8%	19,4%
IDR	7,9%	8,4%	9,7%	3,9%	5,3%	11,6%	10,4%	5,8%	28,1%
Mídia impressa	19,7%	22,6%	22,8%	15,8%	11,4%	20,5%	29,8%	13,4%	16,9%

Fonte: Europub

---

[22] A distância entre a análise Europub e a France Pub, ambas realizadas pelo grupo Havas, e referentes ao peso da mídia alternativa (63,8% e 60,1%) tem a ver com a maneira como os catálogos e guias são encarados; de nossa parte, os consideramos mais como mídia alternativa. O mesmo ocorre com o marketing direto, cuja participação pode ser de 18,7% (Europub) ou de 31,09% (France Pub): tudo depende de se atribuir o conjunto de publicações e catálogos ao MD; entretanto, não se pode incluí-las todas no MD.

Seria uma questão cultural, uma questão de equipamento de mídia? Certamente as respostas para cada uma das perguntas contêm parte da verdade, mas não se trata da compensação de uma hipotética insuficiência da mídia, ao contrário. Uma análise mais acurada demonstrou que, geralmente, os países cujos anunciantes adoram o marketing direto são os mesmos em que os investimentos na mídia impressa (em revistas e, sobretudo, na imprensa diária) cresceram ou haviam crescido num passado recente. Como se um certo hábito de determinar seu público-alvo por meio da mídia impressa tivesse como decorrência a busca do público-alvo pelo marketing direto.

Da mesma maneira, percebe-se que a escolha entre MD e a promoção varia de país a país, raramente ocorrendo de maneira conjugada. E os países que tendem para a promoção são, naturalmente, aqueles que têm uma forte tendência ao uso da TV: a cultura de massa exige TV... e promoção.

A comparação entre a França e a Europa revela a importância da participação da TV em nosso país (levando-se em conta que em certos países não existe publicidade na TV em âmbito nacional, isso influencia as estatísticas), do cartaz (índice 180) e do rádio, contrariamente a uma relativa fraqueza da participação da mídia impressa, motivada principalmente pelo baixo nível de investimento na imprensa diária (índice 50). A paulatina reestruturação da imprensa diária francesa, que teve origem com a Libertação e que passa hoje por uma transformação estrutural, talvez lhe permita recuperar sua participação no conjunto da mídia.

Por fim, em termos de dinamismo, quando se compara a mídia com a mídia alternativa, é esta última que, no geral, cresce mais rapidamente na Europa (+5,1% contra +3,9% das grandes mídias). Isto se aplica a todos os países, com a exceção da Itália e da Bélgica, onde a mídia e a mídia alternativa estão empatadas. Antes de 2000, a Europa do marketing e da comunicação será, em duas terças partes, a Europa da mídia alternativa!

Doravante, a multimídia ocupa o horizonte e a mente de todos

Multimídia. É a nova palavra-chave dos analistas, o novo "abre-te sésamo" dos futurólogos. A multimídia pertence tanto à mídia alternativa quanto à mídia. É claro que ela se vale dos canais de divulgação que utiliza para comunicar, e, nesse sentido, trata-se de mídia. E é mídia alternativa na medida em que, antes de mais nada, é um diálogo interativo, e na medida em que continua latente nos intervalos dos momentos em que é acionada. Tanto é assim que não podemos enquadrá-la na definição clássica, e ela cria outras definições que, no futuro, poderão transformar a lógica publicitária "emissor"/"receptor" ou "cobertura ideal" numa lógica comunitária e de partilha.

A multimídia fascina os executivos, e 20% deles já prevêem para ela um papel positivo no bojo da comunicação empresarial. Os investimentos em multimídia ainda são, por ora, pouco significativos: 405 milhões de francos — nada mal como começo. Em 1996, a multimídia já tinha a mesma participação da publicidade no cinema. Ainda não se trata, majoritariamente, de gasto com compra de espaço (que, em 1996, representava apenas 5 MF, graças à ousadia de 7 mil dirigentes empresariais), mas sim de gasto de produção: 150 milhões com *on-line*, criação de sites ou taxas de hospedagem, 250 milhões com *off-line*, no qual o CD-Rom empresarial ocupou um lugar importante. Mais ou menos 20% das empresas já produziram ou pensaram em produzir um CD-Rom de apresentação: essa nova mídia irá destronar muito rapidamente o clássico vídeo empresarial e a presença cada vez mais marcante do DVD acelerará ainda mais esse processo.

Evidentemente, a grande novidade é a internet, já chamada de 6ª mídia, e que poderia vir a ocupar um lugar de destaque por possibilitar a organização da divulgação de informações das outras mídias. Os empresários que ouvem as previsões dos oráculos de que daqui a dez anos 50% da comunicação mundial passará pela internet não querem ficar de fora: quase 5% já têm e-mail, 10% querem comprar espaço na internet, 13% gostariam de criar seu próprio site dentro de dois anos e 19% acreditam que a web pode fazer parte de sua estratégia publicitária. Por quê? Porque acreditam que a web passará por um desenvolvimento profissional bastante acentuado (76%), porque, para eles, a web simplesmente é o futuro da publicidade (50%) e crêem que essa nova mídia de massa, que apresentará um progresso significativo entre os indivíduos (54% acham isso), permitirá que se possam atingir públicos-alvos bastante segmentados (12% têm essa opinião).

O desejo de fazer parte da web é forte. As médias e grandes empresas são as que mais se voltam para esse novo universo, sobretudo as exportadoras (75% das empresas presentes na multimídia) e as empresas *business to business*, que dialogam com outras empresas que também possuem uma estrutura receptiva na web. Trata-se de grandes anunciantes: um de cada dois investe mais de 2 MF em publicidade e utiliza quinze veículos de mídia e mídia alternativa; caminhamos, assim, para uma concentração da mídia web nas mãos desses grandes anunciantes. Seu objetivo é, antes de mais nada, a comunicação institucional da empresa ou da carteira de produtos em "catálogo multimídia" (58%). Desejam encontrar clientes (56%), depois trocar informação (49%).

Se é grande a vontade de estar na web, a maneira pela qual as marcas devem se apresentar e divulgar sua mensagem é algo que ainda permanece muito confuso. Quanto a isso, muitas empresas já perceberam que comprar *banners* e inserções no meio dos programas não é, sem dúvida, uma solução promissora: tal utilização da web é considerada demasiadamente pobre e aleatória (exceto, talvez, se a Microsoft ou alguns grandes operadores conseguirem sistematizar procedimentos de acesso). Como a multimídia é a própria interatividade, no futuro a utilização será múltipla e completamente interativa. Nesse sentido, não é possível determinar ainda como se dará a ocupação da web, tanto mais que ela se assemelha a uma imensa ágora onde a TV digital, os computadores e as redes, e até mesmo o rádio e a imprensa, irão comunicar. A mensagem passará pela web, certamente, mas por meio de acessos múltiplos e diferentes, que condicionarão a força e o interesse por uma determinada marca: não bastará "estar presente", será preciso fazê-lo de maneira inteligente.

Os métodos dos profissionais

Por se tratar de um método para colher informações junto a um grupo de anunciantes, a análise France Pub citada no capítulo anterior também permite analisar seus procedimentos em relação à mídia e à mídia alternativa. Quantos meios eles utilizam? Qual a parcela do faturamento que é investida em comunicação? Como eles encaram as mídias alternativas? Tais informações não têm força de lei, mais servem para esclarecer o leitor-anunciante a respeito daquilo que "os outros" — concorrentes ou empresas de outros setores — fazem quando se vêem diante dos mesmo problemas.

Número de veículos utilizados

Somando-se mídia e multimídia, os anunciantes utilizariam uma média anual de 8 veículos. Parece um número elevado, à primeira vista; entretanto, se você fizer um cálculo em relação a sua própria empresa, talvez ultrapasse esse número. Pois, olhando mais de perto, trata-se de um número baixo, que, anualmente, poderia ultrapassar facilmente 10 ou 12 por empresa.

Tomemos, por exemplo, o caso seguinte: uma campanha voltada para o grande público que utilize 2 mídias (*TV + mídia impressa*, por exemplo), cuja divulgação seja anunciada por meio da imprensa profissional e por mailing. Só aí já chegamos a 4 veículos. Sem falar na *promoção* de fidelização do novo produto que está sendo lançado, para a qual se organiza: uma *convenção* com as equipes de venda, uma *coletiva de imprensa* e uma *operação de RP voltada para o varejo*: 4 mais 3 igual a 7. Acrescentemos ainda a participação em *alguns salões voltados para o público especializado* com a impressão de *material publicitário;* um *concurso-competição* para aumentar o fluxo de clientes e a distribuição de *amostras publicitárias*: chegamos a 11 veículos, mesmo sem contar o *catálogo* e a *imprensa local* na qual a empresa normalmente está presente... Total: 13 veículos. Não é difícil admitir que esse número pode ser maior ainda se acrescentarmos outros veículos complementares que compõem nosso arsenal regular.

As empresas se diferenciam muito entre si? Quanto maior a importância da empresa, maior o número de veículos utilizados por ela (12,3, em média, para empresas com faturamento superior a 200 milhões de francos, ou seja, as pequenas e médias empresas). Quanto maior o orçamento publicitário da empresa, maior será a diversidade de veículos utilizados por ela (10, em média, para empresas que investem 1 milhão de francos em publicidade, mais de 16 veículos para empresas que investem mais de 5 milhões de francos).

O público-alvo também está relacionado ao número de veículos utilizados: atuar em nível local e nacional faz crescer o número de veículos, do mesmo modo que atuar visando a dois tipos de clientes, os particulares e os profissionais. Não devemos concluir, entretanto, que o porte do público-alvo seja um fator diferenciador: há empresas cujos públicos-alvos são reduzidos, mas variados e que precisam utilizar um grande número de veículos para atingi-los. Enquanto que, para atingir um público-alvo bastante amplo como a dona de casa de menos de 50 anos de idade, o anunciante talvez precise apenas de um número reduzido de mídias — uma ou duas, por exemplo —, mas que sejam fortalecidas por um conjunto de mídias alternativas que complemente a ação principal para torná-las mais eficazes.

A parte do faturamento investida em publicidade

Uma pesquisa aprofundada, como a da análise France Pub, mostra que as empresas investem 1,1% de seu faturamento em publicidade.

Do ponto de vista estatístico, esse resultado leva em conta empresas que não investem em comunicação como algo operacional, e não porque não precisem. De fato, quando se analisam as empresas cujo investimento publicitário ultrapassa 1 milhão de francos — que podemos considerar como os verdadeiros anunciantes —, a taxa tende a se estabilizar ao redor de 1,6% do faturamento. Esse percentual varia por conta da natureza do público-alvo: as empresas cujo público-alvo é misto (indivíduos em geral e público especializado) — como acontece com todas as empresas cujo canal de comercialização é o conjunto do varejo de massa —, investe 15% a mais, em média. Essa taxa também varia em função do produto e do setor: os fabricantes de produtos manufaturados investem, no geral, 20% a mais que a média, enquanto as empresas que atuam no setor de transformação de produtos agrícolas (–10%) ou de construção e transportes públicos (–50%) estão abaixo da média.

Essa abordagem macroeconômica não leva em conta um fator essencial sem o qual a publicidade, e particularmente a mídia, nada mais é que um item no meio de outros: a posse de uma marca. Toda empresa que tem a seu dispor uma marca ou um portfólio de marcas deve cuidar para que seu valor seja otimizado, investindo, portanto, uma parte significativa do faturamento em publicidade e marketing operacional.

O peso desse investimento está relacionado geralmente a três fatores cuja dosagem depende dos mercados e de sua maturidade: a amplitude do público-alvo e sua dispersão, a concorrência e o valor médio gasto, e, finalmente, a capacidade de *pay-back* ou retorno do investimento. Assim, em determinados casos podemos nos deparar com empresas que investem mais do que aquilo que esperam faturar com o produto (lançamento), e mesmo com o faturamento da empresa (criação de uma empresa num setor novo e promissor). Em geral, esse percentual fica entre 5 e 10% do faturamento, de acordo com a margem que o produto oferece e o estágio em que se encontra em sua curva de vida (excetuando-se o lançamento).

Satisfação com o investimento em publicidade

Pode parecer uma questão esdrúxula. No entanto, quantas vezes já não ouvimos a publicidade ser criticada e responsabilizada por todos os males, o saco de pancadas por conta de todas as dificuldades comerciais? Era comum, há mais ou menos vinte anos, o ditado seguinte: "Quando as vendas vão bem, o mérito é do produto; quando vão mal, a culpa é da publicidade..." Um ditado, aliás, que tem lá sua razão de ser. É preciso, de todo modo, matizar sua rigidez, pois ele perde um pouco de vista o aspecto comercial da venda.

O anunciante, hoje, é mais adulto e mais amadurecido, e geralmente sabe aquilo que pode ou não esperar da publicidade; e sua satisfação é mais concreta e racional.

Quando consultados, os anunciantes respondem positivamente quanto ao balanço que fazem de suas ações publicitárias, seja no sentido de incrementar o conhecimento da marca, melhorar sua imagem ou aumentar as vendas. Doze por cento dentre eles chegam a ficar entusiasmados com os resultados (confira, a seguir, o quadro "satisfação com a ação publicitária"). Tais ações de comunicação também geram insatisfação (os "de modo algum" são em maior número do que os "sim, muito"). Qual a verdadeira razão da insatisfação? Estimativa errada dos resultados esperados, utilização errada dos veículos de mídia e de mídia alternativa escolhidos, ou ainda a incapacidade da comunicação para resolver os problemas existentes.

Na verdade, parece que o principal fator que leva à insatisfação tem a ver com o domínio das técnicas de comunicação. Pois, quanto maior a verba do anunciante, mais ele reconhece o impacto da publicidade. Dos anunciantes importantes, 87% reconhecem a eficácia da publicidade no sentido de se fazerem mais conhecidos, 73% constatam o quanto ela é eficaz no que diz respeito à melhora da imagem ou ao aumento das vendas, enquanto os percentuais em nível nacional referentes a essas mesmas questões são de 57% e 55%. O domínio adquirido pelos anunciantes mais importantes tem a ver com sua vivência com a mídia e a mídia alternativa e com o volume de investimento, que lhes permitem ir além de patamares úteis e obter os resultados esperados.

Satisfação com a ação publicitária			
	Tornar-se mais conhecido	Melhorar a imagem	Aumentar as vendas
Concorda totalmente	57%	55%	55%
Muito	11%	12%	12%
Um pouco	46%	43%	43%
Discorda totalmente	38%	38%	40%
Nem sempre	24%	21%	20%
Nunca	14%	17%	20%
(Não sabem)	(5%)	(7%)	(5%)

Abertura sistemática

Além do número elevado de veículos de marketing que as empresas utilizam, o que se deve destacar é a multiplicidade e interpenetrabilidade das técnicas empregadas, sejam elas de mídia ou multimídia. Não existe mais, de um lado, a publicidade feita nas grandes mídias e, de outro, as ações nas mídias alternativas, cada uma delas limitada a seu campo de atuação. E não tem a ver com uma questão de orçamento. Para o anunciante de âmbito nacional, afinal, nada é proibido; todas as possibilidades estão ao seu alcance, seja um baixo investimento na TV com brindes e patrocínio de concursos, seja a presença na TV a cabo. Não se trata de medir eficácia, mas de constatar a abertura: do mesmo modo, quanto à mídia alternativa, todos os anunciantes se questionam acerca do marketing direto, da promoção, sozinhos ou em *co-branding*[23], da publicidade, do patrocínio, do mecenato... A leitura das publicações especializadas que expõem, ao longo de suas páginas, casos os mais diversos, atiça a imaginação, e, por vezes, expõe o anunciante ao risco de ficar desnorteado, fazendo que ele se volte totalmente para sua agência, ou, quando não tem uma, saia à procura de colegas que possam ajudá-lo a tomar uma decisão. Esse é o tipo de iniciativa que às vezes transfere a decisão a um terceiro quando não se é capaz de tomá-la sozinho. É muito comum, hoje em dia, ver anunciantes questionarem escolhas de mídia feitas em anos anteriores, sem o temor de perder algo já conquistado, e sem o temor de abandonar um "território de mídia" que pertencia a eles. Essa iniciativa, às vezes irracional, está baseada na preocupação legítima de se destacar, e não leva em conta o fato de que o tempo e a ocupação de um determinado território — tanto criativo quanto de mídia — resultam do destaque da marca. A rapidez do *pay-back* e a urgência em se destacar são as principais causas de precipitação e das mudanças que acontecem tão freqüentemente com determinadas marcas. É possível que sua busca pelo Graal da publicidade termine no dia em que encontrarem uma agência (ou um conselho) que as tranqüilize. Ao contrário, determinadas marcas de porte médio — desejosas de trocar de mídia, sobretudo de deixar a TV, continuaram apostando na telinha com medo de ser marginalizadas pelo varejo[24].

Essa abertura é duplicada por conta da enorme capacidade — e facilidade, é verdade — com que os anunciantes combinam as técnicas. Uma operação de marketing direto transforma-se numa operação de desconto imediato, assim como uma campanha no rádio ou na TV é reforçada com uma ação promocional. As próprias mídias são fatores de aceleração da mistura de técnicas. É o que ocorre com a imprensa, cujos editores querem comprovar a eficácia de sua mídia oferecendo campanhas promocionais ou de marca para destacar a mensagem das marcas. De acordo com um levantamento feito pela organização

---

[23] *Co-branding*: comunicação de diversas marcas numa mesma ação ou mensagem para diminuir custos com a compra de espaço, bem como para reforçar reciprocamente suas imagens. Ex.: *co-branding* de uma marca de café e de uma marca de chocolate.
[24] Ler a entrevista de Didier Truchot, presidente do IPSOS (17 de janeiro de 1997) em *Stratégies* nº 995.

Interdeco, 55% dos anunciantes entrevistados utilizaram parceria com a mídia, um exemplo de cruzamento mídia/mídia alternativa cada vez mais freqüente. No entanto, diante dessas técnicas que não conhecem fronteiras, é importante ter em mente os objetivos estabelecidos para a utilização de cada mídia ou de cada veículo de mídia alternativa, para evitar que os veículos utilizados sofram qualquer tipo de desvio.

A obsessão pelo marketing direto

Neste final de século, mais ainda do que aquilo que as cifras de investimento dizem, a expressão-chave das empresas é marketing direto. Consciente dos gastos com mídia ao longo dos últimos 15-20 anos, e diante da dificuldade de obter resultados em razão, notadamente, da debilidade generalizada e da modificação da estrutura de consumo, o empresário pensa bem, tira os antolhos e, infalivelmente, aposta no marketing direto. Talvez porque, semanticamente, *o marketing direto remeta a vendas, a algo concreto, a resultados.* Para o anunciante, o marketing direto é contato individual, *one-to-one*, e, além do mais, com pessoas ou empresas que ele é capaz de identificar, não com entidades etéreas (impactos, coberturas ou GRP — *Gross Rating Points*, pontos brutos de audiência —, como é oferecido pelas grandes mídias). Além disso, ele conhece essas pessoas, uma vez que são seus próprios clientes ou os clientes da concorrência. Quer se trate do grande público ou de *business to business*, os arquivos dos clientes/clientes potenciais são considerados a arma mais poderosa. Todos os levantamentos que fizemos, tanto para o grande público como a imprensa especializada, mostram essa atração pelo marketing direto, acompanhada de uma forte crença nos resultados esperados. No que se refere aos anunciantes voltados para o grande público, muitos deles recorrem a suas agências para analisar a viabilidade de operar com bancos de dados. É o caso de todos os fabricantes de produtos para o lar, que enxergam a oportunidade de, finalmente, tirar proveito de sua lista de endereços de clientes, obtida em razão da emissão dos termos de garantia de seus produtos. O marketing direto aparece como a otimização de algo já adquirido, o reflexo de uma gestão saudável, uma verdadeira iniciativa gerencial que, sem dúvida nenhuma, engrandece seu responsável.

O quadro da página seguinte apresenta dados mais detalhados no que diz respeito à popularidade do marketing direto junto aos anunciantes.

MÍDIA/MÍDIA ALTERNATIVA

Marketing direto: a mídia que fascina os anunciantes

1- Classificação das mídias

Na maior parte das sondagens, qualquer que seja a pergunta feita, o marketing direto — em seu conjunto ou no que se refere ao mailing — alcança um índice muito alto de aprovação dos anunciantes, o que traduz a admiração de que é objeto. O que parece uma resposta normal à pergunta de adequação ao público-alvo (1), não parece tão normal assim em matéria de força (2). Quanto à relação custo/eficácia, seu desempenho também é apreciado (3). No geral, o marketing direto é considerado como o melhor... mas, cuidado com a promoção e também com as RP, cuja vantagem é que sempre dão a impressão de ser grátis!

As cinco principais mídias/mídias alternativas *(nota máxima 10)*			
Adequação entre os veículos e o público-alvo	Força do veículo	Relação custo/eficácia	Nota de desempenho geral
1- Mailing 7,4 2- Publicações 7,4 3- Promoção/preço 7,2 4- RP 7,1 5- MD (conjunto) 7,1	1- Mailing 7,3 2- Publicações 7,1 3- Promoção/preço 7,0 4- TV 7,0 5- MD (conjunto) 6,9 Cartaz 6,3 Folhetos 6,3	1- Promoção/preço 6,7 2- Relações Públicas 6,6 3- Publicações 6,5 4- Mailing 6,4 5- MD (conjunto) 6,3	1- Mailing = 7,0 2- Publicações = 7,0 3- Promoção = 6,9 4- RP = 6,8 5- MD (conjunto) 6,8
(Média 6,2) 1º Outra mídia: Cartaz 6,8	(Média 6,0) 1º Outra mídia: Cartaz 6,8	(Média 5,5) 1º Outra mídia: TV 6,0 / Rádio 6,0	(Média 5,0) 1º Outra mídia: Cartaz 6,6

Entre as mídias clássicas, o cartaz tem um aspecto afetivo importante. Ele é visto como um instrumento que atinge o público-alvo na medida certa, sem perda de força, com um custo não-proibitivo porque atinge o público-alvo sem muito desperdício. É a mídia que, no geral, alcança a melhor nota, à frente da TV, que continua a fascinar um grande número de anunciantes.

2- Apego às mídias

Já faz alguns anos que os anunciantes adoram o marketing direto, mas será que essa admiração irá diminuir? Assim, em 1995, no saldo entre "mídias cuja prioridade seria manter"/ e "mídias que seriam eliminadas em primeiro lugar", o MD alcançou uma proporção de 25,6% / 8,4%, e, em 1996, essa proporção diminuiu para 20,2% / 11,4%. Seria o esgotamento de um modismo ou a falta de domínio de uma técnica da qual tanto se esperava... Apesar desse enfraquecimento, o MD segue liderando com folga.

3- A evolução dos orçamentos

Ainda que, neste caso, a pontuação esteja mais apertada, os anunciantes vislumbram seu futuro com o MD.

	Aumentar o orçamento	Diminuir o orçamento	Diferença
Mailing	+22%	−7%	+15%
Promoção	+11%	−7%	+4%

Como comparação, a principal mídia é a revista (14% / 10%), com um saldo positivo de 4. Não há dúvida de que o futuro se apresenta risonho para o MD.

Fonte: France Pub 1997

A descoberta da interatividade

No marketing clássico dos anos 1970-1980, a informação geralmente percorre um caminho descendente, da empresa para aquele que é seu público-alvo, por meio dos canais de mídia. O comportamento interativo limita-se aos estudos qualitativos e quantitativos realizados pela empresa para obter um *feed-back* de seu mercado. Esses estudos continuam existindo hoje em dia — e até mesmo têm aumentado —, mas a interatividade tornou-se mais operacional e corriqueira: todos aqueles números 0800, cupons para destacar, videotextos e sites na web. Isso representa, sobretudo, uma nova atitude mental que permite que a empresa escute o que os clientes têm a dizer.

As empresas (re)descobrem seus clientes. Algumas delas com o objetivo de mantê-los cativos, porque geralmente é mais barato manter um cliente cativo que conquistar um novo. Outras procuram fazer com que seus clientes comprem mais, porque, em geral, 70% da receita de um produto de consumo de massa vem de 30% dos clientes, e é mais rentável aumentar as vendas com base nesses clientes fundamentais. Outras, por fim — em número bem menor —, redescobrem o conjunto de interesses do consumidor e passam a pensar seu futuro situando os clientes no centro de sua reflexão empresarial. Esse tipo de comportamento profundamente voltado para o mercado e para a escuta do consumidor — já amplamente adotado pelos fabricantes de produtos de consumo de massa, para quem o cliente é fundamental — torna-se aos poucos mais freqüente nas empresas do varejo. Assim, a Kiabi reuniu 150 clientes na Suíça, e foram os gerentes de produto e outros diretores de marketing que, durante vários dias, ouviram o que eles tinham a dizer. O grupo Casino tem trabalhado muito com seus clientes, situando-os no centro da comunicação "corporativa"; suas mensagens publicitárias afirmam que, se hoje os produtos Casino são melhores, isso se deve a seus clientes[25]. Alguns talvez digam que se trata de uma abordagem demagógica, mas funciona.

Em matéria de veículo de mídia/mídia alternativa, essa busca cada vez maior de interatividade é fonte inesgotável de novas formas de utilização da mídia no rádio e na TV, nas próprias mensagens em que geralmente se interpela diretamente o consumidor oferecendo-lhe instrumentos de resposta (cabine telefônica, bip com central telefônica). Além disso, a regulamentação do marketing direto na TV

---

[25] Exemplo de publicidade: "21% de vocês não apreciavam nossa sobremesa cremosa. Aqui está a nova sobremesa cremosa Casino. Ela é mais saborosa e vocês são os grandes responsáveis por isso...", seguida do *slogan* explícito: "Sem dúvida, Casino me escuta". Publicidade feita em *Le Figaro* de 24 de julho de 1996. [O *slogan* tem mais força em francês, por conta da rima: *"Aucun doute, Casino m'écoute"* – N.T.]

limita seu dinamismo, uma vez que o consumidor não pode adquirir um produto logo após tê-lo visto anunciado: ele tem que passar seus dados e esperar por um chamado telefônico. Se a legislação francesa não fosse tão detalhista nesse assunto, não há a menor dúvida de que os intervalos publicitários seriam inundados por mensagens interativas ou de marketing direto, como acontece em outros países. Todas as redes de TV e estações de rádio se precipitaram para ocupar esse espaço interativo. A mídia impressa não ficou atrás, ainda que o papel seja, aparentemente, um suporte menos prático: para aumentar o impacto, ela desenvolveu possibilidades de marketing interativo por meio do uso de encartes nos mais diversos formatos, e ofereceu a possibilidade de personalizar o exemplar de cada destinatário (*Le Revenu Français*, desde 1994). Ela criou produtos que acompanham o marketing do varejo, para que o público possa responder. E é capaz de ir ainda mais longe. O outdoor continua dependendo unicamente da criatividade de quem o utiliza, e as empresas de outdoor, por sua vez, sugerem produtos que pedem uma resposta. Assim, a agência Avenir sugeriu uma campanha de outdoor para o Tour de France, e uma empresa de outdoor organizou um concurso para estimular os parisienses a procurar "o cartaz mágico" de uma campanha.

Essa interatividade procura geralmente uma modificação de comportamento, fazendo com que o consumidor tome uma atitude, e não se contente simplesmente em tomar uma posição ou emitir uma opinião. Os novos anunciantes querem algo de concreto da parte do consumidor, não apenas discursos. Quanto a isso, a mídia alternativa — da promoção aos eventos e relações públicas ligados às marcas — surge como algo diretamente ligado à ação, e os veículos que estão mais próximos do ponto-de-venda ou de consumo são os atores privilegiados dessa nova interatividade.

As novas mídias, tendo à frente o CD-Rom e, naturalmente, o *on-line*, ocupam o centro dessa busca por interatividade. O CD-Rom, por aquilo que significa para o leitor-operador, que traça, ele próprio, seu itinerário e programa. Assim, inúmeras empresas produziram CD-Roms sobre suas estruturas, gama de produtos e filosofia para os clientes (notadamente em *business to business* e na venda por correspondência — voltada para o grande público), para os parceiros (bancos e instituições), para os empregados (varejo, grandes grupos industriais) ou para os futuros acionistas (primeira campanha pela privatização da France Télécom, em junho de 1997).

A internet consolida-se como a mídia guia da interatividade, uma vez que jamais o indivíduo-alvo ou interessado teve que fazer um tal investimento pessoal, de modo voluntário e consciente, em tempo e dinheiro, para se comunicar: do e-mail, simples caixa postal, aos servidores centrais de empresas capazes de desenvolver programas internacionais de intranet extremamente eficientes, passando pela simples busca de um documento ou de uma informação em tempo real que permita atualizar seus conhecimentos.

Como veremos ao longo do livro, a busca pela interatividade é, seguramente, a tendência mais acentuada da evolução da comunicação nos últimos vinte anos, e o será por muito tempo. O desenvolvimento da informática tornou-a possível nos anos 1980; hoje, todas as arquiteturas e redes são instaladas para tirar proveito de sua força. Bancos de dados, marketing direto, telemarketing, *trade marketing*, internet... nada disso seria possível hoje sem o desenvolvimento da microinformática. Agora, a interatividade pertence ao software e ao digital. Ela é uma das mais importantes apostas dos próximos anos.

A busca por parceiros que compreendam suas novas necessidades

Os anunciantes disseram muitas vezes, em tom de lamúria, que as agências de publicidade só conheciam e praticavam a publicidade clássica, sendo incapazes de estar abertas a todas as formas de comunicação. Essa crítica tinha algo de verdade. O resgate histórico, feito no Capítulo 2, acerca da relação entre publicidade e promoção, confirmou esse ponto: as agências de publicidade eram, antes de mais nada, agências de mídia cujo posicionamento tão aprovado era reforçado pela margem obtida com a venda de espaço. As agências de promoção e de MD originaram-se, sobretudo, de profissionais que queriam exprimir suas qualidades pessoais e que desejavam se diferenciar dos donos das agências de publicidade clássicas. As agências globais ou que apresentavam uma proposta múltipla foram criadas a partir de uma vontade de diferenciação de posicionamento diante das grandes redes. Hoje, agravada pela crise do consumo e da publicidade e pela Lei Sapin, a variedade de técnicas das agências também encontra sua razão de ser na busca de margens em todos os espaços de comunicação. Essas agências tiveram que se adaptar, e algumas o fizeram com talento e sucesso. Isso quereria dizer que, hoje, as respostas das agências realmente englobam a mídia e a mídia alternativa? Sim e não. Existem agências que apresentam, internamente, verdadeiras respostas globais, seja graças a seus departamentos, seja por contarem com filiais especializadas que trabalham de maneira integrada uma determinada campanha. A resposta tanto pode ser muito satisfatória como pode trazer problemas, dependendo do relacionamento entre os responsáveis pelas equipes internas e de determinados problemas de participação financeira que podem provocar desencontros: quem faz o trabalho e quem é pago por ele? Assim, há agências em que as sugestões de uma ação de MD ou promoção partem das *equipes que habitualmente atendem o cliente* e não *das equipes especializadas nessas técnicas*. Às vezes esse tipo de escolha é determinado mais por razões econômicas que pela busca de objetivos profissionais. Paralelamente, tal dificuldade favoreceu o surgimento de todo tipo de consultores e agências, nas quais a personalidade e o cargo do dirigente permitem que ele assuma o papel de especialista em cada uma das técnicas ou a função de coordenador geral de comunicação na mídia e na mídia alternativa, capaz de promover a integração de todas as técnicas, estruturá-las entre si e ter uma visão de futuro da comunicação da empresa. Esse papel de pivô central, tanto funcional quanto operacional, é algo fundamental de que todas as empresas precisam. Cada vez mais essa função é assumida internamente por ex-diretores de agências de comunicação que estão além da questão agência/anunciante e que são responsáveis hoje pela comunicação dos grupos. Numa hipótese como essa, o profissional — se não estiver sujeito a determinações impostas por um contrato internacional —, geralmente procura parceiros especialistas das grandes áreas: promoção, marketing direto, publicidade... Quando os parceiros em questão propõem operações mistas que empregam diferentes técnicas, cabe a ele a palavra final. Em outros casos, a coordenação das técnicas é assegurada por alguém de fora, um consultor de comunicação, verdadeiro diretor de comunicação em *time-sharing* (função que, no futuro, deverá se desenvolver) que organiza as parcerias externas com as agências especializadas, sendo que ele próprio pode manter a comunicação corporativa ou financeira. Finalmente, existe um último caso, bastante freqüente: o dono da agência de publicidade ou o diretor do conselho administrativo é, de fato, o interlocutor que tem as diversas técnicas e linguagens. Ele pode distribuir, dentro da própria agência, o conjunto ou a maioria das providências a serem tomadas, de acordo com a gama de serviços prestados pela agência. Trata-se, basicamente, do grau de confiança depositado no interlocutor e na qualidade do serviço prestado pelas equipes escolhidas. Confiantes no relacionamento duradouro anunciante-agência, e diante de uma conjuntura econômica menos promissora, as agências de publicidade decidiram, assim, ampliar seu leque de serviços. Para aumentar sua oferta, constituíram equipes de especialistas ou adquiriram agências especializadas independentes. Isso fica evidente no marketing direto, em que todos os grupos de agências apresentam propostas altamente eficazes, o mesmo valendo para promoção, eventos, publicidade corporativa, relações públicas e design; talvez não ocorra o mesmo desempenho no relacionamento com a mídia impressa, em que se continua usando bastante o assessor de imprensa especializado.

Com o advento da multiplicidade de técnicas, os grupos de comunicação se especializaram em três eixos: "publicidade-comunicação", "marketing operacional" (incluindo o marketing direto e a promoção, que formam o grupo do "trade marketing" e "corporate-identity-design"). Apesar dessa especialização, entretanto, as agências não podem pretender oferecer uma resposta exaustiva no que se refere à mídia/mídia alternativa, uma vez que as técnicas evoluíram muito e as respostas exigem um *savoir-faire* muito preciso.

Essa é uma situação favorável a prestadores de serviço com alto grau de especialização, a fornecedores de tecnologias ou bancos de dados que se julgam verdadeiros especialistas externos, e aos quais agências e anunciantes podem recorrer, se for o caso, propondo-lhes abertamente uma parceria. Na verdade, ao contrário dos anos 1980, hoje se desenvolveram muitas técnicas de parceria, com as quais várias equipes ou empresas que se complementam respondem, juntas, às demandas de propostas, ou trabalham em conjunto num determinado dossiê, cada uma em sua especialidade, de maneira absolutamente transparente para o anunciante.

No que diz respeito à multimídia e às novas mídias, a visão que se tem, hoje, é mais ou menos a mesma. Os especialistas estão totalmente desvinculados dos grupos de comunicação. Estes últimos, em razão do núcleo de interesse dos executivos e da confiança nos novos universos, investem nesses nichos. E os especialistas de ontem foram comprados ou se tornaram extremamente especializados para responder a questões mais específicas, e assim aumentaram seu próprio valor agregado.

A revalorização da profissão de anunciante

Quanto mais a comunicação passa a ocupar o núcleo central da empresa e quanto mais a ação publicitária na mídia e na mídia alternativa está na gênese dos resultados comerciais, mais o anunciante (diretor de publicidade, gerente de produto, diretor de comunicação) ocupa um lugar central na empresa, de maneira operacional e não mais funcional como geralmente ocorria nos anos 1980.

O anunciante torna-se mais atuante, envolve-se mais, não delega tudo à agência, organiza a coordenação dos prestadores de serviço e entra em contato com os fornecedores. Como dissemos, o desenvolvimento do mercado de mídia/mídia alternativa conduziu a uma fragmentação na oferta dos prestadores de serviço, aumentando a pirâmide formada por eles e pelos terceirizados. Cada um dos participantes do processo tenta aumentar sua esfera de influência, seja no topo ou na base da pirâmide, voltando-se para o destinatário final — quem paga —, isto é, o cliente. Este, por uma questão de curiosidade, porque se preocupa com a qualidade do serviço oferecido ou porque deseja evitar que aconteçam erros importantes que afetem a margem, tenta "descer a pirâmide" e vai se encontrar com os responsáveis pela mídia, pelo banco de dados e com os produtores das peças promocionais ou dos serviços oferecidos. O anunciante anseia por esse contato direto: cada vez mais ele fica conhecendo os diretores de publicidade das redes de TV e dos jornais, discute e organiza ações diretamente com eles, tudo isso como conseqüência de seu envolvimento e da necessidade de otimizar o orçamento publicitário ou um programa de marketing direto. Cada vez mais ele tem uma função operacional e, para medir seus resultados, são usados parâmetros concretos.

Geralmente não é ele quem decide as grandes estratégias de mídia, notadamente no que se refere à escolha das mídias — sobretudo da TV, ficando tal responsabilidade com a direção geral da empresa. Portanto, é natural que seu poder se exerça em relação às outras mídias, à promoção e ao MD; ele goza, nesses setores, de uma maior autonomia na escolha de técnicas e parceiros. Essa independência é, certamente, um dos fatores de crescimento da mídia alternativa e do número de técnicas utilizadas.

É preciso haver pesquisas com novas abordagens para que as decisões sejam fundamentadas

Todas as preocupações do anunciante estão ligadas à eficácia de sua ação. Antes de iniciar uma campanha, ele quer saber quem é, de fato, o público-alvo e quais os resultados esperados. É por isso que hoje ele dá uma grande importância às pesquisas chamadas de *single-source*, nas quais por meio de única fonte ele pode conhecer o peso que o mercado, a mídia e o varejo têm para cada indivíduo. Como deixa a seu critério a escolha do universo de análise, a técnica de pesquisa conjugada (identidade, compra e consumo de mídia) permite-lhe orientar os recursos e medir os resultados.

Depois da campanha, o mesmo anunciante deseja medir esses resultados de maneira mais global, não apenas em termos imediatos de vendas — o que ele obtém analisando as pesquisas nos painéis —, mas também em termos de índices específicos, de resultados da política de comunicação: conhecimento, imagem, capital da marca... Assim, importantes institutos de pesquisa desenvolveram abordagens globais para medir a eficácia da publicidade, cujo princípio essencial continua similar: medir a variação antes/depois, ou ano após ano, por meio de pesquisas repetidas, que apresentem uma grade de perguntas ou itens previamente definida em função de objetivos e padrões comuns a um grande número de pesquisas de todos os setores, de todas as marcas e de todos os orçamentos que possam ser comparados quanto à eficácia de resultados.

Para comparar as mídias e veículos utilizados numa campanha, o anunciante deseja ter uma previsão baseada em números. Ele quer saber, por um lado, quantas pessoas serão atingidas; por outro lado, quer traduzir esse número de impactos em levantamentos mais explícitos (quantas pessoas deveriam adquirir o produto e qual o ticket médio...), sabendo assim quanto custará o contato realizado e qual será o rendimento da ação.

Nesse nível de análise, o anunciante se dá conta de que certas pesquisas, sobretudo de mídia, às vezes tornam-se infrutíferas. Há mais de vinte anos que o anunciante ouve falar de GRP, cobertura, freqüência, milhões de impactos... Ele compara esses desempenhos jamais vistos com os célebres QC/NC (quantidade comprada, número de compradores), e, toda vez, fica incomodado com as diferenças observadas. É claro que os conceitos matemáticos de penetração, cobertura e freqüência continuam válidos e, aliás, ele procura estendê-los aos diferentes veículos da mídia alternativa, mesmo que tenha que completá-los com noções de custo e rendimento. Mas é nas quantidades que o hiato acontece e os problemas se cristalizam em torno da noção do impacto que essas quantidades contabilizam, bem como da comparação das exposições (ODV/ODE[26]... geradas pelos veículos e sua suposta qualidade. Ele (re)descobre a todo instante que qualquer avaliação mídia/mídia alternativa aponta para questões centrais e essenciais: o impacto e sua efetiva probabilidade, o impacto e sua realidade objetiva, o impacto e sua capacidade de transmitir um determinado número de informações, o impacto e sua intensidade emocional — as únicas que são capazes de levar o consumidor, ou o indivíduo-alvo, a agir do modo que o anunciante deseja.

Quanto mais os suportes da mídia/mídia alternativa se multiplicam, mais a questão do impacto torna-se um ponto fundamental de reflexão e mais a necessidade de analisá-lo se torna essencial.

---

[26] ODV/ODE — *Opportunity to see*, oportunidade de ver e de ouvir (N.R.T.). Circunstância em que é visto, circunstância em que é ouvido. Definição de contato na imprensa/outdoor e no rádio... É importante observar que se trata de circunstâncias e não de certezas.

2

Parte dois

As apostas na mídia/ mídia alternativa

Evoluir junto com o consumidor

Hoje quem deve decidir é o anunciante e seu conselho de comunicação. Eles encontram-se diante de um grande número de objetivos para os quais terão que conceber públicos-alvo, mensagens e técnicas que deverão ser difundidas e valorizadas ao máximo. Já verificamos que as técnicas, longe de se excluir, se associam e se imbricam de tal maneira que às vezes fica difícil saber se estamos falando de publicidade, marketing direto, promoção ou relações públicas. Isso, afinal, pouco importa: para o anunciante, o essencial é otimizar a combinação das técnicas e a sinergia dos meios, de modo a influenciar o consumidor em função dos objetivos traçados pelo marketing. Isso pressupõe um conhecimento suficientemente completo do consumidor que integre o próprio indivíduo e suas relações com a sociedade, antes mesmo de falar de consumo, bem como seus elos de ligação com as marcas e a atitude diante da publicidade e de todos os recursos de marketing que, diariamente, procuram atrair sua atenção.

Só se consegue apreender o significado completo das análises de mercado específicas e das análises de percepção de uma determinada marca ou produto quando elas fazem parte desse conhecimento multifacetado do indivíduo. E a resposta da mídia/mídia alternativa só terá precisão se estiver baseada no diálogo com esse *homo zappens* que "surfa" de uma rede varejista para outra e da mídia para a mídia alternativa.

Esqueça o consumidor, pense no indivíduo

Durante os anos 1970–1980, trabalhamos muito com retratos padronizados dos consumidores. Perfis médios quantitativos retirados de análises de mercado, perfis psicológicos muito delimitados (a ponto de, às vezes, serem incompreensíveis), a partir de correntes socioculturais e de estilos de vida do CCA ou da Cofremca — Instituto de comunicação e análise de imagem das empresas. Acabamos geralmente esquecendo que, antes de ser consumidor, o indivíduo é um ser humano que faz parte de um tecido social e existe num espaço-tempo bem definido.

Para saber como se comunicar com o consumidor e como buscar os melhores meios de convencê-lo é preciso não apenas conhecê-lo — o que os perfis se propõem a fazer —, mas, sobretudo, compreendê-lo melhor, o que passa por análises mais amplas da pessoa e de suas relações com a sociedade que a rodeia.

Para compreender essa pessoa dos anos 1990 é preciso pôr em perspectiva aquilo que ela viveu diretamente — ou por intermédio de outrem — desde o final da II Guerra Mundial. Costuma-se demarcar quatro períodos fundamentais:

1) A "retomada do consumo" de 1948 a 1968

A passagem da penúria à abundância levou vinte anos. Do estritamente necessário, passou-se a um nível de vida mais aceitável, a uma casa maior e mais bem equipada de eletrodomésticos, a uma alimentação decente; na verdade, a uma certa satisfação das necessidades por meio do consumo. Um dado econômico simples confirma essas afirmações: em vinte anos, o nível de vida das famílias dobrou. Símbolo social evidente: a massificação. Assim que um produto, serviço ou idéia alcança um grande número de pessoas, ganha o status de valor incontestável. É o que ocorre com o sufrágio universal, que substitui o voto de uns poucos, o grande varejo, que expulsa o pequeno comércio, a TV massificada, cuja fatia de público, em 1950, é de 1% — sem uma verdadeira audiência — e em 1968 está presente em 62% dos domicílios. Todos os produtos ou serviços que estavam limitados a um pequeno número de privilegiados, nessa época passam a ser desejados e depois adquiridos por um número crescente de pessoas ou domicílios... A democratização é isso. Os governos acompanharam esse progresso econômico para fazer dele um progresso social; o consumo e a satisfação das necessidades tornou-se uma finalidade autônoma, símbolo de uma felicidade futura acessível a todos. O marketing de oferta, nessa época é pouco sofisticado, enquanto cresce a demanda. As empresas e as marcas acreditam que precisam marcar posição e se tornar desejáveis, o que não é nada difícil: no início do período, em razão do total desabastecimento; no final, por conta do desejo de consumir. Basta responder oferecendo produtos simples a um preço aceitável, isto porque o poder de compra ainda não se consolidou, ainda que *o desejo de comprar* seja muito forte.

2) A crise de confiança (1968-1973)

"O consumo não traz a felicidade", ou, em todo caso, esta não se reduziria a ele. Foi o grito que ecoou ao longo desses cinco anos, inaugurados pelos acontecimentos de Maio de 68, numa França que não conseguia romper com a marcha forçada da reconquista saída da última guerra. A ruptura foi brutal e a crise de consciência, salutar. Tendo alcançado o posto de equipamento número um dos lares, instalam-se certa saturação e uma sensação de vazio do pensamento. Da satisfação da maioria nasce um sentimento que não desaparecerá mais, notadamente com o crescimento das desigualdades sociais reveladas à maioria pela TV. As imagens da telinha espalham-se agora por todo o país, mostrando "à saciedade, um mundo que espanta e amedronta". Testemunha da miséria existente no mundo e dos problemas em todos os continentes, a TV justifica seu papel mediático e, ao mesmo tempo, desestabiliza a sociedade — certamente de maneira involuntária, aliás. O papel de massificação democrática entra em contradição com a descoberta e o aumento das desigualdades. Acreditamos que os franceses continuarão convivendo com esse sentimento ao longo das sucessivas fases de construção da sociedade de nossos dias. Essa descoberta põe fim à utopia democrática, e a eleição de 1974 não reacenderá as esperanças, pelo contrário. Nessa época, a segmentação por idade funciona muito bem. Os mais jovens fazem sua "primavera" em Maio de 68, pois não têm que carregar o peso da História: às vésperas de atingir a idade adulta, recusam firmemente e de imediato qualquer tipo de alienação trazida pelo consumo, antes de serem sufocados pelas responsabilidades. Alguns anos depois, seus primogênitos descobrirão as virtudes de Maio de 68 e retomarão, com palavras diferentes e ímpeto mais moderado, o mesmo desejo de construir uma sociedade mais justa onde o consumo seja apenas um meio e não um fim. Essa será a mensagem da "nova sociedade" de Chaban-Delmas, idéia à época tão mal-compreendida porque, no íntimo, cada um a percebia à sua maneira, sem aceitar que ela lhe fosse imposta, sobretudo pelos ocupantes de Matignon[27].

3) A exaltação do consumo (1974-1990)

Foi um período estranho, pouco homogêneo (a começar pelos dois mandatos presidenciais de sete anos cada um, que tiveram destinos opostos) e que consagra uma evolução essencial: a escalada do individualismo. É curioso pensar que a utopia coletiva de Maio de 68 possa ter gerado tal movimento, no entanto... É preciso

---

[27] Matignon é a sede do governo francês. (N.T.)

dizer que esse período se inicia com o primeiro choque do petróleo e termina, de certo modo, com o "choque do petróleo" da guerra Irã-Iraque. Tanto no nível do Estado quanto no individual, a preservação de seu abastecimento e o controle dos custos são fundamentais. Todo mundo batalhou (ou os pais o fizeram em seu lugar), desde a guerra, para alcançar a felicidade material, e os anos 1968 legitimaram esse combate dando-lhe, para alguns, um sentido social, e, para outros, até mesmo um álibi. A justaposição de elementos muito contrastantes, na verdade completamente opostos, ficará como o paradoxo dessa época. Quem estava em atividade (ou os atores) nessa época ficou com a impressão de que vivia um período de graves crises econômicas (1974, 1978, 1982), ao passo que, de modo geral, o que sobressai desse período é uma melhora do nível de vida e do consumo que há muito tempo a França não conhecia.

Paradoxo de uma época que verá o número de desempregados passar de 800 mil para quase três milhões, em meio a uma sensação generalizada de viver melhor que traduz a evolução psicológica do nível de vida.

Paradoxo de uma época que confiou na ciência e na técnica, mas cuja principal insegurança recaiu na doença, no corpo humano e em suas necessidades, a quem a ciência era incapaz de dar uma resposta satisfatória.

Paradoxo de uma época na qual os franceses foram tão cultos e abertos (educação, cultura, mídias...) como jamais haviam sido e, no entanto, sujeitos a profundos questionamentos quanto a seu lugar no mundo e no tempo ou quanto à razão de viver.

Paradoxo de uma época muito individualista na qual, entretanto, a lei é ditada pelo conformismo das "tribos" e na qual os subgrupos culturais-profissionais — e até mesmo de simples vizinhança — substituem a família ou, no mínimo, vêm se juntar a ela.

Convém analisar mais detidamente o individualismo dos anos 1980. Ele constitui o encontro da vontade de alcançar a satisfação individual das necessidades — e não mais a satisfação familiar ou do lar — com o progresso técnico que baixa os custos de produção, facilitando o acesso individual aos principais bens duráveis. O transistor, presente em cada quarto de casal ou dos filhos, seria o primeiro exemplo, substituindo o rádio de válvulas que toda a família ouvia; depois veio o *hi-fi* pessoal no lugar do aparelho de som de uso familiar (indicador de modernidade), em seguida a escalada do segundo carro da família, depois a TV acoplada a outros equipamentos. Surgiria por fim o que em inglês se chama de PC *(Personnal Computer)* e na França de computador individual[28].

---

[28] A revista precursora dessa época (criada em 1978) não tinha o título de *L'Ordinateur individuel* ? (Computador pessoal).

O marketing de oferta responderá com naturalidade a essa necessidade de individualismo em todas as áreas: a resposta dos produtos alimentícios será uma variedade de aromas, receitas e grande quantidade de amostras... a dos serviços como bancos e seguradoras, uma infinidade de contratos que mostrarão que cada um é único e que eles podem responder a cada caso específico, a dos bens duráveis, a proliferação de opções, cores, séries especiais no setor automobilístico, por exemplo, que estimulam ainda mais essa necessidade de individualismo.

É claro que a segmentação por produto foi usada pelo marketing para favorecer esses impulsos individualistas, mas ele também fez uso de uma abordagem mídia/mídia alternativa que levava em conta cada vez mais o indivíduo, e que dava a ele condições de se manifestar: é a interação total das abordagens diretas e promocionais (cujo objetivo é provocar a participação pessoal) por mala direta, telemarketing, videotexto, 0800 ou um simples cupom destacável. Desse modo, todos são levados a participar, responder, se exprimir... podendo "existir" diante dos produtos, das marcas e do varejo, esmagador por conta de seu gigantismo.

4) A grande (des)ilusão (1990-1997)

Nada havia preparado o cidadão, e menos ainda o consumidor, para o choque dos anos 1990. No final dos anos 1980, ele próprio havia "perdido a cabeça" e se anestesiava por meio do consumo exagerado, talvez para esquecer seus temores (desemprego, Aids...) ou transferi-los aos outros ("não tenho nada a ver com isso, está tudo bem por enquanto"). Mesmo que a imagem do *golden boy* já tivesse se esvaído, a nostalgia dessa época ainda persistia, e inúmeros cidadãos consumidores acreditavam estar vivendo apenas um hiato pessoal antes da volta à normalidade. A consciência da gravidade dos males nos quais foi lançada a sociedade francesa e européia não era admissível. Essa é a razão pela qual o choque da guerra do Golfo, ou seja, a resposta americano-européia lançada em janeiro de 1991, foi um estopim. Os medos individuais se reuniram em torno de um medo coletivo; o primado da sociedade européia estava posto em causa. Esqueceram-se os últimos quinze anos e as preocupações menores em meio ao conforto de muitos para voltar às primeiras décadas após a II Guerra Mundial, com aquilo que elas haviam exigido em termos de privação e esforço. Os jovens, que não conheceram diretamente o trauma da guerra, mas do qual tinham ouvido falar bastante, temeram pelo pior: passaram a estocar, como seus pais, gêneros de primeira necessidade e diminuíram o consumo com medo do futuro. Os próprios empresários foram contaminados por esse medo, freando os investimentos mais por temor ou angústia do que em razão de uma análise racional. Do mesmo modo que, nos anos 1980, o consumidor se iludira de maneira positiva, até mesmo exagerada, com uma bulimia de consumo, assim também o choque psicológico do início dos anos 1990 teve uma repercussão importante.

A volta do pêndulo dos temores e medos foi muito rápida, atingindo em cheio a economia. A função psicológica do consumo, fenômeno motor dos índices de mercado, encontrou-se paralisada: desaparecera *o desejo de consumir*, a *vontade de comprar* a partir de então deixara de existir, congelando as compras de todos, cujo poder aquisitivo já fora diminuído pela crise. O fenômeno atingiu todos os mercados: setor alimentício, de vestuário-moda, bens duráveis pessoais (eletrodomésticos, TV, automóveis...) ou de ativos imobiliários das empresas (informática, de escritório...).

Inúmeras marcas desapareceram ao longo desses anos, algumas por falta de demanda, outras por decisão dos estados-maiores de grupos como Thomson, BSN, L'Oréal, que estavam ansiosos para racionalizar a oferta diante de um consumo que estagnava — e até mesmo regredia, em 1993 — e em conservar apenas as marcas mais legítimas, capazes de despertar os consumidores, e apoiadas em orçamentos coerentes de marketing[29].

A crise do início dos anos 1990 foi, assim, uma crise (psicológica) de demanda, acelerada por uma crise de oferta. O consumidor, que já não tinha parâmetros, perdeu suas marcas habituais, o que fez com que perdesse o desejo de consumir. Ele se refugiou tanto em marcas emblemáticas, que não ofereciam risco e que podiam dar (novamente) sentido a seu consumo, como nas marcas que ofereciam menor preço, que resolveram o lado prático, mas que por vezes também matavam o prazer de comprar. O consumo não precisava disso.

O cidadão encontra-se desencantado em razão da falta de parâmetros políticos e sociais, o mesmo acontecendo com o consumidor, e por conta das mesmas carências. Entretanto, tanto um como outro se pegam a sonhar e a esperar; não perdem uma ocasião para se entusiasmar com uma notícia vibrante ou um evento positivo que faça esquecer o dia-a-dia: os acontecimentos esportivos (Copa Davis, Copa da Europa de futebol, as façanhas de Marie-Josée Perec...) são, igualmente, válvulas de escape da crise, trazendo esperança. Desse modo, os espetáculos que a República proporciona — o desfile de Jean-Paul Goude para celebrar 1789,

---

[29] Devemos nos perguntar se a eliminação de determinadas marcas de família (Vedette, Thomson...) e a midiatização que se seguiu a seu desaparecimento não aprofundaram esse sentimento de insegurança psicológica do consumidor, contribuindo de maneira involuntária para desestabilizá-lo ao retirar dele suas (marcas) referências.

espetáculo de Philippe Decoufley para Albertville — são parênteses claros em meio à monotonia.

As mídias foram marcadas, recentemente, pelo crescimento de um tipo de imprensa conhecido como *people*, uma imprensa de atualidades centradas nos personagens da mídia, do *show-bizz* e, de um modo geral, em todos aqueles que estão em evidência... que vem aumentar a dimensão de fuga sonhada por nossos concidadãos: *Voici, Gala, VSD*, mas também *Match*, e *Point de Vue*, que renovam o gênero de imprensa dito escandaloso, alcançando níveis de venda bastante altos. Essas publicações permitem que as pessoas se esqueçam de seu dia-a-dia e, tanto em primeira como em segunda instância (valorização de quem "conhece" + humor) trazem à luz uma realidade um pouco triste. Prova que os cidadãos estão prontos a esquecer e a se empolgar. O mesmo acontece com os consumidores diante das liquidações, liquidações em *avant-première*, redes de segunda linha das grandes marcas... De maneira irracional, eles se espremem em lugares que são, às vezes, muito íntimos e enfrentam filas que, em outras situações, não suportariam. O que mostra que, basta terem uma oportunidade, tanto os cidadãos como os consumidores estão dispostos a embarcar no mundo dos sonhos.

Da mesma forma, esse consumidor-cidadão abandona seu egoísmo de crise por meio de um parêntese altruísta e generoso que o faz ajudar Coluche, o padre Pierre ou Teletom... e comprar a água Evian ou os cafés Stentor porque tais marcas apóiam uma causa humanitária. Livre tanto para se decepcionar quanto para ajudar os outros. Pois o consumidor sabe, desde 1993 — e, de todo modo, a mídia se encarrega de repeti-lo diariamente —, que aquilo que ele julgava ser um parêntese torna-se a regra, e que, se quiser, ele pode escapar: isso depende, antes de tudo, dele. Ele não pode esperar mais nada do poder ou do Estado.

Compreendendo melhor o consumidor em seu próprio consumo

A. Em busca da pluralidade

A tendência principal, que pode ser observada a cada dia, reside no caráter polimorfo do consumidor e da sociedade de consumo. Todos saíram diferentes dos últimos vinte anos de expansão, com suas crises tão numerosas quanto latentes. O consumidor do final dos anos 1980 está cansado, sem parâmetros, e se vê diante de uma crise estrutural da sociedade para a qual ele não estava preparado. Cada um reage a seu modo, atravessando a crise e adaptando-se para sobreviver com seus temores e argumentos. A conseqüência é que, muito freqüentemente, uma determinada marca ou produto sejam consumidos por razões muito diferentes, até mesmo opostas, por públicos diferentes. Por conta disso, é muito difícil traçar um retrato padronizado dos consumidores baseando-se em critérios simples como idade, classe social, renda ou moradia: a hierarquia linear não consegue mais explicar o consumo. Como alguns têm assinalado, deveríamos falar de um sistema matricial de segmentação que substituiria o sistema piramidal (grupo social...) dos anos 1960–1970[30]. No entanto, esse sistema bastante descritivo não explica melhor os inúmeros comportamentos dos consumidores, porque a pluralidade do consumidor tanto é individual quanto pessoal. Cada vez mais, a reação das pessoas é imprevisível; seu desejo de comprar e suas motivações mudam todo dia. O consumidor não assume mais uma atitude estática em relação às marcas e aos produtos. Ele muda, e considera essa mudança normal, até mesmo saudável (um sinal de liberdade e, até mesmo, de algo que o identifica como um cidadão não-alienado pelo consumo). É preciso dizer que, uma vez as necessidades básicas satisfeitas a maior parte do tempo, a diferenciação ou o comprometimento se dá a partir de critérios pessoais. Um determinado produto poderá apresentar uma grande importância para um comprador, envolvendo-o de maneira significativa, enquanto seu valor como mercadoria, sua importância cotidiana ou sua funcionalidade poderão ser menores que um outro... O valor não fica na dependência do número de desejos; o produto quase banal torna-se uma válvula de escape da personalidade, um indicador de um estilo de vida. É o caso, por exemplo, de inúmeros produtos que, durante um espaço de tempo bem curto, entram na moda e nos dominam, e que nos sentimos "obrigados" a possuir de qualquer jeito.

Diante da crise, a incoerência também se manifesta no tempo. Se a falta de disponibilidade financeira impede que se adquira um determinado produto, ela permite, entretanto, que se compre outro, mais ou menos caro, que provoca o desejo. E o que é objeto de desejo hoje, amanhã já deixou de sê-lo... Essa mudança é legítima e, acima de tudo, todo mundo concorda em ceder sem motivo, até mesmo pela necessidade de "se liberar" para agüentar a crise. É a compra de compensação, cujo valor não tem a menor importância, mas que atende a uma necessidade de satisfação que tanto é imperiosa quanto imediata. Todos nós conhecemos essas pequenas loucuras que fazem esquecer o resto, essas compras por impulso que

---

[30] Ver as obras de Pascale Weill sobre o assunto.

deveriam ser reprovadas pela razão, mas para as quais ela fecha os olhos e das quais nem quer ouvir falar. A compra cria uma ruptura necessária para o consumidor bloqueado pela crise. E a ruptura é de caráter individual (até mesmo grupal, por imitação), mas nunca coletivo, caso em que, aliás, se trataria de uma revolta. *A satisfação da necessidade é individual e a justificativa é plural.* É bastante comum as marcas ignorarem ou fingirem ignorar essa pluralidade, concentrando-se em retratos-padrão tão fáceis quanto racionais. Seria aconselhável que elas se abrissem a essas satisfações plurais, pois nelas encontrariam fortes indícios de diferenciação psicológica, veios de preferência por seus produtos.

B. Inscrito na história

O consumidor, muito freqüentemente uma entidade abstrata, jamais corresponde a um ser novo, mesmo que seja seu primeiro contato com o produto. Seu comportamento, atitude, equilíbrio freio-motivação, impulsividade, devem-se a seu passado diante do produto, mas também a sua própria história. Não existe consumidor novo, assim como não existe homem novo. Quem compra uma casa pela primeira vez tem uma "noção histórica" do habitat — tanto pessoal como parental ou familiar — que lhe é própria e que determina, ou no mínimo influencia, o construtor a ser escolhido, o tipo de terreno e, sobretudo, o estilo da casa. Seria muito difícil isolar os diferentes fatores que conduzem ao seu comportamento presente. De maneira muito mais ampla que a história de suas relações com os produtos, a história do próprio consumidor na sociedade é importante. Em que época ele viveu? Que desejos teve, que carências não conseguiu satisfazer ou, ao contrário, por que momentos felizes passou? A diferença entre um consumidor de 55 anos e outro de 35 não é vinte anos de idade, é o que separa suas experiências enquanto consumidores; um passou pela guerra, pelo pós-guerra, pelas privações de um contexto econômico difícil, enquanto o outro geralmente nasceu com a TV e a guerra de sua infância chama-se Maio de 68. O único interesse em descrever os períodos de evolução da sociedade de consumo deve-se ao fato de que cada época tem características próprias que ficam marcadas no consumidor; *cada época age como uma camada sedimentar a mais* que traz suas próprias características, mas que não é capaz de apagar as precedentes. Cada consumidor é o resultado de sua história, tanto em termos de época como de nível de vida; quem passou por uma infância difícil e alcançou uma posição social e financeira segura, geralmente agirá em função dos primeiros passos que deu na vida, por osmose ou reação. Assim, quem trabalha com produtos diferentes em termos de faixas etárias deve assimilar esse fenômeno e compreender a história do consumidor-alvo. Começando com os profissionais que trabalham com o público sênior. Enquanto consumidores, eles se diferenciam menos por conta da idade que de seu passado. O mesmo acontece com os jovens, para os quais essa ausência de sedimentação dos períodos é a principal causa da ausência de parâmetros.

C. A autonomia cresce cada vez mais no interior da célula familiar

A abordagem de marketing dos anos 1970 baseava-se na unidade "lar": era o reinado da dona de casa, responsável pelas compras do clã familiar. Hoje, cada vez mais, ela se limita aos bens de consumo adquiridos no quadro dos recursos familiares e de consumo do lar. As outras compras escapam à unidade familiar, e, ainda, ela é posta de lado pelas compras mais ou menos regulares voltadas para o coletivo feitas pelos diversos membros da casa, em relação às quais não se pode ignorar a influência individual (ligada à idade, à cultura das marcas e à exposição à publicidade). No que diz respeito aos bens duráveis, faz tempo que sabemos da influência dos diferentes membros da casa, entre os quais as crianças, no caso da compra de carro, por exemplo, quando seu poder foi consagrado pela campanha do Peugeot 806. Mas além dessas influências cruzadas, que tornam cada vez mais difícil encarar o lar como uma unidade, assistimos de maneira crescente a um consumo autônomo dos membros da família. Antes de mais nada a mulher, que, com uma freqüência cada vez maior, recebe um segundo salário: isso a torna menos dependente e mais autônoma nas decisões de compra pessoais e coletivas, e ela própria torna-se agente de um consumo antes reservado aos homens. Exemplo diário disso é o setor de automóveis, mas também o de imóveis e viagens. Assim, é justo dizer que a sociedade dos consumidores se feminiza. Poderíamos acrescentar também que ela rejuvenesce e envelhece em seus extremos, e que, nos limites da célula familiar, ela sofre a clivagem da idade. Os adolescentes já representam um mercado significativo, graças à mesada (mil francos por mês, de 11 a 14 anos, mas, a partir dos 16–18 anos, quase 6 mil francos, considerando-se todas as fontes de recursos). O surgimento dos biscates, infelizmente ligados às dificuldades econômicas, cria recursos paralelos que, de acordo com a situação financeira global da família, são reincorporados de maneira mais ou menos importante, abrindo, contudo, mercados autônomos: esportes, viagens, cultura, moda, alimentação... Um outro fenômeno vem acentuar a dispersão financeira do lar médio: por conta do desemprego, das dificuldades de inserção econômica e do prolongamento dos estudos, os filhos deixam a casa cada vez mais tarde[31]. O domicílio torna-se, assim, o palco de um consumo fragmentado, com fenômenos de autonomia parcial e pólo de influência. E, com o tempo, essa fragmentação do consumo familiar toma um outro rumo, sobretudo em razão da grande instabilidade da célula familiar: divórcio, segundo casamento, coabitação sem casamento formal, lares em que um dos pais mora sozinho com os filhos... A idéia de lar é vivida no momento, tornando-se, em essência, evolutiva. Cada lar tem uma história que influencia seu consumo, enquanto a principal dimensão "histórica" da célula familiar é, paradoxalmente, sua duração, notadamente para aqueles que hoje têm 60 anos ou mais (ou seja, mais do que uma pessoa em cada cinco). Sua esperança média de vida nunca foi tão grande, seus rendimentos são superiores aos de inúmeros casais que trabalham (110 mil francos em média), e sua sede de juventude nunca foi tão intensa, reforçada por uma sociedade que tem consciência de estar envelhecendo e que tem o maior interesse (de modo egoísta) de sacralizar a sociedade dos seniores... evitando que ela sofra qualquer tipo de marginalização em razão da idade. Nem falamos mais da terceira idade, e sim da quarta idade, e em breve estaremos falando da quinta idade.

D. Adultos com escolhas mais que racionais

Muitos oráculos do marketing enxergam o consumidor que sai da crise como um animal racional. Não vamos exagerar! Ele, seguramente, é racional, no sentido de que é "dotado de razão", mas isso não significa de modo algum que a crise acabou com todas as suas fantasias, e que suas "escolhas" (termo muito em voga) sejam imunes a qualquer impulso. O consumidor é atento, faz previsões, escolhe, diferencia, administra o bolso e os desejos. É, nesse sentido, mais adulto, pois não reage a um estímulo qualquer de marketing. Em primeiro lugar, porque ele percebeu que esses estímulos não são neutros, e que só esperavam que os ingênuos caíssem na rede para recolhê-la; porque a experiência lhe ensinou a separar as boas ofertas comerciais das "engana-trouxa"; porque soube como decodificar as mensagens publicitárias, aprendendo, finalmente, a contar: essa descrição pode causar um sorrizinho de descrédito, mas fale dela com um banqueiro que tenha contato com a clientela e ele descreverá o fantástico progresso alcançado pelo consumidor ao longo dos anos 1980. O consumidor ingênuo que, há uns vinte anos, se deixava

---

[31] Em *Francoscopie 1997*, "em 1995, 60% dos homens e 49% das mulheres entre 20 e 24 anos ainda viviam com os pais, contra, respectivamente, 51% e 38% em 1982. Aos 28 anos, 12% dos homens e 5% das mulheres ainda se encontram nessa situação.

"fisgar" pelo departamento de crédito voltado para o consumo tornou-se hoje um especialista em pesquisar taxas bancárias, produtos financeiros e taxas fixas de gestão a ser evitadas nesta ou naquela aplicação, que podem parecer interessantes, mas que, quando se levam em conta as taxas administrativas e de entrada e de saída, percebe-se sua baixa remuneração. Por outro lado, esse consumidor que aprendeu a administrar não renunciou ao prazer. Não é porque ficou adulto que tornou-se, daí por diante, impermeável a um discurso que o faça sonhar. Ele aprendeu a administrar seus sonhos, mas nem por isso deixou de querer ser seduzido.

E. O tiroteio entre luxo e preço baixo

Finalmente os políticos começam a se preocupar com o fato de que nossa sociedade está se transformando numa sociedade com duas velocidades, embora não possamos culpar os sociólogos e analistas por nos terem escondido a verdade. Passado o período dos anos 1980, é preciso reconhecer que os temores e angústias que se tinham em relação ao futuro tornaram-se, para alguns, a realidade do dia-a-dia (desemprego, exclusão, crescente marginalidade...). Os tumultos permanentes nos subúrbios são a demonstração mais visível de que a coexistência de universos distintos tornou-se precária em lugar de pacífica. As marcas, ou melhor, os grupos de marcas, são confrontados com essa grande diferença em termos de demanda. Eles precisam segmentar a oferta e se dirigir ao maior número possível de pessoas. O varejo entendeu bem esse fato, e antes do lançamento de Crazy George já inovara reservando espaço para preços baixos na área da alimentação (LIDL ADIL, Ed), de produtos especializados (Halles de roupas, Halles de sapatos, Chauss'Land), de troca (Foire Fouille, Ile au Troc), de lojas de saldos e de fábrica (Usines Center, Marques Avenue). Mas seria um engano pensar que essa ampliação da oferta, sobretudo no varejo, tem como único objetivo responder a um espectro cada vez mais amplo da população consumidora. É verdade, e é fundamental, que as lojas e as marcas devem ter a possibilidade de crescer entre as classes menos favorecidas porque elas têm um poder de compra mais restrito, mas que pode proporcionar rentabilidade e deve ser organizado socialmente — notadamente na visão dos políticos.

Não se deve pensar, de todo modo, que as marcas que trabalham com preço baixo e as lojas cujo apelo é o preço sejam (exclusivamente) voltadas para as classes C e D[32], menos favorecidas. Diversas pesquisas mostraram que, estruturalmente, os representantes da classe A tinham muito interesse nessas lojas. As classes C e D

---

[32] Classes A, B, C e D: costumam-se separar os domicílios em quartis, de acordo com o nível de renda. Assim, a classe A representa os 25% de domicílios com alta renda.

as freqüentavam por necessidade, enquanto as outras o faziam porque decidiram não gastar muito com produtos de importância secundária (uma forma de não-envolvimento), sendo geralmente este o motivo principal. Mas a razão profunda às vezes é outra, e mais importante: a pesquisa pelo melhor preço e pelo bom negócio tornou-se uma preocupação autônoma e legítima, um tipo de "esporte de casta". Basta ver as filas que se formam duas vezes por ano diante da Hermès ou de determinadas casas de alta costura por conta das liquidações. A espera no frio é o símbolo da vontade de fazer um bom negócio. Ao analisarmos o público que compõe essas filas ficamos espantados com a significativa mistura de classes sociais. Do mesmo modo, deveríamos atribuir o crescimento das lojas de fábrica, que permitem o acesso a marcas por preços geralmente 50% inferiores, às classes abastadas ou às classes médias — que freqüentam ambas esses ambientes, ainda que o gasto pessoal correspondente as diferencie. Não é raro encontrar na Usine Center ou no Quai des Marques ricas burguesas "descendo de nível" para experimentar, num ambiente decorado com cimento, um vestido de uma marca de muito prestígio que compraram com 50% de desconto, mas cujo preço continuaria proibitivo, e que elas poderiam ter se presenteado pagando o preço normal. O contrário disso é a loja de fábrica, onde as liquidações das marcas permitem apenas que as outras continuem a manter seu status e que as classes médias adquiram a marca em questão.

O luxo não está mais restrito a um determinado setor (costura, decoração...); ele é, antes de mais nada, um estado de espírito que afeta todos os setores e coloca o desejo de consumir um tom acima. Essa subida de tom faz toda a diferença e é responsável por toda a motivação, em suma, legitima o desejo. O luxo torna-se algo pessoal, ou seja, um elemento da personalidade. Qualquer pessoa é capaz, hoje em dia, de criar para si uma personalidade com aspectos variados, que ela deixa vir à tona de maneira intermitente, uma personalidade provida de "janelas" na qual os "hobbies", as coleções, as paixões, os estilos de vida e as viagens são igualmente símbolos de um luxo pessoal vivido como algo que ultrapassa o dia-a-dia.

Se para muitas pessoas os preços baixos são a banalização de um cotidiano sem importância, o luxo torna-se uma rota de evasão desimpedida. Cada um tem sua capacidade econômica e os produtos que a acompanham: não são eles que importam, mas o estado de espírito.

O consumidor, quem quer que seja ele, não tem nenhuma dificuldade em identificar as lojas em que poderá satisfazer seus desejos: ele sabe onde encontrar as marcas, localizar bons preços, descobrir produtos de marca com bons preços, notadamente por ocasião das liquidações. As diversas reuniões de grupos que

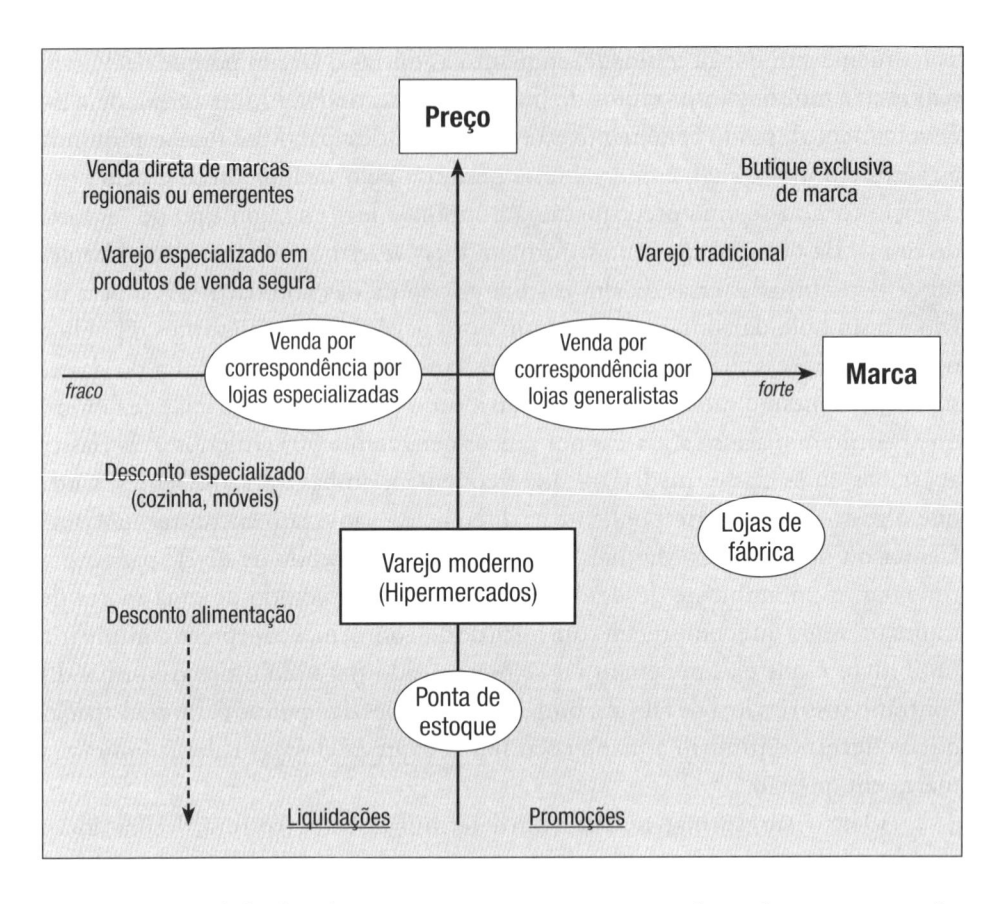

```
                        Preço
                          ▲
Venda direta de marcas    │    Butique exclusiva
regionais ou emergentes   │       de marca
                          │
Varejo especializado em   │    Varejo tradicional
produtos de venda segura  │
          ╭─────────────╮ │ ╭─────────────╮
          │  Venda por  │ │ │  Venda por  │
fraco ────│correspondência por│─│correspondência por│──── forte ──► Marca
          │lojas especializadas│ │lojas generalistas│
          ╰─────────────╯ │ ╰─────────────╯
                          │
Desconto especializado    │
(cozinha, móveis)         │       ╭─────────╮
                          │       │ Lojas de│
                          │       │ fábrica │
                          │       ╰─────────╯
                  ╭──────────────╮
                  │Varejo moderno│
                  │(Hipermercados)│
Desconto alimentação  ╰──────────────╯
                          │
                          │  ╭────────╮
                          │  │Ponta de│
                          │  │estoque │
                          │  ╰────────╯
        ▼              Liquidações  Promoções
```

realizamos a pedido dos clientes mostram que a imagem das redes varejistas sofre a seguinte dispersão:

É preciso observar que o fenômeno das liquidações, cuja duração real estendeu-se além da duração legal, tende a pôr abaixo esse universo todo ou, no mínimo, a fragmentar essa representação.

F. Em busca de marcas de referência que tenham um significado

O fim dos anos 1980 marca o final de um certo tipo de confiança depositada nos homens públicos. Por terem prometido demais, os políticos franceses, aliás, de toda a Europa, ficaram desacreditados: a sucessão dos programas de retomada da economia, de combate ao desemprego, de saneamento da Segurança Social contribuíram para corroer seu crédito. Os eleitos acreditaram que a midiatização do discurso não apenas dava audiência como trazia força a suas propostas: ao substituir os mediadores sociais representados pelo professor primário, o prefeito e o padre..., a mídia supostamente daria peso aos discursos dos políticos. Isso foi verdade, sem dúvida, até 1974 e, depois, no início do primeiro mandato de sete anos de Mitterrand. Excetuando-se esse parêntese, contudo, os últimos vinte anos mostraram o lado negativo da influência da mídia na democracia, transformando-a numa "midiacracia". A audiência e o modo de transmitir a mensagem, a "salmodização" da informação nos telejornais e noticiários do rádio, diariamente e a toda hora (France Info, LCI), contribuíram para desacreditar a política — mais ainda que os políticos —, deixando, assim, o cidadão sem perspectiva: de acordo com a situação, ele vive o passado como um peso ou nostalgicamente, e não tem uma visão de futuro. Limitado ao presente, o consumidor só percebe deste seus impedimentos ou aspectos negativos.

Curiosamente, o cidadão virou cada vez mais um consumidor, agarrando-se às marcas. Ao comparar suas promessas com aquelas feitas pelos políticos, descobriu que, às vezes, as marcas apresentavam um discurso mais profundo. Quantas vezes lemos, nos últimos vinte anos, que "o governo do Senhor X assina um contrato de confiança com o eleitorado", plágio da proposta de Darty? Isso talvez se deva ao fato de o famoso revendedor de eletrodomésticos utilizar a mídia como um simples amplificador, sem confundir meio e mensagem como é feito geralmente pelos políticos. Tendo acesso, por meio da publicidade e das relações públicas, à caixa de ressonância da mídia, as marcas souberam se apoderar do veio institucional, estabelecendo-se como parâmetro social e garantia tanto de consumo como de um modo de vida idealizado. Elas preencheram um vazio deixado tanto pelos políticos como pelos sociólogos e pensadores, que se concentraram excessivamente em sua própria dialética e se esqueceram do significado dos anos que vivemos. Há aproximadamente vinte anos, o Carrefour lançou os "produtos livres", símbolo de um apelo a um necessário arejamento, diante de uma sociedade mercantil (e estatal) pesada demais; em 1988, a mesma rede lançou o *slogan* "com o Carrefour, sou otimista", à época compreendido por muito pouca gente, e que, uma vez que o pessimismo é obrigatório, ganhou uma repercussão extraordinária. Por sua vez, essa expressão tornou-se um dito espirituoso dos políticos.

A análise dos *slogans* e textos publicitários apresenta uma imagem espantosa do clima social ambiente e dos valores dominantes. Determinados observadores acusam as marcas de pôr em prática uma recuperação de valores que não pode legitimar um papel de "agente social", qualquer que seja ele. Que seja. É preciso reconhecer, entretanto, que a busca de conceitos sociofilosóficos por parte das marcas que gozam do acesso à mídia tem algo de verdadeiro, seja por sua atualidade, seja por sua publicidade. Seu discurso se faz ouvir e participa da construção das mentalidades. Além disso, compreendendo a importância desses *slogans* como palavras de ordem para a sociedade, a mídia jamais se recusou a citá-los, usando para isso as entrevistas de empresários e diretores de comunicação que, há quinze anos, têm um acesso bastante fácil a jornais e revistas (TV/rádio/impressos), acentuando assim o papel social das marcas. Esse papel de protagonista não é, de todo modo, isento de risco. As marcas que se mostraram demasiadamente libertárias ou presunçosas, em relação a sua época ou a suas possibilidades, foram penalizadas. Pensamos notadamente no Crédit Lyonnais, em descompasso com a realidade quando tomou como eixo "o poder de dizer sim"; ou na SNCF, em contradição com o seu "é possível"... Nos dois casos, grevistas e jornalistas não deixaram de aproveitar a ocasião para fazer trocadilhos.

Conscientes das dificuldades econômicas de seus atuais e futuros clientes, hoje as marcas querem ser mais responsáveis. Elas se preocupam com os clientes, procurando evitar que eles errem ("Não se engane", *slogan* da Volkswagen). Assumem seu trabalho ("Nós faremos você preferir o trem", *slogan* da Sociedade Nacional de Estradas de Ferro), justificam sua existência ("A próxima vez que você passar por aqui, não será por acaso", *slogan* da Total), e se colocam sempre, de maneira decidida, do lado do cliente ("Devemos a você muito mais do que a luz", *slogan* da Companhia Elétrica da França).

Além de disponibilizar o produto ou serviço, o que essas marcas querem é assegurar a satisfação que as acompanha e que pode dar credibilidade a seu *know-how* enquanto empresa. Esse é objetivo de todas as declarações de princípio, contratos e compromissos existentes, da Darty à SNCF, passando pela maior parte dos produtores-vendedores de bens duráveis.

Contudo, para além desse arrazoado funcional — de resto bastante normal —, elas querem que a confiança dos cidadãos renasça, oferecendo-lhes uma perspectiva positiva que os retire de seu estado de torpor. Um dos mais belos exemplos disso foi dado pela France Télécom ao prometer que "Faremos você amar o ano 2000". Diante do grande temor de final de século, que bela empreitada!

Indo além do discurso publicitário, as marcas procuram atuar como agentes responsáveis: por meio de seu próprio processo produtivo, em relação ao qual o reflexo ecológico tem ganhado importância nos últimos anos; diante, também, da própria mão-de-obra, quando algumas delas declaram em alto e bom som que, mesmo quando transferem sua produção para outros países, não utilizam trabalho infantil nem impõem um ritmo de trabalho infernal a operários mal pagos... Esse discurso tem seus limites, dos quais a hipocrisia é, talvez, o primeiro. Mas o simples fato de respeitar determinadas regras ou de se aproximar delas, arriscando-se a ser pegas pela mídia em caso de infração flagrante, já é um bom sinal. Pode-se objetar que, com isso, as empresas é que acabam sendo mais responsáveis, não as marcas, enquanto as porta-vozes são precisamente estas últimas, suscetíveis de incriminação caso aconteça um passo em falso.

Para além do discurso publicitário, com uma linguagem de mídia alternativa, as marcas também querem atuar com responsabilidade. Elas participam de determinadas causas que correspondem a seus públicos-alvo e se associam aos setores que eles representam: é o caso das iniciativas de mecenato artístico das marcas de telecomunicação e informática nos anos 1980, do mecenato praticado pelo grupo LVMH, em grande parte responsável pela viabilização das exposições de Corot, Cézanne ou Picasso... Inúmeras marcas se associaram, às vezes anonimamente, aos Restos du Coeur (Restaurantes do Coração) de Coluche, fornecendo alimentos e bebidas; outras, como Évian ou Stentor, optaram pelo auxílio à Cruz Vermelha, Médicos do Mundo ou Farmacêuticos Sem Fronteiras por meio do mecanismo de repasse de parte das vendas como responsabilidade social (a cada produto vendido, x centavos são revertidos para a instituição escolhida). Trata-se, sem dúvida, de técnicas promocionais, mas elas só alcançam resultado porque dão um sentido complementar à compra do produto ou da marca, porque remetem cada comprador/cidadão a suas responsabilidades sociais. Com segundas intenções, dirão alguns...

G. Em busca de produtos — novos ou não — que tenham uma função!

O corolário da relação precedente do consumidor com a marca é que o próprio produto ganha novamente uma certa importância. Se o consumidor exige que a marca tenha uma certa legitimidade ou desapareça, ele pede que o produto tenha uma função precisa, essencial, ou tome o mesmo rumo.

A marca confere ao produto um valor agregado psicológico, mas, no longo prazo, é incapaz de salvar um produto que não seja funcional. Por não terem compreendido isso, inúmeras marcas retiraram do mercado produtos novos excessivamente ousados lançados nos anos 1970–1980, que não tinham conseguido passar pelo crivo da recessão. Pois ela acarretou escolhas e seleções em que só restam os melhores. Na dupla marca-produto, este último representa cada vez mais a dimensão racional da escolha, e podem-se identificar os parâmetros de comparação: trata-se de desempenho, para um bem durável, do material, para um tecido ou uma roupa, dos ingredientes, para um produto alimentício... E a fim de enfatizar esses códigos, as entidades profissionais estabeleceram certificados e normas que afetam a produção (ISO), a origem (Label Rouge) e as qualidades intrínsecas do produto (NF). O Laboratório Nacional de Testes nunca trabalhou tanto como nos anos 1980.

O consumidor, o utilizador ou o comprador industrial querem saber aquilo que estão comprando, querem comparar as promessas feitas com o funcionamento real do produto. A célebre relação qualidade-preço adquire, então, seu sentido completo: o consumidor aceita pagar o preço de um produto que lhe parece realmente necessário se este responder aos critérios racionais que ele espera. É nesse sentido que pudemos dizer que o consumidor era racional e adulto ao escolher. Ele mede, compara, aprova, sanciona... E, se ele se permite um desvio emocional que fuja do seu "caderno de compromissos" — e se esse desvio se mostrar negativo em relação ao produto —, só culpa a si próprio. Cada vez mais informado sobre o produto, ele conserva, no entanto, o livre-arbítrio e assume as conseqüências de suas escolhas.

O mesmo acontece diante das inovações que os produtos apresentam. Elas sempre fascinaram o consumidor, que as considerava como uma resposta a seus sonhos de um mundo melhor (robotização dos aparelhos que liberasse as pessoas) e com uma tecnologia perfeita (maior durabilidade dos componentes e produtos para uma vida mais tranqüila). Os anos 1980 exageraram, confundindo inovação com a produção de *gadgets*. Esta última contribuiu com sua parte do sonho e foi útil para o consumidor: não se deve, de modo algum, deplorá-la. Sua dimensão de futilidade trouxe uma certa doçura cotidiana a consumidores que buscavam um alívio psicológico através das compras compensatórias... Essa dimensão continua a existir, hoje, em relação aos produtos que demandam pouco investimento e cuja compra não implica risco: as lojas de bugigangas nunca desaparecerão. No entanto, no que diz respeito aos bens duráveis como automóveis, produtos para o lar, TV, som, a volta às origens e ao desempenho básico é importante, e a inovação deve se dar em relação a critérios ou valores maiores. É o que acontecerá com a segurança em relação a inúmeros produtos. O *airbag* frontal ou lateral torna-se rapidamente um acessório de série, enquanto antes era uma inovação presente apenas nos modelos top de linha. Consumidor *oblige*... Idem quanto aos eletrodomésticos, com portas de forno que não esquentam e evitam que as crianças queimem a mão. Seria longa a relação das inovações que se tornaram itens de série. A inovação periférica não-essencial é sempre bem-vinda e tem um papel a desempenhar, constituindo-se num elemento de comparação e de preferência diante de desempenhos iguais. Nesse sentido, as marcas atuam sempre com esse algo mais que pode levá-las a conquistar alguns pontos de mercado, mas devem saber que o consumidor não está disposto a pagar por isso, pelo menos não conscientemente.

Conhecer melhor o consumidor de hoje em sua relação com a mídia

Nos anos 1980 houve a descoberta das mídias audiovisuais. Os franceses experimentaram a pluralidade do rádio e da TV. Nesse aspecto, a década seguinte é a da gestão do consumo de mídia. A audiência das mídias entra em estagnação, apresentando até sinais de uma erosão perceptível, notadamente a TV e o rádio, ainda que permaneçam em níveis elevados, traduzindo a realidade quantitativa da mídia de massa. Os índices semanais acumulados mostram que 50% dos franceses lêem a IDR, 96% lêem revistas, 85% ouvem rádio e quase 100% assistem à TV. Aparentemente tudo bem, exceto pelo fato de que os franceses estão se abrindo à civilização da multimídia e que, por tabela, criticam as mídias tradicionais.

Os franceses descobrem tudo de uma vez só: alguns mal se acostumaram com a TV a cabo, outros nem se ligaram a ela, e outros entram em contato com as transmissões por satélite, respiram novos ares, ficam maravilhados com a internet e a web — sem saber que "surfar" é algo que vai além das ondas e da neve. Percebem que estão no centro de uma fantástica revolução em que tudo é fonte de comunicação — o microcomputador e a TV, alimentados por inúmeras fontes. Um dos primeiros sinais dessa revolução é que, doravante, as mídias têm um custo para o público. Com a imprensa já era, e continua sendo, assim; a TV e o rádio eram gratuitos, ainda que soubéssemos que eram financiados notadamente pela publicidade e pelo patrocínio, um mal necessário; mesmo que valesse a pena agüentar alguns minutos de publicidade, podendo escapar dela e pagar menos pelo consumo de mídia.

Os franceses descobrem que a mídia tem um custo: as revistas vendidas a 25, 30 ou 40 francos vêem suas vendas despencar por razões de orçamento das famílias. As grandes redes de TV aberta são sempre gratuitas; mas o consumidor percebe claramente que, se ele não paga os programas e é a publicidade quem financia a maioria destes, a lógica da audiência deve ser coerente, podendo levar à produção de programas voltados para a maioria e que sejam pouco satisfatórios para alguns. Conclusão: para fugir da massificação e da informação massificada, é preciso pagar: Canal +, TV a cabo ou por satélite, TV "*pay per view*". A exigência quanto à informação traduz-se diretamente em termos de custo de acesso.

A segunda mudança diz respeito a como o público vivencia a informação. À semelhança de Bruno Desbarrats[33], pode-se dizer que, durante os anos 1980, o

---

[33] *Les chances de l'écrit face à l'audiovisuel*, Bruno Desbarrats, Éditions Régie Presse, 1987.

que fez o sucesso do consumo de mídia foi a *salmodização* da informação. Uma determinada notícia era repetida de acordo com o ritmo de publicação ou de distribuição dos impactos pelas mídias: rádio, TV, imprensa diária, imprensa semanal, imprensa mensal... e de acordo com os itinerários de mídia que um observador atento poderia descrever com facilidade (por exemplo: *Le Figaro* ou Europe 1→France 2 ou *Le Nouvel Observateur*→Canal +...). O consumidor leitor-ouvinte-telespectador satisfazia-se com essa repetição da informação, às vezes sem nenhum acréscimo, e, além do mais, ele a buscava para encontrar as mesmas fotos, ler as mesmas citações e analisar os comentários. Nos anos 1990 acontece uma ruptura, a *salmodização* perde terreno, *o consumidor quer algo de novo*, sobretudo valor agregado. A crítica das mídias e da legitimidade dos jornalistas acentua o fenômeno. Por que ler a mesma coisa, por que comprar essa ou aquela publicação semanal ou mensal — ainda que se tenha o hábito de ler com regularidade —, se é para encontrar um artigo sobre um determinado assunto que já foi tratado não faz muito tempo? Os oportunistas da imprensa vêem suas promessas se esvair, o mesmo acontecendo com os assuntos repetitivos ("emagrecimento", "sol", "retomada após as férias de verão"...), porque as abordagens não parecem suficientemente novas e os artifícios de tratamento não conseguem compensar completamente. Sobretudo levando-se em conta o custo atual das mídias. Por que pagar para reencontrar um assunto conhecido visto sob mesmo ângulo? As revistas confrontam-se com esse problema de maneira clara, com exceção da imprensa *people*, na qual temas momentaneamente atraentes, o acúmulo de leituras, somados à difusão pela TV, não impedem o consumo dessas publicações, muito pelo contrário. Viva o *voyerismo*...

Essa crise das mídias materializa-se pela diminuição da audiência das mídias audiovisuais e pela estabilidade da veiculação feita pela imprensa, sem exceção (nos dois sentidos, aliás), mas também pela queda de interesse pelas informações oferecidas pelas mídias.

Assim, o barômetro La Croix/Télérama[34], de 1996, revela que "o interesse pelas notícias" caiu 6 pontos (70% contra 76%). Mudança importante no período de um ano, especialmente mais sensível entre os jovens (66% para a faixa etária de 25–34 anos), as mulheres (67%), para quem está empregado (56%)... e entre aqueles que lêem pouco jornal (63%, chegando a 50% para os não-leitores!). Essa crise de interesse é reforçada por uma crise de credibilidade em relação à indepen-

---

[34] Desde 1988, *La Croix* e *Télérama* realizam, por intermédio da Sofres, um barômetro anual sobre os franceses, sua ligação com as mídias e a credibilidade de cada uma delas (mídia impressa, rádio, TV), sondagem domiciliar realizada anualmente no mês de dezembro, num universo de mil pessoas.

dência dos jornalistas, considerados dependentes do poder político (59%) e do dinheiro (58%). Essa opinião é ainda mais acentuada entre os mais jovens (66% para a faixa etária entre 25–34 anos). Essa constatação traz problemas.

Trata-se, na verdade, de uma questão de credibilidade das mídias, pois, entra ano sai ano e um em cada dois franceses não acredita que as coisas se passem exatamente como as mídias anunciam... De todo modo, não exclusivamente, pois a credibilidade aumenta: +2% para a mídia impressa, +4% para a TV ou o rádio. Aliás, é preciso saudar a performance da mídia rádio, que, nos últimos dez anos, é a que os franceses consideram com maior credibilidade (59%). A força do marketing direto é, sem dúvida, a responsável por esse desempenho. O motivo desse julgamento a respeito das mídias é, antes de tudo, a falta de interesse pelo noticiário e por seu conteúdo. Isso não deixa de se constituir num problema para o futuro, na medida em que é possível perceber que a credibilidade das mídias existe em função do interesse que lhes dedicamos: quanto mais nos interessamos por elas, mais acreditamos nelas. Inversamente — e esse poderia ser o risco atual —, quanto menos nos interessamos por elas, menos estamos satisfeitos com o seu papel, e mais pomos em dúvida sua credibilidade. Em relação à mídia, credibilidade e audiência estão ligadas: Europe 1, emissora que perdeu vários pontos de audiência desde os anos 1980, é também a emissora que mais perdeu credibilidade desde 1990. Esperemos que os esforços empregados para recuperar essa credibilidade lhe permitam reconquistar, de modo durável, uma grande quantidade de ouvintes.

Quando trabalhamos com as relações que os franceses têm com as mídias, sobressai, aliás, uma determinada tipologia em torno de cada mídia ligada à informação: imprensa, rádio e TV. Cada grupo dirige prioritariamente confiança à *sua* mídia preferida, estruturando seu consumo de informação em torno de uma prática eletiva: o rádio (7h–9h), para uma grande quantidade de executivos de alto nível, a TV regional (19h–20h), para o interior e para as pessoas relativamente idosas, enraizadas numa vida ligada à região — mas Soir 3 conta, entre seus ouvintes, executivos que ouvem rádio pela manhã. O mesmo acontece com os roteiros de mídia que refletem hábitos e posições muito definidos em relação a este ou aquele jornal.

Quando se trabalha com um determinado público, geralmente é interessante conhecer sua mídia preferida, não apenas em termos de audiência e de hábito, mas também em termos de credibilidade e confiança. Desse modo, a mensagem publicitária da marca poderá se inserir num contexto de credibilidade mais forte.

Como compreender melhor o consumidor em sua relação com as novas mídias

Novas mídias, multimídia, internet, computador, digital... que confusão! O consumidor tem consciência de que "as coisas estão mudando", não sabe muito bem nem por quê nem como — aliás, a maioria dos franceses considera que isso não é problema dela.

A grande maioria de nossos concidadãos dá-se conta das transformações em função daquilo que conhece ou daquilo a que está habituada.

Antes de mais nada, a TV. Desde o lançamento do Canal +, os franceses entenderam que a TV não era mais um serviço público acessível a todos. O aparelho decodificador assinala, para muitos, a primeira etapa dessa modernidade. A TV a cabo, durante muito tempo o monstro do Loch Ness das mídias, tornou-se realidade (1,6 milhão de domicílios atendidos até o final de novembro de 1997, segundo a AVICA, associação das cidades ligadas à TV a cabo), e também a TV por satélite — materializada nas antenas parabólicas que enfeiam a paisagem — testemunham seu sucesso comercial. A TV digital continua sendo ainda uma idéia abstrata para muitas pessoas; mas só até aparecerem as primeiras vantagens concretas (*Multifoot, Multistade* ao vivo, utilização ao vivo do telepedido para solicitar informação ou comprar algo...). A realidade mostrar-se-á mais premente.

É preciso, sobretudo, examinar bem *a aceitação dessa modernidade por parte do público*. Aquilo que antes pertencia ao domínio da teoria torna-se possível, realizável e concreto para as pessoas de vanguarda. Nada é impossível: é isso que nos ensina essa massa de informação, jamais vista até hoje, aplicada às novas mídias (digital ou internet). Imprimiram-se bilhões de páginas de caráter pedagógico sobre esse assunto, e isso continuará acontecendo ainda por 10–15 anos. Pouco a pouco, as pessoas mais esclarecidas compreendem e dominam o discurso; os outros acordam, aceitam a idéia, deixando à geração seguinte o trabalho de compreender de verdade.

A web atrai intelectualmente muita gente: executivos, pessoas que trabalham com tecnologia de ponta, todos que utilizam a informação em seus negócios aproximam-se dela pouco a pouco, alguns deles a contragosto e obrigados, outros, entusiasmados. Eles assimilaram a dimensão temporal da evolução, e todos acreditam que o reinado da multimídia tem a ver, antes de mais nada, com a geração de seus filhos. Decorre daí o sucesso do computador doméstico, do computador multimídia que é ao mesmo tempo um instrumento de diversão, aprendizado e comunicação. As vendas de CD-Rom explodem, ainda que a qualidade operacional e de diálogo dos produtos geralmente deixe a desejar. De todo modo, o nível de conhecimento contido em "Découverte", da Havas Interactive, em "Encarta", da Microsoft, a facilidade de acesso e de consulta, o espetáculo sempre promissor, para um adulto, de mouses, controles e teclados, deixa os pais fascinados. *On-line* e *off-line* completam-se de imediato na imaginação do público; não nesses termos, ainda, mas é algo iminente, uma questão de meses.

Telefone celular, fax móvel, cada uma das novas ferramentas que todos podem ter sem se dar conta fazem parte desse universo e reforçam a dimensão dialógica das novas mídias. O indivíduo não se sente mais dominado pela mídia de massa, ele percebe que tem à sua disposição instrumentos que lhe permitem tomar a palavra e se fazer ouvir, se comunicar com quem quiser, quando quiser, onde quiser. Essa relação que devolve ao indivíduo o papel principal, contrariamente às mídias de massa, é essencial para entender a ligação com as novas mídias.

Elas veiculam uma aspiração social individual, cujo único obstáculo é uma barreira eletrônica, enquanto um grande número de mídias de massa — com a TV em primeiro lugar — é prejudicado às vezes por uma barreira social. Inversão adequada, sobretudo quando se sabe que, com o passar do tempo e o aperfeiçoamento dos procedimentos, os impedimentos técnicos só farão diminuir (mecanismo de busca, tecnologia "push"...).

Principal mídia por função		
Distração, divertimento, lazer	TV	75%
Encontrar informações práticas e conselhos práticos	Revistas	63%
Devanear, "viajar", adquirir novas idéias	TV	63%
Manter-se informado em relação à moda e aos produtos novos	Revistas	59%
Compreender questões complexas e assuntos técnicos	Revistas	48%
Encontrar as informações mais confiáveis e de maior credibilidade	Imprensa diária	47%
Ficar a par das opiniões, testemunhos e experiências das pessoas	TV	42%
Entrar em contato com assuntos novos, inesperados, diferentes	Revistas	38%
Cultivar a associação a um grupo ou comunidade	Imprensa diária	32%

Universo da pesquisa: conjunto de pessoas com 15 anos ou + (Fonte: SIMM 1997)

Para você, qual mídia é indispensável?

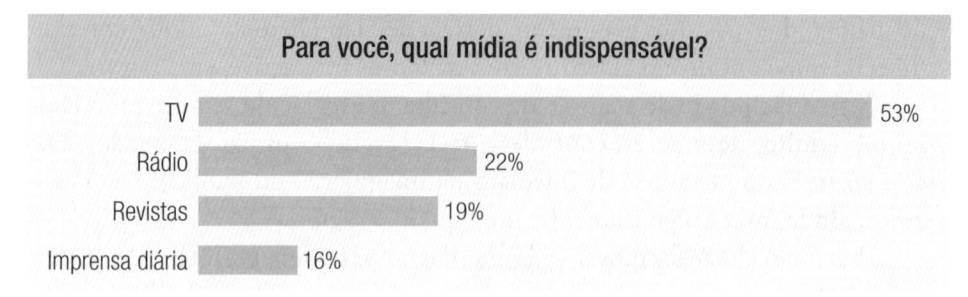

- TV: 53%
- Rádio: 22%
- Revistas: 19%
- Imprensa diária: 16%

Metodologia da pesquisa SIMM da Secodip: questionário de livre preenchimento submetido a aproximadamente 10 mil pessoas com idade de 15 anos ou +, para recolher informações sobre o consumo de mídia e produtos, e sobre atitudes e opiniões. Pesquisa realizada em março de 1997.

O consumidor em sua relação com a publicidade na mídia e na mídia alternativa

Essa relação depende do modo pelo qual o consumidor vivencia a publicidade em sua função global, e do modo pelo qual vivencia sua prática cotidiana através das mídias ou de outros veículos de comunicação que ele percebe, recebe ou consome a cada dia.

A vivência global da publicidade e de sua função estão no centro de qualquer análise psicossociológica do consumo, para a qual a publicidade nada mais é que uma das respostas físicas das empresas para seus produtos ou marcas. Desse modo, toda publicidade está inserida no âmago da sociedade de consumo que a rodeia, e cujos símbolos ela toma emprestado para, em troca, dar a eles uma melhor expressão.

Numa época em que o consumo é exibicionista e espetacular, a publicidade é espetáculo. Foi o que aconteceu na França durante os anos 1980, quando a quantidade de belas campanhas em outdoors, na TV e na mídia impressa foi sem igual, com um certo exagero de recursos para que o espetáculo fosse completo.

A. Sonho e nostalgia

Os franceses adoraram o espetáculo publicitário que acompanhou a proliferação das mídias audiovisuais nos anos 1980. Essa é a razão pela qual um grande número de autores debruçou-se sobre o caráter filopublicitário dos franceses e sobre a sociedade de consumo, transformada em sociedade da comunicação e sociedade do espetáculo. Na verdade, a publicidade em seu conjunto tem assumido, nos últimos vinte anos, o papel de válvula de escape da crise econômica e social que os franceses (e seus governantes públicos ou privados) nem sempre quiseram enxergar, fechados que estavam dentro de sua auto-satisfação de habitantes do hexágono. A publicidade era uma árvore bonita que escondia a floresta, ou a ponta do icebergue que faz sorrir e rir, e cuja sugestão de consumo ou posse do produto dava prazer.

Todo produto ou serviço traz dentro de si o lado funcional que evoca uma promessa rígida, fria, uma linguagem racional; e o lado psicológico, sonhador, que sublima o prazer de possuir e o desejo de comprar: tudo aquilo que constitui nossos desejos de consumo. Quando a publicidade joga com nossos desejos e faz nascer a ilusão, o consumidor potencial já foi conquistado. Em lugar de ser cliente, ele se insere num clima pessoal e social positivo em relação ao produto. Ainda que um grande distanciamento crie frustração e exclusão social; mas isso não aconteceu com muita freqüência nos anos 1980, pois o sonho social era cuidadosamente alimentado.

A crise de 1989–1993 transformou essa situação de maneira concreta. As empresas mostraram-se menos generosas em relação aos investimentos na produção de filmes e anúncios, o discurso baseado na imagem recuou, dando lugar a um discurso mais centrado no produto e em suas vantagens concretas. O espetáculo declinou tanto em conteúdo como no investimento que lhe dá forma. Infelizmente para o mercado francês, essa queda da "qualidade de espetáculo" aconteceu num momento de crescimento da pressão publicitária, notadamente na TV, a qual, por ser tão evidente, não escapou à percepção do público[35]. Esse efeito de "empurrar" qualidade-quantidade vulgarizou o espaço publicitário na TV, no rádio e na imprensa. A esse empobrecimento do espetáculo veio se somar a regulamentação do projeto gráfico por parte da PAO[36] que, certamente, traz inúmeras possibilidades, mas que foi o instrumento de um exagero no uso de tipos e de cores chapadas fáceis de reproduzir na tela, mas que os telespectadores e leitores não agüentam olhar durante muito tempo. Superada essa primeira fase gráfica que espantou, e depois cansou, o consumidor aos poucos se deu conta de que a publicidade dos anos 1990 perdia sua dimensão de sonho. E víamos despontar, nas inúmeras análises qualitativas que pudemos realizar, a preocupação com o espetáculo perdido, o anseio por belas imagens, a vontade de rir ou de sorrir.

---

[35] Em 1996, pôde-se observar pela primeira vez, em relação a 1995, uma pequena diminuição no número de *spots* na TV e no rádio. Na TV, passou-se de 437.624 a 429.066, e no rádio, de 811.837 a 773.328. Uma conseqüência da evolução mídias→mídias alternativas. Mas isso não deve fazer esquecer que, entre 1990 e 1995, esse número cresceu 73,5% na TV, e em 300 mil *spots* em cinco anos no rádio, ou seja, um aumento de 58%.

[36] Órgão normatizador gráfico. (N.R.T.)

A publicidade é sonho e isso o consumidor não está disposto a esquecer. Existem determinadas campanhas publicitárias cuja eficácia está no sonho, na capacidade de transportar o consumidor; e este último precisa do espetáculo, identifica-o, valoriza-o — ainda que, às vezes, se defenda dele. Por outro lado, quando se trata de outro tipo de publicidade, para produtos diferentes, ele aceita com interesse a mensagem simples e direta, geralmente textual, até mesmo brincalhona, da qual o sonho está ausente e apenas o humor se ajeita com o texto onipresente — como em determinados cartazes ou *spots* televisivos, auxiliados por um *speaking* para ser mais convincente. Durante os anos 1980, todas as mensagens tentavam manipular o sonho, o humor, o sentido figurado, o distanciamento, quaisquer que fossem os recursos. Hoje é comum a escolha se dar de maneira binária: sonho ou realidade, com recursos e orçamentos adequados, ou economia e simplicidade. As marcas têm que escolher um lado.

É preciso insistir no seguinte fato: o consumidor tem necessidade de sonhar e de guardar uma certa distância diante da quantidade de mensagens publicitárias que o assaltam diariamente. A publicidade tem, ainda hoje, o papel de válvula do desejo. E quanto mais difíceis são os obstáculos e maior a dificuldade de se destacar na mídia publicitária, mais necessária é a ruptura por meio do sonho ou do humor.

Não obstante, o consumidor espera que, além desse "passeio ao mundo dos sonhos", a mensagem seja clara e traga algo de concreto e tangível. Essa é a razão pela qual ele gosta tanto das campanhas de produto, em que cada argumento em favor do produto é objeto de uma encenação, de uma teatralização: a mensagem concreta pode fazer sonhar ou rir.

Existem casos em que esse tipo de abordagem foi saudável: as medidas governamentais em relação ao automóvel, as famosas "balladurettes" e "jupettes" de meados dos anos 1990[37]. No rádio, onde os abatimentos, descontos e reembolsos sucediam-se de maneira idêntica nas mesmas mensagens, somente o aspecto criativo permitia que se agüentasse ouvir tais mensagens. O exagero no uso do humor, do ridículo e mesmo do absurdo que invadiu as rádios FM proporcionou índices muito significativos de reconhecimento e índices de confiança muito elevados, mas, conseqüência inevitável de tal excesso, os índices de atribuição à marca foram bastante medianos, demonstrando que para os ouvintes não estava claro quem

---

[37] "Balladurettes": refere-se a medidas tomadas por Edouard Balladur, primeiro-ministro francês entre 1993-95; "jupettes": refere-se a medidas tomadas por Alain Juppé, primeiro-ministro francês entre 1995-97. (N.T.)

eram os signatários das mensagens. Conclusão: a forma não conseguiria substituir o conteúdo.

B. Uma avaliação global positiva da publicidade...

O consumidor saiu mais experiente desses anos de crise, compreendendo como a publicidade funciona e reconhecendo seu papel de estimuladora do consumo (63%[38]); e, hoje, sua apreensão em relação à publicidade não faz dele um "publifobo", longe disso. Uma pesquisa realizada pelo BVP[39] revela que apenas ⅓ dos franceses são "publífobos"(32% "não gostam de maneira nenhuma de publicidade"), o que indica, por outro lado, uma aceitação global muito positiva (28%), até mesmo neutra mas sem agressividade (40% "gostam um pouco de publicidade"). Os franceses talvez tenham dificuldade de declarar que gostam da publicidade; no entanto, quando analisamos mais detalhadamente as respostas dadas a respeito do espetáculo publicitário de hoje comparado ao dos anos 1980, a paixão aparece com força: eles percebem haver naquele mais beleza (61%), humor (50%), atitude provocadora (49%), até mesmo informação (45%), ao mesmo tempo em que se preocupam com a escalada de violência nos *spots* (42% acham que houve crescimento, mesmo percentual daqueles que acham que houve diminuição); suas críticas dirigem-se ao excesso de erotismo (69% acham que ele cresceu em relação ao passado) e de vulgaridade (49%). As críticas relacionadas à imagem arquetípica da mulher e à utilização da criança estão sempre presentes: 51% dos franceses se dizem chocados com freqüência (29%) ou às vezes (29%) com a imagem da mulher na publicidade, contra ⅓ dos franceses que respondem a essa pergunta de maneira negativa. Quanto às crianças, 60% dos franceses declaram que nunca (43%) ou raramente (17%) ficam irritados com a presença delas nas telas e com o papel que são levadas a desempenhar na comunicação.

C. ...mas que continua sendo muito funcional

O consumidor separa bem a mensagem do objetivo publicitário, e as funções que ele reconhece como sendo as da publicidade são, antes de mais nada, econômicas, o que é testemunho de uma percepção muito utilitária da publicidade.

---

[38] Pesquisa Le Monde-L'Express-Europe 1-IPSOS, novembro de 1995.
[39] Pesquisa BVP-Sofres, novembro de 1995.

Na sua opinião, para que serve a publicidade?	
Para fazer com que se compre um produto	59%
Para seduzir o consumidor	44%
Para informar sobre os produtos	33%
Para levar o consumidor a sonhar	27%
Para ajudar o consumidor a escolher	17%
Para criar uma imagem das marcas e dos fabricantes	14%

Fonte: Sofres para BVP

Para você, a publicidade deve, antes de mais nada:	
Informar	48%
Fazer escolher	16%
Convencer	14%
Fazer refletir	9%
Fazer sonhar	6%
Divertir	5%
Não sei	2%

Fonte: IPSOS Opinion, novembro de 1995

"Fazer, comprar, seduzir...", são, é claro, as principais funções elencadas pelos franceses. Talvez achássemos que "informar" e "ajudar o consumidor a escolher" alcançariam índices mais elevados. Esses percentuais são uma constatação daquilo que acontece, e não das expectativas do consumidor. Este, pelo contrário, entendeu bem a manipulação efetuada pelas marcas — fazer comprar, seduzir —, e lhes pede mais informação, mais ajuda na hora de escolher, e até mesmo que a forma traga mais sonho dentro de si.

Essa visão distanciada da publicidade permite que o consumidor escape dela, ou no mínimo que declare que, quando se trata de seu próprio consumo, nem sempre se deixa influenciar pela publicidade, que é muito raro acontecer (22%), ou que até mesmo isso nunca acontece (55%), de ele sucumbir à compra por impulso logo após ter visto uma peça publicitária. Ele até pode ser convencido a deixar de comprar um produto em razão da publicidade (8% com freqüência, e 23% às vezes, o que, por ser um índice bastante alto, não pode ser desprezado).

Esse mesmo posicionamento estimula a maioria deles a desejar a chancela da publicidade comparativa (52%), que atende a seus critérios de transparência.

D. Uma exigência de deontologia profissional

Reconhecendo a força do poder econômico e sensível ao espetáculo publicitário — ainda que continue sendo bastante crítico —, o consumidor quer se precaver contra a agressão publicitária, apelando a uma deontologia social que possa evitar os excessos. Na pesquisa Sofres realizada na mesma época para o BVP, é possível observar, além da vontade de receber informações verídicas (83%), que os franceses manifestam-se favoráveis à existência de regras rígidas em relação a temas fortes que incomodam, como violência, decência e utilização de crianças, aos quais poder-se-ia acrescentar a questão da imagem da mulher.

Em relação a cada um dos aspectos abaixo relacionados, você acha que a publicidade deve respeitar regras rígidas ou deve gozar de uma liberdade bastante ampla?		
	Regras rígidas (%)	Liberdade bastante ampla (%)
Estímulo a comportamentos perigosos	94	4
Recurso a imagens que contêm uma dose de violência	90	9
Recurso a palavras que contêm uma dose de violência	85	13
Respeito à decência	85	13
Exatidão das informações dadas	83	15
Utilização de crianças	82	16
Respeito às crenças religiosas	73	22
Respeito ao bom-gosto	67	30

Fonte: Sofres para o BVP, novembro de 1995

Essa necessidade de deontologia traduz-se, regularmente, por meio das oscilações de humor do consumidor, quando esta ou aquela marca passa dos limites. Sabendo disso, a Benetton a usa como tática de provocação permanente... e quanto mais a mídia repercute essa batalha de valores, mais o proprietário da marca parece contente. De modo contrário, em 1996, a Évian — por conta de uma campanha devassada à luz de holofotes — viu-se envolvida num debate ético atiçado pela mídia que fez com que ela modificasse a campanha e depois a retirasse. É preciso dizer que a campanha, que apresentava mulheres e pessoas idosas numa dimensão mais de "verdade do corpo" que de prazer, foi lançada em plena tragédia de pedofilia (Bélgica), e que a percepção de todos foi influenciada pelo horror provocado pelo noticiário... Como trabalha com valores sociais, a publicidade não pode se isolar dos acontecimentos que a cercam.

E. Um peso muito diferente de acordo a natureza do produto

Guardando sua lógica interna, o consumidor considera que a publicidade tem um papel mais importante na compra dos produtos em relação aos quais a necessidade de informação é necessária: automóvel, computador, um brinquedo de Natal, cujos parâmetros ele não domina bem. Por outro lado, quando se trata de iogurte ou de roupa, a publicidade nunca tem um papel decisivo em sua escolha, pelo menos segundo as declarações que ele faz; no entanto, geralmente é das propagandas de produtos alimentícios ou de moda que ele se lembra mais. O que é prova — se ainda fosse necessário — da diferença entre lembrança e opinião sobre a publicidade.

Uma tal diferenciação do produto lembra os esquemas de envolvimento valorizados por Herbert Krugman que previam a necessidade de desenvolver a comunicação, uma vez que isso era esperado pelo público de todos os produtos que envolviam escolha, pois é então símbolo de envolvimento pessoal (financeiro ou outro), ou quando a decisão acarreta um certo risco. Uma diferenciação que encontraremos na estratégia mídia/mídia alternativa.

Esta é uma lista de objetos ou produtos de grande consumo; para cada um deles, diga qual o papel desempenhado pela publicidade			
Em relação a	Decisivo (%)	Importante (%)	Secundário (%)
Computador	8	24	59
Iogurte	5	20	73
Roupa	5	17	76
Perfume ou colônia	9	24	65
Brinquedo de Natal	11	31	56
Automóvel	9	29	59

Fonte: Sofres para o BVP, novembro de 1995

Aceitação muito diferenciada segundo o veículo: de mídia ou de mídia alternativa

A aceitação da publicidade não é uniforme, longe disso. Ela depende das características socioculturais do consumidor (ver, na p. 122, o encarte "Publífobos-Publífagos", *Le Monde*, 24 de outubro de 1995) e, por outro lado, também depende bastante do meio que a veicule, logo, da percepção que se tem dele. Essa aceitação é facilmente medida por declarações de consumidores que traduzem bem suas opiniões ou reações, sem que por isso estejam fazendo um prejulgamento da eficácia da mídia.

De um modo geral, pode-se dizer que o consumidor aceita tanto mais a mensagem publicitária quanto é capaz de controlar o modo como a vivencia, que essa vivência não o agrida e que a novidade do veículo não venha perturbar seus hábitos culturais ou de consumo. Nesse sentido, o consumidor é bastante tradicional.

De um modo geral, você gosta da publicidade?			
	Muito/bastante	Um pouco	De jeito nenhum
Na imprensa	24	38	26
No cinema	26	23	32
Na TV	24	30	46
Na rua	22	31	45
No rádio	19	33	46
Pelo correio	16	21	63

Fonte: Sofres para o BVP, novembro de 1995

A pesquisa Sofres-BVP, já citada, confirma que a mídia na qual os franceses mais apreciam a publicidade é a imprensa. Isso talvez por estarem acostumados com ela, dirão alguns. Não há dúvida de que a razão é outra: a publicidade integra-se bem à mídia, não atrapalha seu consumo, e quem quiser pode ignorá-la à vontade simplesmente virando a página. A publicidade faz parte do espetáculo da mídia impressa, notadamente da imprensa feminina, de publicações sobre a casa ou *hobbies...* Basta ver a tristeza de uma revista sem publicidade, seja por razões conjunturais ou permanentes (como a imprensa de certos países do Leste). No cinema, a publicidade é espetáculo. Quanto à TV, outdoor ou rádio, a publicidade continua sendo majoritariamente aprovada.

Por que, então, essas críticas permanentes à publicidade, notadamente à publicidade televisiva? Porque geralmente as questões são levantadas com o intuito de publicar um artigo crítico sobre um dos maiores fenômenos econômicos deste final de século, a publicidade televisiva. Porque o próprio título das questões leva a respostas e análises críticas. Com freqüência, para entender melhor o que se passa, basta verificar quem encomendou a pesquisa e a quem interessa agredir. Todo o barulho em torno da mídia TV e da fuga do espectador diante da propaganda nesse veículo, o famoso *zapping*, foi difundido por *Le Figaro* no verão de 1996, em seu caderno de mídia; *Figaro*, o mais ferrenho defensor do consumo da mídia impressa. Nada mais natural, não é? Como a TV é a mídia onipresente, o principal tema das conversas, até mesmo de repercussão nas redações das outras mídias, não é normal que as outras mídias analisem continuamente a TV, e a publicidade algumas vezes por ano, para denunciar seus excessos?

O *zapping* diante da TV	
Quando entram os comerciais, você:	
Troca de canal	40%
Faz outra coisa	31%
Assiste ao comercial	18%
Presta menos atenção, mas não muda de canal	10%
Não sabe	1%

O *zapping* diante de cartazes e outdoors	
A publicidade no metrô ou na rua faz com que você pare e a leia?	
Freqüentemente	8%
Às vezes	30%
Raramente	19%
Nunca	43%

O *zapping* diante da imprensa escrita	
Diante de uma página de publicidade:	
Você muda sistematicamente de página	46%
Você olha a publicidade	50%
Não sabe	4%

Por fim, sobretudo se a aceitação geral da publicidade (na TV ou alhures) é satisfatória, sua vivência cotidiana mostra-se mais difícil, sobretudo em resposta a perguntas que questionam a imagem social pessoal do entrevistado. É preferível sempre se situar na corrente "anti" do que fazer o papel da pomba ou da ovelha que não perceberam a armadilha da publicidade.

Na pesquisa precedente (IPSOS, *L'Expansion, Le Monde,* Europe 1), pode-se perceber que o entrevistado tem três possibilidades de escapar do fatal "você olha a publicidade", enquanto na imprensa ele só tem uma, e, em relação ao cartaz, a única escapatória apresentada pelo questionário é a freqüência.

Está claro que, ainda que a TV seja desfavorecida pelos termos desse tipo de pesquisa, a atitude escapatória declarada existe, e muito forte: ela pôde crescer durante os anos 1990–1995 como uma reação à crise e à impossibilidade de consumo por parte de determinadas pessoas.

A aceitação da publicidade também tem uma explicação econômica na mente do consumidor. Hoje ele sabe que, para existir, a mídia depende da publicidade: comerciais, patrocínios e páginas de publicidade são vistos como necessários para o equilíbrio financeiro das redes, embora o consumidor tenha medo de que essa necessidade se transforme em dependência da mídia[40].

A prudência e o medo da invasão publicitária traduzem-se, naturalmente, numa atitude um pouco negativa diante do crescimento da publicidade nas novas mídias ou na mídia alternativa.

A maioria dos franceses (63%) já se declara contrária à publicidade pelo correio; os prospectos ficam, desse modo, com a pior colocação entre as grandes mídias, muito abaixo do rádio e da TV[41]. Os franceses, sobretudo, são contra o desenvolvimento de novos espaços publicitários: opõem-se a mais um intervalo

---

[40] Cinqüenta por cento dos franceses acreditam que a publicidade tem como conseqüência a redução da independência e de liberdade da mídia; em 1986, não mais de 36% compartilhavam essa opinião (IPSOS Expansion 1995/IPSOS Le Point 1986).

[41] Pesquisa BVP – Sofres, 1995.

Publífobos – Publífagos: Fobia e exagero de consumo

Para além do comportamento geral dos franceses em relação à publicidade, uma análise minuciosa da pesquisa realizada pelo IPSOS permite classificar as pessoas entrevistadas em cinco grupos que reagem de maneira idêntica diante do fenômeno. São estes os retratos-padrão que emergem dessa tipologia:

20% incondicionais:

Um quinto dos franceses são verdadeiros "fanáticos pela publicidade". Eles se encontram entre os homens mais jovens. Fascinados pela publicidade, à qual costumam atribuir todas as virtudes, são favoráveis a todas as formas que ela venha a assumir, presentes e futuras. Esses "fanáticos" acreditam que todas as restrições existentes são anormais. Não têm problema em admitir que a publicidade desperta neles a compra por impulso. Ela tem um papel decisivo ao escolherem uma marca e não outra, não importa o produto, contrariamente à média dos franceses.

28% de cautelosos:

Mais de ¼ dos franceses considera a publicidade um mal necessário. Esse grupo é formado, em sua maioria, por mulheres de 25 a 45 anos que residem em cidades com mais de 100 mil habitantes. Para essa população, o papel da publicidade é importante sem ser decisivo no ato da compra. Ela até mesmo confessa que, às vezes, deixa de comprar um produto por causa da publicidade. Em suma, este grupo está sempre de olho para que a publicidade não passe dos limites: é contra a publicidade comparativa, vê com reserva a criação das redes de televendas e, quanto à proibição de comerciais do grande varejo na TV, é favorável à manutenção do *statu quo*.

11% indiferentes:

Um pouco mais de um em cada dez franceses — pessoas com mais de 60 anos, aposentados com rendimentos baixos que consomem pouca mídia além da TV — não têm opinião a respeito do que é a publicidade hoje e nenhuma idéia do que ela poderia ser amanhã. Os membros desse grupo não a criticam e acham que, mais do que nunca, o humor está presente nela, e que os níveis de vulgaridade e falta de respeito continuam os mesmos. Admitem, sem muita convicção, que prestam menos atenção na hora do intervalo comercial na TV.

25% "publífobos" tranqüilos:

Um quarto dos franceses não quer acreditar que a publicidade é um suporte do consumo. Majoritariamente do sexo masculino, os refratários à publicidade moram em pequenas comunidades e fazem parte, basicamente, do mundo operário. Para eles, a publicidade tem um papel limitado na escolha entre as marcas, qualquer que seja o produto. Eles não lêem as páginas de publicidade das revistas e jornais, e sistematicamente mudam de um canal para outro durante os intervalos comerciais da TV. Opõem-se, naturalmente, ao crescimento da publicidade na forma de mala direta ou de redes de televenda.

16% refratários:

Um em cada seis franceses sente-se irritado, chocado e dissuadido pela publicidade. Ele é visceral e violentamente "refratário à publicidade". Os membros desse grupo são, em sua maioria, favoráveis à introdução da publicidade comparativa. Figuram entre os maiores leitores de jornais e revistas e reúnem, basicamente, mulheres casadas entre 35 e 60 anos. Para eles, a publicidade está mais erótica e desrespeitosa que antes, mas também menos engraçada. Por outro lado, irritam-se com a utilização cada vez maior de crianças na publicidade e com a imagem que ela transmite da mulher. Uma proporção importante das pessoas que compõem esse grupo considera que a publicidade contribui para reduzir a independência das mídias.

Le Monde, novembro de 1995

durante os filmes (90%), à publicidade por telefone e por fax (93%), à "generalização" (sic) da publicidade por mala direta (nas caixas de correspondência) (71%) e mesmo ao crescimento das redes ou programas de televendas (50%). Quanto à internet, inúmeras sondagens revelam comportamentos semelhantes: os franceses, em seu conjunto, opõem-se fortemente ao desenvolvimento da publicidade, ao mesmo tempo em que os próprios usuários se sentem atraídos por essa nova forma de comunicação.

Diante dos novos meios de comunicação e conscientes da criatividade dos promotores das novas técnicas — tanto na mídia quanto na mídia alternativa —, os franceses continuam sendo muito conservadores, não desejando a proliferação de novos espaços.

A. O consumidor e a caixa de correspondência

Hostis à publicidade por mala direta e contrários ao seu crescimento, segundo algumas sondagens os franceses não deixam de ser grandes usuários dela: 91,9% dentre eles lêem publicidade com endereço ou nominal, 88,1% lêem publicidade que vem em envelope sem endereço, e, por fim, 78,3% lêem publicidade (folhetos) sem endereço, em papel comum e sem envelope[42], índices muito elevados para uma exposição voluntária à publicidade. Esse consumo é mais elevado entre os operários do interior que moram no norte do país; inversamente, entre os executivos de nível mais alto e os moradores da região parisiense esse índice nunca passa de 15%. Os parisienses sentem-se mais agredidos e, por conta disso, consideram que a publicidade por mala direta "incomoda" (52,6%); os executivos, que são mais visados, compartilham desse julgamento (50,4%), enquanto o operário gosta desse tipo de correspondência (somente 26% são hostis a ele). Em termos de fluxo de correspondência, aliás, os franceses não se sentem mais agredidos por um volume maior de publicidade em suas caixas de correspondência que no ano anterior (para 48,3% nada mudou, contra 46,5% que se sentem mais agredidos).

Os franceses não agüentam a bagunça do varejo e reclamam das caixas de correspondência lotadas, às vezes, com uma publicidade variada, de formatos díspares, em que cada mensagem tenta se sobressair por um artifício de cor e de papel timbrado... A disputa entre as mensagens não estimula a leitura. O consumidor procura identificar a correspondência consistente (o que explica os melhores índices de leitura das malas diretas com endereço e envelopadas), ou então olha

---

[42] Pesquisa Médiapost-Sofres, 1993, realizada em 4.984 domicílios.

os folhetos que parecem conter informação, algo que não escapou à percepção de redes e marcas: a revista de Castorama, *Danoe*, da Danone, *Passion*, da BMW; à produção de *city-magazines* ou *consumer-magazines* que ofereçam um verdadeiro conteúdo informativo etc.

Os franceses adoram os presentes que cabem nas suas caixas de correspondência: cupons de desconto e amostras-grátis. Quase 60% utilizam os cupons de desconto, notadamente os de produtos alimentícios, que lhes são oferecidos, e 96% aproveitam as amostras-grátis, assim, mais de um em cada dois franceses experimentam todos os produtos que lhes são oferecidos. Também encontraremos aqui os refratários a cupons (mais ou menos 20%) ou a presentes (5%), mas, no geral, mais de um em cada dois franceses são fãs dos cupons, não importa o valor, e do teste imediato dos produtos. Daí o interesse em fazer ofertas específicas junto com os impressos distribuídos nas caixas de correspondência. Além disso, parece que está comprovada a eficácia desse tipo de comunicação, já que 71% das donas de casa admitem ter efetuado uma compra após o recebimento de mala direta, e 1/3 confessa ter trocado de supermercado pelo mesmo motivo[43].

Críticos do marketing direto, nem por isso os franceses deixam de ser seus leitores assíduos, tirando proveito das ofertas comerciais.

B. O consumidor e a promoção

A promoção faz parte da vida dos franceses. Eles procuram pelos bons negócios, sentem prazer em comparar preços e experimentar produtos, gostam de participar de concursos, de colecionar e, desse modo, serem recompensados pelos fabricantes e distribuidores das marcas que apreciam. Dois números demonstram a amplitude do fenômeno: uma em cada quatro vendas acontece numa promoção; 43% dos franceses admitem procurar, sistematicamente, as promoções nas gôndolas dos grandes e médios supermercados.

Se hierarquizarmos o interesse das promoções de acordo com o consumidor, verificaremos que ele prefere os ganhos tangíveis imediatos (redução de preço, produtos a mais, cupons...) e que, ao contrário, 40% das compras declaradamente realizadas em promoções referem-se a ofertas sem nenhuma redução de preço. Para que servem essas promoções? Em sua maioria, servem ao propósito de estimular o consumo ou deslocar a demanda de uma marca para outra, já que os franceses declaram que essas ofertas lhes dão a possibilidade de acesso a produtos menos

---

[43] Pesquisa IPSOS para Points de Vente, novembro de 1996.

caros ("85%"), oferecem marcas ou produtos que, em outra situação, não teriam comprado (29%), permitem que descubram novos produtos (11%), até mesmo antecipando a compra para estocar produtos adquiridos a preço mais baixo (38%), ou, ainda, simplesmente o prazer de fazer uma compra de impulso (31%, mas, em relação a tecidos, 56% !).

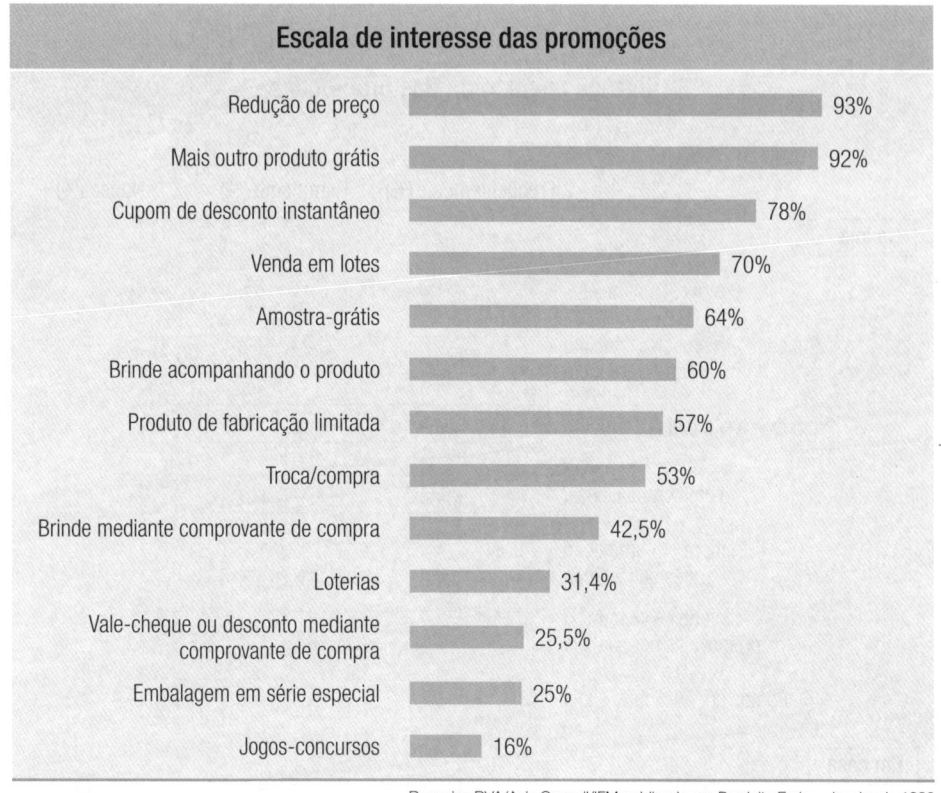

Escala de interesse das promoções	
Redução de preço	93%
Mais outro produto grátis	92%
Cupom de desconto instantâneo	78%
Venda em lotes	70%
Amostra-grátis	64%
Brinde acompanhando o produto	60%
Produto de fabricação limitada	57%
Troca/compra	53%
Brinde mediante comprovante de compra	42,5%
Loterias	31,4%
Vale-cheque ou desconto mediante comprovante de compra	25,5%
Embalagem em série especial	25%
Jogos-concursos	16%

Pesquisa BVA/Axis Conseil/IFM publicada em *Produits Frais* — janeiro de 1996

1. Conforme o previsto, a redução de preço é o que mais atrai o cliente.
2. Em contrapartida, as loterias e, sobretudo, os jogos e concursos, recebem apenas alguns votos.

Em todas as análises efetuadas sobre o assunto, podemos medir o interesse do consumidor pelas promoções. Ele confia, em sua maioria, nas promoções (60,2%) e na qualidade dos produtos oferecidos (67,7%), o que leva a reconsiderar a idéia freqüentemente aceita de que todo produto em promoção é fatalmente considerado de qualidade inferior. A promoção faz parte do dia-a-dia do consumidor e, para não deixá-la escapar, ele quer estar constantemente informado das liquidações e promoções (76,8%)[44].

Parece que ele se rende mais facilmente às operações realizadas nas lojas e que têm resultado imediato (preço, lote, quantidade). Quanto ao que ele recebe em casa, parece que o manuseio complicado (recortar, devolver pelo correio...) freia seus entusiasmo.

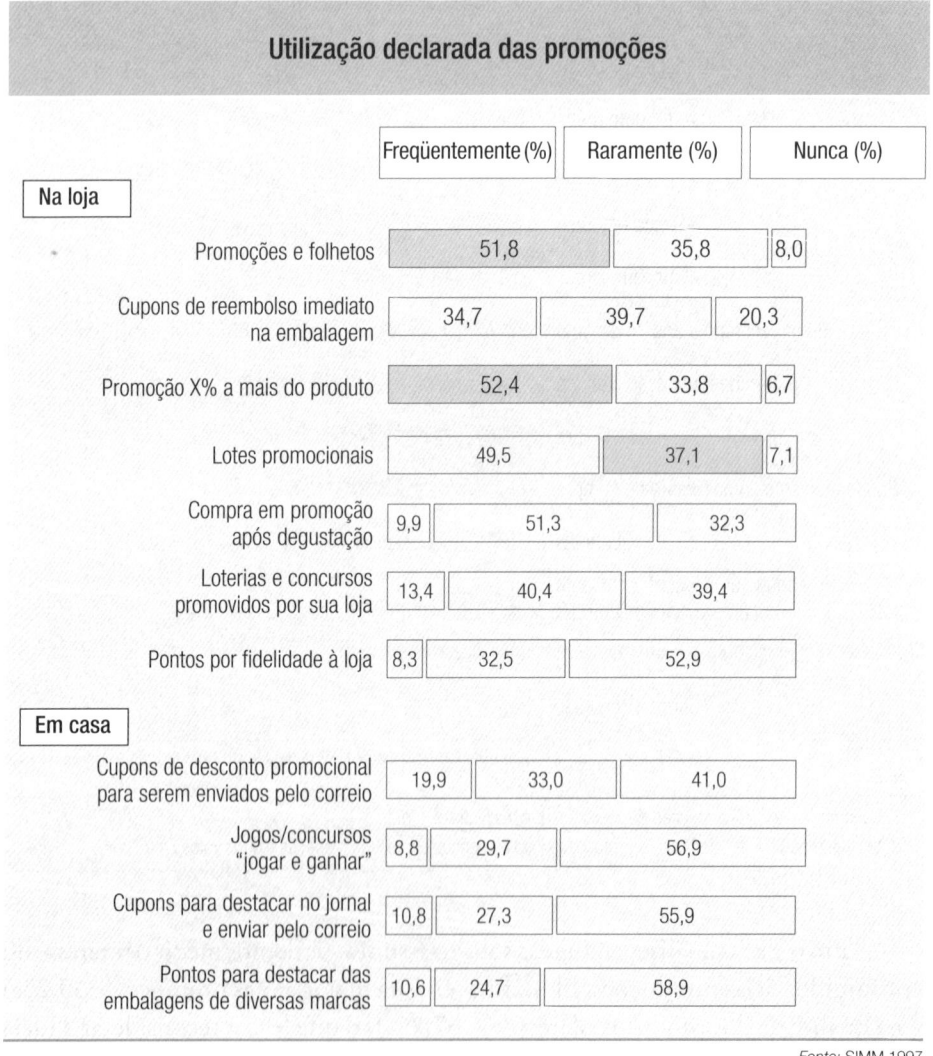

Utilização declarada das promoções

	Freqüentemente (%)	Raramente (%)	Nunca (%)
Na loja			
Promoções e folhetos	51,8	35,8	8,0
Cupons de reembolso imediato na embalagem	34,7	39,7	20,3
Promoção X% a mais do produto	52,4	33,8	6,7
Lotes promocionais	49,5	37,1	7,1
Compra em promoção após degustação	9,9	51,3	32,3
Loterias e concursos promovidos por sua loja	13,4	40,4	39,4
Pontos por fidelidade à loja	8,3	32,5	52,9
Em casa			
Cupons de desconto promocional para serem enviados pelo correio	19,9	33,0	41,0
Jogos/concursos "jogar e ganhar"	8,8	29,7	56,9
Cupons para destacar no jornal e enviar pelo correio	10,8	27,3	55,9
Pontos para destacar das embalagens de diversas marcas	10,6	24,7	58,9

Fonte: SIMM 1997

---

[44] Fonte SIMM, 1995.

Também não se deve colocar todos os consumidores sob o mesmo rótulo. De acordo com o BVA, podemos identificar três grandes categorias de consumidores de promoção: *os refratários*, que não passariam de 6%; *os regulares*, que são os mais numerosos, já que representam 61% dos compradores de grandes e médios supermercados, efetuando entre uma e dez compras em promoção por mês. Quanto àqueles que fariam mais de dez compras mensais em promoção, *os fanáticos*, representam ⅓ dos franceses... Um belo futuro para a promoção!

É preciso analisar mais detidamente os jogos-concursos, pois alguns deles põem em risco a eficácia. Diante de alguns números, poder-se-ia ficar com a impressão de que os franceses não gostam de jogar, o que não é verdade. Um em cada cinco (precisamente 19%[45]) franceses participou de jogos ou de jogos-concursos "promocionais" nos últimos doze meses. Portanto, deveríamos acrescentar a esse resultado aqueles que participaram de jogos seja através da imprensa, seja por meio de folhetos de marketing direto, o que pelo menos dobra esse número. Se considerarmos os jogos "promocionais", é preciso entender bem que esse índice de 19% de participantes apresenta uma grande elasticidade. Ele rapidamente passa para 22% em relação às mulheres, 28% para quem tem entre 15 e 25 anos, e 51% para as donas de casa com menos de 35 anos! Ainda quanto aos jogos, é preciso organizar uma tipologia de hábitos e pôr em destaque as "fanáticas" — não escapa à observação o fato de serem elas que integram o batalhão de compradoras regulares dos hipermercados. Qual é o sonho das consumidoras, uma vez que são elas que mais jogam? Ganhar uma grande quantidade de dinheiro (84%), uma viagem (61%), uma casa (55%), um carro ou uma moto (49%). Espetáculos, restaurantes ou aparelhos de som só alcançam resultados pouco acima de 10%. Os franceses esperam que as marcas lhes proporcionem uma gratificação significativa que os tire de seu dia-a-dia. O aspecto sonho tem um papel fundamental no ganho promocional. Eles estão dispostos a sonhar, desde que seja com algo excepcional! Aliás, quando perguntamos aos jogadores qual sua preferência em matéria de prêmio, eles dizem preferir o grande prêmio de mais de um milhão de francos (53%), ainda que alguns, mais realistas, respondam que seu sonho é poder concorrer a milhares de prêmios de 500 e mil francos (41%). Na verdade, eles sonham as duas coisas: um grande prêmio e os prêmios secundários que sejam o mais sólido possível num universo que faz sonhar. Acreditamos que, hoje, o verdadeiro perigo relacionado aos jogos-concursos está no crescimento do número de jogadores profissionais e do hábito coletivo de jogar. Um jogo-concurso patrocinado por um queijo de ovelha, que oferecia estadias na montanha, atraiu a participação de mais de 30 mil pessoas;

---

[45] Fonte: IPSOS, abril de 1996, no lançamento de Numéro Mania pour Pepsi-cola.

mas como a maioria usava um simples papel para jogar, e ainda era reembolsada pela despesa com o correio, as vendas reais não aumentaram nada. Esse é um dos exemplos que demonstra a necessidade de ligar ao máximo a compra ou consumo do produto aos jogos-concursos, sempre dentro da lei. Para que o jogo seja eficaz, essa ligação é muito importante.

Um último aspecto sobre o capítulo do consumidor e da promoção: de acordo com as pesquisas declaratórias, parece que os pontos de fidelidade não têm a simpatia do consumidor; no entanto, dirão alguns, essa iniciativa integra totalmente o conceito de marketing de relacionamento, que consiste em desenvolver a relação entre consumidor e marca. Talvez o consumidor não queira, justamente, que se confunda relacionamento e dependência, talvez queira continuar senhor de suas decisões.

C. O consumidor e o marketing de relacionamento

O consumidor está consciente da pressão exercida pelas marcas e pelas bandeiras: publicidade, promoção de ponto-de-venda... Se ele chegasse a se esquecer disso, sua caixa de correspondência (ou telefone) logo se encarregariam de lembrá-lo de que ele vive em contato com as marcas e é sua fonte de lucro.

Por outro lado, ele não tem consciência de que é o novo trunfo do marketing neste final de século. Ele até ficaria espantado de ser considerado como parte integrante do capital das marcas. Ele continua acreditando no marketing de oferta, no qual as marcas executam uma dança sedutora e contínua para atraí-lo. Ele continua acreditando ser o alvo, quando cada vez mais é a fonte: é preciso dizer que talvez as marcas apelem com mais freqüência a seu bolso que a sua mente. E, no entanto, ele gostaria de ser ouvido: assim é que 50% dos franceses[46] gostariam, na verdade, que as empresas de que são clientes lhes fizessem perguntas, para que pudessem expressar sua opinião. Essa expectativa chega a 69% no que se refere aos clientes das grandes lojas, e 56% dos clientes do sistema bancário. Quanto mais o consumidor mantém um contato regular com uma empresa, uma sociedade de venda por correspondência ou um banco, mais ele tem a consciência de que é um bom cliente, e, por conta disso, mais ele sente que tem direitos em relação às marcas e maior fica seu nível de exigência, notadamente quanto ao atendimento, à capacidade de resolver as questões relacionadas a consertos e garantias e a ofertas

---

[46] Pesquisa Access Panel BVA Calyx para AACC Marketing direto, dezembro de 1996. Essa pesquisa avalia cinco mercados específicos: hiper e supermercados, bebidas não-alcoólicas, venda por correspondência, bancos, automóveis, ou seja, universos bastante heterogêneos que mostram a diversidade de reação dos clientes.

promocionais personalizadas. O "eu primeiro" se expressa pelo desejo de individualização da relação comercial como um todo: ele não quer ser tratado como um qualquer, já que é um bom cliente ou o será depois de comprar (exemplo do automóvel). O consumidor aprendeu a negociar preço, mas também as ofertas; isso faz parte de sua diferenciação pessoal, logo, de sua *valorização* pela marca. Ele quer ser sempre o primeiro a ser informado das liquidações ou pré-liquidações (varejo), das propostas comerciais (automóveis), dos novos produtos (bancos). Num mundo em que o risco de exclusão é grande (desemprego, racismo...), quem não foi atingido por uma dessas pragas da atualidade, quem tem um determinado poder de compra ou um certo nível de solvência, reage de maneira bastante egocêntrica. Sem bajular suas atitudes ou comportamentos exagerados, cabe às marcas, no entanto, responder a essa expectativa de consideração individual.

A personalização das ofertas é algo que já está introjetado e que o cliente aceita. Ele já recebeu, inúmeras vezes, cartas que começam com "Caro Senhor X", Prezada Senhora CX", de todos os setores da administração pública, de propostas de assinatura de periódicos, de TV a cabo ou por satélite, até mesmo de obras de caridade. Uma vez que nosso nome passe a figurar no banco de dados da France Télécom, passamos a pertencer a uma das "tribos" de destinatários. A personalização das ofertas é, portanto, familiar ao cliente, mas a personalização real das respostas a suas expectativas ainda está por vir. O consumidor pressente a atitude formal que consiste em se dirigir a ele pessoalmente, e, com freqüência, ele detecta um discurso estereotipado, uma tentativa formal que não especifica o que está sendo oferecido. No *business to business*, ao contrário, o comprador potencial percebe uma verdadeira adaptação da oferta a seu nível de encomenda, ao seu tipo de empresa; quando se dá conta daquilo que o vendedor conhece dele e faz por ele, fica, então, favoravelmente impressionado. Assim, em relação ao grande público, e graças aos bancos de dados, determinadas empresas conseguem, desde já, levar em conta as características precisas de seus interlocutores. Elas fazem, com sucesso, verdadeiras ofertas específicas por tipologia.

É o caso dos mailings de fim de ano da France Télécom (1997), ou da oferta de tarifas específicas (Primaliste, por exemplo) que dependem da análise do gasto telefônico do assinante... E, quem sabe, vamos descobrir, assustados, que nossos hábitos de consumo e nossos comportamentos são cada vez mais acompanhados, até mesmo "policiados".

Quando vamos escarafunchar a vida do consumidor, descobrimos que existem dois tipos de expectativa de atendimento personalizado, e, portanto, dois grandes estilos de consumidor em marketing de relacionamento.

Vamos tomar emprestado de Jean-Louis Missika, Diretor da BVA, os termos que os qualificam: existem *clientes frios* e *clientes quentes*. Os primeiros são sequiosos por informação; adoram receber documentos e correspondência, que eles lêem. Estão à *espera de serviços* e, aliás, estão dispostos a pagar por isso. Em matéria de mídia, são os clientes ideais da informação "descendente", e, portanto, das grandes mídias clássicas e dos prospectos, que lhes trazem a informação prontinha, com a qual pouco se envolvem.

Do lado contrário estão os clientes *quentes*, que esperam ser ouvidos pelas marcas e que elas levem em conta seus desejos. É claro que querem serviços, mas o que desejam acima de tudo são *encontros*: são os mais intransigentes quanto à qualidade do atendimento e ao caráter agradável dos relacionamentos. Interpretam as mensagens que lhes são encaminhadas mais como uma proposta de diálogo, do qual gostariam de participar para poder responder. Em matéria de informação, privilegiam as mídias "ascendentes", e, portanto, as mídias alternativas ou as formas mais interativas de mídia, pois elas permitem que eles se exprimam!

Ao pôr em prática a estratégia mídia/mídia alternativa, convém compreender, sempre que possível, a natureza dos clientes de um determinado mercado: eles são "quentes" ou "frios", sua prioridade é a informação ou o encontro? Escorado nessa informação, será mais fácil construir o marketing de relacionamento da marca.

Antecipar a evolução do marketing

Não existe um único marketing imutável, cujo texto estaria gravado em mármore como as Tábuas da Lei. O marketing evolui, sendo um reflexo da sociedade, de sua inspiração e de seus medos. Nesse sentido, o marketing dos anos 1990, até mesmo o dos anos 2000, será completamente diferente do marketing dos anos 1980, notadamente naquilo que diz respeito às marcas. Construir uma marca e manter sua imagem implica escolhas que condicionam toda a política de mídia/mídia alternativa.

Participar do debate "marca ou varejo?"

Admitamos: para atingir uma grande quantidade de mercados, o fabricante não precisa necessariamente de uma marca. Ela pode ser um fantástico acelerador de vendas, uma grande garantia de fidelidade da parte dos clientes, uma segurança para o consumidor e o fabricante. Mas como dá trabalho administrar uma marca com sucesso!

Nos anos 1960, num contexto de consumo em que a oferta não era satisfatória e o mercado estava querendo descobrir novas marcas, bastava jogar um nome no mercado para que ele, aos poucos, se transformasse numa marca. Marca local, regional ou especializada, havia lugar para todos. Passados alguns anos, para sustentar a demanda, bastava então aplicar alguns milhões na TV, no rádio ou na imprensa. A pressão da mídia refrescava a lembrança da marca na mente das pessoas, fazendo com que ela se tornasse a preferida. Hoje sabemos que, para além do investimento em mídia/mídia alternativa, uma marca só dura se for aceita pelo varejo e, sobretudo, se transmitir determinados valores da sociedade ou do mercado. Descobrimos, assim, que as marcas morriam, não somente porque seus proprietários as eliminavam, mas também porque eles as perdiam em razão de elas terem perdido sentido. Existe, certamente, algo de arbitrário em determinados abandonos de marca por parte dos grandes grupos ("Philips", "Thomson"). Sua preocupação é conservar as marcas bem posicionadas e investir nelas, marcas que têm algo de específico a dizer para seus mercados.

Para desenvolver uma marca hoje, não basta apenas investir na mídia, é preciso investir na legitimidade da marca. É possível apostar, sem medo de errar, que as marcas sem legitimidade não conseguirão existir de verdade no mercado ou, caso consigam, que sua manutenção custará extremamente caro ao proprietário.

Na verdade, as marcas que nos últimos anos desapareceram mais rapidamente das gôndolas são as marcas médias que não tinham nada para dizer ao mercado. Voltamos à *teoria da ampulheta e do losango*; após os anos 1950–1970, ao longo dos quais assistiu-se ao crescimento do número de marcas médias, o desenvolvimento recente fez-se, de um lado, a partir de marcas bem importantes e de grande notoriedade; de outro, a partir de marcas menores especializadas e bem posicionadas em seu nicho. O grande número de marcas que enchem as prateleiras sem nada a oferecer senão o fato de existir, não tem muito futuro, pelo menos nas grandes lojas. Pode ser que determinadas marcas estejam interessadas em sair do grande varejo ou deixar nele apenas um pequeno número de itens, concentrando-se no varejo especializado ou tradicional. É o que acontece com os artigos de bazar e de pequenos reparos, em que determinadas marcas lucraram ao abandonar os hipermercados, mudando seu foco para um circuito que lhe é específico e tem a sua cara, e no qual uma marca consagrada alcança margens maiores. Determinadas marcas de produtos alimentícios deixam os hipermercados enquanto marcas, permanecendo, contudo, enquanto produtores, seja da marca do varejista, seja de produtos anônimos vendidos de maneira avulsa. A ausência da marca ajuda-os a penetrar melhor no varejo moderno como fornecedores. No entanto, a ausência da marca pode torná-los vulneráveis diante do grande varejo, que pode expulsá-los sem grandes burocracias. Para uma empresa, a resposta tem a ver com uma racionalização das marcas: nem todas elas irão competir nas grandes lojas; algumas delas se tornarão campeãs regionais ou em outros circuitos (tradicionais, especializados, até mesmo na venda por correspondência...), nos quais encontrarão sua legitimidade. A tendência atual do grande varejo, limitado pela falta de abertura de novas lojas de grande porte[47], é tornar cada gôndola rentável, buscando, por-

---

[47] Situação que ocorre somente na França (última loja, em 1996). (N.R.T.)

tanto, o crescimento do giro permanente de cada artigo, o que limita o número de itens e só aceita os produtos com giro alto. Essa tendência só faz crescer a concentração, tornando necessário, portanto, que as marcas que desejam sobreviver tomem uma das seguintes decisões: mover-se para cima e tornar-se uma grande marca ou apelar para outros caminhos, o que geralmente significa trabalhar com quantidades menores e margens maiores. As marcas que resolvem trilhar outros caminhos ainda podem retornar regularmente ao grande varejo, por meio da participação em operações especiais (aniversários, festas etc.). O risco, nesse caso, é só estar presente nas grandes lojas por ocasião das liquidações... que podem se transformar em destruição da imagem. Há determinados fabricantes que aplicam essa política com sucesso, limitando sua presença nas grandes lojas à sua região de produção ou de consumo (e, portanto, geralmente de legitimidade), participando somente de ofertas que privilegiam a qualidade, a quantidade a mais ou a promessa promocional que dê lastro a sua credibilidade, e recusando as promoções baseadas exclusivamente na apresentação do preço. Pode ser uma solução.

Cuidar ou não da marca? Essa pergunta tem que ser feita. A resposta geralmente tem a ver com a análise de dois pontos essenciais: a notoriedade da marca e seu conteúdo como capital, notadamente *vis-à-vis* o público, e o valor agregado da marca em relação ao público e, de modo mais amplo, em relação ao mercado — concorrentes e distribuidores —, e, se for o caso, até mesmo em relação às outras marcas do grupo.

Onde se situa o valor agregado? Pode estar na ferramenta de produção ou no abastecimento (filiais), o que pode levar naturalmente a uma busca por volume. Se a marca tem uma forte imagem de notoriedade, o objetivo da marca é legítimo; caso contrário, a conveniência de produzir marcas próprias é real e pode ser examinada.

Onde encontramos o valor agregado? Na origem geográfica, na história do mercado, no aperfeiçoamento do produto que permite a segmentação, na especialização neste ou naquele segmento de produto ou de clientela? O balanço de marca/produto e a análise de valor podem permitir que se desvendem as jazidas do valor agregado. Serão elas suficientes para a construção da marca? Têm um significado em relação aos diferentes circuitos varejistas existentes ou em desenvolvimento? Com que custo e com qual rentabilidade? Essa rentabilidade permite que se façam investimentos em comunicação?

A comunicação das marcas na mídia/mídia alternativa é amplamente influenciada por tais decisões. O mix de comunicação dos diferentes tipos de marcas não é de modo algum semelhante; o erro de determinadas marcas médias ou especializadas é continuar a se comunicar com um público muito amplo, utilizando mídias de massa da maior audiência, enquanto seria melhor que se cultivassem sua especificidade num território de mídia/mídia alternativa que tenha a ver com elas: mais focado, mais trabalhado, mais regional (em termos de possibilidade local) ou mais temático (bricolagem, jardinagem...). Existe toda uma linguagem de mídia/mídia alternativa a ser inventada para essas marcas médias que querem crescer, mas para as quais o credo "só TV, só promoção, só grandes supermercados" não pode ser o único caminho. Não se trata de pôr em questão as marcas líderes e seu mix de mídia; trata-se de ter a humildade de reconhecer que uma marca pode encontrar seu caminho num outro terreno, com um outro tipo de comunicação.

Esse caminho nem sempre é fácil, por duas razões básicas: *o custo da mídia* continua igual tanto para os grandes como para os pequenos; e, depois da Lei Sapin, é até mais vantajoso para aqueles que pagam menos pelo espaço publicitário, o que contribui também para a concentração da oferta e do mercado. Como não podem lutar com as grandes marcas em todo lugar e durante o ano inteiro, as marcas médias precisam buscar empatar o jogo durante um certo período de tempo — ou numa certa área —, para que sua comunicação apareça e seu impacto seja eficaz.

A segunda razão é a ampliação contínua das práticas de mídia/mídia alternativa por parte dos grandes grupos concorrentes dessas marcas médias. Para se fazer ouvir de maneira diferenciada, para posicionar bem sua oferta, são obrigados a inovar sempre, sobretudo em matéria de mídia alternativa, tornando mais difícil a descoberta de territórios específicos de comunicação.

No entanto, continuamos a considerar vital que a marca, após esse balanço de suas agruras e possibilidades, busque esses territórios de mídia tradicional/mídia alternativa que possam expressar toda a sua especificidade, permitindo assim que ela tenha sucesso em se ombrear com as grandes marcas (ver a Parte 4, Uma estratégia de mídia/mídia alternativa na prática).

Redescobrir as virtudes da segmentação: o marketing diferenciado

Embora a técnica da segmentação não tenha nascido ontem, o uso que foi feito dela variou bastante de acordo com a época. Para esquematizar, durante os anos 1990 vivíamos o marketing de oferta, no qual a demanda absorvia com facilidade as inovações. Houve, assim, uma grande diferenciação de produtos e multiplicação de itens para atender a segmentos específicos da população; mas, ao final, o que se fez foi promover esses produtos junto à dona de casa de menos de 50 anos, inundando as mesmas telas de TV em que estavam os produtos tradicionais com produtos que esperávamos que fossem mais específicos. A diferenciação de produto já era, com muita freqüência, tênue, e a comunicação construída sobre a mesma lógica de mensagem e utilizando as mesmas mídias só fez aumentar a confusão.

A oferta de marketing e a postura psicológica são completamente opostas. Poderíamos, por meio de uma mistura um pouco forçada, elaborar a equação "grande marca = mídia de massa", "marca específica = marketing diferenciado". Essa síntese seria reducionista e até mesmo perigosa.

O problema hoje existente é mais complexo: como o número de referências por produto e o número de marcas diminuíram consideravelmente, para vender esses produtos e essas marcas numa sociedade que consome menos, é preciso:

- esmiuçar o público-alvo do produto e analisar detidamente seus segmentos homogêneos;
- compreender cada segmento e seus atributos específicos;
- produzir um discurso capaz de sensibilizar cada segmento e uma arquitetura capaz de congregar a comunicação global da marca para evitar sua fragmentação.

Descobrir o marketing diferenciado significa, antes de mais nada, esmiuçar o público-alvo dos produtos, ou seja, compreender como se dá a divisão da população diante do produto — em clientes/não-clientes e também segundo outros critérios de comportamento (freqüência, volume, compra casada...) — fazendo assim um mapeamento da população e de sua proximidade em relação ao produto. O objetivo desse tipo de mapeamento é compreender e medir cada segmento da população, levando em conta seu comportamento em relação ao produto, e em relação a seus concorrentes e substitutos, para saber como a população reage (ou não) à necessidade suprida pelo produto. A seguir, é preciso compreender as variáveis explicativas que permitem que se descrevam esses segmentos e que se analisem as variáveis mais importantes em torno das quais a população se divide, a partir de critérios como consumo, não-consumo, proximidade ou indiferença. Podem ser variáveis como sexo, idade, classe social ou moradia. Também podem ser outras variáveis comportamentais, que podemos obter analisando os bancos de dados. Assim, o critério que explica o consumo deste ou daquele biscoito de chocolate talvez não seja uma questão de idade ou sexo, que têm uma influência não muito grande neste exemplo (real), mas antes o fato de gostar de café preto e de consumi-lo em grande quantidade. Uma vez que tenhamos feito a descrição desses segmentos, que os tenhamos isolado, fica mais fácil questioná-los para entender suas expectativas, até mesmo a expressão destas, quem sabe numa linguagem específica.

A questão toda do marketing diferenciado equivale a nos perguntarmos se a população ligada ao produto deve ser trabalhada com os mesmos argumentos para todos, numa abordagem indiferenciada de mídia que procura alcançar todo o público-alvo de maneira idêntica e como um todo, ou se, ao contrário, a divisão dessa população, segundo um sistema derivado da abordagem precedente, fará com que a separemos em diversos segmentos de público-alvo, analisando em seguida sua contribuição em termos de venda e de margem e, se for o caso, atendendo a suas expectativas de maneira diferenciada.

A preocupação desse tipo de prática é otimizar a eficácia com o menor custo. Antes de mais nada, a eficácia: podemos ser mais competitivos atendendo de maneira específica às expectativas de cada subgrupo? Os segmentos jovens da população reagirão melhor se levarmos em conta, de maneira isolada, suas próprias aspirações e se usarmos uma linguagem mais envolvente ao nos dirigirmos a eles? Envolvimento geral em relação ao produto, diferenças básicas de expectativa, de opinião ou de vivência do produto por segmento: geralmente são esses os fatores que conduzem a essa busca de eficácia por meio da segmentação. Além disso, em lugar de segmentar demais a oferta do produto, a marca pode se perguntar se deve segmentar seu discurso.

Em termos de custo, deve-se estar preparado para responder a determinadas perguntas. Existe uma variação de custo para se entrar em contato com os diferentes segmentos da população? Pode acontecer que sistemas de mídia/mídia alternativa, geralmente caros quando usados para o conjunto do público-alvo, sejam mais baratos quando utilizados para determinados segmentos, porque o canal específico de mídia existe, por exemplo? A resposta também depende do mercado em termos dos volumes de compra ou do faturamento alcançado pelo cliente no *business to business*, nas grandes somas, por exemplo: queremos e podemos otimizar os custos em função da rentabilidade obtida ou desejada por segmento? Esse é o grande problema dos mercados concentrados, em que 20% dos clientes são responsáveis por 80% do faturamento, e em que a pergunta fica sendo: devemos falar com os 20% dos clientes do mesmo modo que falamos com os outros 80%? Geralmente, nada é menos garantido.

Se as simulações demonstram o quanto esse tipo de raciocínio é pertinente, então a hipótese de um marketing específico diferenciado pode ser verdadeiramente aprofundada.

O marketing totalmente específico por segmento só é possível quando os segmentos e suas expectativas estão completamente separados (público-alvo profissional e público geral de um produto de caráter misto: um remédio para aliviar a dor, por exemplo). Isso continua sendo um caso específico, muito raro.

O marketing diferenciado é mais comum. Ele leva em conta a necessária superposição de públicos, fazendo parte, portanto, da busca de coerência e de economia, atingindo todo o público-alvo ou uma grande parte dele ao mesmo tempo em que apresenta uma "pressão extra", uma linguagem complementar composta de argumentos específicos para o público-alvo nuclear, por exemplo (confira as questões de complementaridade em mídia/mídia alternativa na Parte 3). Esse tipo de marketing diferenciado constitui a base de inúmeras estratégias de mídia/mídia alternativa nas quais o sistema de mídia fornece os fundamentos e a coerência da comunicação e a mídia alternativa o complemento específico vital para "destravar" o núcleo do público-alvo e não permitir que se deixe de vender para esses clientes favoritos.

Marketing global
Mesmo discurso
Mesmos sistemas de mídia/mídia alternativa

Conjunto do público-alvo

Marketing específico
Discurso e sistema de mídia/mídia alternativa por segmento

Segmento 1   Segmento 2   Segmento 3   Segmento 4

> **Marketing diferenciado**
> Um só discurso
> Um só objetivo
>
> Conjunto do público-alvo
>
> Discurso e apoio específicos dirigidos ao núcleo do público-alvo ou a segmentos dele

Recuperar o primado da pessoa

A massificação descrita anteriormente como sinal evidente da democracia do marketing dos anos 1970–1980, em que cada empresa tentava vender o máximo possível para o maior número possível de pessoas e por meio dos maiores circuitos de varejo, apoiando-se nos meios de massa de grande audiência, continua a ser a lógica dominante em muitos países, ainda que seja amplamente criticada pelos teóricos e profissionais de marketing. Ela faz parte de seu cotidiano, embora eles se defendam dela; isso porque, muito freqüentemente, eles não têm tempo, distanciamento e recursos para fazer outro tipo de reflexão. Recursos humanos, recursos para pesquisar, recursos financeiros que permitam uma reflexão diferente. A abordagem global indiferenciada parece ser mais barata: o custo da TV para atingir o público-alvo de um domicílio é inferior a 0,15 franco por morador; para um morador de uma residência classe social +, é inferior a 0,25 franco. Ou seja, tanto num como noutro caso, custos bem baixos. Em relação a grandes setores da população, o outdoor geralmente é a única mídia que é competitiva em termos de custo. E. na mídia alternativa, as únicas que conseguem competir com esse argumento econômico são a mala direta sem endereçamento e a imprensa gratuita.

Para inúmeros mercados de massa que não têm necessidade de uma forte diferenciação de produto, faz quinze anos que a abordagem massificadora funciona; e não há dúvida de que ela pode prosseguir assim, sem alteração, sobretudo enquanto a diferenciação do produto e, portanto, o envolvimento do consumidor, não acontecer plenamente. É o caso de inúmeros produtos de consumo de massa. Mas basta que aconteça um desequilíbrio para que as coisas mudem de figura. O consumidor investe na escolha de uma marca e já não aceita que uma abordagem massificadora o reduza a um número. Se a marca se dirige a ele e lhe propõe compartilhar determinados valores, então ela não pode fazê-lo retornar ao anonimato. Quanto mais a marca alardeia sua individualidade, mais o consumidor espera que se leve em conta seu modo de pensar enquanto indivíduo. Trata-se de uma graduação dentro da relação.

Desse modo, ao *macromarketing*, que só quer enxergar um rosto, o do consumidor médio cujo perfil cada marca identifica, superpõe-se o *micromarketing* do indivíduo ou grupo de indivíduos. É um retorno ao primado da pessoa, com o qual o consumidor espera da marca que esta lhe dedique uma certa atenção, relacionada com a atenção ou ligação que ele próprio demonstra em relação a ela.

Construída de maneira binária, essa relação pode se tornar passional. É o caso de inúmeros produtos da moda ou de impulso, como tecidos ou vestuários e produtos de mídia (CDs, filmes, romances, jornais): o cliente interpela o fabricante se não aprecia seu produto mais recente, se se considera prejudicado na relação. É o reinado do *one-to-one* que se instala, consagrando um número infindável de relações bilaterais entre os indivíduos e a marca. União livre, efêmera e mutável na qual a marca tem milhares, até mesmo milhões de relações simultâneas, cujo princípio o consumidor conhece. Se ele achar que a marca o está trocando pelos clientes mais jovens, mais velhos, mais isso ou mais aquilo, pode se afastar dela. É uma união livre na qual o consumidor se relaciona com marcas concorrentes e declara, ele próprio, "ser infiel" em relação a esta ou aquela marca. Às vezes isso não traz conseqüências (mercado de grande público com giro alto e valor baixo), mas, em determinadas situações, o que está em jogo é importante. Em relação a determinados bens, essa relação afetiva é passional: por exemplo, os bens duráveis em que existe envolvimento, ainda que o investimento financeiro conduza a uma maior racionalização da escolha e da relação com a marca. Basta ouvir a defesa que alguns consumidores fazem do automóvel ou até mesmo da casa que adquiriram desta ou daquela construtora para entender que, nesses mercados, a dimensão afetiva tem um papel importante na compra, fortalecendo-a e valorizando a escolha feita pelo comprador e o acerto de sua argumentação: a relação passional geralmente acontece *antes da compra de um produto por impulso* e *após a compra de um bem durável*. Portanto, a paixão está no lugar certo na hora certa:

o marketing *one-to-one* tem a missão de criar, administrar, fazer viver e fortalecer essa relação, com a finalidade de gerar uma forte dependência psicológica.

Não vamos imaginar que essa relação limita o indivíduo ao papel de comprador. Pelo contrário, ela se dirige ao consumidor mas também ao cidadão e ao ser social: quanto mais a marca baseia sua identidade em valores, mais o consumidor a solicita nesse terreno. Ele torna-se exigente, pois trata-se de um pouco dele próprio. Comprar um suéter da Benetton não significa apenas comprar 800 gramas de lã dessa ou daquela cor, significa ficar do lado da marca na luta em favor da mistura das cores humanas e do ecumenismo racial. Esse exemplo é evidente e conhecido. Há inúmeros outros casos um pouco diferentes, nos quais a comunhão de valores remete a uma dimensão social que ultrapassa claramente o produto. É o caso da France Télécom e da EDF, com uma mensagem que pede que o indivíduo questione sua relação com a empresa e a fortaleça numa dimensão exterior ao produto: "Faremos você amar o ano 2000", "Devemos a você muito mais do que a luz"..., enquanto outras marcas importantes remetem a seu produto ou serviço para fortalecer a relação e se tornar indispensáveis: "Nós faremos você preferir o trem", "a próxima vez que você passar por aqui não será por acaso"... Relação polimorfa e onipresente.

Reforçar a relação: o marketing de relacionamento

Há vários anos que se tem falado bastante sobre o lugar concedido ao consumidor no esquema de marketing; e todos enfatizam esse fato, querendo "redescobrir o consumidor", "recolocar o consumidor no centro da empresa", "fazer do consumidor o verdadeiro dono do produto"... Receitas de choque que se tornam chocantes. A postura inicial do marketing sempre se concentrou no consumidor e na satisfação de suas necessidades. É normal, portanto, que ele seja o centro da preocupação de todos. Se ele deixou de sê-lo, foi por deformação e abuso de linguagem, quando se falava de marketing de oferta em vez de marketing de demanda. Hoje, às vezes, tem-se a impressão de que essa redescoberta do consumidor é, antes de mais nada, paternalista: protegê-lo e envolvê-lo para evitar que ele se afaste da zona de influência da marca. Percebe-se o reflexo dessa "proteção" — acompanhada de uma observação de caráter econômico proferida com incrível audácia — quando se diz que conquistar um novo cliente custa seis vezes mais do que manter um cliente já existente. Seis vezes; por que não cinco ou sete? Esse tipo de norma não resiste à análise. Além do mais, existem mesmo importantes mercados de produtos de grande consumo e de preço baixo em que sai muito mais barato estimular todos os consumidores que mudam de uma marca para outra para reaver X% do que fidelizar clientes existentes. Não resta dúvida de que os varejistas e algumas grandes marcas de produtos alimentícios ou de primeira necessidade têm interesse em divulgar esse tipo de discurso, mas isso não faz dele uma lei universal. É verdade que, quanto mais segmentado for o mercado, com baixa penetração e alto valor agregado, mais o produto depende do desempenho, mais a compra é feita com regularidade, mas sem se repetir, como no *business to business*, e mais fica evidente o interesse no marketing de fidelização. O marketing de relacionamento vai além do quadro da fidelização e da pseudo-redescoberta do consumidor: o marketing de relacionamento é um marketing de conquista. Seu primeiro objetivo é criar e reforçar uma relação que faz com que, na hipótese de se passar à ação, a marca se imporá por si própria. O consumidor "fã" e o consumidor envolvido vivenciam sua relação com o produto ou marca muito antes da compra; esta se torna o resultado, a concretização comportamental de sua paixão. E, após a compra, a fidelidade não é o único registro dessa relação; ela pode se exprimir notadamente pelo proselitismo. Para se justificar, o consumidor fala de sua marca preferida; ao apadrinhá-la, torna-se seu apóstolo e mensageiro, e sua relação com a marca é elemento de conquista de novos clientes. Desse modo, pode-se pensar que o ápice do marketing de relacionamento é saber como contribuir para a eclosão dessas tribos de consumidores que podem existir em torno de cada marca e por causa da própria marca. Aquilo que eles compartilham e trocam contribui para posicionar a marca no centro de sua vida cotidiana.

Talvez seja preciso situar o marketing de relacionamento para além dessa dialética fidelidade/conquista e ancorá-lo na busca da própria relação, ou seja, de um laço social que rompa o isolamento do consumidor e dê sentido ao seu consumo. O marketing de relacionamento tornar-se-ia o cimento social do indivíduo. Antes de mais nada, pela *relação fornecedor-consumidor* que vem estruturar seu consumo e remediar a falta de comunhão deste último: ele não está mais sozinho, sabe a quem recorrer quando precisa de orientação ou da prestação de serviços, se quiser legitimar e dar sentido a seu consumo (serviço de atendimento ao consumidor). Mas a relação também pode se situar num laço comunitário, *entre os clientes de uma mesma marca*, por exemplo, transformando-os numa tribo e dando estrutura a essa associação. Os clientes da marca conversam entre si, falam da marca que têm em comum, trocam "confidências" a seu respeito, para que serve, sobre seu futuro: constituem-se no conjunto de seus arautos, e essa relação interpessoal fortalece a confiança ou a ligação que eles têm em relação à marca. Foi assim que nasceram todos os clubes de consumidores. Eles funcionam melhor num sistema de troca entre clientes do que num esquema piramidal em que a marca e o fabricante determinam a conduta a ser seguida. O encadeamento horizontal reforça a noção de tribo; o peso de uma marca poderá ser expresso pelo número de fiéis de sua tribo. No *business to business* já se comparam as marcas nesses termos, analisando-se o peso de seu cadastro de clientes ou clientes potenciais, o peso de seus cadastros qualificados, o porte de seus bancos de dados. No futuro, a força de uma marca será expressa pelo volume e dinamismo de sua tribo.

O marketing de relacionamento pressupõe, na mídia/mídia alternativa, um sistema duplo de comunicação descendente ou ascendente, cuja dosagem depende da natureza do consumidor (ver o final do Capítulo 5 e a distinção feita por J.L. Missika entre cliente quente e cliente frio). Ele pressupõe, ao mesmo tempo, um sistema externo de mídia. Antes de mais nada, na mídia descendente, um contato repetido e constante por parte da marca para alimentar esse elo, e que dá como *feed-back* ao consumidor uma capacidade de resposta permanente (interatividade ascendente). Mas também uma comunicação voltada para o exterior, uma comunicação que erga a bandeira dos valores da marca, nos quais os membros da tribo se reconhecem e com os quais se identificam. Portanto, um tipo de comunicação/animação interna à tribo e uma comunicação externa que reforce essa coesão por meio da adesão aos valores e às iniciativas da marca. Se for preciso, esse sistema duplo poderá se exprimir por meio de um único canal de comunicação (a revista da marca, por exemplo).

A questão que às vezes se coloca é a de saber em que nível ancorar o marketing de relacionamento. Pensamos, em primeiro lugar, na marca que é a interlocutora natural do cliente. Mas geralmente nos grandes grupos as marcas se superpõem em camadas sedimentares: marcas da empresa, marcas de produtos... E desenvolver o marketing de relacionamento para a marca/produto Danette não tem de maneira nenhuma o mesmo sentido que alimentar o marketing de relacionamento com a marca/empresa Danone. Neste caso, em razão de seu afastamento, não há dúvida de que as duas políticas poderiam ser superpostas sem criar qualquer tipo de concorrência, numa complementaridade institucional. No caso das empresas menores, em que a gestão das marcas se faz de maneira menos compartimentada, uma relação dupla poderia ser difícil. Convém verificar aquilo que, no capital da empresa, pode ser objeto de uma gestão de relacionamento pertinente — a empresa, a marca mais importante, os produtos líderes, mas também os consumidores (empresa de marketing de relacionamento, por exemplo ou, futuramente, no contexto do comércio eletrônico), até mesmo os produtos produzidos em uma determinada fábrica (notadamente *business to business*) — e o sentido atribuído à gestão dessa relação. A análise dos problemas de imagem e do potencial da empresa pode permitir que se responda a essas questões, e a organização do discurso da empresa será uma conseqüência lógica disso. Nos grupos de hoje em dia, na verdade, existem muitas instâncias que desejam incrementar a relação de proximidade com seus interlocutores, convencidos de que dessa proximidade nascerá uma gestão mais aperfeiçoada das parcerias (clientes, fornecedores...). Como sempre, a proximidade ou familiaridade excessiva dá origem a uma certa cacofonia. Uma organização racional passa pela definição de objetivos próprios a cada atitude voltada para o relacionamento, pela definição dos públicos-alvo e pela administração do tempo e do espaço a fim de evitar superposições, que prejudicam todo tipo de percepção da marca.

O geomarketing faz parte dessa atitude cujo objetivo é aproximar-se do indivíduo e reforçar a dimensão racional. O geomarketing de conquista busca tirar partido do contexto local para aumentar a penetração de uma marca, de um produto ou serviço; seja trabalhando por meio da semelhança entre as pessoas — buscamos atingir o vizinho porque ele tem um perfil semelhante e, portanto, para desenvolver um comportamento idêntico —, seja trabalhando no modelo da teia de aranha, não pela semelhança de comportamento, mas multiplicando as possibilidades de ser visto em um local ou região. Não se deve pensar que o geomarketing seja privilégio da mídia alternativa: o cinema, a IDR, a ISR, até mesmo determinadas rádios de audiência local são ou serão ferramentas de geomarketing bastante adequadas. O geomarketing tem uma sinergia perfeita com os bancos de dados no desenvolvimento de abordagens muito diferenciadas. Trata-se, na verdade, de técnicas a serviço do marketing de relacionamento que, este sim, traz uma nova orientação ao marketing.

O marketing do futuro é, antes de tudo, um marketing de informação mais que um marketing de produto, e já faz tempo que isso começou. Nesse sentido, a discussão em torno da marca e do marketing de relacionamento apresenta as mesmas perguntas: quem deve tomar a palavra, qual é o interlocutor mais legítimo para se dirigir a cada público (clientes, fornecedores, parceiros sociais...)? A reorganização dos grandes grupos de produtos alimentícios (Danone e Nestlé, entre outros) nada mais é que uma resposta otimizada a essas questões.

O marketing do futuro é, antes de tudo, um marketing de sentido. Ele joga no futuro todo ato de compra, toda adesão a um serviço, toda consulta a uma marca... Esse marketing do sentido se expressa por meio de um diálogo que questiona os esquemas clássicos emissor/receptor, nos quais apenas a marca tem o direito de falar e que põem em prática o monólogo publicitário, deixando ao consumidor somente o papel de registrar o que recebe.

O marketing da informação e o marketing do sentido exigem que os próprios sistemas de comunicação mídia/mídia alternativa se renovem para que o consumidor possa se fazer ouvir.

Imaginar o futuro das mídias

Não se deve imaginar, por uma leitura muito superficial deste livro, que o futuro da mídia ficou para trás e que só a mídia alternativa tem futuro. Elas estão em transformação; não há dúvida de que têm o futuro nas mãos, tanto no nível jornalístico e social quanto no nível publicitário. E como seria diferente, quando se sabe que o setor das mídias tal qual o conhecemos hoje é jovem, até mesmo completamente novo?

A TV tem apenas 55 anos, a publicidade na TV tem só 38 (ela é filha de Maio de 68). O atual panorama televisivo, com a TF1 e a M6, acaba de festejar 10 anos e já se encontra sob o ataque da TV a cabo, da TV por satélite, dos pacotes de programas e da TV digital.

O panorama da rádio FM é só um pouquinho mais velho e pôs abaixo todas as normas jornalísticas e publicitárias do rádio tradicional conhecido como "periférico".

A mídia impressa não ficou parada, tendo evoluído bastante nos últimos 15 anos, notadamente o setor de revistas, com o advento, na França, do grupo Prisma, o surgimento da EMAP[48]... A imprensa diária nacional evolui muito rapidamente, notadamente os títulos especializados (*L'Équipe*, no esporte, *Les Échos* e *La Tribune*, na economia).

A imprensa diária regional começou a evoluir, notadamente em suas estruturas capitalistas — geralmente do tempo da guerra —, tendo passado nos últimos anos, em diversas regiões, por uma transformação radical.

---

[48] Empresa de revistas para consumidores. (N.R.T.)

A imprensa dirigida está em plena mudança estrutural: ela é cobiçada por inúmeros grupos internacionais, e deverá sair fortalecida da crise atual.

As novas mídias *off-line* e *on-line* ainda estão dando seus primeiros passos.

Os veículos de comunicação evoluem, e o modo como as marcas e as instituições os utilizam passa por uma profunda modificação. A publicidade tradicional que se insere por intermédio da compra de espaços não é mais a única via de acesso às mídias. Ao funcionar levando em conta a probabilidade de exposição não-voluntária do leitor, ouvinte ou telespectador, a publicidade tradicional procura requalificar a qualidade do impacto para aumentar sua eficácia. É certo que as mídias e a publicidade procuram se conhecer melhor, mas o fazem de maneira positiva, buscando se renovar.

A transformação do papel de mediador social e o advento do porta-voz das "etnias"

As mídias foram, tradicionalmente, o instrumento de uma pessoa ou de um poder. O profissional de imprensa geralmente tinha idéias próprias, um ponto de vista que ele procurava difundir junto ao público ou por motivos pessoais, ou ligados a uma causa ou ao poder. Esse era o perfil dos grandes proprietários de jornal do pós-guerra. Francis Bouygues não estava muito distante desse perfil; ele tinha um relacionamento muito forte com seu canal de TV, o mesmo que Maurice Siegel nutria em relação à *VSD*, quando a criou em 1976.

Essa visão e essa prática em relação às mídias manifestam-se num sistema hierárquico de cima para baixo, em forma de pirâmide, com uma única fonte no topo e tantas células estanques quantos forem os leitores. Essa visão de mão única das mídias foi a aliada objetiva de todos os poderes, fossem eles de nível nacional ou regional. A estrutura da imprensa diária regional do tipo 1 região = 1 título contribuiu bastante para reforçar essa visão linear da informação, e todos os poderes regionais eram ou aliados ou adversários do poder local da imprensa diária regional. Em Paris, o modelo ergueu-se sobre um sistema plural, gerando tanto seu contrário como sua réplica, e a imprensa opinativa foi uma imprensa vertical descendente, incumbida de transmitir a mensagem correta.

Do mesmo modo, a imprensa profissional quase sempre foi obra das federações patronais e dos sindicatos, para transmitir a informação em cadeia. Reencontramos a equação 1 ofício = 1 sindicato = 1 título, que define essa unidade da imprensa. O livro de compromisso da ORTF (Organização Rádio e Televisão

Francesa) de 1964 apoiava-se em 3 palavras (Informar, Educar, Distrair), deixando bem o claro o que significava a informação naquela época. Esse exemplo pode suscitar hoje um sorriso irônico, mas, diante dos problemas enfrentados pela sociedade no pós-guerra, tal situação não deixava de fazer sentido. Era preciso recriar um cimento social após esse conflito que dividira tão profundamente os franceses, e propor modelos de reconstrução para o futuro. Os poderes políticos que se sucederam na IV e na V República tiraram proveito da sede de imprensa e de meios de comunicação dos franceses para transmitir suas próprias mensagens. Os meios de comunicação, notadamente a imprensa, substituíram os poderes humanos locais (párocos, professores, detentores de mandatos eletivos...), deslocados, mesmo dizimados, pela guerra ou, alguns deles, ultrapassados pelo pós-guerra e pela reconstrução. Como o modelo social proposto pelos meios de comunicação vinha de cima, só podia ser melhor.

Em relação ao consumo e aos estilos de vida (automóvel, casa, moda...), as revistas assumiram esse papel de maneira diferenciada, antecipando o futuro. Em lugar do pensamento único, a concorrência entre as revistas, a rivalidade de idéias e as diferentes técnicas de sedução. Esse setor da imprensa possibilitou que as pessoas se identificassem com o modelo apresentado por esta ou aquela revista. A mídia impressa feminina, de notícias e de negócios são a expressão dessa diversidade. A concorrência das rádios periféricas acentuou esse caráter de mosaico, que se completou com a concorrência psicológica das duas e, posteriormente, três redes de TV, pela liberação da FM, seguida da estruturação do PAF[49] e de sua explosão atual graças ao computador.

O surgimento desse mosaico mediático ensinou aos franceses o que eram as mídias, como fazer sua leitura e compreendê-las, e até mesmo que às vezes se deve manter um distanciamento (crítico) em relação a elas. Essa multiplicidade mediática acompanhou o progresso da sociedade, e lhe foi favorável, estando sempre, por conta da iniciativa dos editores e da visão dos redatores-chefe e intelectuais, um passo à frente da sociedade. Desse modo, todo mundo tinha a impressão de que suas expectativas, e mesmo seus desejos manifestos ou não, encontravam resposta na mídia. Assim, todos podiam, e podem, se reconhecer nessa exuberância mediática que não pára de crescer, experimentando um número cada vez maior de mídias, "zapeando" da rede para a emissora, do diário para a revista. Todos os espaços de liberdade e de consumo, todos os pólos de interesse encontram-se hoje tomados pelos veículos da mídia — texto, som, imagem ou imprensa, rádio ou

---

[49] Programa sobre campeonatos de carros de corrida. (N.R.T.)

TV — que se parecem com eles e aos quais eles se sentem diretamente ligados, contrapondo-se aos espaços de liberdade concorrentes. O leitor de *Libération* pode não gostar do conteúdo do *Figaro* e de seu leitor, e vice-versa; a leitora de *Elle* pode solenemente desprezar a leitora de *Bonne Soirée, Nous Deux* ou *Femme Actuelle*. O elo de adesão/dependência é mais forte que o elo piramidal e hierárquico, sendo que o elo de distanciamento é mais tênue que o forte elo de oposição política que produziu a bipolaridade. O mosaico de opiniões e de mídias deu origem à construção gradual de correntes políticas e tribos sociais. Bastante estruturadas e herméticas nos anos 1980, elas se tornaram polimorfas, instáveis e passageiras no mundo de mudanças rápidas dos anos 1990. Cada um pertence a diversas tribos em razão de suas diferentes facetas (sexo, região, moradia, profissão...) e a informação transmitida pela mídia modifica os centros de interesse e as tribos ao sabor dos acontecimentos. Cria-se um sistema instantâneo e efêmero de cruzamento de informação que está em permanente evolução.

Foi o que aconteceu com aqueles que não ligavam para o tênis e passaram a invocar Yannick Noah quando o campeão se tornou treinador psicológico da equipe francesa na Copa Davis (levando-a à vitória ao cabo de uma maratona esportiva e mediática que durou vários dias e que mobilizou completamente a França, apagando divisões e disputas e unindo a nação num culto ao tênis tão forte quanto efêmero.) E, após a competição, cada um voltou pouco a pouco à uma situação quase idêntica à anterior. As partidas e os nomes dos jogadores foram esquecidos, restando apenas Noah e o sentimento dos valores da paixão despertados por ele, e que são capazes de alterar a ordem lógica estabelecida. A marca desses acontecimentos mediáticos alimenta continuamente o cimento social coletivo, fazendo com que as tribos avancem, sem renová-las de maneira profunda a cada instante.

As Jornadas Mundiais da Juventude, de agosto de 1997, são um outro exemplo disso. Alguns dias antes do evento, só os organizadores e voluntários tinham entrado no ritmo da competição, e só as tribos de participantes envolvidos, de oponentes laicos ou religiosos e de jornalistas interessados afiavam os argumentos e radicalizavam as posições diante de um evento que poderia fortalecer ou abalar sua crença e seu grupo. A maré das "JMJ" criou uma mobilização sem precedente em Paris, de modo especial também na mídia (índice de audiência na TV superior a 30% na última celebração de João Paulo II em Longchamp), e a França superava suas convicções anticlericais para saudar o aspecto positivo do acontecimento. Passados alguns dias, depois de as publicações semanais terem reavivado a lembrança e os diários oposicionistas terem retomado a iniciativa criticando a gestão financeira do evento, as mídias se calaram como se o assunto não mais existisse, apenas a imprensa católica continuou a falar dessas jornadas. As tribos se reconstituíram, momentaneamente desestabilizadas por um acontecimento que as ultrapassou; as marcas da mensagem de João Paulo II foram pouco a pouco sendo esquecidas por aqueles que vivenciaram o acontecimento de maneira efêmera e mediática, ficando, por outro lado, mais vivas entre os católicos, notadamente os jovens que participaram e que esperavam por uma certa transformação.

Jornadas Mundiais da Juventude, assassinato de Gianni Versace, desaparecimento da Princesa de Gales, morte de Madre Teresa, privatização da France Télécom, quebra da bolsa originária da Ásia, processo de Papon e retomada das questões relacionadas a Vichy, esse é o cardápio heterogêneo do final de 1997: a atualidade mediática geralmente é formada por uma sucessão de acontecimentos que lhe escapam e que ela repercute. Um acontecimento vem após outro, substituindo, apagando, deixando apenas uma leve marca. Isso significa que a oferta da mídia muda continuamente, que ela é instável: o número de páginas, o tempo que se dedicou, no rádio ou na TV, à semana das "JMJ" terá sido superior ao tempo dedicado à fé católica e à transformação da Igreja ao longo de vários anos. O tempo que se dedicou ao desaparecimento de Lady Di e à turbulência por que passou a monarquia britânica foi superior a tudo que possa ter sido dito sobre a dinastia de Windsor nos últimos cinco anos, e, no entanto, essa família vive sob os holofotes da mídia! Excetuando-se a oferta de mídia, o próprio consumo de mídia passa por uma variação ainda maior, pois são as próprias mídias de massa (TV, rádio, imprensa, diários), nos horários de grande audiência, no início do telejornal das 8 da noite ou nas coberturas, que se apoderam do acontecimento. Todos buscam nesse consumo de mídia um conhecimento e uma compreensão, assim como uma expressão — o que é mais recente. Se o conhecimento passa pela informação factual, a compreensão exige uma explicação, a assistência de um jornalista especializado, de um expert, de um consultor, como geralmente dizem as mídias. Ele traz o saber e a autonomia. E, nesse sentido, ele vem de cima, do poder ou do saber oficial, perpetuando o papel de mediador social hierarquizado. Por ser um consultor, assume um distanciamento em relação à instituição, preserva a independência intelectual e a capacidade crítica. Ele cria uma certa pluralidade na mediação social, pluralidade que encontra finalmente sua manifestação plena nos depoimentos e comentários que todos fazem a respeito de tudo, dos quais a TV, o rádio e a imprensa usam e abusam. A respeito de um acontecimento qualquer, solicita-se a alguém que tome a palavra e expresse sua opinião, em razão de sua ligação com o acontecimento (proximidade, vizinhança, conhecimento...), e até mesmo pelo fato de ser um simples cidadão e de aquilo lhe dizer respeito. Diariamente, *Le Parisien* pede às pessoas que se manifestem sobre um acontecimento social ou político do dia, sem ter conhecimento dele, sem refletir, simplesmente como testemunhas. Esse novo papel da mídia passa pela tomada da palavra. Todos falam através da mídia, para a mídia, da mídia. Os leitores escrevem aos jornais, telefonam aos redatores, manifestam-se nas seções de cartas dos leitores, para elogiar ou criticar e para notificar sua exclusão. A compra e a leitura de um jornal são comportamentos ostensivos e um sinal de adesão. A escolha de um programa de TV e de um tipo de programa de rádio faz parte desse reconhecimento prestado à mídia, e indicam que se deseja delegar a ela uma parte de nós mesmos. Exprimimo-nos por meio de um determinado jornal, e quando um determinado jornalista se exprime somos nós mesmos, em parte, que falamos. Ele diz aquilo que gostaríamos de dizer, ele transmite nossa mensagem a outras pessoas. A mídia torna-se, assim, a porta-voz de um grupo, de maneira múltipla ou anárquica, em todo caso, real. Os adolescentes se identificaram com Fun, que se tornou sua emissora porta-voz, emblemática. Voltage e Skyrock tornaram-se porta-vozes de outros grupos sociais mais rígidos e delimitados. Todos os tipos de rádio — confessionais, étnicos — traduzem bem esse papel. E, graças a Michel Field, a rádio Europe 1 tornou-se, em determinados horários, a porta-voz de grupos sociais que não eram ouvidos, e cuja principal preocupação era se fazer escutar para resolver seus problemas. As redes de TV e as rádios importantes assumiram amplamente esse papel, inicialmente nos períodos de baixa audiência para não se arriscar (tarde da noite ou durante o dia na TV, por exemplo), depois aos poucos certos programas porta-vozes franquearam a segunda, e depois a primeira parte de sua programação vespertina. Às vezes, aliás, com uma programação efêmera, porque o público se cansa, o que traduz o desejo dos grupos sociais de controlar suas idéias e sua imagem e de não deixá-las nas mãos da mídia.

A imprensa não está parada, abrindo grandes espaços em suas colunas, publicando números temáticos especiais quando o assunto é pertinente, até mesmo criando títulos específicos para responder às expectativas dos grupos sociais. Os editores não fazem filantropia; na maior parte do tempo, eles só lançam uma nova publicação se a acolhida do grupo visado for duplicar o interesse por um mercado — o que explica a existência de uma mídia impressa voltada para centros de interesse (decoração, esporte, moda, cultura...). Esses títulos tornam-se, assim, porta-vozes de grupos sociais, culturais ou esportivos.

Fragmentação de público: um fenômeno novo que não é exclusivo da TV

A conseqüência da transformação das mídias é a multiplicação dos títulos na imprensa, dos modelos de programas de rádio e, no futuro, das redes de TV que, por intermédio do computador, terão um custo mais baixo e, portanto, mais acessível a um número maior de grupos políticos, culturais e étnicos... É simplesmente uma questão de aritmética: se a oferta de mídia se multiplica, a audiência em seu conjunto se divide e a audiência individual por mídia diminui à medida em que passa a sofrer concorrência.

Durante muito tempo, a inevitável fragmentação da audiência foi ocultada pelo crescimento populacional (*baby-boom*), pelo crescimento do poder aquisitivo direcionado às mídias, pelo aumento do percentual de aparelhos de rádio e depois os de TV nos domicílios, do número de títulos comprados em banca — e até mesmo das assinaturas de periódicos — e do crescimento do tempo diário dedicado às mídias. O consumo de mídia aumentava, mascarando o fenômeno de fragmentação de audiência que se traduzia pela estagnação e até mesmo pela diminuição da audiência individual de determinados programas e da compra de certos jornais. Essa queda de audiência e de público é menos um sintoma de fracasso que de uma concorrência feroz que algumas mídias não souberam combater. A fragmentação de audiência também foi ocultada pelas constantes mudanças na metodologia de pesquisa de audiência e de público. Na imprensa, a evolução do sistema que deixava de fora o CESP[50], por meio de metodologias às vezes consideradas como mais inflacionárias, permitiu que os sindicatos afirmassem que os resultados estavam estáveis, até mesmo em alta, enquanto, na verdade, acontecia uma certa perda de audiência e de público.

Essa fragmentação ocorre, primeiramente, entre as mídias. O aumento do tempo dedicado à TV nos últimos 15 anos constituiu-se à custa do tempo dedicado ao rádio e à imprensa (ainda que a TV tenha criado, *de facto*, uma imprensa de TV muito poderosa). A mídia impressa é a primeira vítima dessa concorrência entre as mídias, notadamente a imprensa diária nacional e regional, que, desde o período da manhã, sofre, em seu terreno, a concorrência do rádio e da TV. A imprensa dedicada à notícia também se encarregou de uma informação diária mais bem elaborada e que soube manter o distanciamento de um imediatismo muito presente.

---

[50] Centre d'Études dês Supports de Publicitè — instituto que mede as audiências dos meios. (N.R.T.)

Em seguida, a fragmentação passa a acontecer no interior das mídias. Não é possível, durante um longo período, assistir a vários programas ao mesmo tempo. É preciso escolher, e o controle remoto é uma arma poderosa, dada a facilidade e rapidez com que se pode usá-lo. Basta um simples toque e o espectador ou ouvinte mergulha num mundo diferente: esse frenesi é que levou ao *zapping*. Como resultado, o total geral de audiência de TV ou rádio diminui pouco em termos da duração total da audiência e da audiência diária acumulada, mas a passagem pelas estações e sobretudo o tempo dedicado a cada estação diminuem.

A fragmentação da audiência em razão da concorrência interna atinge sobretudo o rádio e a TV. Esta última considerava-se imune a qualquer nova concorrência. A legislação limitara a 5, depois a 6, o número de redes de TV aberta, e a TV a cabo, mito francês, não se constituía numa ameaça concreta. No entanto, a concorrência entre as redes foi muito intensa. O Canal +, com 4 milhões de assinantes, deixou de ser uma rede para os *happy few*, e a TV a cabo começa a existir de verdade. Somado a um tranqüilo distanciamento em relação à "obrigação de ver TV", sinal de maturidade da sociedade, isso levou a uma estagnação da TV, até mesmo a uma certa queda de audiência média por rede (audiência acumulada por dia, TEO et TEI[51]), sinal de enfraquecimento da toda-poderosa TV.

Quais as conseqüências disso para o planejamento de mídia? Uma maior dificuldade de atingir os patamares de GRP[52] (cobertura e freqüência necessárias) a um custo aceitável; sobretudo, uma complicação desses patamares. A volatilidade de audiência entre as redes (ou entre as emissoras), por conta do *zapping* generalizado, torna difícil alcançar patamares médios. Os grandes consumidores que dão peso à audiência são rapidamente detectados pela pesquisa e sua identificação é repetida, enquanto os pequenos consumidores tornam-se completamente inalcançáveis, sendo preciso ir em seu encalço por meio de complexos, e por vezes subjetivos, cenários e itinerários de mídia. Todos os cálculos estatísticos feitos a partir de quartis ou PGC (pequenos, médios e grandes consumidores de TV, divisão geralmente aceita do volume de TV) nem sempre são suficientes para identificá-los: eles podem ser consumidores fracos temáticos ou estruturais. Se forem temáticos, devem ser acompanhados por programa (iniciativa semelhante a um planejamento de mídia para a imprensa); se forem estruturais, nem sempre

---

[51] TEO = tempo de escuta por ouvinte. TEI = tempo de escuta por indivíduo. TEO = TEI x audiência acumulada.

[52] *Gross Rating Point*, ou ponto bruto de audiência. Uma mensagem que alcança 11% da população obtém um GRP de 11 pontos em relação a essa população.

precisamos insistir em conquistá-los pela TV, talvez seja melhor trocar de mídia para sensibilizá-los de modo mais eficaz.

Essa fragmentação alcança o *prime time*, mas também e sobretudo os períodos específicos como o horário diurno, a abertura e, sobretudo o noturno, que, tradicionalmente, são os momentos em que se pode atingir melhor o público-alvo pela TV. Os programas importantes não-direcionados agüentam melhor, os segmentados são mais afetados. No rádio, a fragmentação acontece sobretudo entre as estações: o ouvinte "zapeia" sem parar. Como cada emissora molda sua audiência a partir de um formato de referência, o ouvinte muito multifacetado molda seu programa em função de seu humor e do modo como gasta o tempo. Em termos de planejamento de mídia para o rádio, é preciso um número cada vez maior de *spots* e de estações para atingir um patamar mínimo de cobertura, enquanto há pouco tempo bastava um conjunto de estações periféricas, ou ondas curtas (e uma ou duas FMs). Hoje esse tipo de abordagem ficou obsoleto. É comum se fazer um planejamento de mídia baseado em quatro ou cinco redes de FM e complementá-lo em nível local com emissoras independentes, na tentativa de pôr em prática uma pressão homogênea sobre a região a ser coberta.

A fragmentação é um fenômeno permanente que atinge as mídias, permitindo que os recém-chegados se insiram num "tempo de mídia" inelástico. É certo que a jornada de trabalho diminui e o tempo dedicado ao lazer aumenta, logo, cresce o tempo para a mídia; além disso, se as mídias participam de maneira crescente na informação profissional, vêem aumentar, em razão disso, seu tempo de consumo profissional.

Como a fragmentação da audiência é um fenômeno que continua existindo, hoje é preciso incluir no ranking dos concorrentes da TV o rádio, o ambiente da eletrônica e da informática, com o computador pessoal clássico ou multimídia, os videogames e, por fim, a internet. Essas mídias prendem a atenção e o tempo dos mais jovens e da classe social dos educados, relegando a velha e boa TV ao grupo dos dinossauros.

Mídia de massa e "eu-mídia"

Trata-se aqui do quadro geral da evolução das mídias imprensa, rádio, TV, conseqüência da experiência e da vivência dos franceses, como do conjunto dos ocidentais, acostumados a viver com as mídias há várias décadas. Os meios de comunicação de massa não são mais totalmente recentes, sejam eles imprensa, rádio, TV... Eles geralmente constituem uma resposta imediata a uma necessidade de informação sentida por todos: quer se trate de um acontecimento importante ou lastimável, de 30 a 40% dos franceses se concentram em torno de suas mídias seguindo um comportamento idêntico. Uma tragédia, acidente ou acontecimento esportivo pode mobilizar um em cada dois franceses, até mesmo dois em cada três, numa participação comum num mesmo espetáculo, cada um se identificando com o herói (esporte, *show-business*) ou chorando com ele (tragédia). Essa função da mídia de massa é bem conhecida hoje em dia, e mesmo com a fragmentação de audiência, continua absolutamente presente em nossa sociedade. Ela se exerce durante o *prime time* da TV nas grandes redes, — o excepcional tempo de consumo em que o noticiário pode dar uma mãozinha para os níveis de audiência (enquanto há dez anos, a TV era capaz, unicamente com sua programação, de mobilizar a atenção de um em cada dois franceses) —, o *prime time* do rádio nas emissoras importantes e por intermédio dos veículos importantes da imprensa (bem como por meio do outdoor e, no futuro, de determinadas *consumers magazines*).

É essa força excepcional que caracteriza a mídia de massa, a importância de difundir uma informação idêntica divulgada a todos, geralmente no mesmo momento, e na qual não existe quase nenhum envolvimento pessoal. Todos assistem a uma espécie de *espetáculo* mediático de massa, do qual, em princípio, só podem participar de maneira limitada, influenciando muito pouco a mídia de massa e sua programação.

A mídia impressa e o rádio foram os primeiros meios de comunicação de massa. Hoje é a vez da TV, e a tecnologia só faz aumentar seu papel dominante: pensamos nas TVs sem fronteiras como CNN, Sky News ou Eurosport, que escapam das legislações nacionais. Elas ainda tem um acesso limitado por conta do idioma que utilizam — mas, graças à informática, esse problema já foi resolvido. Elas serão capazes, no futuro, de mobilizar 10% do planeta numa mesma direção, acima dos governos, como já pudemos constatar na Guerra do Golfo. É possível compreender a preocupação dos Estados com isso, enquanto as marcas, pelo contrário, demonstram um interesse evidente nas mídias de massa e em seu poder.

No que diz respeito à programação, o que caracteriza a mídia de massa é a busca do programa mais unificador, que não elimine ninguém por ser engajado ou marginal demais: o espetáculo mais abrangente para o maior público possível.

Em oposição a isso, vem-se constituindo nos últimos vinte anos uma nova espécie de mídia segmentada que não visa a todos, pelo contrário, cujo público-alvo são pessoas que pertencem a uma determinada categoria profissional, cultural ou religiosa, amantes de determinadas atividades (esportes, decoração etc.). É claro que, em cada público-alvo, o desejo da mídia é atingir o maior número de pessoas visadas, mas em termos de penetração por público-alvo, não em termos de pura força. Essas mídias, notadamente na mídia impressa, tornam-se ainda mais refinadas, multiplicando o número de títulos, de edições locais para a imprensa regional, oferecendo serviços personalizados, complementos naturais da imprensa (videotexto, marketing direto, venda, *hot-line* de aconselhamento...), com o objetivo de responder às expectativas de todos por meio do fornecimento de um serviço mediático completamente personalizado.

Para caracterizar essas mídias, algumas pessoas falaram em *"micromídias"*, que seriam opostas às mídias de massa num registro de oposição relacionado a tamanho de audiência. Acreditamos que se pode ir mais longe e falar em *"eu-mídia"*. A dimensão pessoal é mais explícita e, sobretudo, esse termo revela aquilo que a simples oposição numérica não saberia traduzir: a primazia da pessoa.

O significado que lhe atribuímos anteriormente estava relacionado à mídia de massa, ao domínio do espetáculo em que a participação do leitor-ouvinte-espectador estava reduzida a sua expressão mais simples.

A "eu-mídia", pelo contrário, apóia-se numa relação forte com as pessoas, procurando criar uma verdadeira dependência na qual cada um escolha a mídia voluntariamente por meio de uma iniciativa mais complexa que a de simplesmente apertar um botão; que conviva com ela, às vezes pagando caro pela assinatura, pelo acesso ou ligação, dialogue com a mídia, produza com ela uma informação personalizada talvez por ser ele o único a solicitá-la ou vivenciá-la.

A técnica está muito presente nessa singularidade, notadamente a eletrônica. É ela que possibilita a TV sob medida, com a qual cada um pode montar sua programação, hoje a partir de um "pacote", amanhã graças ao *on-line* digital em que o acesso à informação será direto. No rádio, as ondas curtas poderão tornar viável o desenvolvimento de uma personalização ainda maior. Tanto no rádio como na TV, a dupla grandes e médios supermercados/programa pode ser a base de uma interatividade imediata e universal. Na mídia impressa, a noção de título pode vir a se tornar, no futuro, algo completamente ultrapassado: todos conseguiriam montar seu próprio jornal ideal e pessoal a partir de palavras-chaves que remeteriam a rubricas ou temas. Por exemplo, a página de cinema do *Libération* + a página social do *Monde* + a coluna financeira sobre a Ásia do *Échos* ou da *Tribune* + tudo que diga respeito a tênis e golfe de *L'Équipe* podem se tornar o cardápio diário preferido de um executivo de finanças envolvido com o mercado do Sudeste Asiático e que adore golfe e tênis. Todas as combinações são possíveis.

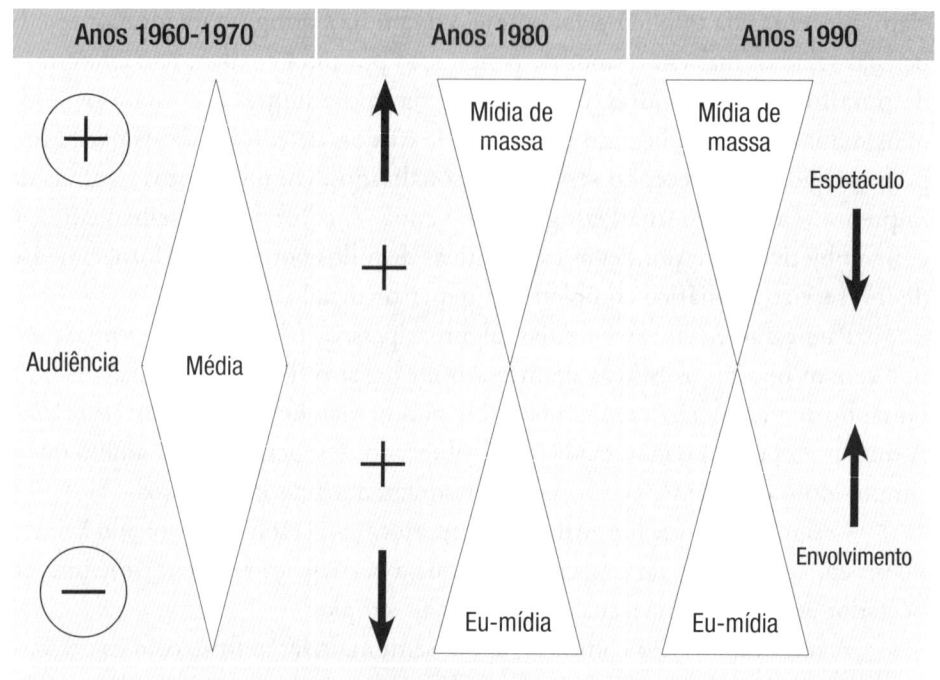

Anos 1960-1970	Anos 1980	Anos 1990
+ Audiência / Média / −	Mídia de massa ↑ + ↓ Eu-mídia	Mídia de massa ↓ Espetáculo ↑ Envolvimento Eu-mídia

Na história da mídia, os títulos de circulação média deslocaram-se para uma condição de mídia de massa, seguindo uma determinada tendência de crescimento, ou na busca de uma postura de proximidade, atribuindo um papel mais ativo ao indivíduo.

O que é realmente novo, cada vez mais graças à técnica e como resposta a um imperativo social, é que o consumidor de mídia retomou a iniciativa. Ele não quer mais se submeter, e não se submete mais; ele escolhe os programas para marcar sua independência; ele chega até a organizá-los, para assumir sua personalidade de maneira mais completa. Isso diz respeito a todas as mídias especializadas ou de grande público, escritas ou eletrônicas. Trata-se de um movimento profundo. A "eu-mídia" não substitui a mídia de massa, ela se coloca a seu lado, complementando-a por meio de uma outra função. Se acaba contribuindo para a fragmentação da audiência, seu objetivo não é esse. Ela é o pêndulo psicológico necessário para a expressão de toda pessoa que quer ser alimentada pela mídia de massa e, também, por uma informação que ela possa triar, escolher e dirigir, retirando dela o máximo de utilidade (profissional) ou prazer (*hobby*) possível.

Nesse movimento mídia de massa→"eu-mídia", a mídia passa do espetáculo para a dependência, enquanto o consumidor de mídia, de espectador torna-se ator. As marcas começam a absorver essa iniciativa da "eu-mídia". É o caso da Audi, que, paralelamente à sua campanha do verão de 1997 nas grandes redes de TV, veiculou no Canalsatellite, com uma interatividade dirigida aos assinantes, um anúncio convidando-os a visitar sua concessionária. Bastava clicar na tecla "OK" do controle digital. Trata-se de um primeiro exemplo, que abre perspectivas interessantes para o futuro.

O futuro publicitário das mídias

Não é o caso de se falar de volume de publicidade, assunto já amplamente debatido, mas da evolução publicitária dos esquemas de mídia e das expectativas dos profissionais.

O futuro da publicidade na mídia passa pela audiência. Trata-se de algo evidente que, no entanto, convém lembrar. Para as mídias de massa, o futuro passa pela força da audiência ao custo mais baixo. Se, para a "eu-mídia", a audiência continua sendo prioritária, é o vínculo mídia-indivíduo que é o mais forte; o volume de audiência é a soma dessas relações individuais. É por essa razão que a publicidade na mídia ainda tem um belo futuro pela frente: quanto às mídias de massa, seu poder continua quase sem igual; e em relação à "eu-mídia", a força do vínculo é o fermento de uma relação publicitária muito forte.

Os publicitários ficaram preocupados com a fragmentação da audiência. Complicando-se com as questões metodológicas de avaliação, esta pareceu às vezes dificultar a percepção do volume de audiência. Este último continua sendo, no entanto, a expectativa nº 1 dos publicitários — agências ou anunciantes —, que buscam, através das mídias, influenciar seu público-alvo pelo menor custo. O profissional de mídia, dentro de uma lógica de massificação, acrescenta os GRP ou milhões de impactos, sem se preocupar muito com a pertinência deles. Alguns diretores de mídia se interessaram na própria noção de impacto para lembrar que o impacto publicitário é uma probabilidade (que varia de 0 a 1) em função da atenção que o consumidor de mídia dedica a uma mensagem casual.

Na lógica do debate mídias de massa/"eu-mídia", deixando de lado as avaliações quantitativas (as únicas capazes de comprovar o volume de audiência), muitos profissionais voltam-se, hoje, para a questão do valor do impacto. Ele aconteceu de verdade, ou não? Pode ser o lugar onde acontece a fusão da mensagem criativa, de sua recepção e de sua aceitação? Fora do processo de criação e a serviço da própria expressão criadora, esses profissionais vão buscar tudo aquilo que é capaz de maximizar, por meio do veículo, a realidade do impacto com o consumidor: local, formato, novos formatos como os usados na mídia impressa com as capas abertas ao meio ou dobradas em "folders", encartes de objetos colados, jogos interativos... vale tudo. Quando se leva em conta o custo do impacto, compreende-se muito bem a preocupação com esse tipo de iniciativa. A concorrência com a mídia alternativa ampliou essa preocupação, hoje prioritária entre os publicitários: fazer o possível para que o impacto seja o mais eficaz possível, para que sensibilize o consumidor e transmita os valores da mídia.

Como complemento da busca de volume de audiência, o futuro da publicidade na mídia passa pela importância do impacto. Como dissemos, essa otimização implica em uma ação sobre o veículo valendo-se da mensagem, do local ou de um novo formato para criar novas formas de utilização das mídias. O objetivo de todas essas inovações é favorecer o impacto da imagem no momento em que o contato físico mídia→mensagem→receptor acontece. Essa busca pela otimização passa também por uma ação sobre o consumidor de mídia, *estimulando-o para que ele próprio procure entrar em contato*. Em vez de se sujeitar, é possível agir de forma que o consumidor seja o agente provocador? Isso só ajudará na transmissão da mensagem.

Uma idéia assim precisa de inovações, da busca de *combinações ou de parcerias com a mídia*, para que o consumidor "apaixonado" pela mídia inscreva uma relação com a marca em sua relação com a mídia (jogos-concursos, assinaturas e sinais criados em comum). É o caso, por exemplo, da repercussão na mídia, quando se anuncia numa terceira mídia (o rádio, por exemplo) uma operação feita num jornal. Como faz *L'Express*: o rádio anuncia o tema ou a campanha, o leitor de *L'Express*, que ouve rádio e é, desse modo, avisado, estará mais propenso a tomar a iniciativa de buscar a informação sobre a marca, otimizando assim o investimento: é caro, mas funciona. Assim como fez o Crédit Lyonnais ao anunciar no rádio seu *spot* na TV às 19h58, aumentando o envolvimento com a mensagem. Todos os esforços das marcas para que se fale de sua publicidade nas seções de mídia dos jornais, do rádio ou da TV fazem com que elas sejam reconhecidas e oficializam o contato publicitário, preparando o terreno e maximizando o impacto no momento do contato. Novas técnicas são continuamente criadas, misturando, aliás, a mídia e a mídia alternativa, para renovar o impacto e fazer com que sua mensagem se destaque em meio às outras: *não basta mais comprar GRP, é preciso provocar a cobertura real*.

A integração das mídias de hoje e de amanhã

Não existe mídia ideal, de forma que as novas mídias, em vez de substituir as antigas, juntam-se a elas formando um conjunto mais rico. Não existe mídia ideal e universal para todas as marcas, porque estas, para se destacar, buscam a originalidade e a singularidade.

Houve uma época em que era possível dizer que a TV era a mídia ideal, porque combinava a força de todas as linguagens: imagem, movimento, cor, som e mesmo a palavra escrita. Ora, a imagem da TV não eliminou a linguagem da imagem impressa. A TV não eliminou a mídia impressa, sua modernidade enfraqueceu-a. Às vezes, o poder da linguagem televisiva empurra para o luxo do papel cuchê a conveniência da imagem impressa, preferindo utilizar a imagem animada para os produtos de massa.

As novas mídias trazem uma dimensão suplementar específica de contato em comparação com as mídias existentes, e é graças a isso que elas conseguem se destacar. A inovação técnica trazida por elas se redobra por conta do atrativo da modernidade, importante na mídia. E, também, cada nova mídia importante se impõe em detrimento das mídias existentes, enfraquecendo-as por meio de uma forte competição. Desse modo, faz trinta anos que o rádio e, depois, a TV "roubam" a mídia impressa. Mas esta continua existindo; tendo sido capaz de evoluir, seus títulos são ainda bastante competitivos, constituindo-se, sobretudo, numa contribuição específica indiscutível para o planejamento de mídia das marcas. Se existiu, nas mentes dos anunciantes, a idéia de apostar tudo na TV, hoje em dia isso vem perdendo terreno. Em razão da evolução da mídia, como lembramos, mas também, e sobretudo, porque as marcas não querem utilizar todas o mesmo veículo nem a mesma linguagem de mídia. Elas encontram, ao mesmo tempo, a especificidade de sua comunicação na originalidade de sua linguagem de mídia. O advento da mídia alternativa origina-se exatamente dessa busca de inovação. As soluções de mídia/mídia alternativa se superpõem mais do que se substituem, beneficiando, de um lado, as marcas, e de outro, o consumidor, que escapa do matraquear totalitário da mídia dominante.

O mesmo ocorre com as novas mídias *on-line* e *off-line*. Elas não substituirão, de um dia para o outro, todas as outras mídias, o que, aliás, não é sua vocação. Elas modificarão profundamente o comportamento em relação à mídia das atuais e das futuras gerações, pesando, portanto, nas estratégias de mídia.

As novas mídias *off-line* e *on-line* — incluindo, para simplificar, no atual panorama, os CD-Roms de hoje e do futuro e a internet — trazem uma dupla dimensão essencial: elas põem novamente a pessoa em primeiro lugar (e não mais a mídia emissora), abrindo-lhe, por meio da técnica, universos que ela sequer imagina. Essa abertura e riqueza são evidentes num simples CD-Rom, cujo conjunto de ramificações não seríamos capazes de percorrer, deixando assim áreas virgens na mídia. Abertura e riqueza que, comparadas aos espaços criados hoje pela web, não são nada. A própria rede não pára de evoluir, tornando inviável a simples idéia de percorrê-la por inteiro: buscar e "surfar" tornam-se atividades em si.

Internet, uma mídia do futuro que não se enquadra nas classificações habituais

Considerando-se o número final de contatos gerados, a internet virá a ser, sem dúvida, uma mídia de massa, mas jamais será uma mídia de massa no sentido clássico.

Na atual configuração, com a quantidade de categorias e subcategorias de participantes, não é possível existir um emissor dominante que mobilize, ao mesmo tempo, a atenção de X% do planeta como, por exemplo, a CNN é capaz de fazer. O primado do indivíduo não permite que isso aconteça; ele traz um novo tipo de escolha do público-alvo, extraordinário, já que é o próprio indivíduo que escolhe e inicia o contato, controlando a própria máquina por meio dos sistemas de "*push*" que dão início à escolha automática do público-alvo. Desse modo, Cadres On Line, criado por *L'Usine nouvelle* e pela CEP, possibilita que a pessoa receba automaticamente todas as ofertas de emprego correspondentes a suas qualificações ou desejos. Os sistemas especializados da web tornarão possível que essas escolhas automáticas de público-alvo aconteçam de maneira contínua: a sra. X poderá encomendar este ou aquele produto automaticamente; se o computador encontrar o produto inferior dentro de um patamar de preço estabelecido por ela previamente, ela poderá otimizar continuamente suas compras, sem se preocupar com as redes varejistas e retomando o controle de suas decisões enquanto consumidora. O sonho se tornaria realidade num breve espaço de tempo.

Interatividade e escolha de público-alvo são as duas principais características dessa mídia, que se apresenta como o suporte ideal dos relacionamentos interpessoais do futuro descrito pelo *one-to-one*. Estes deveriam conduzir nossa vida futura, não apenas a vida comercial, mas também a civil ou cívica (referendos e consultas populares), bem como nossos relacionamentos pessoais e familiares (e-mail). A segunda característica original dessa mídia é sua abertura e ausência de limites: além dos limites geográficos e de mercado. A web poderá oferecer uma resposta original a qualquer solicitação, apoiando-se em programas especializados e por intermédio de parceiros cuja existência ignoramos. Uma nova democracia comercial poderá, aos poucos, se estabelecer, se não houver cerceamento à informação... e se o acesso for livre.

Em relação ao futuro, a questão do acesso à internet é fundamental. O acesso gratuito fará dela uma mídia de massa, enquanto empobrecerá, *de facto*, as operadoras, que não terão motivo para investir no aperfeiçoamento de informações com valor agregado suficiente, uma vez que não poderiam ser protegidas nem tornadas rentáveis. Por outro lado, o acesso restrito favorecerá o valor da informação em detrimento do número de consultas. A única solução parece ser a multiplicidade de modos de acesso, deixando alguns deles protegidos, privativos e pagos — em certos casos muito caros, de acordo com o valor da informação —, e outros assumindo o papel de bancas gratuitas de acesso bastante amplo, numa ótica pedagógica de consulta e utilização de uma ferramenta. Essa justaposição interessa à mídia, pois ela será, ao mesmo tempo, uma mídia de massa e uma "eu-mídia", à semelhança da imprensa e da TV. A web é, desse modo, uma mídia por inteiro: as operadoras é que a particularizam. Hoje em dia, já existe a superposição de diferentes sistemas. Serviços como Infonie preferiram cobrar mais pela assinatura, o que pode acabar sendo um empecilho (faturamento de 7 MF em 1996); outros, como AOL ou Compuserve, decidiram cobrar menos pela assinatura, mas com um número de horas de acesso limitado; outros, ainda, como Jet Multimédia e France Explorer, saem na frente com a assinatura grátis, mas com uma taxação mais alta... É uma escolha que ultrapassa em muito a questão de preço e chega à verdadeira visão estratégica da internet: um instrumento universal de comunicação ou uma megaferramenta a serviço da informação?

Há determinadas tomadas de posição que são mais fáceis de entender, como a da Cegetel que, com sua filial Havas, se lança com tudo na multimídia, beneficiando-se com exclusividade de uma enorme massa de informação produzida pela CEP (bancos de dados especializados ou sobre o grande público), a qual, sem dúvida, estará reservada aos assinantes de sua rede, sendo de acesso mais difícil aos assinantes da France Télécom. A imbricação meio-mensagem nunca foi tão estratégica para os produtores de informação.

No que diz respeito à comunicação publicitária, ainda não somos capazes de medir a amplitude da internet e de suas possibilidades de utilização. A reflexão inicial foi bastante tradicional: anunciantes e agências inseriram sua publicidade, ou seja, compraram espaço, notadamente nos grandes servidores, para não dispersar o investimento nem correr riscos. Em 1996, ⅔ das empresas de publicidade americanas estavam concentradas em dez sites. Quanto mais passa o tempo, mais estratégico fica o investimento. A Total lançou, em 1997, uma campanha de compra de espaço publicitário em todos os sites de jornalismo de negócios e financeiro: nascia o planejamento de mídia na web. A utilização da internet não se limitaria à compra de espaço, pois trata-se de uma ferramenta de comunicação: as empresas criaram endereços de e-mail para receber mensagens e, sobretudo, sites de consulta, ou seja, locais em que elas controlam o fornecimento de informação e cujo acesso é voluntário. Uma outra atividade que poderá acontecer futuramente na web seriam as salas de bate-papo em que todos podem se manifestar, dialogar e fazer perguntas. Esses espaços podem estar relacionados com a profissão e seu caráter técnico, social, étnico ou cultural, ali onde se encontre valor agregado ou a competência específica da empresa. Uma sala de bate-papo desse tipo pode possibilitar a criação de jogos e concursos, independentes ou conectados a sites complementares (marca→distribuidores ou fornecedores, marca→passando pela imprensa). A sala de bate-papo também pode ser alheia à empresa, mas num site da empresa, sobre um tema escolhido por ela ou um tema de mecenato, por exemplo, em sinergia com ações externas (*linkage*). Que tipo de informação? É claro que informações corporativas, bem como aquelas relacionadas à empresa e aos produtos, que visem à venda. Pois será que no futuro a web significará, para alguns, o maior mercado do mundo — mercado financeiro, de produtos, de emprego —, com protocolos como os lançados pelo Cadres On line? A web se tornará, de todo modo, o maior mercado de informação, notadamente a que traz valor agregado. Quanto a isso não há dúvida.

A única coisa em aberto diz respeito ao tempo necessário para que essa escalada se mostre em toda sua força. Todos os oráculos da economia já se manifestaram sobre o assunto. Alguns deles, baseando-se no tempo que o rádio, a TV, o computador pessoal e o telefone celular levaram para se implantar, prevêem um prazo de dez anos. Outros, menos presos às normas e confiantes na influência das políticas de democratização da internet (conforme o discurso de Lionel Jospin na Universidade de Comunicação de Hourtin em 1997), reduzem esse prazo para no máximo cinco anos. É de se notar, por fim, que mais de 900 mil microcomputadores com multimídia são vendidos anualmente na França e que já existem mais de 82 milhões de computadores no mundo ligados à internet (fonte: Dataquest): não há como a França escapar dessa onda. Os aproximadamente 2% de domicílios e 20% de assalariados conectados ou conectáveis em meados de 1997 devem se multiplicar muito rapidamente antes do ano 2000, notadamente em relação às redes de empresas e à utilização mais profissional da internet. Os primeiros setores a serem afetados são os de tecnologia de ponta, aqueles em que a CAC (Concepção Assistida por Computador) é importante e os setores em que os bancos de dados são fundamentais. As primeiras atividades que serão afetadas: as de perfil técnico e jurídico, antes, sem dúvida, das de perfil comercial, exceto talvez naqueles setores que contam com um número muito grande de produtos.

Esses públicos-alvo sofisticados irão despertar o interesse dos "responsáveis pelo planejamento de mídia". Estes últimos apreciam a escolha de público-alvo e o ineditismo dessa mídia e, cada vez mais, irão sugeri-la maciçamente: raramente sozinha e, de preferência no bojo de uma análise geral de mídia/mídia alternativa que integre comunicação interna e externa. A empresa produz sua própria mídia de internet, como produz o jornal empresarial. Essa mídia se insere nas RP da empresa dirigida a todos os tipos de público (clientes, acionistas, fornecedores...), tornando-se sua vitrine (identidade, *savoir-faire*) e a dos produtos (características, demonstrações...); ela gera relacionamentos com um setor crescente dos públicos-alvo. E isso tudo pelo melhor custo. Ela se torna, por fim, uma mídia a serviço da comunicação das empresas mais lentamente do que muitos haviam previsto, em razão talvez da falta de consenso acerca da medição de audiência da web entre os grandes controladores. É só uma questão de meses ou anos. A web não será nem uma mídia de massa nem exclusivamente uma "eu-mídia". Ela será, sem dúvida, uma grande mídia que transformará os hábitos tradicionais de comunicação, como a mídia alternativa renovou profundamente a abordagem tradicional da mídia. Invertendo a propaganda do Renault Twingo, poderíamos dizer: "Cada um que invente a comunicação que lhe convém."

Os sites na web nos Estados Unidos

Metade das empresas americanas com mais de 100 empregados tem um site na web (sondagem realizada a pedido da RHI Consulting). Dessas empresas, 66% informaram que o principal objetivo dos sites na web era promover seus produtos e serviços; 9% os utilizam sobretudo como suporte técnico e serviço pós-venda; 7%, para empreender análises de marketing; 5%, para receber correio eletrônico; e 4% para realizar transações comerciais *on-line*; 2% os utilizam na contratação de empregados e 2%, na formação profissional.

Em *La Correspondance de la Publicité*, 25 de setembro de 1997.

Assimilar o potencial da mídia alternativa

A reflexão mídia/mídia alternativa deve assimilar as modificações estruturais das mídias, por mais profundas que sejam estas; a web talvez seja o melhor exemplo, com o advento do digital, que aproxima as mídias de massa umas das outras. Da mesma forma, essa reflexão deve assimilar o potencial da mídia alternativa.

A mídia alternativa mal começou

A mídia alternativa representa quase ⅔ do orçamento de comunicação das empresas e sem dúvida 40% do investimento dos anunciantes que investem mais de 10 milhões de francos. Majoritária no investimento, ela continua, entretanto, minoritária na teorização, diante de uma publicidade em mídia muito mais bem avaliada.

Tendo permanecido empírica por um tempo longo demais, a reflexão acerca da mídia alternativa existe há apenas dez anos, e tem se intensificado em razão de diversos fatores que gostaríamos de destacar.

Antes de mais nada, *a inversão geral do sistema de mídia*. Após ter-se dedicado parte do século XX ao desenvolvimento das mídias de massa, sejam elas impressas ou audiovisuais, tudo a partir de agora tende ao fracionamento do consumo das mídias e, portanto, das audiências em termos de publicidade. Isso atua sobre a própria estrutura publicitária, que não raciocina mais do mesmo modo.

O próprio indivíduo, no centro desse fenômeno, não quer mais fazer parte da massa, ser reduzido a uma fração da audiência; ele quer reencontrar sua condição de pessoa.

A economia de demanda toma o lugar do marketing de oferta. Este último acomodava-se bem à ação indiferenciada, na qual se substituía facilmente um consumidor por outro. Hoje tudo mudou, e todo consumidor é importante, seja ele um cliente antigo ou potencial. É preciso transformá-lo no cliente de amanhã, ir buscá-lo e fidelizá-lo...

Por fim, *a evolução tecnológica* permite que a mídia alternativa seja sistematizada, por meio da informática e dos meios de telecomunicação. Sistematização completamente impossível no passado, e que permite notadamente a teorização estatística dos resultados. O dado empírico torna-se mais preciso para se tornar reflexão e, depois, espaço de reflexão para o futuro. Essa evolução tecnológica torna-se o motor da mídia alternativa, notadamente do marketing direto.

Trata-se menos de mídia alternativa que de publicidade alternativa

Tudo é mídia: o produto, a empresa e seus quadros e todas as opções promocionais que uns e outros utilizam para ir ao encontro de seus públicos-alvo. Do mesmo modo, a distinção entre mídia/mídia alternativa interessa menos que a distinção entre publicidade/publicidade alternativa no sentido tradicional do termo, ou seja, a comunicação de um valor de personalidade, uma vantagem, uma promessa, capazes de reunir em torno de si um grupo suficiente de consumidores para transformá-los em clientes, com uma comunicação sedutora. As linguagens se diferenciaram, as ferramentas de comunicação também. À sedução vieram se somar a argumentação, de um lado, e o "clique" promocional suplementar, de outro. Essa multiplicidade de linguagens penetrou todos os meios de comunicação de maneira capilar, tornando caducas as equações publicidade = mídia de massa e publicidade alternativa = mídia alternativa. As mídias são freqüentemente utilizadas na promoção e no marketing direto pela necessidade de renovar as linguagens e não estereotipar o discurso, a fim de diferenciar as marcas e os produtos, excessivamente enraizados na semelhança de seu processo produtivo e, portanto, de seu desempenho.

As próprias mídias tendem a essa evolução publicidade→publicidade alternativa. Insatisfeitas com as magras receitas publicitárias trazidas pela crise, elas inventaram o *prêt-à-porter* da publicidade alternativa. Antes, as empresas de comunicação mais bem-sucedidas propunham operações especiais customizadas a seus clientes. Hoje, vêm juntar-se a elas os serviços promocionais das mídias que terceirizaram produtos promocionais ou de marketing específicos e os vendem, geralmente sem intermediários, aos anunciantes. Desse modo, imprensa, rádio e TV vêm, sucessivamente, dedicando equipes específicas a esses serviços para aumentar seus negócios. E os grupos multimídia, como o grupo Lagardère, oferecem produtos mistos de rádio (Europe Communication), out-door (Giraudy) ou imprensa (Hachette). Diante dessa nova concorrência, as agências bem-sucedidas continuam pesquisando produtos inovadores para manter a liderança e o movimento publicidade→publicidade alternativa na mídia continua se ampliando.

O varejo também é responsável, em parte, por esse fenômeno, ao selecionar os produtos e marcas, em vez de escoá-los maciçamente. O custo para cadastrar os produtos é de tal ordem que chega a drenar os recursos publicitários. Além disso, para continuar fazendo parte do cadastro, as marcas têm que apresentar uma taxa ideal de giro que garanta a rentabilidade da seção. Para alcançar taxas elevadas, elas privilegiam as participações promocionais rentáveis no curto prazo (oferta relacionada a preço e quantidade, brinde imediato). O varejo direciona os investimentos de publicidade para a publicidade alternativa, o que contribui, aliás, para o enfraquecimento das próprias marcas, que por vezes não dispõem mais de recursos suficientes para fortalecer sua imagem e sua identidade.

As técnicas se combinam e se reforçam na busca de um melhor resultado

Entretanto, não se deve culpar esse contexto nem alimentar a crença de que, fora da publicidade na mídia, não há como defender a marca. As campanhas de defesa da imagem podem ocorrer fora das mídias de massa — no sentido publicitário do termo — e mesmo fora da midiatização feita pela mídia de massa, do tipo relacionamento com a imprensa. Uma campanha de imagem pode utilizar o canal do mailing segmentado, de prospectos, do telemarketing e do cartão telefônico, contanto que o veículo utilizado alcance o público-alvo e contribua, por meio da linguagem, para o posicionamento da mensagem transmitida pela marca. Ao contrário, a mídia de massa pode transmitir mensagens promocionais e ofertas: nós as encontramos diariamente na TV, no rádio, na imprensa especializada em TV ou voltada para o público feminino popular, lado a lado e mesmo no interior (com formato diferenciado) de mensagens institucionais.

Hoje em dia, pode-se até mesmo dizer que, para serem mais bem percebidas, as promoções procuram utilizar-se dos canais de mídia tradicionais: a mistura de técnicas e de mídias constitui-se em fator de impacto e favorece o crescimento dos índices de recuperação.

Caem os tabus contra a mídia alternativa

Como dissemos, durante muito tempo a mídia alternativa sofreu por conta de uma imagem negativa e depreciada diante da publicidade e depreciativa para o produto que a utiliza. Esse defeito de percepção estava presente, sobretudo, entre os publicitários e profissionais de comunicação, muito mais do que no público. Quando este ou aquele anunciante encomendava uma pesquisa sobre promoção, saldos e liquidações, ele não levava em conta as declarações de surpresa dos entrevistados, que às vezes se sentiam perdidos diante de ofertas produto/preço que nem sempre conseguiam entender. Os resultados das pesquisas dependiam demais — e continuam dependendo — de um racionalismo geralmente alimentado pelas mídias, que não param de agitar o fantasma da insensatez com promoções exageradas. A imprensa diária e a imprensa feminina popular (*Réponse à tout*), a imprensa dedicada ao consumo e até mesmo certas revistas especializadas em TV ("Combien ça coûte?", "D'accord, pas d'accord") estigmatizaram, assim, os saldos e descontos permanentes, as falsas reduções de preços, bem como os exageros no telemarketing dos vendedores de jogos de cozinha, o entupimento das caixas de correspondência pelos folhetos e, até, a segmentação exagerada. Para amedrontar os publicitários e, assim, recuperar para a publicidade tradicional, parte do maná que lhe escapa em meio ao alarido promocional, a mídia não hesitou em reforçar a imagem já herética da mídia alternativa.

O consumidor amadureceu, tomou consciência dos excessos do marketing e da publicidade, percebendo claramente que fora vítima, vez por outra, de pressões exageradas. A leitura das reportagens sobre esses fenômenos significou para ele, além do conhecimento, uma forma de revanche. Dito isto, ele está pronto para ser seduzido e atraído por novas ofertas e novos discursos em que o sonho e a realidade estão sempre intimamente combinados.

Diante disso, os anunciantes devem adotar uma atitude pragmática, não se autoflagelar recriminando-se pelo comportamento passado e abordar o discurso mídia/mídia alternativa de uma nova maneira. Eles podem tomar emprestado de cada técnica, pertença ela à publicidade ou à publicidade alternativa, suas qualidades positivas: a força e a garantia da mídia, a escolha de público-alvo do marketing direto, o caráter instigante da promoção, a modernidade da mídia alternativa e da multimídia, a fim de pôr em destaque no espaço publicitário-promocional as marcas e os mercados.

Os anunciantes podem misturar técnicas e linguagens, trazer respostas promocionais a uma questão de imagem da marca, se essa resposta for adequada; podem trazer respostas individuais a um problema de mercado de massa, se o custo permitir e a vantagem for determinante. Não nos esqueçamos, assim, do exemplo de "l'Or" da Maison du Café, que, por ocasião do lançamento, investiu muito mais em amostras-grátis individuais do que na TV, como maneira de manter a promessa de ser "provavelmente o melhor café do mundo". Nem da implantação de ações na mídia alternativa que tanto contribuíram para a imagem de desempenho da France Télécom Celular, e até mesmo, como um reflexo disso, da France Télécom em seu conjunto. Essas duas marcas só usaram a mídia como instrumento de comunicação num segundo momento, para fortalecer os progressos feitos por meio da mídia alternativa.

O avanço inevitável dos bancos de dados

No que diz respeito ao mercado de produtos de massa, seu crescimento é recente; existe há mais tempo no *business to business* e entre os produtos de tecnologia de ponta, em que o conceito de cliente, de definição de público-alvo e de "contatos realizados" está implantado de maneira mais sólida na cabeça das pessoas. Nos produtos de massa, o crescimento dos bancos de dados data de 1990, tendo sido consagrado nas conferências da Direct Marketing Association em Dalas, em 1992 e 1993. Os grandes anunciantes admitiram sua conversão ao marketing dos bancos de dados: Procter & Gamble e Johnson & Johnson declararam possuir, cada uma, bancos de dados com 40 milhões de nomes... hoje o recorde pertence, sem dúvida, à Philip Morris. Essas marcas investiram nos bancos de dados porque desejam controlar o custo do impacto com o cliente-alvo. Esse controle passa pela tentativa de baixar o custo médio do impacto, algo que o sistema de mídia não pode garantir. Em razão do custo de produção, a estrutura da mídia passa por uma baixa acentuada na TV. No que diz respeito à imprensa, a ameaça de uma alta brutal e acentuada das tarifas certamente afetará os anunciantes. O controle do custo dos impactos passa pelo desejo de diferenciar os custos em função do valor do cliente e do cliente potencial. Natural no *business to business*, onde as grandes contas são geralmente privilegiadas, essa atitude quase não existia entre os produtos de massa. A partir disso, a Coca-Cola descobriu, por exemplo, que 7% dos americanos eram responsáveis por mais de 80% das vendas da Coca-diet; então, a diretoria de marketing americana procurou recorrer rapidamente aos bancos de dados para rentabilizar diretamente esses contatos tanto em termos de fidelização quanto de conquista.

O movimento teve início e ninguém conseguirá interrompê-lo: a necessidade imperiosa que as empresas têm de administrar seus arquivos (atualização constante), a resposta tecnológica do marketing eletrônico, que permite que essa administração se faça com o menor custo, o aperfeiçoamento constante dos arquivos por meio da utilização de todos os recursos de *feed-back* (promoção, garantia, fidelidade) já existentes. Para interromper isso tudo seria preciso imaginar novamente uma radical mudança de orientação dos conceitos de marketing.

Como dissemos, a cultura do marketing tornou-se uma cultura do indivíduo, do *one-to-one*, não apenas em razão de evoluções psicológicas no interior da sociedade, mas porque espera-se que essa cultura traga uma rentabilidade maior. Os planejamentos de cada empresa comprovam isso diariamente, ao possibilitar que todos prevejam melhor seus recursos de marketing e como empregá-los. Esses e outros fatores fazem com que o marketing direto baseado em bancos de dados só venha a crescer. As próprias mídias perceberam isso muito bem, tornando-se os agentes de seu crescimento: os acionistas da Consodata não são a Carat e, sobretudo, a Hachette?

Os grandes veículos da imprensa especializada francesa e estrangeira também são os usuários dos mais bem informados bancos de dados especializados por setor do mercado. A questão tem, para eles, uma dupla importância: enquanto mídias, para não serem completamente ultrapassados pelos bancos de dados da mídia alternativa, que se distanciariam deles; e, em segundo lugar, para eles próprios e para o desenvolvimento de seus próprios arquivos (assinaturas, política de divulgação em determinados setores prioritários...).

A experiência de criar e administrar bancos de dados torna-se, portanto, uma ferramenta de marketing da empresa; mas continua pendente a questão de saber se vale mais a pena administrar internamente esse banco de dados ou confiá-lo a especialistas como Calyx ou Consodata. A primeira pode se orgulhar de ter conquistado (primeiramente na Grã-Bretanha e depois na França) os fabricantes de produtos para a casa, setor pródigo em certificados de garantia, que exige fidelização à marca e cruzamento entre produtos para melhorar a penetração das marcas por residência. Consodata pode, legitimamente, orgulhar-se por ter conquistado, entre outras preciosidades, o direito de abrigar e administrar o banco de dados dos consumidores do grupo Danone, marca de referência no mercado nacional, que reúne mais de 2 milhões de lares franceses. A administração de dados por uma empresa externa permite construir bancos de dados a um custo mais baixo do que se fossem feitos dentro da empresa, além de se obter variáveis perfeitamente "normatizadas" e de um conjunto de variáveis individuais das marcas. Essas variáveis "normatizadas", que funcionam por meio de computadores muito poderosos, possibilitam resultados de grande qualidade a partir de variáveis explicativas[53] de alto desempenho que, com índices recordes de rendimento, permitem a captação de novos arquivos para as marcas assim abrigadas. O *savoir-faire* desses grupos constitui-se numa ferramenta para as marcas. A única questão que continua pendente tem a ver com a conveniência de incorporar seus próprios bancos de dados aos mega-bancos: haveria um risco estratégico de perder seu capital comercial — não por indiscrição ou falha de funcionamento, mas pela mistura dos nomes, que seriam fatalmente utilizados por outros, ainda que anonimamente? Um "pitch"[54] é sempre um "pitch", devemos confiá-lo a terceiros? Podem-se dar as mais diversas respostas a essa pergunta, assim como são variados os níveis de integração com um parceiro externo!

Externos ou internos, os bancos de dados se multiplicam, e não há motivo, no curto prazo, para duvidar de seu crescimento. Como toda técnica nova, eles desfrutam hoje de um período de euforia, até que possamos encará-los, amanhã, com um certo distanciamento, substituindo-os depois por outras propostas. Beneficiam-se atualmente da total confiança dos profissionais de marketing, confiança que não será ameaçada, e sim enriquecida, pelo que acontece na internet... O risco de que esses bancos se desgastem virá da queda, ao longo do tempo, dos níveis de rendimento, juntamente com o descaso em relação à manutenção dos dados e a seu custo.

Hoje em dia, e ainda por alguns anos, os mercados encontram-se majoritariamente no estágio da formação dos bancos de dados. O número geral de endereços armazenados cresce rapidamente... Todos estão interessados em experimentar essa evolução. Para medir, por meio de testes, a rentabilidade do mercado. Para sentir como a cultura empresarial se adapta à utilização desses bancos de dados.

---

[53] Toda segmentação de marketing é construída em torno de variáveis explicáveis e variáveis explicativas. Se analisarmos o consumo de café 100% arábico na França, a variável explicada será esse consumo, e as variáveis explicativas serão as que a "explicam" melhor: que mais diferenciam o público consumidor do público não-consumidor. No presente caso, estas últimas poderão ser a idade (os de 35 anos ou + consomem mais), a renda (produto muito caro) e a região (consumo maior no Norte que no Sul).

[54] Pitch: termo freqüentemente utilizado em *business to business* que significa um contato comercial bastante avançado (ou que acabou de ser modificado), com um cliente em potencial geralmente muito importante.

Algumas empresas começarão a utilizar essas técnicas mais rapidamente que outras, porque elas fazem parte de seu relacionamento com os clientes; para outras, o esforço para pô-las em prática e o custo das modificações estruturais talvez sejam desproporcionais ao ganho esperado.

As normas e percentuais devem ser continuamente reinventados

O profissional de marketing precisa de apostas e de resultados que possam ser traduzidos em números. Ele se vê diante de resultados de vendas que indicam, afinal, o sucesso ou o fracasso; mas é comum que um número não consiga resumir, por si só, todos os esforços exigidos por ele. Existe um número bastante grande de parâmetros que influenciam o resultado final das vendas: de marketing, comerciais, financeiros... O profissional de marketing prefere se apoiar nos números que ele pode controlar de modo mais direto, e que são a conseqüência direta de suas escolhas em termos de investimento e de seus esforços. Ele constrói, portanto, uma bateria de itens, um verdadeiro diário de bordo que enumera os índices visando uma administração "barométrica", remetendo ao mês anterior, ao mesmo mês do ano anterior, com um índice pontual por período ou acumulado... É possível fazer todos os tipos de cruzamento.

Ele tem interesse nos resultados diretos das ações de mídia; se os conhece em sua totalidade (GRP, GRP/semanal, custo por ponto de GRP...), é capaz de medir sua pouca elasticidade e, sobretudo, a variação de resultados nem sempre lhe diz respeito, ela é conseqüência do trabalho dos responsáveis pela compra de espaço na agência ou na central aos quais ele recorre. São estes que fazem variar os resultados, em razão da qualidade de sua previsão e de suas compras.

No que diz respeito ao marketing direto ou aos resultados das promoções, parece que eles lhe pertencem de maneira mais direta, porque dependem de sua gestão e das escolhas feitas por ele. É então que o "marqueteiro" descobre que as taxas de resposta do mailing podem variar de 1 a 3, que os retornos não estão ligados diretamente aos investimentos e que um mailing criativo, acompanhado por uma estrutura bem azeitada, pode alcançar resultados experimentais muito interessantes. Ele descobre que as normas foram feitas para serem transgredidas e aperfeiçoadas, os rendimentos para serem melhorados e os patamares para serem vencidos. Em razão dos resultados que proporciona, a mídia alternativa geralmente é um fator de estímulo na empresa. Mais do que tudo, é por isso que ela é uma ferramenta.

Tanto na mídia como na mídia alternativa, o que o consumidor quer é ser surpreendido

Os resultados variam porque o consumidor não conseguiria continuar se comportando eternamente de maneira estereotipada e completamente previsível. Ao contrário — o que pode muito bem ser constatado nas análises psicológicas tanto do grande público quanto do público especializado —, o que o consumidor ou usuário final quer é ser surpreendido. *Ele provoca as marcas*, esperando que elas abandonem seu comportamento habitual. Ele pede fantasia, esperando que elas dêem sentido, mas também esperança, a seu comportamento cotidiano. Ele encontra essa fantasia na criação publicitária, que, às vezes, unicamente pelo fato de ser diferente, faz com que ele escolha uma marca de maneira completamente subjetiva e sem nenhuma outra razão aparente além do prazer trazido pela mensagem.

Na mesma ordem de idéias, os jovens identificam-se bastante com as marcas de seu mundo, notadamente com os refrigerantes: foi assim que uma marca como Orangina (refrigerante à base de laranja) encontrou um valor agregado em sua publicidade. A publicidade cria o complemento emocional que faz com que se prefira uma marca em lugar de outra. O mesmo pode ocorrer com a mídia alternativa; por meio da mensagem, certamente, mas também por conta da estrutura e do veículo utilizados. O mecenato é um exemplo corriqueiro, assim como os temas promocionais. Os licenciamentos criados pelas marcas envolvem os produtos, personalizando-os (Laguiole, para as águas minerais naturais, Indiana Jones para Stentor...). O tema e a estrutura agem como conceitos publicitários para deslocar a demanda por comparação e preferência. E, se tiverem consistência e forem construídos a partir de universos pertinentes, sua atratividade durará pelo menos o mesmo que um conceito publicitário.

Claro, se a marca se contenta em fazer uma publicidade que veicula na mídia alternativa a maior banalidade, sofrerá a conseqüência disso, porque o consumidor ou comprador perceberá tal insuficiência, fará uma comparação com a promoção ou com os esforços da marca concorrente, acabando por ceder a esta última que sabe como falar com ele, que não o considera um "pato" ou débil mental e que lhe oferece um pouco de sonho e de respeito.

# Parte três

Os critérios de escolha entre mídia e mídia alternativa

As grandes apostas estratégicas da comunicação, base da estratégia da mídia/ mídia alternativa

A estratégia da mídia/mídia alternativa é algo importante demais para ser deixado exclusivamente aos técnicos e à pura técnica. A reflexão mídia/mídia alternativa deve fazer parte da estratégia geral de comunicação da empresa.

O que devemos comunicar? A que públicos? Para atingir quais objetivos? Com qual distribuição de impactos? Mas, sobretudo, que objetivos estratégicos perseguimos com a própria idéia de comunicar? Aumentar o reconhecimento da *empresa* e de seu *savoir-faire*? Fazer com que a *marca* se torne mais conhecida, mais legítima ou passe a ter uma imagem de maior aceitação, uma relação mais próxima com a clientela? Ou simplesmente — se é que se pode dizer assim —, *vender um produto* ou serviço e, então, de maneira mais direta, trata-se de privilegiar o número de compradores ou de reforçar as quantidades compradas por cada domicílio cliente?

A trilogia inicial seria a chave de toda a reflexão sobre mídia/mídia alternativa?

Por mais que se recue na reflexão, normalmente chegamos à trilogia inicial daquilo que está em jogo: Empresa, Marca, Produto... É claro que esses três pólos geralmente encontram-se imbricados; é difícil procurar por uma resposta única, mas, apesar disso, trata-se de uma tarefa salutar. Não podemos nos enganar quanto ao objetivo; ao mesmo tempo, o medo de errar não pode ocultar a necessidade absoluta de definir a "causa última" que a comunicação ambiciona sustentar.

Empresa, marca, produto... Por vezes a resposta é simples, mas é preciso reconhecer que há situações em que a questão se apresenta mais como um binômio do que um único termo. Para inúmeros produtos cuja marca participa decisivamente do processo de compra (produtos alimentícios e comuns...) a problemática geralmente será *marca-produto*, porque as qualidades atribuídas às marcas são transportadas para as características dos produtos. Ela poderá ser *marca-produto* quando as duas se confundem e o que está em jogo é uma questão de imagem. Ela poderá ser *empresa-marca* quando as duas se confundem e o investimento é uma questão de imagem. Poderá ser *empresa-produto* no caso de um produto genérico ou mesmo emblemático da empresa, e no qual o objetivo final seja vender, "faturar" diretamente por meio da comunicação.

Em certos casos, aliás, não é correto opor a construção de imagem à busca do faturamento, os dois caminham juntos e não se excluem de modo algum. Geralmente o que diferencia as estratégias é a resposta que se dá a esta pergunta: queremos utilizar a comunicação para vender *diretamente* e no *curto prazo*, evitando quaisquer rodeios e adotando uma postura determinada?

Retornemos à trilogia inicial (Empresa, Marca, Produto) para dizer que ela é o elemento central da reflexão sobre mídia/mídia alternativa. E, naturalmente, ela ocupa esse lugar porque esses importantes objetivos estratégicos resultarão dos objetivos de marketing, de comunicação, de mídia, todos harmonicamente ligados, cada objetivo dependendo do objetivo precedente e tendo o objetivo mídia/mídia alternativa como a conseqüência lógica das escolhas precedentes: ele é a conseqüência, raramente a causa[55].

Entretanto, quando consideramos essa trilogia de maneira imediatista demais, podemos ficar fossilizados, criando hábitos que, apesar de baseados na experiência e em fundamentos verdadeiros, podem bloquear qualquer tipo de criatividade na mídia/mídia alternativa.

Mantenhamos, portanto, uma postura bastante analítica e constataremos que, geralmente, ainda que não seja uma regra, é um investimento. Damos o nome de **"communication corporate"** a um investimento *empresarial*, um investimento *da marca* geralmente pede uma **"publicidade de imagem"**, enquanto um *objetivo de vendas* necessitará de canais de **"marketing operacional"**. As palavras são bem diferenciadas: *comunicação* para o corporativo, *publicidade* para a imagem de marca e *canais* para as vendas. As mídias correspondentes também são diferenciadas:

---

[55] Às vezes ele é a causa, quando a estrutura dos canais de mídia/mídia alternativa disponíveis impõe uma estrutura comercial à empresa ou quando os obstáculos legais são de tal ordem que reorganizam completamente o marketing da empresa (por exemplo, as companhias distribuidoras de derivados do tabaco).

> ***mídias indiretas para o "corporativo"***, com as quais a empresa é o emissor e, eventualmente, age: mecenato, patrocínio e todo tipo de iniciativas ligadas à imagem criadas pela empresa ou às quais ela se associa como parceira. São inúmeros os veículos de divulgação da informação: simples repercussão local reservada a quem participa da operação (exposições de arte, por exemplo), repercussão ampliada por meio de uma edição específica, divulgação por marketing direto usando cadastro ou pago (livro ou CD-Rom comemorativo da empresa) e mesmo midiatização, promovendo matérias jornalísticas por meio de uma assessoria de imprensa. A mídia tem o papel de caixa de ressonância; às vezes, todo o barulho inicial existe em função dela, que se torna, nesse caso, a verdadeira finalidade da ação.

< **Outro lado:** Ainda que as mídias indiretas dominem o espaço corporativo, não é rara a utilização das grandes mídias publicitárias na comunicação corporativa. Exemplos: anúncios na TV e publicidade na imprensa,... numa atitude de distanciar a mídia empregada em relação ao planejamento de mídia habitual da empresa. Uma empresa que normalmente privilegia a imprensa de negócios para atingir seu público-alvo utilizará a imprensa de notícias, a IDN ou a TV como estratégia de comunicação corporativa. A empresa que utiliza a imprensa profissional para fazer a comunicação de seus produtos adotará uma estratégia empresarial diferente, utilizando a imprensa de negócios ou a imprensa profissional horizontal, por exemplo, *L'Usine nouvelle*. O distanciamento em termos de mídia geralmente é o lema desse tipo de estratégia, e o que o dirigente empresarial busca é uma mídia cuja própria utilização já lhe traga um valor agregado, uma aceleração ou uma ampliação das vendas. Essa é a razão fundamental pela qual inúmeras empresas de tecnologia de ponta (informática, eletrônica...) estão presentes na TV ou no rádio, enquanto seu público-alvo é exclusivamente profissional;

> ***a publicidade para fazer a comunicação da marca.*** Neste caso, a linguagem fica um pouco mais racional, pois o primeiro critério de "existência da marca", sua notoriedade, pode ser medido, dissecado e comparado. Diante dos resultados de notoriedade espontânea e assistida, dos *top of mind*[56] ou da evolução do *recall* da marca, a gerência da empresa pede que o departamento

---

[56] *Top of mind*: primeira marca citada espontaneamente pelo entrevistado a quem se pergunta "quais são as marcas de XX que você conhece, ainda que só de nome?" Essa primeira colocação tem um significado. Analisaremos, em outros casos, o *recall* ou a dinâmica da notoriedade por meio da relação entre notoriedade espontânea/notoriedade assistida.

de comunicação apresente respostas concretas, por *share of voice*, por cobertura, por freqüência e por custo — custo por ponto de penetração e por ponto de cobertura —, porque estão envolvidos investimentos pesados. Essas respostas geralmente têm a ver com a realidade da publicidade na mídia e seu universo matemático bastante desenvolvido, que se apóia, antes de tudo, na quantidade e na distribuição de impactos direcionados (objetivo quantitativo). É claro que se podem pôr em prática outras técnicas de comunicação, que, embora majoritárias, levam à utilização publicitária da mídia e integram os conceitos do planejamento de mídia. Notadamente se o mercado for competitivo. Pois raramente se medem a notoriedade e a imagem de maneira isolada, e sim comparando-as com as outras marcas do segmento. Por fim, a notoriedade não é mais o único elemento da comparação: também fazem parte dela a participação de mercado e as quantidades compradas ou vendidas.

< **Outro lado**: A midiatização de uma mensagem não-clássica (RP, evento, patrocínio...) também pode desencadear uma tomada de consciência de uma marca por parte do público. E é possível que a verdadeira influência sobre o público-alvo seja obtida mais por meio dessa midiatização jornalística do que pela publicidade tradicional. Mas trata-se de um investimento cujo resultado é incerto. Assim, inúmeras marcas, notadamente no mundo da moda, da decoração ou dos artigos de luxo, ganharam destaque por meio de campanhas de relações públicas ou com a imprensa. Elas se valem de uma imprensa específica (feminina, de decoração, de luxo...) que está completamente disponível para pôr em destaque novas marcas de grande potencial e cujo público-alvo adora novidades. Essa conjugação de fatores facilita o surgimento da marca; no entanto, assim que a perspectiva comercial se faz ouvir, as marcas sentem a necessidade de fazer campanhas publicitárias que utilizem a mídia;

> *os recursos de marketing operacional* — visam não tanto a marca quanto a *venda de produtos*. A racionalização já assinalada intensifica-se com recursos cada vez mais diretos, em que o produto marca está associado a ofertas de preço, de serviço, de quantidade, e não mais de promessas: isso para levar à compra com o máximo de certeza possível. Os conceitos quantitativos são os do planejamento de mídia, aos quais vêm se juntar os do índice de resposta, de transformação, de teste ou de compra etc., e da rentabilidade financeira direta da operação. Diante de tais exigências, testam-se ofertas, verificam-se cadastros, comparam-se taxas e as técnicas tomam a dianteira em relação às mídias: promoção, preço, oferta experimental, reembolso, promoção casada... A primeira mídia não é,

neste caso, o próprio produto (*on-pack*), quando for possível, ou seu entorno imediato, composto por ofertas na loja ou por propostas comerciais específicas bem direcionadas para o cadastro da clientela? Pois, já que a palavra de ordem é rentabilidade, é preciso evitar (teoricamente) qualquer desperdício e pôr a solução mídia/mídia alternativa a serviço da oferta, e não o contrário.

< **Outro lado**: As marcas de marketing operacional são, por natureza, poderosos vetores de venda; contudo, todos nós nos lembramos de campanhas publicitárias no sentido pleno do termo, do tipo emissor→meio/mensagem→receptor, que foram fatores incríveis de sucesso comercial, às vezes mesmo sem oferta nenhuma, pela simples força do conceito publicitário. Darty é um dos melhores exemplos, ou Dim, bem como Corona, Barilla, Orangina ou Lavazza... Seu sucesso comercial deve-se mais a vetores de imagem (RP, publicidade) do que a recursos de marketing operacional.

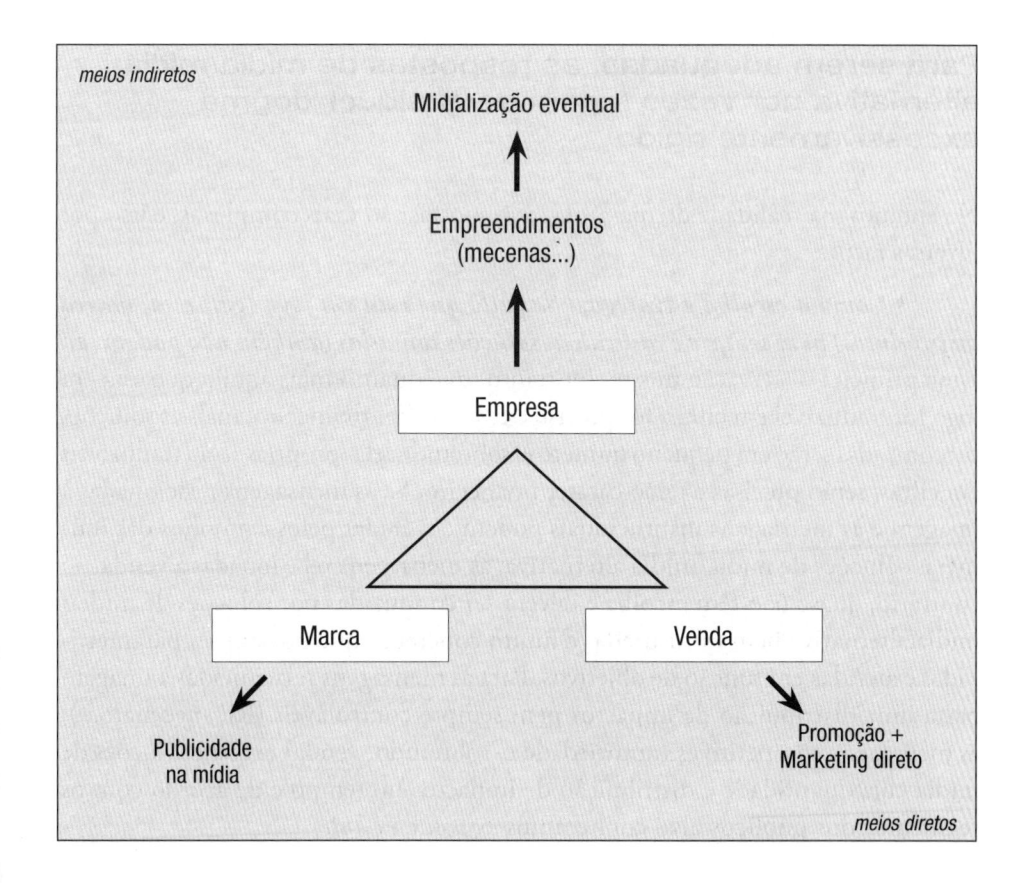

```
meios indiretos

              Midialização eventual
                      ↑
              Empreendimentos
                (mecenas...)
                      ↑
                  Empresa
                     △
           Marca           Venda
             ↙               ↘
      Publicidade         Promoção +
       na mídia         Marketing direto

                                    meios diretos
```

Em outros casos, toda a campanha de mídia é que se articula em torno de uma oferta conceitual (Eram: "Só um louco gastaria mais".) Cada vez mais se considera que a engenharia geral dos recursos de mídia/mídia alternativa é que é responsável pelo sucesso comercial, e não apenas as ferramentas operacionais navegando a favor da correnteza. Elas nem sempre são eficazes se, anteriormente, um trabalho de fixação de imagem da marca e de desenvolvimento de sua atratividade não tiver sido feito pela mídia ou pela mídia alternativa, funcionando como o leito do marketing direto e dos recursos direcionados para o *one-to-one*.

Desse modo, portanto, o esquema de utilização de mídia/mídia alternativa seria bastante simples levando-se em conta o que foi dito acerca do que está em jogo, e não nos esquecendo de que não se trata de escolhas isoladas, mas de um planejamento completo no qual cada técnica de mídia/mídia alternativa faz sua parte, em sinergia com os outros suportes de comunicação utilizados.

Para serem adequadas, as respostas de mídia/mídia alternativa por vezes fogem de qualquer dogma excessivamente rígido

No entanto, na realidade do dia-a-dia, as respostas são mais complexas, e isso por diversas razões:

• ***Como a escolha estratégica daquilo que está em jogo (empresa, marca ou produtos) nem sempre é radical, as soluções tomadas também não podem ser.*** Uma primeira observação mostra, portanto, que quanto mais aquilo que está em jogo for traduzível em cifras, for preciso e tiver caráter financeiro, mais as soluções preconizadas serão em pequeno número e, sobretudo, elas próprias serão traduzíveis em cifras, serão precisas e terão caráter financeiro. Se as mensagens relacionadas à imagem e as mensagens institucionais podem enveredar pelos caminhos das inúmeras soluções de mídia/mídia alternativa, as mensagens relacionadas à venda, ao contrário, quase não têm escolha e devem ser conduzidas por soluções de mídia/mídia alternativa bem estruturadas e muito concretas, que possam ser parametrizadas e aferidas em função de objetivos. Para as mensagens relacionadas à imagem basta uma distribuição de impactos nem sempre controláveis (RP, mecenato…); as mensagens competitivas (notoriedade e, sobretudo, venda) exigem soluções de mídia cuja quantidade e distribuição de impactos no tempo e de acordo com os segmentos dos públicos-alvo conheçamos *ex post* e *ex ante*.

Uma segunda observação vem matizar a unidade da afirmação precedente e revelar um ângulo diferente. Quando os resultados das vendas dependem sobretudo da oferta comercial, os recursos promocionais e o marketing direto — com todo seu arsenal racional — são perfeitamente operacionais. Mas se a demanda tem um papel importante e é fator de preferência entre marcas concorrentes, o aspecto subjetivo leva a melhor. A imagem e a notoriedade do produto/marca têm um papel que não pode ser desconsiderado e devem ser alimentadas, na mídia ou na mídia alternativa, por mensagens sedutoras (RP, eventos, publicidade...).

A concorrência vem perturbar a adequação dos raciocínios teóricos. As empresas que raciocinam de maneira similar diante de questões estratégicas fundamentais não podem chegar a respostas idênticas, que não levem em conta seu ambiente ou as estratégias e marcas já estabelecidas. Essas empresas são às vezes forçadas a destruir esquemas existentes e retardar suas respostas para encontrar soluções originais e atingir de maneira diferente aqueles que possam ser diferentes. Talvez seja esse o desafio que elas têm que superar para se destacar;

• *as respostas apresentadas utilizam-se de várias técnicas e de várias mídias*, mas o importante é que a adequação do planejamento de mídia/mídia alternativa seja examinado em função dos objetivos estratégicos iniciais. E, decorrência obrigatória, que os indicadores de medida de pressão da mídia/mídia alternativa respeitem os parâmetros fixados inicialmente — notoriedade da imagem, atratividade da marca ou imagem pública da empresa —, sempre que possível, com base numa escala numerada;

• *as escolhas de mídia/mídia alternativa estabelecidas confundem mensagem e veículo de comunicação*, pois nem sempre é simples isolá-las, de tanto que estão imbricadas. A mensagem precisa de um veículo para existir, a mídia precisa de um conteúdo real para ganhar todo o seu significado. Isolados, meio e mensagem são letra morta, permanecendo no nível da intenção, enquanto a verdadeira problemática do anunciante não é a intenção, mas a realização, dentro de uma determinada otimização de linguagens e recursos.

Também, retomando um propósito bem concreto, qualquer que seja a promoção escolhida, é preciso que ela seja veiculada para um público bastante amplo, prevendo, portanto, a utilização de uma mídia, de um meio de veiculação ou do marketing direto, sem os quais ela talvez não atinja o impacto esperado. Contrariamente, se o anunciante se questiona prioritariamente a respeito da audiência e, portanto, da força, se escolhe a opção de utilizar a mídia publicitária, poderá também optar por uma mensagem promocional para melhor "rentabilizar a operação". É o caso de numerosas campanhas de fabricantes de automóveis que abandonaram a publicidade clássica na mídia (inclusive TV) para só pensar na oferta: a promoção substitui a publicidade; a venda substitui a marca como questão fundamental. Dirão alguns: "vem alimentá-la" com promessas comerciais que, se bem elaboradas, podem integrar-se ao conceito da marca e reforçá-lo;

• finalmente, outro aspecto que sempre encontramos nas estratégias de mídia/mídia alternativa: **utilizações cruzadas** (publicidade para sustentar as vendas de maneira indireta pela intermediação de uma oferta ou mecenato de marca ou empresarial sustentado por parcerias com a mídia). As utilizações cruzadas originam-se da preocupação por parte de anunciantes e industriais de se diferenciar da concorrência, de transgredir as regras de mídia/mídia alternativa do setor para criar um espaço novo, *sendo a ruptura fonte de interesse e de impacto*. Para criar essa ruptura, é preciso ter experimentado antes a solução convencional, eliminando-a voluntariamente, com conhecimento de causa, não por princípio ou *a priori*.

Desse modo, as grandes questões estratégicas (empresa, marca, produtos) predeterminam as soluções ou, antes, a hierarquia de soluções, mas não podem querer fixar *ad libitum* a escolha de soluções de mídia/mídia alternativa que as contêm.

10
É a partir de objetivos de comunicação que se constrói a estratégia de mídia/ mídia alternativa

Objetivos da empresa, de marketing, financeiros... em toda firma, a trilogia é idêntica. A única coisa que muda é o peso que se atribui a cada categoria de objetivos, em função da realidade de poder dentro da empresa. Poder humano ou poder da organização, geralmente a empresa é *"finance-minded"* (quando gira em torno da rentabilidade imediata) e *"marketing-minded"* (quando gira em torno do consumidor e, sobretudo, dos resultados de venda); poucas vezes, o que é uma pena, ela pode ser *"management-minded"*, quando pensa seu futuro em termos de atividade e projeto social.

Qualquer que seja a realidade da empresa, essa trilogia se traduz por meio de objetivos de comunicação que lhe são próprios. São eles que presidem as escolhas e as combinações de técnicas de mídia/mídia alternativa, da perspectiva das questões prioritárias assinaladas no capítulo anterior: empresa, marca, produto.

Se, por vezes, os objetivos de comunicação não estão sempre bem determinados, é porque essas duas trilogias — de objetivos (empresariais, financeiros, de marketing) e de questões fundamentais de comunicação (empresa, marca, produto) — não estão claramente definidos. Mas, em vez de criticar os objetivos de comunicação, não há dúvida de que é preciso voltar ao princípio e buscar uma definição mais precisa. Vamos partir do pressuposto de que o planejamento de objetivos e de questões fundamentais é saudável e que todas as energias podem se concentrar nos objetivos de comunicação: seu alcance, conteúdo e, notadamente, sua avaliação. Pois um objetivo se mede pelo resultado, e é fundamental encontrar uma unidade de medida que permita que estejamos seguros quanto ao seu sucesso ou insucesso.

O objetivo do discurso da mídia/mídia alternativa

Do que se fala e por que se fala?

São estas as duas perguntas iniciais. A primeira remete, em larga medida, à trilogia da questão fundamental (empresa, marca, produto), tornando preciso o objeto do discurso. A segunda apresenta, sem meias-palavras, a questão do que se quer alcançar ao fazer a mensagem. Trata-se de uma questão de *awareness ou de ação*? Queremos simplesmente um aumento de notoriedade? Queremos obter uma notoriedade mais "qualitativa" — termo inadequado e vulgar empregado a toda hora pelos profissionais do meio para significar a aspiração a um crescimento de notoriedade revestido de um ganho de imagem em termos de qualidade ou por uma característica top de linha? Ainda em matéria de conhecimento, queremos uma modificação profunda de imagem? Neste caso, é preciso que nos certifiquemos da definição precisa da imagem desejada.

Ao se construir a mensagem, é raro que seu objetivo esteja limitado a uma ação de puro *awareness*. Esse objetivo de conhecimento geralmente vem acompanhado do *objetivo de modificar atitudes* (contra: notoriedade qualitativa e de imagem), e até mesmo, o que é mais comum, pelo *objetivo de comportamento*: criação de fluxo para um shopping center, uma grande loja ou um evento, aumento do número de clientes (número de compradores) ou de quantidade adquirida. Aliás, pode-se precisar a questão em função do volume de compra efetivo ou esperado.

Desse modo, a pedido do Ministério da Cultura, perguntamos como estimular aqueles que compram poucos livros (2 a 5 por ano) a comprar mais, isso porque eles eram em maior número e porque o aumento de um ou dois livros por ano permitiria que se alcançassem quantidades anuais significativas. Aplicou-se na prática aquilo que se pretendia, com resultados convincentes. Em sentido contrário, baseado numa outra maioria, as novas instruções foram que se vendessem mais livros, individualmente, a um público que já comprava bastante, alterando suas compras habituais: vender ensaios a quem comprava muito romance, introduzir livros de reportagem aos leitores de ensaio... Intenção louvável, mas que, por ser irrealista, não obteve resultados.

Esses dois exemplos são uma boa demonstração de como uma mesma proposição — "aumentar a venda de livros" — pode ter, de início, pouco significado e ser pouco precisa, e como a busca do público-alvo e dos objetivos correspondentes devem ser especificados se queremos que sejam eficazes.

Para ser realista, toda solicitação de modificação de comportamento deve estar baseada em comportamentos existentes, para que possamos precisar os segmentos da população e os objetivos quantitativos. Desse modo, visaremos os "grandes ou médios compradores", os compradores deste ou daquele segmento de produto, aqueles que compraram nos últimos seis meses, para aumentar sua fidelidade ou o número anual de compras... Todos os critérios são válidos e podem ser cruzados para se chegar a uma segmentação significativa da população em função do problema apresentado. Certamente não é fácil escolher entre esses critérios, mas, no geral, podemos dizer que eles são adequados sempre que:

- fazem a segmentação da população segundo uma realidade objetiva do mercado ou do posicionamento da marca;
- a eventual modificação de comportamento do(s) segmento(s) afetado(s) permite influenciar uma parte não desprezível do mercado que corresponde aos objetivos de marketing da empresa (faturamento, número de clientes) e a seu potencial de produção;
- remetem a pesquisas estatísticas que permitam quantificar os segmentos de público-alvo;
- remetem a pesquisas que permitam segmentar as respostas da mídia/mídia alternativa (pesquisas de audiência).

Objetivos de conhecimento, objetivos de comportamento; é preciso lembrar também dos objetivos de modificação de atitudes. Intermediários entre os dois objetivos precedentes, freqüentemente resultando de problemas de imagem, eles geralmente são difíceis de alcançar, sendo preciso tempo para consegui-lo. Para modificar uma reação ou discurso do cliente, uma opinião fundamentada ou não que pode, às vezes, ser depreciativa, é preciso um esforço continuado e discursos diretos ou indiretos que surpreendam o consumidor ou cliente potencial, fazendo-o emitir um julgamento. Esse tipo de objetivo de mudança em profundidade necessita, em termos de mídia/mídia alternativa, que se ponha em prática um complexo planejamento de recursos, com diversos emissores (empresas, marcas, produtos, bem como mídias e formadores de opinião, que devem atuar neste caso) e com diferentes velocidades, de modo a retomar incansavelmente os reflexos da ação precedente, para não permitir que o cliente potencial retorne a seus "velhos demônios". O objetivo da mensagem é fundamental, pois ele organiza todos os outros. Ele pode se apresentar de inúmeras formas; o importante é que esses perfis estejam bem definidos para que se possa orientar a comunicação e a estratégia de mídia/mídia alternativa.

Os objetivos dos públicos-alvo

De um ponto de vista *voluntarista*, o número de públicos-alvo corresponde ao número de segmentos da população que queremos atingir. Com efeito, se as técnicas de segmentação são analíticas, descritivas, mesmo explicativas, a busca de público-alvo é voluntarista. Ela é resultado de uma decisão, da escolha da exclusão de determinados públicos para se concentrar em outros.

O público-alvo não se confunde com o universo de consumidores, ele pode englobá-lo ou ser apenas uma parte dele. Pode até mesmo estar completamente fora do universo consumidor, se, por exemplo, estivermos visando ao universo daqueles que indicam os produtos ou do varejo, ou ainda ao meio empresarial (bancos, fornecedores, câmaras de comércio ou de agricultura, sindicatos...) e mesmo à empresa internamente, que não é dos menores segmentos. Para definir o público-alvo, é preciso, antes de mais nada, contar com recursos para descrevê-lo em termos de universos característicos significativos. Para saber o quanto eles são significativos, utilizamos a análise das mudanças de consumo segundo as variáveis costumeiras. Quanto maior for o desvio em relação à média, mais cada variável é, *a priori*, significativa. Essas variáveis de análise são aquelas que fazem parte das pesquisas de consumo ou de mercado que descrevem os indivíduos: sexo, idade, classe social, domicílio, instrução..., e, de forma geral, todo critério relacionado à posse de bens duráveis, à intenção de compra, à opinião ou à atitude que seja objeto de pesquisas. No *business to business*, os critérios normalmente são referentes ao porte da empresa, ao setor de atividade e ao perfil funcional do indivíduo, que serão cruzados com os conceitos de nível de pedido.

O público-alvo é múltiplo. Há alguns anos, costumava-se buscar um público-alvo constituído ao redor de um "núcleo duro" conhecido como *núcleo do público-alvo*. Todas as decisões eram dispostas em torno dele, sendo matizadas de acordo com a importância deste ou daquele segmento da população. A descrição do público-alvo tinha geralmente o aspecto de uma curva de Gauss baseada na variável quantidades consumidas, e da qual se conservava o pico para identificar corretamente os consumidores adequados.

Hoje em dia, com o advento do marketing diferenciado, procura-se antes as diferenciações fundamentais de atitudes ou de comportamento da população, consumidora ou não-consumidora, a fim de determinar sua tipologia, ou seja, uma tipologia constitutiva de grupos nos quais aquilo que une as pessoas é mais importante que aquilo que as separa, notadamente em relação ao produto, à marca ou à empresa.

Contrariamente à curva precedente citada, que traduzia uma evolução em relação a uma única variável, os públicos-alvo atuais assumem antes a forma de matrizes baseadas em variáveis cruzadas para descrever os segmentos: variáveis de comportamento ou de atitude, variáveis culturais, externas ao produto e que, no entanto, podem ser às vezes pertinentes em relação ao posicionamento do produto ou à comunicação publicitária escolhida.

Desse modo, ao definir os públicos em relação ao produto ou à sua comunicação, compreendemos melhor qual discurso deve ser mantido em função dos objetivos. E, se sabemos como se comportam em relação à mídia/mídia alternativa, podemos descobrir como atingi-los para falar com eles. Não há dúvida de que, quanto mais os públicos-alvo são individualizados, mais a idéia de ações específicas por segmento surge espontaneamente e mais as estratégias de comunicação passam a fazer uso de diversas técnicas e, naturalmente, da mídia/mídia alternativa.

Assim, o desenvolvimento de uma reflexão com critérios múltiplos mais aprofundada sobre os públicos-alvo é, certamente, um dos fatores importantes do desenvolvimento da mídia alternativa que permite dispensar um tratamento diferenciado a cada segmento.

Hoje em dia, essa escolha faz parte dos objetivos ligados ao público-alvo: queremos tratar o conjunto do público-alvo de maneira universal ou, ao contrário, queremos buscar um tratamento segmentado, tentando obter sempre a resposta mais adequada? É comum o marketing voltado para o grande público apoiar-se numa dupla segmentação de tempo/quantidade, notadamente na seqüência recência — freqüência — volume[57]. No marketing *business to business*, a tipologia será determinada a partir do cruzamento entre qualificação (função/setor) e pedido (recência — freqüência — volume...).

Sempre é mais conveniente trabalhar por segmento de público-alvo, pois, como isso nos aproxima da proposição individualizada, temos uma impressão de maior eficácia. No entanto, essa solução apresenta dois riscos importantes:

• ***a dispersão do discurso***, que pode prejudicar a percepção global da empresa, da marca ou do produto e, sobretudo, o custo muitas vezes proibitivo e não-justificável desse tipo de abordagem.

O custo tem a ver, evidentemente, com a especificidade das mensagens, que impede significativas economias de escala em matéria de impressão, edição...

---

[57] Essa seqüência, bastante utilizada no marketing direto, pode ser extrapolada a todo tipo de gestão de clientela: recência ou antecedente do pedido (última compra), freqüência de compra (costumeira), volume da compra... Podemos complementá-la, mas o modelo geralmente é esse.

Ele também está baseado, sobretudo, na diferenciação de interesse dos diversos públicos e, portanto, numa oferta desigual. Esse sistema calcula que o contato com determinados clientes específicos pode custar 2, 3, 4 , 5 ou 10 vezes mais que com clientes anônimos.

É fácil perceber que em grande escala o sistema se mostra muito oneroso, em função da quantidade de clientes de interesse específico, e que, cada vez que se define uma categoria, o custo final aumenta bastante;

• ***o porte do público-alvo*** é um elemento de reflexão acerca da coerência da iniciativa e, nesse sentido, serve como verificação. O número de clientes potenciais nos públicos-alvo permite que se alcancem os objetivos de venda, em função dos rendimentos ou da penetração observada? O número de clientes potenciais nos públicos-alvo é proporcional à audiência dos veículos de mídia/mídia alternativa que pretendemos utilizar? Essa dupla verificação de adequação — para trás e para frente — é útil em muitos casos.

Os objetivos de tempo/lugar

O tempo limita e restringe; ele também é a questão central em relação a objetivos importantes que determinam muitos outros.

Antes de mais nada um calendário, ele dita o ritmo das campanhas publicitárias, sua duração e sua seqüência intra-mídias ou mídia/mídia alternativa. O planejamento de mídia dificilmente é algo linear; ele compõe-se de etapas, até mesmo de "espasmos" que animam a campanha e lhe dão um caráter de renovação permanente, surpreendendo o consumidor de modo inconsciente, mas muito eficaz, ao renovar seu interesse; e surpreendendo o profissional (varejistas, formadores de opinião e jornalistas), ao chamar sua atenção para a campanha. O *ritmo de calendário* permite detalhar e organizar as campanhas semana após semana.

A seguir vem o *ritmo seqüencial*, que possibilita o ordenamento dos diferentes recursos para criar ondas adequadas, tanto em termos de públicos-alvo quanto de divulgação de mensagens. Na estratégia da mídia/mídia alternativa, a seqüência das mídias traz um significado. Começa-se com uma ação dirigida aos formadores de opinião (entre os quais a internet), depois ao varejo e depois ao público em geral, antes mesmo de se concentrar nos clientes fiéis ou regulares por meio do marketing de relacionamento. Trata-se de uma estratégia progressiva, que é o esquema mais tradicional de lançamento de uma nova campanha de comunicação, em que o anunciante espera inflar a campanha e estabelecer o conceito antes mesmo de lançar a parte operacional. Essa atitude conservadora geralmente é adequada e evita uma série de erros.

De modo contrário, pode-se pensar em estratégias progressivas em que as soluções de mídia/mídia alternativa são criadas pouco a pouco, com o desenvolvimento de mensagens de alto teor argumentativo voltadas para os públicos-alvo mais próximos, e depois, à medida que se ampliam os segmentos dos públicos-alvo visados, o discurso é suavizado, tornando-se mais acessível para o público em geral. De maneira oposta à *estratégia impositiva* anterior, este modelo descreve uma estratégia de *veiculação* mais lenta e mais progressiva, mas que às vezes fertiliza de maneira mais durável o terreno (ver a Parte 4 a seguir).

No marketing, o tempo é acompanhado pelas variações de consumo, que definem *a sazonalidade* dos mercados. Na estratégia da mídia/mídia alternativa, essa sazonalidade remete à eterna questão: devemos agir nos períodos fortes ou nos períodos mais fracos? A resposta nunca é simples, ela depende da elasticidade do mercado: se acreditamos que a demanda global pode ser estimulada ou que a participação de mercado pode aumentar de maneira significativa e nas condições econômicas adequadas por meio de alavancas econômicas, então a utilização dos recursos operacionais de marketing (ofertas de MD, promoção) na época de pico, ou na pré-época de pico, é adequada. Inversamente, se o mercado não puder ser muito estimulado em toda a sua amplitude, deve-se respeitar seu ritmo e agüentar os momentos difíceis antes e depois da época de pico, primeiro como uma atitude preventiva, e depois para marcar psicologicamente, a fim de prolongar o período positivo.

As soluções de mídia/mídia alternativa não são todas homogêneas diante das questões de sazonalidade; determinadas técnicas publicitárias ou de sustentação de imagem podem prover a antecipação de um período de pico num mercado carente de envolvimento, por exemplo, a fim de favorecer a tomada de consciência, enquanto outras técnicas podem prover o prolongamento da demanda para além do período de pico (MD, promoção...).

O tempo também é marcado por *limites*. Ao definir o início ou o fim das campanhas ou das ondas, eles também podem ser pontos de apoio para a campanha quando são postos em evidência: lançamento numa data predeterminada por ocasião de uma convenção de varejo, silêncio da comunicação até essa data, início da venda a partir de uma data marcada por um evento, preço de pré-venda... Vale tudo para dar solenidade ao acontecimento e aumentar a expectativa e o interesse em relação ao produto.

O que foi descrito aqui quanto às datas de lançamento, também pode ser utilizado ao longo ou no final da campanha. Ao longo da campanha, para iniciar uma etapa importante ou para renovar o interesse na campanha. Como, por exemplo, o café San Marco, que promove, ao longo da campanha, um dia na Europe 1 dedicado à Itália para deixar bem marcado seu território na cabeça de todos, ou um uísque bem conhecido que utiliza a festa anual de Saint-Patrick para dar ritmo a sua campanha. Os momentos marcantes mais conhecidos são os aniversários. Todos os anunciantes e agências criticam, com bastante regularidade, essa prática, no entanto, todos têm que admitir a força promocional do acontecimento-álibi. A tal ponto que o Carrefour criou o Aniversário Nacional para permitir que cada loja comemore seu próprio aniversário e, assim, tenha duas datas para comemorar. Não pensemos que a técnica do aniversário só funcione na publicidade dirigida ao grande público; sua eficácia comprova-se diariamente no *business to business* através de aniversários mais coerentes (5 anos, 10 anos, 20 anos ou 100 anos...); o pretexto é bom para se falar da empresa, reunir os clientes, a mídia e os parceiros e apresentar uma oferta comercial específica.

Limites, momentos marcantes... *o tempo também é, simplesmente, duração.* Quanto tempo queremos que dure a campanha ou a onda? A duração responde, certamente, a imperativos de estratégia comercial ou de comunicação e, também, a uma necessidade de eficácia. O mix de mídia/mídia alternativa posto em prática exige um certo tempo para se exprimir plenamente, o que depende da velocidade de penetração da mídia/mídia alternativa junto ao público-alvo. Quanto tempo cada mídia leva para cobrir o público-alvo? Depois de um, dois impactos? Em que nível de freqüência e, portanto, com qual eficácia?

Ao cabo de quanto tempo cada nova mensagem publicitária, cada novo *spot* publicitário traz mais freqüência que cobertura? E o que vale para o *spot* de TV vale para o prospecto e para uma campanha de relacionamento com a imprensa baseada em comunicados. Esse ponto de inflexão cobertura/freqüência é a reviravolta da campanha. Queremos interrompê-la por razões econômicas ou prosseguir com ela para alcançar maior eficácia?

É bastante comum as campanhas de compra de espaço não durarem o tempo suficiente. O anunciante e a agência ficam com uma impressão de *déjà vu*, de cansaço que encurta os orçamentos e as campanhas, enquanto o consumidor ou indivíduo do público-alvo mal começou a se familiarizar com o novo conceito publicitário. A confiança exagerada nos números (divulgação, audiência, cobertura, freqüência), oriundos às vezes de fontes discutíveis, o esquecimento de que as soluções de mídia/mídia alternativa só trazem uma *probabilidade de impactos* (e não uma certeza), a omissão espontânea ou não do barulho publicitário da concorrência que envolve uma campanha são as principais causas das campanhas curtas demais. Às quais devemos acrescentar, é claro, o custo de acesso à mídia. Todos esses motivos fazem com que as campanhas de rádio, TV ou outdoor se contraiam além do razoável. O que significa, em muitos casos, uma campanha de TV que dura duas semanas, quando as outras 50 não contam com a presença da marca? Esse tipo de campanha nada mais é, geralmente, que uma campanha-álibi.

Inversamente, as ações de mídia ou de mídia alternativa em que cada impacto adicional não tem custo duram, às vezes, tempo demais. É o caso de inúmeras promoções e operações especiais cuja longa duração não se constitui em fator de mobilização do público-alvo. Às vezes vale mais a pena criar duas promoções consecutivas que se renovam do que esticar demais uma única ação.

Assim como o espaço geográfico, o espaço-tempo é um fator de busca do público-alvo. Tempo de consumo prioritário (a casa no verão), tempo de deslocamento ou de férias (quem sempre tira férias em julho ou agosto), são inúmeras as ocasiões para "especificar" o consumidor a fim de melhor se dirigir a ele. No que diz respeito ao espaço geográfico, o reflexo é mais natural; desde que passaram a existir os códigos de endereçamento postal, é mais fácil buscar o público-alvo desta ou daquela região, deste ou daquele estado, ainda mais hoje que o geomarketing é uma técnica bem afiada. De simples delimitador do objetivo e da busca do público-alvo, o local tornou-se uma dimensão importante das estratégias de mídia/mídia alternativa mais personalizadas. Assim como o tempo, e juntamente com ele, o local pode ser objeto de ações segmentadas, de estratégias de divulgação maciças ou progressivas, tornar-se um acontecimento ou encarnar uma determinada ancoragem da marca (reunião, convenção...). Com as correntes que movimentam a sociedade atualmente na busca de reorientação e de autenticidade, os valores locais, de origem geográfica e mesmo provincianos ou de território da comunicação, vão ganhar novamente importância num verdadeiro marketing da localização do emissor, mas também do receptor ("ser da região"). Por fim, a própria idéia de local é importante para a qualidade do impacto pretendido: no escritório, em casa, num percurso, nas férias, no aeroporto — locais carregados de símbolos e significados...

Assim, pode-se criar para a empresa uma gramática dos lugares e do tempo para seus diferentes produtos/marcas.

Os objetivos de pressionar o público-alvo

Uma vez definidos os públicos-alvo e a questão do tempo, é importante saber a que tipo de pressão de mídia/mídia alternativa eles devem ser submetidos. Essa determinação depende, antes de tudo, da mensagem que se quer passar e dos resultados que se espera da comunicação; no entanto, ela também é parte de fatores externos como o ambiente de mídia do público-alvo, a pressão da concorrência, que podem alterar os parâmetros. Quanto mais pesado e competitivo for o ambiente, mais deve ser forte a pressão. Igualmente, quanto maior a complexidade e a exigência de envolvimento da mensagem, e quanto mais o objetivo da comunicação conduzir a uma modificação durável de comportamento ou de atitude, mais deve ser forte a pressão sobre o público-alvo. Essa pressão exprime-se através dos conceitos habituais do planejamento de mídia: cobertura, freqüência, cobertura com X impactos — isto é, por uma quantidade de indivíduos que fazem parte do público-alvo, atingidos X vezes em um determinado período de tempo. Esses três parâmetros são indissociáveis, e a resposta das diferentes soluções de mídia/mídia alternativa não é a mesma diante de cada um deles.

No que diz respeito *às mídias de difusão* (mídia de massa, prospectos...), a busca do público-alvo é um critério de entrada (sabemos, *a priori*, quem vamos atingir, e quando não o sabemos completamente, a quantidade substitui a busca perfeita do público-alvo). A quantidade de indivíduos não é, portanto, *a priori*, uma questão importante. A pressão é expressa em termos de número de impactos por indivíduo e por unidade de tempo: número de impactos por dia, semana, mês, ano... Enquanto que a pressão se exprime pela freqüência, a diferenciação se exprime pela difusão de um número de ODV aos quais os consumidores de cada segmento são expostos. Desse modo, na TV ou no rádio o indicador de pressão de mídia é o GRP/semana. Nos prospectos, é o número de ODV/mês, e na maior parte das mídias, será expresso em número de impactos/ano. É isto que deve ser retido, apoiando-se no ritmo de vida do público-alvo, no ritmo de suas encomendas, em sua sazonalidade comercial ou de consumo. É este número de impactos que se deve determinar comparativamente à pressão e, portanto, ao número de impactos efetuados pela concorrência.

No que diz respeito *às mídias de participação* (mailing, feiras, relações com a mídia impressa...), que geralmente obrigam a um deslocamento em direção a algum lugar ou a uma ação específica, o esquema é o mesmo: cobertura, X impactos, freqüência, se não se privilegiar apenas a cobertura. Ela é parecida com a taxa de participação, e é ela que deve ser otimizada para aumentar a quantidade de pessoas a quem se vai oferecer um contato qualificado. Este precisará menos de freqüência no sentido aritmético do termo (X vezes) do que de uma *retomada* que dê peso, autenticidade e credibilidade à informação. Mesmo que a mecânica seja idêntica, trata-se aqui de um esquema mais qualitativo no qual *o peso do impacto*, que o transforma na quase-certeza do encontro entre a marca e seu público-alvo, permitirá que nos apoiemos num levantamento formado prioritariamente por pessoas, enquanto no planejamento de mídia clássico ele é composto, finalmente, por probabilidades de contatos.

In fine, quanto mais fraco for o impacto — produto pouco envolvente, criação correta e forte, mas que não muda radicalmente o público-alvo, oferta comercial que não questiona os padrões do mercado, componente de mídia/mídia alternativa adequado sem ser inovador a ponto de criar uma ruptura radical — mais a busca de eficácia passará por uma pressão de mídia baseada na freqüência. É, ou deveria ser, o caso de um número enorme de campanhas publicitárias na mídia ou na mídia alternativa de divulgação (mailing, prospectos, panfletagem).

A humildade ou a honestidade intelectual deveria conduzir a essa análise, sugerindo ao anunciante que privilegiasse a freqüência.

Inversamente, quanto mais "pesado" for o impacto (contato físico, encontro, convite...), maior a prioridade da cobertura na busca da eficácia. Numa mesma estratégia de mídia/mídia alternativa, os critérios de pressão por segmento não são idênticos para o conjunto do público-alvo. Por exemplo, o núcleo do público-alvo ou as contas-chave serão tratadas especificamente de modo qualitativo, com um impacto cujo peso será elevado (exemplo: presentes, atenção), enquanto o público-alvo em seu conjunto receberá um tratamento mais quantitativo, numa ótica de divulgação. Portanto, as lógicas de pressão de mídia também serão diferentes. O anunciante geralmente se vê diante de uma alternativa bem clara: busca de um máximo de impactos por públicos-alvo (*lógica da veiculação*) ou busca de um número limitado de impactos, mas de peso (*lógica da valorização*). Duas lógicas que se combinam, é verdade; entretanto, sempre nos inclinamos por uma ou por outra.

A diferenciação poderá se efetivar ao longo do tempo. O mesmo segmento populacional poderá ser tratado de maneira *extensiva* por mídias de difusão no lançamento, depois ser trabalhado de maneira *intensiva* após uma compra ou uma melhor qualificação, por exemplo.

Quase não há regras nessa matéria. O importante é se fazer as perguntas certas e não evitar as escolhas.

Objetivo de pressão geralmente utilizado, a visibilidade, mais que uma regra de aplicação, traduz um desejo. O que se quer, diante da concorrência direta ou indireta (mídia saturada), é *aparecer*: isto significa basicamente ser visto, notado, seja pela criação publicitária, pela forma de utilização da mídia/mídia alternativa, que produz um certo impacto, seja simplesmente quantitativamente em relação à concorrência. Um bom modo de trabalhar essa visibilidade quantitativa é apoiar-se no *share of voice*: % de investimento ou % de GRP de um setor representado por uma determinada marca. Analisam-se os *share of voice* das marcas existentes, notadamente as líderes, e define-se o nível de pressão desejado: duas vezes mais forte que os líderes, no nível dos líderes... Determina-se quanto tempo vai durar esse objetivo de pressão, pois é impossível que uma marca consiga "gritar" mais alto que as outras permanentemente.

Podemos, desse modo, fixar como objetivo obter um *share of voice* não igualado no setor durante um, dois ou três períodos estratégicos por ano: num mercado altamente saturado em termos de publicidade, esse nível de concentração talvez seja a melhor maneira de se destacar e de se fazer ouvir. Para ser completo, esse objetivo também pode levar em conta o *share of voice* e participação de mercado. Já faz alguns anos que Nielsen propôs, em *The Wheel of Marketing*, uma participação bem concreta: para uma marca nova obter X% de participação de mercado, é preciso investir 2,3 X% em *share of voice* durante dois ou três exercícios, de acordo com a permeabilidade e a competitividade do mercado. Nós mesmos aplicamos essa fórmula diversas vezes, modificando-a para as marcas que não eram novas mas que estavam sendo relançadas, a fim de retomar pontos de participação no mercado[58]. Ela funciona em inúmeras mídias de difusão e pode ser aplicada em qualquer sistema de informação de caráter quantitativo. Quanto às mídias de participação ou de cristalização, a natureza do impacto, primordial — incluindo o fator criativo —, não pode ser tão facilmente reduzida a uma equação, tal o peso do fator qualitativo.

Os objetivos da natureza do impacto

Para ser mais eficaz ou para respeitar um conceito de comunicação ou uma imagem, a campanha de mídia/mídia alternativa pode preferir se apoiar numa natureza de

---

[58] Relação entre *share of voice* e participação de mercado. 1) No lançamento: *Share of voice* = 2,3 participação de mercado (investir em média 2,3 vezes a participação de mercado que se pretende alcançar). 2) No relançamento: *Share of voice* = 2,3 participação de mercado (aumenta o *share of voice* investido em publicidade em 2,3 vezes a diferença da participação de mercado que se deseja alcançar). 3) Como manutenção: SOV2/PDM1 = 2,3 SOV2/PDM1.

impacto que especifique seu objetivo. Isso pode assumir formas variadas, geralmente ligadas ao binômio espaço/tempo.

• ***Locais de impacto:*** público ou privado, lúdico ou de aprendizagem, em casa ou no trabalho... A distinção correta está presente na própria natureza do produto, da marca ou do conceito, e no ponto de ruptura que ela pode criar em relação ao mercado. É certo que, num determinado mercado, a primeira marca que se apresenta a domicílio por meio do marketing direto geralmente ganha pontos, certamente por causa da mídia, e sobretudo do lugar de impacto privilegiado. Do mesmo modo, não há dúvida de que aquele que toma a frente no ponto-de-venda, logo antes do ato da compra de um novo produto de bricolagem — com a idéia de fazer uma demonstração, por exemplo —, aumenta a eficácia de sua comunicação.

• ***Tempo do impacto:*** já o mencionamos como fator de otimização e, aqui também, o tempo como momento da ação pode ser um fator de especificidade, em relação ao consumo do produto ou à sua compra (antes, durante, depois). Se o próprio produto está relacionado ao tempo, o contato pode se inserir nessa relação. Desse modo, nós pusemos a Epeda como "patrocinadora" de todos os programas culturais (música, cinema, literatura etc.) das redes públicas de TV, no período mais avançado da noite, para atingir o núcleo do público-alvo da marca no instante em que seus representantes vislumbravam com prazer (ou desprazer, conforme a qualidade de seu colchão) a idéia de ir para a cama. Essa campanha obteve resultados interessantes, entre outros motivos, pelo fato de o momento de impacto escolhido ter sido adequado, por coincidir com o provável momento do uso do produto.

O impacto pode acontecer num momento de lazer (fim de semana, férias...), e a sazonalidade (liquidações...), cria reflexos envolventes suplementares porque são alimentados pelas mídias, as revistas e a imprensa especializada, sobretudo a diária, que dedicam vários artigos a esses "temas de sociedade", notadamente para receber as verbas de publicidade dos anunciantes.

• ***Individualização do impacto:*** queremos que ele aconteça de maneira individualizada ou em grupo (cinema), e em qual contexto? Familiar, profissional, entre amigos, num grupo de pressão? Todos os ambientes são válidos. Queremos que a mensagem seja o suporte de uma discussão familiar relacionada com uma compra que diga respeito a várias pessoas (catálogo de automóveis), ou que a mídia seja um sinal de valorização do indivíduo em relação a seu ambiente mais próximo (cartão telefônico no início dos anos 1990)?

• ***Particularidades do público-alvo:*** podemos buscar, num mesmo referencial, todas as eventuais particularidades de segmentos do público-alvo: comportamentos, atitudes, locais e momentos de reunião, antes ou após o evento, para fazer parte desses fatores, numa busca de impacto particularmente adequada. O "mapeamento" dos comportamentos de um público-alvo nos bancos de dados (Calyx, Consodata etc.) pode nos ensinar muito sobre um determinado grupo, a partir de critérios sobre os quais não se pensa espontaneamente, suscitando novas idéias de natureza de impacto até então inexploradas.

O objetivo da linguagem

O que o contato deve oferecer ao público-alvo, como ele deve tornar a mensagem compreensível? É o ponto em que o meio/veículo e a mensagem estão mais próximos, sobre o qual não se pode raciocinar de maneira isolada.

Qual a quantidade de informação que se deve produzir? Que volume de argumentação deve ser imposto? Ela deve ser integral em cada impacto, ou podemos reparti-la em argumentos, capítulos, quadros? A mensagem permitirá a utilização de mídias longas ou curtas[59], indiscretas ou seqüenciais?

O conteúdo é melhor compreendido por meio de *imagens* (fotos ou quadros) fixas ou animadas, por uma narração lúdica ou um discurso especializado? Essa forma induz diretamente a uma escolha entre mídia/mídia alternativa? Em caso afirmativo, ela já foi adotada para um produto similar? Podemos captá-lo?

O impacto também pode veicular *signos* (cores, formas, materiais) cuja confrontação com os *sentidos* (olfato, paladar, tato, audição, visão) é importante. Quais são as formas de utilização da mídia/mídia alternativa capazes de otimizá-lo?

O próprio público-alvo se expressa por meio de determinados signos ou linguagens específicos que estão na base de sua cultura? A busca de uma mídia que faça parte dessa cultura talvez seja um objetivo adequado (linguagem da tela para um público de internautas, de casa noturna para um público-alvo entre 18 e 20 anos...). A própria mensagem usa uma determinada retórica que deverá ser expressa pela mídia? Queremos veicular, como um grande número de publicidades americanas, uma abordagem problema/solução, mesmo uma certa comparação de

---

[59] Mídias longas ou curtas: distinção relacionada ao volume de informação que a mídia pode veicular na utilização publicitária habitual. Mídias curtas: cartaz, *spots* de TV e de rádio, mídia de chão. Mídias longas: imprensa escrita, rádio, cinema, TV 30 segundos ou "infomercial".

desempenho entre marcas? Qual a melhor maneira de expressá-la? Por meio de comparação argumentativa que precisará utilizar mídias longas (marketing direto, revistas ou determinadas formas de utilização da mídia como a publi-reportagem, o encarte explicativo na forma de folheto)? Através de uma comparação demonstrativa, que cairá muito bem na mídia eletrônica (rádio, telemarketing e, sobretudo, TV e vídeo)? Por meio de uma comparação que consegue, com poucas palavras e alguns números, afirmar e confrontar diretamente? Nesse caso, em relação a um público-alvo amplo, o cartaz será um bom candidato; e, se o marketing direto for necessário por questões de busca de um público-alvo de um segmento específico, seu aspecto físico será totalmente diferente do tipo "teasing", por exemplo, para fazer a manipulação de dois números úteis a serem comparados quando o mailing for descoberto.

"A idéia de venda" do produto precisa de uma determinada expressão/demonstração que oriente os objetivos de mídia? Desse modo, hoje em dia a venda de Orangina pressupõe um movimento que indique a ação de sacudir a garrafa. Este pode ser direto (TV), vivenciado (rádio), relatado (mídia impressa), de acordo com os paradigmas habituais das linguagens das mídias... Ele também pode provocar *trangressões das linguagens das mídias*, por exemplo, um encarte animado na imprensa (do tipo "pop-up"), um cartaz animado que sacuda a garrafa gigante. Ou uma proposta escrita análoga como: "Se você sacudir o jornal, não acontece nada, mas, se sacudir Orangina...". A expressão dessa "idéia de venda" pode provocar inúmeras iniciativas em animação (propaganda no ponto-de-venda), criando assim uma linguagem bem original para o ponto-de-venda. Este é apenas um exemplo, que ilustra a variedade de expressões que um tema pode assumir, apoiando-se nas capacidades ou nas limitações das linguagens de mídia e transformando suas fraquezas em força.

Inúmeras marcas procuram assumir, hoje em dia, uma determinada visão nobre para expressar sua posição de mercado, não mais apenas em termos hierárquicos, de importância ou de participação, mas também em termos de papel e de função social. Querem imprimir uma determinada ética ao mercado, e, desse modo, caracterizar seu território. Essa forma de publicidade adapta-se melhor a determinadas mídias que partilham a mesma ética, obtendo assim um reforço meio/mensagem mais forte. A mídia impressa e as grandes mídias são as mais capazes de valorizar esse universo de função social das marcas, juntamente com o ramo editorial e a mídia/mídia alternativa de participação.

Os objetivos de *feed-back* do impacto

O que esperamos do público-alvo? O que queremos fazer com ele após esse contato publicitário? Podemos organizar o *feed-back*, isto é, prever todas as hipóteses no tempo T+1? A mídia/mídia alternativa pode integrar-se completamente a esse tipo de problemática, que determina, então, sua escolha. Queremos inventar um jogo para aumentar o número de visitantes de um estande? Esse jogo de fluxo se materializa por meio de um objeto a ser veiculado, e que deverá ser enviado ao público-alvo com bastante antecipação: mailing ou encarte na imprensa são os primeiros que se impõem, mas outras soluções virtuais são possíveis.

Objetivo de pôr à venda (amostra), *objetivo de encontrar pessoalmente* com os dirigentes da empresa, *objetivo de dialogar com eles* ou com os clientes da marca para criar uma determinada comunidade. *Objetivo de valorizar* o cliente potencial, que é posto na condição de especialista quando solicitamos sua opinião por meio de uma sondagem ou referendo. *Objetivo de patrocinar*. E, sem dúvida, *objetivo de vender*, ou, antes, *de comprar*, pois dessa ótica nos colocamos no lugar do consumidor para saber com precisão o que queremos fazê-lo comprar (volume, preço, quantidade, tempo de reação ou prazo de pagamento).

O objetivo de imagem/efeito da mídia

A mídia não é neutra e, qualquer que seja o veículo, o contato de mídia também não poderia sê-lo. A mídia produz um efeito-fonte que, para o público-alvo, está ligado à sua imagem. É uma imagem que valoriza, inclui, tem a ver com o fato de se pertencer à uma comunidade de leitores, de especialistas ou de colecionadores de que se pode tirar partido (imprensa especializada, cartão telefônico, manifestações culturais, mecenato...)? A solução de mídia/mídia alternativa tem uma imagem que produzirá um efeito direto sobre a mensagem, antes mesmo de produzi-lo sobre o receptor (modernismo, por exemplo)?

O objetivo de custo

Questão subjacente a todos os processos, o custo deve ser analisado no início em termos de objetivos.

O primeiro objetivo é a *rentabilidade*. Isso pode parecer primário; no entanto, é primordial voltar às raízes. Quanto queremos ganhar em termos globais ou por produto vendido, em dinheiro ou em percentual? O primeiro raciocínio imediato, uma vez superados custos fixos e variáveis, é saber quanto se pode gastar para atrair as pessoas, com a comercialização e, portanto, com a comunicação, por produto ou globalmente, em qual universo e com qual rentabilidade estimada. Essa análise simples permite que se delineiem determinadas soluções de mídia/mídia alternativa e que se excluam outras. Sobretudo, se fixarmos um patamar além do qual não podemos ou não queremos ir, a margem global permite que se utilize esta ou aquela solução de mídia/mídia alternativa? Isso se justifica em termos de custo unitário, de quantidades de produtos, de tamanho do público-alvo? A margem unitária por impacto permite uma abordagem individual do tipo marketing direto, ou exige uma abordagem indiferenciada na qual o número de impactos é mais elevado, mas a contribuição unitária mais fraca (por exemplo, produtos de alto consumo)? A resposta à segunda pergunta conduz, antes, a uma abordagem do tipo de mídia de massa, prospectos ou, em *business to business*, uma abordagem do tipo jornal empresarial sobre o conjunto do cadastro.

O segundo tipo de cálculo, contrário ao precedente, é o da *viabilidade*. Ele parte da problemática oposta, que é o custo mínimo, para atender ao objetivo de mídia. O resultado é compatível com uma boa gestão do produto? A questão toda é essa.

Esses cálculos simples pretendem situar, de modo antecipado, os recursos e os patamares realistas, antes de considerar qualquer ação, e para que esta disponha dos meios necessários.

Os objetivos de custo (patamares e amplitudes aceitáveis de custo) devem ser naturalmente calculados para o conjunto do público-alvo, depois para cada segmento, se desejamos praticar um marketing diferenciado, aceitando pagar mais pelo contato com clientes/clientes potenciais privilegiados, considerando-se seu peso financeiro ou seus potenciais, ou ainda simplesmente indicadores ou exemplos de mercado.

Nesta análise de objetivos, fomos didáticos de propósito e abordamos o problema do ângulo da pergunta e não do ângulo de uma racionalização, quem sabe excessiva ou extremamente teórica. Podemos teorizar, e o leitor acostumado a manipular os conceitos poderá construir sua própria grade analítica diante do problema colocado. Pudemos notar, entretanto, que essa formulação bastante pragmática à base de perguntas permite que todos formulem suas próprias interrogações diante de seu mercado ou produto.

A busca da melhor solução de mídia/mídia alternativa passa pelo confronto dos objetivos da campanha com o desempenho esperado de cada veículo. Esse confronto não é fácil, pois a busca de objetivos é um exercício reiterado pelo planejador de mídia em cada reflexão sobre mídia/mídia alternativa a respeito de um novo problema ou um novo produto, enquanto o desempenho esperado faz parte da cultura do planejador de mídia. Isso quer dizer que ela é subjetiva, mesmo quando ela tem que se apoiar ao máximo em raciocínios objetivos. Quer dizer também que ela é parcial, pois ninguém seria capaz de ter um conhecimento enciclopédico de todas as soluções de mídia/mídia alternativa, que existem às centenas, baseadas em fontes de informação contraditórias, heterogêneas e geralmente incompletas. Portanto, ela é conservadora à medida que remete ao conhecimento e à experiência, enquanto na estratégia, como em outras áreas, é necessário ter condições de adotar uma iniciativa inovadora, ainda que ela se apóie em números de impactos, de penetração, de audiência. Desse modo, seu sucesso apresenta-se frágil ou tênue, pois certamente se apóia numa cultura de quem planeja a mídia, mas sobretudo numa cultura *em alerta*, estimulada a agir rapidamente e a estabelecer analogias, na origem, de grandes e estimulantes descontos.

Aliás, na prática, esse confronto raramente é igualitário. Ele se inicia por uma determinada porta de entrada: alguns entrarão pelos objetivos, outros por uma noção de mídia oriunda de uma cultura do desempenho da mídia, de maneira mais imediata. Isso depende de cada um e do problema apresentado. Em geral, é melhor partir dos objetivos de público-alvo e de linguagem, e *hierarquizar* esses objetivos em relação ao problema apresentado. Às vezes o público-alvo e sua vivência têm um papel essencial; em outros, o estudo da linguagem de mídia é primordial. O importante é chegar a uma opinião a respeito de cada caso estudado, confrontar sua cultura de mídia com os objetivos determinados e questionar suas próprias respostas se elas se mostrarem por vezes muito sistemáticas. A reunião de um grupo de trabalho coletivo bem aberto a respeito das possibilidades de mídia/mídia alternativa permite ampliar o campo de reflexão e, quem sabe, trazer respostas inovadoras.

11

O mix de mídia/ mídia alternativa é montado em função do desempenho que se espera de cada veículo

Escolher o melhor mix de mídia/mídia alternativa para uma empresa, marca ou produto é também, e sobretudo, ter uma idéia da capacidade de resposta de cada recurso ou técnica. É, de um certo modo, poder *compará-los da maneira mais objetiva possível*.

Antes de tratar desse difícil exercício, é preciso deixar claro duas coisas: antes de mais nada, tentaremos comparar aqui a parte de *divulgação ou veículo de comunicação* de cada técnica, e não o aspecto de conteúdo ou de mensagem, o qual, como vimos, pode utilizar diferentes recursos de veiculação. Desse modo, uma promoção pode usar a mídia clássica, "on-pack", no ponto-de-venda, prospectos ou mailing com endereçamento. O que nos interessa aqui é a comparação desses diferentes recursos de veiculação, sem julgar o mecanismo promocional. É um exercício perigoso e precário, mas necessário para progredir passo a passo. Examinaremos, na seqüência, as soluções de mídia/mídia alternativa em função da exigência estratégica e criativa de cada caso.

Finalmente, um segundo esclarecimento: propomos *uma forma de grade analítica* e comparativa dos diferentes veículos de comunicação. Apoiando-se nessa grade aberta, todos poderão corrigi-la ou adaptá-la, incluir esta ou aquela técnica nova ou abordagem de mídia/mídia alternativa, já que, deve-se repetir, a quantidade de abordagens é completamente evolutiva e seu universo é aberto, tendo como limite único a imaginação humana.

Normalmente, quando comparamos as mídias entre si, os critérios de comparação concentram-se ao redor de alguns aspectos essenciais:

- público atingido: seu volume, perfil e interesse (em relação ao público visado);

- dinâmica da cobertura: velocidade de penetração e de freqüência em relação ao público-alvo;
- dinâmica e adequação da segmentação;
- controle da distribuição de impactos ao longo do tempo;
- efeito de onda e onda de choque;
- natureza do relacionamento desenvolvido com o público atingido;
- interatividade ou possibilidade que a pessoa contatada tem de participar desse relacionamento, alimentando-o por sua vez;
- linguagem da mídia (provoca sensações, transmite um volume de informações, consegue emocionar...);
- custo, ou melhor, custos das soluções de mídia/mídia alternativa e sua comparação.

Todo veículo de mídia/mídia alternativa reúne seu público em torno de um critério que o torna específico

Toda mídia e todo veículo de informação tem um público sem o qual não existiria e do qual tira sua legitimidade. Para alguns deles, esse público é *permanente* ou regular; é preexistente a qualquer ação de marketing que, de fato, se serve dele (mídia impressa, rádio, TV...); para outros, esse público é *latente*, e só é despertado em razão de algumas de suas características constitutivas (mailing com cadastro personalizado, telemarketing...), fornecidas e pessoais, que podemos eventualmente selecionar de acordo com nossos objetivos (sexo, idade, compra deste ou daquele produto, residência neste ou naquele bairro da cidade...), e que podemos usar no todo ou parcialmente.

No primeiro caso, o público é semelhante a uma audiência[60]; no segundo, parece mais com um público-alvo a que visamos. Essa distinção parece fundamental para determinados profissionais, que vêem nisso o critério de diferenciação entre mídia e mídia alternativa: as mídias proporiam uma relação permanente, autônoma e que, portanto, preexiste à ação; não seria o caso da mídia alternativa, em que a ação é parte integrante da relação. Isso geralmente é verdadeiro, ainda que, por exemplo, no marketing direto de fidelização a relação comercial tenha

---

[60] Na verdade, na mídia impressa é o próprio editor que tem um público-alvo, a quem ele oferece um conteúdo redacional (noticiário, programa...), e seu sucesso cria uma audiência que ele vende ao anunciante.

essencialmente uma história. No mecenato artístico ou no patrocínio esportivo, a relação precede a paixão pela arte ou o amor pelo futebol, ao mesmo tempo que é parte integrante do público presente ao evento; o patrocinador somente revelou esse público ou, no máximo, foi o agente de sua reunião. A distinção de autonomia e de permanência é interessante para a mídia diante da mídia alternativa. O anunciante geralmente prefere tirar partido da audiência de mídia diante da opção de construí-la sob medida na mídia alternativa.

Audiência ou público-alvo, a população afetada por cada mídia ou pelas técnicas de mídia alternativa pode se diferenciar:

• ***Em volume***. É claro que hoje em dia são as mídias de massa que alcançam o maior número de pessoas; é preciso, de todo modo, relativizar essa afirmação:

> *prospectos* (impressos sem endereço) constituem uma mídia de massa completa. São capazes de mobilizar 80% dos franceses em oito dias, ou seja, o mesmo que a mídia impressa ou o rádio e quase o mesmo que a TV;

> *mailings com endereço* — com o desenvolvimento dos bancos de dados, eles próprios atingirão, paulatinamente, um grande número de pessoas. E em relação a públicos-alvo, podem chegar a cobrir quase 100%;

> *o on-pack* pode ser uma mídia de massa muito poderosa, se aplicada a produtos de larga divulgação (ex.: Coca-Cola, Evian...);

> *o telemarketing* também, em princípio, tem como único limite o conjunto de domicílios ou empresas equipadas com telefone (87%);

> *a internet*, que atualmente ainda está em torno de um segmento da população bastante específico e restrito (150 mil pessoas em meados de 1997), será, no futuro, uma mídia com um público muito grande em lugar de ser uma mídia clássica;

• ***Quanto ao perfil de público***, também é possível comparar todos esses recursos de comunicação, desde que existam estudos; o que acontece com todas as mídias que caracterizam seu público com o refinamento que se conhece, e algo que, pouco a pouco, se desenvolve com as análises de audiência que indicam a audiência e comparam as mídias, ou de valorização das técnicas de mídia alternativa. Cada sistema de propaganda no ponto-de-venda (desempenho de mídia), cada novo veículo (cartão telefônico, por exemplo), cada técnica promocional (jogos-concursos sobre este ou aquele assunto, promoção imediata ou diferenciada) leva seus promotores a querer conhecer e a divulgar o perfil das pessoas mais sensíveis a elas. Os institutos medem regularmente o perfil dos visitantes das feiras, dos que navegam na web, dos que têm endereço eletrônico ou computadores com multimídia. O desejo de conhecer os perfis desses públicos é inexorável. Ele permite que os anunciantes e as agências possam comparar, de maneira cada vez melhor, as mídias e as mídias alternativas. Atualmente, todos os comportamentos (culturais, sociais...) são mensuráveis, todas as opiniões são objeto de pesquisas regulares. A maior dificuldade está em recuperar essas pesquisas e ter acesso a seus resultados, geralmente confidenciais, uma vez que pertencem a empresas privadas que as encomendaram. Existem, no entanto, inúmeras sondagens encomendadas pelas mídias que possibilitam a todos tomar decisões com mais clareza. Procuraremos ficar atentos para que os critérios utilizados sejam os mais universais possíveis, para que essas comparações possam dizer respeito a um grande número de veículos de mídia/mídia alternativa.

• Volume de audiência e perfil do público são duas características essenciais, mas que, numa comparação entre mídia/mídia alternativa, devem ser completadas por ***uma análise do elo que une o grupo visado*** ou público-alvo. No que diz respeito à audiência das mídias, além da leitura, é a mídia impressa que atrai a paixão temática das revistas: caça, pesca, barcos, filiação a clubes, participação de um ramo profissional (imprensa promocional), compartilhamento de determinados valores (notícias, imprensa opinativa). Quanto à imprensa diária regional, o critério essencial será o sentimento de pertencer a uma cidade, a um estado, a uma região. Para a rádio FM será a adesão ao modelo, para a estação periférica de ondas curtas (Europe 1, RTL...) ou que faça parte da rede Radio France, consistirá na identificação com o tratamento que é dado à informação.

Os critérios de compartilhamento e de adesão não são, aliás, privilégio das mídias. Também se pode organizar um cadastro em torno de um forte critério de participação (clube, atividades, responsabilidades), cujo conhecimento é importante se quisermos compreender esse cadastro. A comunidade da internet se identifica, se protege e se apadrinha como uma tribo. O impresso sem endereçamento vê sua veiculação repousar numa segmentação por bairro que revela uma comunidade de interesses e de hábitos. O consumo de um produto pode ser o sinal de um envolvimento pessoal, e a utilização da embalagem de determinadas marcas como mídia poderá encontrar uma alta reação positiva. Na comparação mídia/mídia alternativa, buscaremos a existência, a adequação e a força do cimento social da "tribo" visada. Diante de dois veículos de mídia ou de mídia alternativa que atinjam populações de igual porte e de perfil semelhante, nossa análise dará preferência àquele que traga uma força psicológica adequada para estimular o grupo visado, para saber se este pode estar sintonizado com a mensagem e se pode levá-la ao público. Se for o caso, a divulgação e a assimilação da mensagem pelo público-alvo serão facilitadas.

Desse modo, poderemos comparar um mailing com cadastro formado em torno de um alto valor de adesão com uma audiência de rádio com um perfil, quem sabe similar, mas sem um compartilhamento psicológico tão acentuado. Tudo depende do produto, da marca e do discurso da comunicação: eles são parte integrante do cimento social do grupo visado? Em todos os casos, esse será o ideal.

Cada veículo de mídia tem uma dinâmica de cobertura que lhe é própria

As grandes mídias de massa — excetuando-se o cinema e incluindo-se os prospectos e a mídia impressa gratuita — atingem quase todo mundo.

O que as diferencia fortemente é o tempo de que necessitam para atingir um público ótimo: um dia para atingir 80% da população pela TV; talvez uma semana pelo rádio (incluindo-se a Radio France); um mês para o segmento de revistas (levando-se em conta sua periodicidade), por exemplo.

O tempo necessário para a otimização da cobertura também depende do perfil do público-alvo: as classes altas serão mais rapidamente cobertas por um planejamento de mídia impressa que os operários, os quais, quando muito, são leitores esporádicos. Um planejamento de rádio FM cobrirá mais facilmente e mais rapidamente os jovens com menos de 35 anos, enquanto a cobertura daqueles que têm mais de 50 anos será feita mais rapidamente e melhor por um plano que utilize a Radio France ou suas afiliadas. Desse modo, o perfil dos ouvintes e o ritmo de consumo da mídia determinam *a velocidade de penetração da mídia no público-alvo*.

Dessa forma, sendo a célebre garrafa de Coca-Cola uma mídia, qualquer mensagem que ela trouxer talvez venha a ser vista dez vezes ao mês por um consumidor "apaixonado", enquanto o consumidor ocasional ainda estará no primeiro impacto. São os fenômenos clássicos de cobertura e freqüência gerados por um plano de mídia que se aplicam aqui aos recursos da mídia alternativa. Quanto mais aleatórios, freqüentes e indiferenciados forem esses recursos, mais acontece naturalmente o esquema clássico "cobertura × freqüência". Quanto aos recursos que utilizam mais informação, mesmo os individuais, a medida do índice de penetração em relação ao público-alvo ou ao cadastro geralmente é mais significativa do que a cobertura. A freqüência será evocada pelo número teórico de impactos em cada indivíduo. Os conceitos de oportunidade de ver ou entrever também se aplicam às técnicas de mídia alternativa lastreadas em informação e dirigidas, porque as técnicas de mídia/mídia alternativa só fornecem a probabilidade de impacto — variando, portanto, como toda probabilidade (entre 0,1) —, sendo que sempre existe a possibilidade de que o indivíduo não leia o mailing (joque no lixo), não veja o *spot* (mude de canal) e o cartaz (desvie o olhar), não leia o folheto. O livre-arbítrio cria, *de facto*, essa dinâmica "cobertura × freqüência" em que cada novo impacto traz prioritariamente a cobertura de novas pessoas ou, em relação a outras, uma freqüência. A freqüência de consumo, comportamento (distribuição) e utilização de um produto geralmente são os fatores da freqüência de exposição à mensagem.

Essa dinâmica também pode ser medida instantaneamente. Quantas pessoas no momento T estão diante da mesma mensagem (efeito de massa)? Elas têm consciência de estarem expostas conjuntamente à mesma mensagem (efeito de mobilização)? É a força do *prime time* na TF1, com o qual diariamente, às 20 horas, de 6 a 8 milhões de franceses são convencidos de que mais de 10 milhões de pessoas estão consumindo as mesmas imagens...

As mídias de massa (notadamente as audiovisuais) e o cartaz têm a cobertura mais dinâmica e tiram partido desse efeito massificador. Na mídia alternativa, a imprensa gratuita e os prospectos induzem a uma forte dinâmica coletiva, enquanto o mailing, a panfletagem, o telemarketing, a propaganda no ponto-de-venda ou na embalagem constroem sua dinâmica individual, mais lenta, de acordo com o ritmo da possibilidade que a mensagem tem de ser vista através do recurso de mídia alternativa considerado: X vezes por semana, por mês em "velocidade de cruzeiro" ou, no máximo, um mailing por dia durante uma semana, por exemplo no lançamento, o que está mais próximo do ritmo da mídia impressa.

Estaremos atentos ao fato de que determinadas formas de utilização da mídia nem sempre podem se beneficiar desse tipo de dinâmica. Ela depende do *controle do impacto por parte do utilizador.* Na publicidade, quando o plano de mídia é negociado com um determinado ritmo e freqüência de inserção, e no mailing, quando o número de publipostagens é fixado (às vezes com a variável cronológica), o controle da distribuição dos impactos pela marca é real; em contrapartida, se o responsável pela marca escolhe uma abordagem redacional de relacionamento com a mídia impressa ou de relações públicas, a distribuição de impactos de seu plano de comunicação fica sujeita à boa vontade dos jornalistas e redatores-chefe técnicos. As inserções nem sempre podem ocorrer no momento adequado, o que, no caso de uma estratégia baseada em eventos, por exemplo, com data fixa, pode ser um problema.

Mesmo que a agência de RP organize da melhor maneira possível as reinserções jogando com o ritmo das mídias (rádio→TV→diários→semanários→publicações mensais), ela não consegue garantir o ritmo de inserções e controlar os fatores aleatórios (noticiário) que poderiam vir a atrapalhar as reinserções redacionais. O mesmo acontece com as operações *on-pack* com novos produtos, em que, pelo fato de o ritmo de consumo geralmente ser desconhecido, o ritmo de exposição (ODV) também continuará sendo não controlável.

Estaremos atentos aos fenômenos de audiência em seus diversos níveis, criados com a organização de manifestações, por exemplo. O fato de assistir ao evento constitui o primeiro círculo de público: a contabilização do número de ODV é precisa e datada. A passagem desse público (núcleo do público-alvo) para um público mais ampliado poderá levar mais ou menos tempo em razão das mídias utilizadas nas reinserções da mídia impressa. Nesse caso, a dinâmica poderá ser afetada.

Cada veículo ou mídia possui uma capacidade de segmentação construída sobre uma variável ativa que pode ser muito adequada

De maneira oposta à força, a segmentação representa a capacidade que o anunciante tem de só reter, do público da mídia ou do recurso de mídia alternativa, as menores quantidades que correspondam a suas necessidades. É a abertura para o *one-to-one*, a possibilidade de trabalhar com a unidade de um universo qualquer.

Tradicionalmente, esse é o território privilegiado da mídia alternativa, do marketing direto, até mesmo da nova mídia eletrônica, que nem mesmo se dirige mais ao indivíduo, mas a uma de suas facetas: sua dimensão pessoal de amador, de alguém que tem um "hobby" ou, ao contrário, a seu lado profissional, independentemente de sua aparência enquanto pessoa.

As mídias progrediram bastante nessa matéria, oferecendo segmentações regionais (edições específicas da imprensa diária, revistas, rádios privadas, intervalos na informação passada pela TV — em breve, também na publicidade); o outdoor também pode ser trabalhado bloco a bloco, rua a rua... Para além do aspecto geográfico, as mídias descobriram as virtudes dos bancos de dados; notadamente a mídia impressa, que pode se permitir endereçar uma mensagem apenas às mulheres que compram *L'Express* ou *Le Point*, e mesmo ainda sofisticando essa abordagem ao cruzar essa clientela feminina com uma classificação de "tipo-ilha", por bairro hiper-residencial ou histórico, no caso da venda de um produto cultural, por exemplo. Quando a mídia impressa se encontra com o marketing direto, abre-se um grande leque de possibilidades...

Na mídia alternativa, tudo que se baseia no endereçamento é, forçosamente, muito frágil; sua própria precisão depende do grau de informação contida no cadastro: encaminhamento de mailings, catálogos, panfletagem, telemarketing, funcionam em *one-to-one* a partir dos cadastros existentes. E se o cadastro não existe, ou se quisermos estendê-lo, todas as técnicas de *screening* de banco de dados possibilitam, a partir de critérios-chave, que se identifiquem e testem os cadastros que possuem perfis análogos.

Na mídia alternativa, os recursos que se apóiam no varejo (propaganda no ponto-de-venda, cartaz, comprovantes de compra, produtos) também possibilitam sempre uma abordagem bastante seletiva, por um lado dos públicos-alvo locais, por outro, em razão das características da loja (porte do ponto-de-venda, bandeira), do produto (cadastramento) e do cliente (comprador regular deste ou daquele produto, idade). As possibilidades trazidas pela implantação generalizada da informática, com a capacidade dos cartões magnéticos, são infinitas. E mal estamos começando. Desse modo, o desenvolvimento dos códigos de barra e do ECR ("Effective Consumer Response") possibilitam ações *on-pack* diferenciadas por ponto-de-venda, por lote e até por indivíduo.

Como em matéria de público da mídia ou da mídia alternativa utilizada, a segmentação pode apoiar-se numa variável explicativa adequada, sem passar pelo registro das variáveis explicadas (endereço, critérios sociodemográficos). Essa variável explicativa pode estar completamente sintonizada com as preocupações do anunciante: o fato de ser caçador, para um anunciante que vende acessórios de caça, o fato de ser diretor financeiro, para um editor de softwares de gestão... A segmentação não precisa mais se traduzir ou ser expressa em critérios secundários, ela pode ser utilizada diretamente com vantagem. Apoiar-se em tais critérios quando for possível, ou seja, escolher uma técnica dirigida por causa da existência de um cadastro primário, apoiar-se nesta ou naquela revista porque a preocupação de leitura está totalmente adequada a essa variável ativa de segmentação, geralmente será um critério de comparação, de avaliação e de escolha de uma técnica de mídia/mídia alternativa em lugar de outra.

Buscaremos, com o maior ganho possível, compreender a variável ativa que melhor anima o público-alvo, isto é, a característica preponderante do público-alvo diante do produto ou da marca; tentaremos detectar as técnicas de mídia/mídia alternativa que se apóiam nessa característica e que possibilitam uma segmentação da população. Isso poderá dizer respeito a um único segmento do público-alvo ou a segmentos de públicos-alvo cruzados que tentaremos esquadrinhar. Essas segmentações baseiam-se em critérios de centro de interesse, atitude psicológica, pertencimento a um grupo, religião ou clube, filiação profissional ou de vivência. Assim, para montar um cadastro para o lançamento de um restaurante *tex-mex* em Paris, utilizamos o critério "já esteve na América Central ou na América do Sul?". O recurso intelectual da segmentação é infinito; talvez os recursos específicos correspondentes sejam em menor número. Mas devemos buscá-los se quisermos promover ações específicas com a expectativa de um índice de retorno elevado.

O efeito da fonte, critério essencial de comparação entre veículos

Na estratégia da mídia clássica, esse critério talvez não seja levado muito em conta. No entanto, ele é fundamental. Repousa num princípio, que não precisa mais ser demonstrado, segundo o qual de um lado o próprio meio influencia a mensagem porque participa de sua própria emissão; e de outro, influencia a percepção que a pessoa que recebe a mensagem (o "receptor") tem dela.

Todos nós, aliás, somos capazes de medir a importância desse efeito da fonte nos relacionamentos com os outros: quem fala, com que credibilidade, legitimidade e autoridade, sobre qual assunto? Quem fala muito bem sobre assuntos políticos e sociais pode não ter nenhuma legitimidade quando se trata de *rap* ou de esporte. E vice-versa. O mesmo acontece no sistema de mídia, em que cada meio gozará de uma certa capacidade de convencimento em razão da imagem que se tem dele. Essa autoridade que reconhecemos a esta ou àquela mídia funciona de maneira natural em termos jornalísticos, mas também na publicidade. Uma marca que se apresenta na TV, em um horário de grande audiência, terá mais facilidade de ser percebida como uma grande marca de âmbito nacional, notadamente se as mensagens que a rodeiam na tela provêm de marcas importantes que respeitam uma certa qualidade do filme[61]. O mesmo acontece com uma marca de produtos

---

[61] De modo contrário, determinadas marcas sofrem em razão da baixa qualidade das marcas e de suas mensagens em determinados horários da TV, notadamente em "day time" ou em "night time" (discos, concertos, vídeos), o que, às vezes, priva esses horários e essas redes da aura da mídia TV.

de informática que insere sua mensagem nos telejornais das 7h/9h de uma grande emissora de AM, como a Europe 1 ou a RTL.

Esse efeito da fonte depende, portanto, da imagem que o público-alvo visado tem da mídia (o que raramente é medido enquanto tal). Ele também depende da prática publicitária dos concorrentes da marca, ou do mesmo universo, na mesma mídia. Essa presença publicitária é recente? Ela cria uma distorção positiva por ser apreciada pelo público-alvo (valorização da marca, que galga algumas posições)? Ou ela cria um desconforto, porque a mudança de perfil e de nível de audiência incomoda e traz descrédito a uma marca que talvez ainda não esteja bem posicionada?

Assim, a imprensa econômica tem sido levada em conta por inúmeras marcas *business to business*, que vão além de seu mercado e da mídia impressa especializada (em informática, por exemplo), tendo acesso a um novo público e a um novo estatuto. Isso trouxe credibilidade a um grande número de agentes que, à seriedade de sua mensagem na imprensa especializada, acrescentaram, por meio dessa nova utilização da mídia, uma verdadeira dimensão estatutária. Inversamente, marcas muito novas ou mal posicionadas cometeram um erro duplo ao fazer uso da TV: pagaram um preço muito alto por um acesso de que não precisavam, desguarnecendo freqüentemente suas posições na mídia impressa especializada, o que estava longe de fazer parte da lógica de sua estratégia. Foi o caso, notadamente, de uma marca da área de informática (Amstrad), da qual não se sabia se fabricava computadores profissionais ou pessoais (o SOHO[62] ainda não existia). Desse modo, seu acesso muito precoce à TV, e com uma mensagem imprecisa, fez com que o público-alvo acreditasse que se tratava de uma marca de produtos de uso individual, e não era esse o posicionamento escolhido.

O efeito-origem da mídia não está limitado à autoridade; podemos citar inúmeros outros atributos das mídias que devem ser levados em conta em relação a determinados públicos-alvo:

- *Imprensa diária regional:* proximidade, enraizamento regional, credibilidade;
- *Revistas especializadas:* credibilidade, autoridade derivada da competência ou do envolvimento, imersão nas tendências, até mesmo criação de tendências;
- *Imprensa profissional:* proximidade e competência, liderança entre os afiliados;

---

[62] SOHO: "Small Office, Hom Office".

- **Rádio periférica (ondas curtas):** seus valores são a atualidade e a importância ou a abordagem de variedades;
- **Rádio de formato musical:** inverte tendências, tem participação inovadora;
- **TV:** valor de força e de importância, mas também de afinidade no que se refere a determinados programas, e valores ligados ao envolvimento (conforme valores ligados às variedades). Idem para determinadas emissoras a cabo que, por sua especificidade, veiculam valores muito fortes junto a seu público;
- **Outdoor:** oficialização, e também o fato de pertencer à coletividade.

Não podemos nos esquecer de que esses efeitos-origem não são passíveis de reprodução por todas as marcas, para todos os públicos-alvo, sempre: a alquimia é complexa e a reação não é constante.

Portanto, o efeito-origem nas mídias está muito ligado à função da mídia, à imagem do veículo dentro de sua família de mídia e à ligação que cada um deles mantém com ela numa relação de conjunto, que é o público geral, da qual não poderíamos isolar a ligação individual.

Quem é o leitor da revista? Quem assiste ao programa? Tais questões deixaram de ser neutras. Todos os artigos de jornal sobre a TV e o medidor de audiência só aceleraram essa percepção global do público da mídia como parte integrante da própria mídia.

A análise do efeito-fonte também pode ir mais longe, notadamente quando a marca toma a palavra e se qualifica. Na publicidade, quando uma marca toma a palavra, ela é a signatária, a emissora; ela é responsável mesmo que, como dissemos, a mídia influa nesse estatuto de emissora. Em uma matéria noticiosa, se um jornalista ou apresentador cita uma marca e fala de seu poder de atração e de suas características, eventualmente de sua campanha publicitária, não é mais a marca que está se manifestando, mas alguém que fala em seu lugar, que a credibiliza, a autentica e requalifica sua mensagem de imagem, produto e função, promocional ou beneficente, por exemplo. Em determinadas estratégias de mídia/mídia alternativa, às vezes toda a sutileza reside em nunca fazer publicidade enquanto emissor, dando a palavra a instituições e fiadores que façam com que a marca crie raízes. Em seguida, a publicidade toca o barco.

Portanto, utilizar o efeito-origem é tirar proveito da força e do impacto da mídia para enriquecer o contato; é afastar o emissor para se apoiar na própria mídia, emissora da informação. É o que fazem todos os emissores que utilizam *a*

Alguns exemplos do efeito-origem na mídia alternativa

Técnica	Características	Efeitos-origem
• Mailing	– Relação individual – Assinante	– Proximidade, cuidado, afeição – Autoridade, caução, gratificação ("ele escreveu para mim")
• Impressos sem endereçamento	– Domiciliar – Ambiente publicitário	– Proximidade, vizinhança (o gratuito) – Bom negócio, evento
• Panfletagem	– Busca de público-alvo – Participação da relação com a marca	– Inserção numa relação forte – Transferência do atributo de marca
• Telemarketing	– A domicílio – Voz	– Proximidade, mas intromissão ("eu não pedi") – Calor, amizade, gratificação, confiança – Modernidade
• Jornais empresariais	– Especializado – Direcionado	– Transparência ("eles falam de si, não se escondem"), sucesso – "Eu sou importante para eles, não sou um cliente anônimo"
• Vídeo empresarial	– Importância da mídia	– Modernidade da empresa, gratificação suplementar
• Internet/*on-line*	– Mídia inovadora	– Imagem de empresa moderna, gratificação pela "percepção que eles têm de mim"
• Relacionamento com a mídia impressa	– Midiatização	– Deixar de falar diretamente, fazer com que falem de si – O efeito-origem é primordial, e o aval de quem fala é fundamental
• Evento Mecenato	– Midiatização	– Exemplo perfeito de busca do efeito-origem, a midiatização é mais do que uma multiplicação, ela é, antes de tudo, uma valorização, já que a relação com a marca passa da relação individual e irregular para uma dimensão pública que requalifica a marca e sua mensagem

parceria com a mídia, modalidade de associação com uma mídia em matéria jornalística (ex.: patrocínio de chamadas, compartilhamento de matérias jornalísticas, certificação...). Não há limite para isso, a não ser os da deontologia jornalística. Essas parcerias podem acontecer estimulando-se internamente a mídia: concursos ou eventos entre os ouvintes de uma rádio, concurso interno numa revista — por exemplo, o concurso das revistas de Tintin ligado à seção "Viagens" do *Figaro Magazine*. Podem também acontecer fora da mídia, em *on-pack* por exemplo, e, nesse caso, trazem ao próprio produto toda a imagem da mídia (exemplo, o concurso "Confipote avec Nostalgie").

Os anunciantes apreciam cada vez mais essas parcerias; alguns deles porque percebem todo o interesse no efeito-origem e no efeito-associação, outros porque vêem aí a oportunidade de utilizar uma mídia sem pagar por ela. Isso pode ter acontecido, mas os dirigentes das mídias também vão amadurecendo...

E quanto aos meios de comunicação das mídias alternativas, estariam eles privados do efeito-origem? É claro que não. Pelo contrário, poderíamos dizer: em razão de seu modo de divulgação, de características físicas, do contexto em que é recebida (local, contato isolado ou em grupo...), do sentido que dá à mensagem, cada técnica é única. E a comparação dos efeitos-origem é fundamental.

Na mídia alternativa, mais que na mídia, esse efeito da fonte é o resultado da combinação meio-mensagem. Isso vale para todas as técnicas de mídia alternativa citadas anteriormente, mas também para a promoção, em que o efeito-origem (*packaging*, por exemplo) depende notadamente do impacto da proposta comercial (valor financeiro, por exemplo, diretamente perceptível) ou da justaposição produto/promessa (técnica de partilha de produto no sistema de caridade, por exemplo), ou ainda da justaposição dos efeitos dos produtos (*co-branding*, com o qual as marcas acrescentam seus valores agregados).

O efeito da fonte também é evidente em todas as comunicações interativas, notadamente aquelas que cativam o consumidor e o envolvem.

Natureza do relacionamento desenvolvido com o público atingido

Ela não deixa de estar relacionada com o ponto precedente, de tanto que o relacionamento com a marca e sua mensagem dependem do meio em que são veiculados.

Acreditou-se muito, durante os anos 1970–1980, que esse relacionamento deveria ser público para existir, e que, naturalmente, só as mídias seriam capazes de desenvolver esse relacionamento de marketing. Percebeu-se mais tarde que às vezes o simples relacionamento publicitário *marca→público-alvo*, mesmo que fosse público e ancorasse a existência da marca, nem sempre era suficiente, e que as marcas que se comunicavam menos, mas que tinham uma determinada história comum com seu público, beneficiavam-se de uma implantação nitidamente mais sólida. Com isso foi possível constatar que o relacionamento de marketing sozinho não era suficiente, e que era preciso enriquecer esse relacionamento com os atributos da própria marca, numa dimensão menos mercantil e mais global. Mas que soluções de mídia/mídia alternativa usar, então? Percebeu-se que determinados métodos de ação, que utilizam a midiatização jornalística indireta (ex.: mecenato, evento a ser reprisado pela mídia), ancoravam mais fortemente um relacionamento coletivo *marca ou empresa→cidadão* e reforçavam bastante a existência da marca. De modo contrário, outras técnicas como o marketing direto ou a promoção de caráter comercial reforçavam o laço *marca→consumidor*, num relacionamento pessoal, individual, *one-to-one* que possibilitava um diálogo mais fácil e adensava as relações entre os dois parceiros. A partir desse relacionamento individual as relações de hábito (freqüência), fidelidade (dependência) e mesmo de parceria (proselitismo) podem se organizar, numa natureza de relacionamento com a empresa ou a marca que é escolhida e definida antecipadamente.

Efeitos da fonte + natureza do relacionamento permitem, assim, uma comparação bastante qualitativa dos recursos de mídia/mídia alternativa, que influi na percepção da mensagem veiculada. A natureza do relacionamento depende muito da função da mídia. Ela tem uma função de guia ou de pioneira para seu público habitual? Uma função de abertura social ou, ao contrário, de estruturação dos laços sociais existentes?

No que diz respeito à mídia impressa e às mídias em seu conjunto, cada um pode mensurar a função dos diversos títulos, redes, faixas horárias e até mesmo programas; compreendendo, então, como tirar proveito dessa função de mídia para transmitir determinados valores através da mensagem ou, no mínimo, acentuar sua percepção.

A análise é a mesma na mídia alternativa; existe a função de uma técnica de mídia alternativa, e ela também pode ser facilmente descrita. Ela é reforçada, talvez ainda mais que na mídia, pela imagem da técnica: a modernidade de um cartão telefônico, a seriedade e o profissionalismo de um *mailing list*, a participação em uma oferta adequada de fidelização, o dinamismo de uma operação pela internet... São evidentes a função da técnica e a relação induzida para o público-alvo.

Interatividade, ou participação do público nessa relação e em seu reforço com *feed-back*

Historicamente, a publicidade clássica utiliza, antes de tudo, uma linguagem de emissor. A marca diz quem ela é e quais são seus valores, o produto diz quais são seus atributos. Se os consumidores ou clientes potenciais partilham esses valores e atributos ou estão interessados nessa identidade, supõe-se que irão preferir essa marca ou esse produto, uma vez que estão submetidos a uma pressão de mídia que martela a mensagem e a identidade da marca. Alguns acham exageradas essas afirmações. Elas certamente parecem caricaturais; no entanto, acontecem com bastante regularidade. A publicidade veicula freqüentemente uma mensagem egoísta, e mesmo egocêntrica: "ame-me", é o que ela basicamente diz a seus "admiradores". Essa atitude de estrela (que, como todas as estrelas, tem acesso à mídia) ocupada apenas consigo é contrária aos princípios de marketing, que, de seu lado, batalha para que a marca esteja totalmente voltada para a satisfação do consumidor. Apesar disso, a publicidade e o marketing geralmente não se incomodam com essa contradição.

    Nem sempre o consumidor se satisfaz com a relação de mão única em que seu único papel é pagar; ele quer ser ouvido, dialogar com a marca (é o papel dos *serviços aos consumidores ou serviços de qualidade* que floresceram nos anos 1980), bem como obter um lugar em seu esquema de comunicação. Essa é a razão pela qual todas as mídias desenvolveram sistemas de crescente interatividade, facilitada pela técnica: o tradicional cupom-resposta originou as famílias de números de telefones (gratuitos ou não, centralizados ou regionalizados), o videotexto... Num primeiro momento, as mídias audiovisuais tiraram partido dessas possibilidades. Desde então, retomaram o monólogo, exceto no caso dos programas muito codificados em que o ouvinte ou telespectador pode telefonar, para fazer parte do jogo ou do júri. Deve-se reconhecer que as mídias de rádio/TV e também a mídia impressa deixaram passar o momento de dar a palavra ao público, a não ser nos grupos fechados que elas pesquisam regularmente. Ao contrário, os recursos do marketing direto, o próprio princípio que rege a promoção, as novas mídias eletrônicas nasceram dessa necessidade de diálogo, *de interatividade marca→públicos*. Desse modo, todos os meios de comunicação, de identificação e de recuperação do consumidor possibilitam, se a marca desejar, o diálogo, a partir de bancos de dados e de cadastros de comportamento ou de atitude. As novas mídias como a internet não estão atrasadas em matéria de interatividade... Ela vai até mesmo crescer com o advento generalizado do digital, que mistura TV, computador, internet e bancos de imagens. Não apenas para os *hobbies* e o lazer, mas também para os serviços particulares ou profissionais: pequenos anúncios, pregão da Bolsa, ofertas.

Não nos esqueçamos que a interatividade não se manifesta unicamente por meio da palavra, mas também através dos atos. Alguns destes podem traduzir uma *determinada forma de resposta* a uma informação e exprimir-se na forma de ação, de compra, de ida a um certo lugar.

De fato, todas as mídias podem favorecer a interatividade em um determinado grau. Acontece somente que o consumidor talvez esteja mais inclinado a participar ativamente quando é conduzido por determinadas mídias (fenômeno do hábito), quando é fundamental o papel do emissor (efeito-origem) e a natureza do relacionamento desenvolvido é primordial.

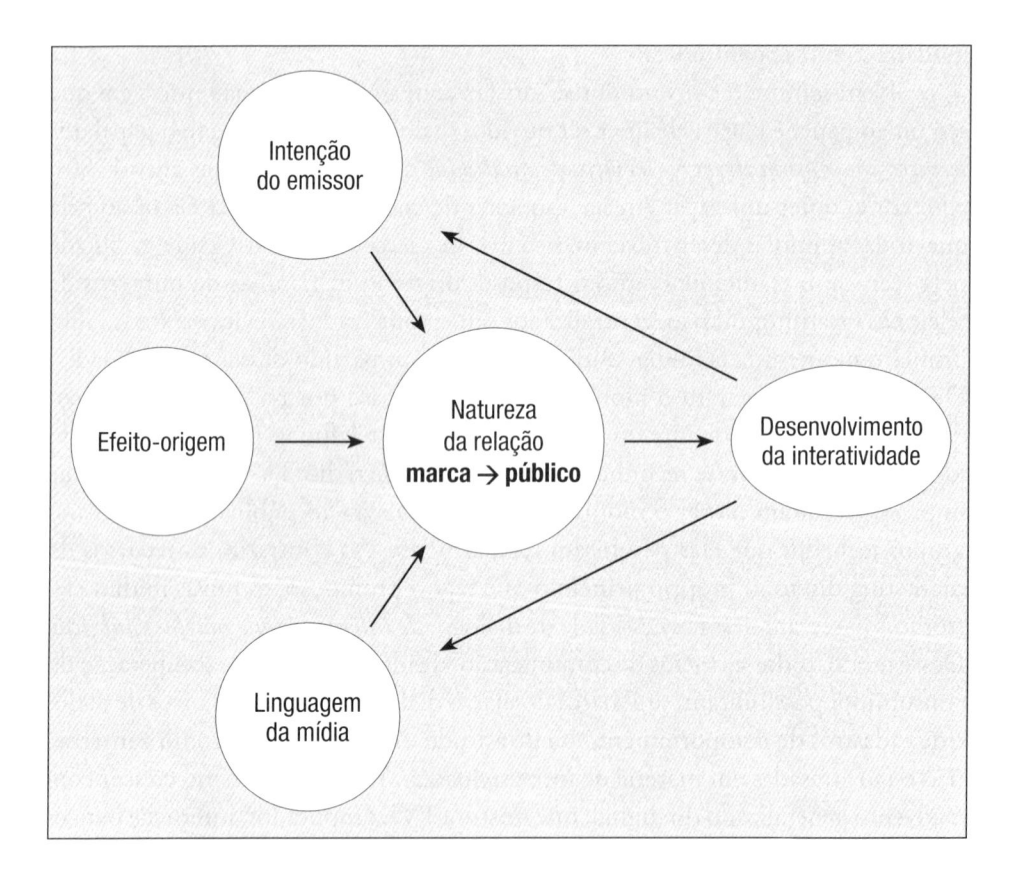

O *Libération* não é, objetivamente, mais interativo que os outros jornais diários, mas sua redação desenvolveu bastante esse lado de "tribo" do diário em que todos podem falar e expor seus desejos e problemas. É daí que vem, em especial, a proliferação dos classificados de relacionamento ou de mexericos, que dão a palavra a uns, divertem outros e ajudam a atrair o conjunto do público. Isso explica as 13 páginas do *Libération* recheadas de declarações de amor no Dia dos Namorados. *Le Figaro*, que muitos julgam erroneamente que é pouco interativo, soube desenvolver um público leitor fiel (e muito rentável) do caderno do dia e dos pequenos anúncios imobiliários... cada um com sua interatividade, cada público com seu jeito de participar. O mesmo acontece no marketing direto, se puder ser considerado uma mídia interativa, em que o nível de adesão e de participação do público dependem mais da intenção do emissor do que das características intrínsecas da mídia. Quem só quiser se comunicar monologando por meio de extensas correspondências pode fazê-lo, enquanto quem quiser implantar um diálogo permanente com seu público escolherá, por exemplo, uma revista do consumidor.

Isto tudo é para dizer que, em matéria de comparação qualitativa — excetuando-se casos raros de impossibilidade (linguagem e custo da mídia) —, nada é definitivo, e que parece desejável fazer comparações que incluam a mensagem e a intenção do emissor, quando menos para inventar em seguida novas utilizações, da mídia ou da mídia alternativa, adequadas para fazer com que uma marca, produto ou mensagem se destaque.

Contexto de recepção

O momento, o local e o contexto social de recepção da mídia influenciam fortemente na percepção da mensagem. Não é de estranhar, portanto, que eles sejam elementos determinantes da comparação mídia/mídia alternativa. Já falamos deles, aliás, no tópico dedicado ao efeito-origem e no relativo ao relacionamento. Ainda podemos abordar esse assunto no tópico que trata da interatividade, tal a importância do contexto de recepção. Primeiramente, ele serve para diferenciar dois veículos que pertencem à mesma mídia. Tomemos o exemplo da mídia impressa: 50% da leitura da mídia impressa diária acontece antes das 9 da manhã. E quanto às revistas? Aliás, de que tipo de revista estamos falando, já que é evidente que uma revista sobre a TV não tem o mesmo contexto de recepção que uma revista de bricolagem, de automóveis ou uma *news magazine*. Cada família de mídia impressa apresenta um contexto específico de recepção, que se caracteriza por um local, um momento, uma duração, uma leitura independente ou ligada a uma atividade, ou ainda uma leitura de lazer, educacional ou de orientação, que determinam o contexto. Uma leitura individual ou coletiva, reflexiva ou aberta modifica a percepção da mensagem. Voltando à mídia impressa diária e sua leitura matinal, podemos nos questionar acerca da influência dessa leitura matinal sobre o imediatismo da reação diante de determinadas mensagens de efeitos datados ("Hoje, na Citroën, é o dia das portas abertas...").

E a rádio, em relação a um público de altos executivos, qual a sua fatia de audiência antes das 9 horas? Mais de 50%. Com isso, não podemos, a partir dessa constatação, montar um mix de mídia/mídia alternativa "rádio + mailing enviado para a empresa", a rádio servindo para oferecer e reforçar o impacto do mailing? Este é um exemplo, dentre outros, que mostra aquilo que a análise dos contextos de recepção de mídias pode despertar como proposta, e que demonstra a necessidade de se comparar os contextos de recepção das mídias/mídias alternativas.

Essa análise do contexto de recepção (momento, local, ambiente social) está, de fato, na origem da criação de inúmeros veículos de mídia alternativa: a proximidade com o momento da compra, a proximidade com o contato do produto no momento dessa compra fizeram, assim, com que os criadores de idéias das mídias oferecessem, no ponto-de-venda, sistemas de propaganda muito sofisticados: *stops rayon*, filmes de demonstração de produtos, aparelhos de vídeo que começam a funcionar quando alguém passa pelo corredor, *digiguide* de produtos de bricolagem (maquininha programada para indicar o tipo de cola a ser utilizado para cada material). Essa mesma análise do contexto de recepção possibilitou a criação do cartaz dentro da vitrine, e mais tarde os sistemas de fixação de cartazes na frente das bancas de jornais, os cartazes giratórios nas farmácias, nas tabacarias, os cartazes em carrinhos. Poderíamos lembrar ainda de muitas outras.

O contexto de recepção também deve ser analisado sob o aspecto social. Ele é isolado ou coletivo (cinema)? Vários membros de uma mesma família podem ser atingidos ou é um contato restrito apenas a um destinatário (mailing com endereçamento)? Há uma previsão de ser retomado? Um ou vários dias, como na mídia impressa, ou existe uma grande possibilidade de "classificação vertical" (leia-se, jogar no lixo) imediatamente?

O local do contato também tem uma participação: ele aconteceu no escritório, em outro local de trabalho ou em casa; aliás, podemos visar unicamente os SOHO ("Small Office, Home Office"), isto é, aqueles para quem a casa e o local de trabalho são a mesma coisa?

O contexto de recepção das novas mídias é amplamente influenciado hoje pela tecnologia e a aura que ainda envolvem o material necessário para o contato, e a própria magia do contato: todos que navegam na internet em busca de informações precisas já sucumbiram, um dia ou outro, ao prazer de navegar e de viajar sem sair do lugar.

É o conjunto desses elementos que qualifica o contato, contribuindo para modificar sua intensidade e eficácia direta ou indireta, para valorizar ou desvalorizar o emissor e o receptor e, portanto, para fortalecer ou fragilizar o relacionamento entre eles.

A linguagem da mídia, critério objetivo de comparação

É possível, e mesmo desejável, fazer uma comparação racional da linguagem das mídias (compreendidas como meio de comunicação pertencente ao universo da mídia/mídia alternativa). Em si e em relação ao objetivo colocado, podemos estabelecer essa comparação a partir de critérios simples como:

- o meio de expressão;
- o volume de informação (quantidade, adequação...) e a maneira de fazer com que ele seja assimilado;
- a capacidade de veicular expressões e sentidos (cores, movimentos...) direta ou indiretamente;
- a capacidade de suscitar sensações e emoções.

O meio de expressão é o primeiro critério de comparação das linguagens. A palavra escrita, o som e a imagem são três componentes fundamentais de diferenciação cujas virtudes e dificuldades conhecemos. A palavra escrita exprime e define, o som conta e dá vida, a imagem mostra e demonstra. Essas linguagens se completam e se travestem (por exemplo, a palavra escrita sobre a imagem de TV), mas guardam suas características próprias, que estão, com bastante freqüência, na origem da escolha de uma mídia ou de uma modalidade de mídia alternativa. Assim, diante de um determinado problema, nossa preferência irá para a palavra escrita, o áudio ou o vídeo, em razão das respectivas características físicas de linguagem e dos sentidos que cada um deles mobiliza. Escolheremos esta ou aquela modalidade de mídia alternativa porque ela repousa num veículo de mídia (palavra escrita, som, imagem) que determine um modo de expressão e de mobilização do público-alvo.

As novas mídias derrubam as barreiras entre a palavra escrita, o áudio e o vídeo, já que texto, som e imagem se misturam e se integram completamente numa linguagem única desestruturada, não-linear e que evolui em função da demanda. Além disso, elas acrescentaram uma outra mídia, que ainda atrai um pouco e que se apresenta, antes de tudo, como uma obrigação: a tela. Seu porte, luminosidade, legibilidade e dinâmica de exposição certamente proporcionam novas possibilidades de expressão; muitas vezes, entretanto, gostaríamos que ela desaparecesse e que pudéssemos dispor de uma imagem perfeitamente "holográfica" ou desmaterializada.

A argumentação e a pedagogia precisam de um certo volume de informação que a imprensa e o marketing direto (mailing de papel), por exemplo, podem proporcionar com bastante facilidade; e que, não obstante, exigem um esforço de leitura, aceito pelo consumidor quando se trata de um produto envolvente e, mais dificilmente talvez, quando se trata de um produto banalizado.

Para resolver essa dificuldade própria ao esforço exigido, podemos utilizar técnicas mais novas que facilitam o papel mais passivo do consumidor (ex.: mailing cassete, telemarketing, videocassete, mesmo CD-Rom, com os quais o atrativo técnico cria, além disso, um efeito-origem interessante). A TV não é uma mídia natural de argumentação na publicidade clássica, isto é, num formato curto de 20 ou 30 segundos; por outro lado, quando a Philips emprega a linguagem do infomercial (2 minutos) para alardear a técnica do Dolby Surround, ela está utilizando as possibilidades naturais da linguagem televisiva: movimento, imagem + texto, som, ou seja, todos os ingredientes de uma pedagogia perfeita. O mesmo acontece com o rádio, cujas virtudes narrativas possibilitam que se distile uma argumentação forte e que não exige esforço nenhum da parte do ouvinte. Além do mais, ele até pode brincar com essa informação: é todo o aspecto lúdico do rádio que se exprime dessa maneira.

Contrariamente, o cartaz não é capaz de veicular de maneira legível e explícita uma grande quantidade de informações e argumentos. Lembremos do cartaz da Audi que retomava todas as especificidades técnicas de um determinado modelo, mas neste caso a profusão buscava antes de mais nada um impacto criativo, não oferecendo verdadeiramente um conteúdo informativo. Pode ser que no futuro o cartaz luminoso ou digital venha a se constituir num tipo de maxitela que possa veicular um grande número de informações — ainda não chegamos lá.

Por outro lado, devemos deduzir disso que o cartaz não tem condição de ser uma importante mídia argumentativa? Certamente não, pelo contrário. Quando se utiliza o cartaz para refinar a argumentação, ele pode fazê-lo de maneira simples: um painel, uma mensagem. E da justaposição de painéis nasce o impacto e a totalidade do discurso: 2 ou 3 painéis sucessivos de cartazes ligados a eventos nos lugares freqüentados (Champs-Elysées, em Paris, painéis lado a lado no centro das cidades do interior) ou numa mesma estação de metrô (ocupação maciça da plataforma).

Considera-se que outros veículos da mídia alternativa promocional não são bons veiculadores de informação, por exemplo, as embalagens. Ainda assim, o que se aplica a produtos de pequeno porte não é válido para uma marca de café; o verso das "tetrapacks" proporciona espaço suficiente para a veiculação de informações pertinentes e mensagens envolventes adequadas para o fortalecimento da marca (ex.: ações de caridade desenvolvidas para a marca Stentor).

No moderno varejo, a capacidade de informação do ponto-de-venda está limitada pela falta de espaço (contrariamente a determinadas formas tradicionais de varejo); no entanto, a criatividade dos profissionais de promoção possibilitou a criação dos *stop rayon* informativos que permitiram que essa carência fosse amenizada, estampando uma fonte de informação no último lugar, destinada ao momento derradeiro, logo antes que o eventual comprador se decida. Um belo trunfo!

Toda técnica de informação importante (palavra impressa, som, imagem) tem seus próprios códigos e condicionamentos para *apoiar-se nos sentidos e expressar uma cor, um movimento, uma frase musical...* Também neste caso, a palavra escrita exprime e define, tendo a necessidade de empregar sempre as palavras para qualificar; de todo modo, para muitos, a beleza de uma imagem bem impressa é superior a ela, do mesmo modo que é superior à imagem passageira da tela de televisão. Quanto à mídia impressa e ao rádio, são os mais poderosos em seus gêneros específicos, a palavra escrita e o som. Bem utilizados, podem veicular, direta ou indiretamente, todas as sensações, assumir todas as formas de expressão... Acontece que a TV e o audiovisual, por serem as mídias mais completas, conseguem dizer tudo, de maneira direta e simples. Para alguns, elas são, nesse sentido, as mídias perfeitas, por serem as mais completas; para outros, elas são o grande múltiplo comum, mas certamente não a otimização. Trata-se, a nosso ver, de uma questão da geração, de fascínio e de hábito com a imagem total e, portanto, de uma reação do público, do que de uma hegemonia definitiva da mídia. Um campeão de pentatlo é o atleta mais completo e, no entanto, ele não conseguiria ser o melhor numa corrida de fundo e em 100 metros rasos; teria que ser alguém excepcional, fora de qualquer parâmetro. Isso pode ser transposto para determinadas criações publicitárias ou não-publicitárias.

As modalidades de mídia alternativa também dependem dessas três linguagens básicas: assim, o impresso continua majoritário na propaganda no ponto-de-venda ou no marketing direto, enquanto já faz algum tempo que o audiovisual demonstrativo invadiu as lojas de bricolagem e de turismo, que os mailings-cassete tornaram-se mailings de videocassete (por exemplo, catálogos de cozinha sob medida); os mailings de CD-Rom, freqüentadores habituais de determinados círculos profissionais, fazem sua aparição para o grande público.

Desse modo, cada modalidade adota a linguagem de seu veículo de mídia, otimizando-a em função do local de veiculação, das restrições de custo e do tempo disponível do público-alvo.

Além da quantidade de informação transmitida por cada mídia e a competência racional de sua linguagem, também podemos comparar *sua capacidade de veicular sensações e transmitir emoções*. Essa comparação é bastante complexa e, sobretudo, segmentada. Nem todos reagem da mesma maneira diante de estímulos como textos, fotos ou desenhos, música ou voz. A idade e a cultura de mídia são os critérios mais "diferenciadores". Existem determinadas pessoas que são cerebrais, que adoram construir imagens na cabeça e que reagem a mídias incompletas, mas que deixam um grande espaço à imaginação, como o texto ou o rádio; outras reagem melhor às mídias precodificadas como a imagem (foto) ou à TV... A publicidade, por natureza, ao se referir a uma de suas ancestrais, a propaganda, preferiu sempre os meios e as mensagens precodificados, que deixam pouca liberdade ao consumidor visado. No entanto, pode-se dizer que as campanhas de porte bem grande operam notadamente com registros mais sensíveis como a emoção, utilizam meios e mensagens pouco codificados como as revistas, que possibilitam a criação de uma cultura e um universo de marca bastante interiorizados para cada um.

Quanto a isso, a comparação funciona assim: tomamos a mesma informação, passamo-la pelo crivo da linguagem dos veículos de mídia ou mídia alternativa que cogitamos, e medimos os resultados em termos de *memorização* dos elementos (palavras, símbolos, cores, imagens), em termos de *compreensão* dos pontos (elementos conceituais ou anedóticos), em termos *de emoção e de medida dos sentimentos* (aquilo que faz o consumidor vibrar, qual o veículo de sua adesão à marca e de sua afeição por ela).

O custo, ou antes, os custos, critério fundamental de comparação

Toda comparação entre mídia e mídia alternativa só tem sentido dentro de uma lógica econômica, ou seja, levando-se em conta sua *viabilidade* e *rentabilidade*. Podemos criar o que quisermos. A lógica dos eventos, dos "golpes" de mídia ou mídia alternativa, e mesmo a lógica do *one-to-one* não têm limite: tudo se torna possível, mas a que custo? Os custos unitários, os custos por impacto são, às vezes, muito elevados, uma vez que nos aproximemos de uma iniciativa individual ou que a troca de informação entre a marca e cada uma das pessoas que compõem o público-alvo seja medida *em tempo, em espaço* ou em *satisfação individual*. As *avaliações orçamentárias iniciais* nem sempre são simples e *devem ser completas*.

Para as *mídias*, existem tarifas publicitárias, isto é, o preço do espaço. A Lei Sapin complicou bastante as coisas, e as CGV (condições gerais de venda), para serem completas e tentando abranger todas as situações, estendem-se por 40 ou 50 páginas. No entanto, uma vez que essas tarifas existem, todos podem se situar em relação a suas grades. Todos os representantes sindicais (AACC, UDA, Presspace...) há cinco anos vêm tentando dialogar com a mídia e as instâncias administrativas públicas para alcançar uma simplificação das CGV; no entanto, ao menos no que se refere ao cálculo, essas tarifas são públicas e possibilitam uma determinada comparação objetiva. Quanto mais nos distanciamos da compra clássica de espaço, quanto mais realizamos operações ou parcerias com a mídia, mais complexos e fora das CGV são os custos. Desse modo, na mídia impressa, eles correspondem a taxas técnicas de encarte, colagem e picotagem etc., acrescidos das sobretaxas postais, porque o objeto assim inserido tem um determinado peso. No rádio, na TV e na mídia impressa, esses custos podem encobrir taxas de direito de utilização de marcas ou logotipos, freqüentes nas parcerias com a mídia. Por fim, para não deixar nada de fora, convém acrescentar as taxas técnicas clássicas de produção da mensagem que são a execução, a arte e a impressão, se for o caso, na edição de imprensa ou cartaz, a gravação ou filmagem, a pós-produção no rádio e na TV...

Existe, portanto, a base tarifária na mídia, ainda que as taxas técnicas e os direitos, no caso de operações especiais, possam dobrar ou triplicar um orçamento. No que diz respeito *à mídia alternativa*, o cálculo também não é difícil, é menos "normatizado". Pode-se objetar que, quanto aos prospectos e o marketing direto o cálculo "técnica + espaço ou veiculação" permanece idêntico, mas quanto a outros veículos de mídia alternativa, eventos, RP, promoção..., a impossibilidade de tarificação sistemática torna mais difícil comparar os custos de mídia e os de mídia alternativa.

Para responder com clareza, quanto mais abordamos as comparações entre as mídias — e sobretudo entre mídia e mídia alternativa —, mais é preciso voltar ao começo, deixando o simples registro do planejamento de mídia para *integrar todos os custos, a fim de partir de bases comparáveis*. Sem esquecer os honorários da agência de comunicação, os quais são mais elevados para montar uma operação complexa de parceria com uma mídia do que para uma campanha clássica, o que é facilmente compreensível. A comissão de 15%, nesse caso, não faz mais nenhum sentido, e um orçamento pode muito bem comportar um percentual de honorários de 30 ou 40%; é verdade que isso significa uma mudança de hábitos, mas, em muitos casos, dá conta das intervenções feitas.

O orçamento completo indica a viabilidade da operação, isto é, o custo real final, bem como sua compatibilidade com as restrições orçamentárias do cliente. Não se pode reduzir indefinidamente — pressionado pelo cliente, por exemplo — o custo de uma operação podando os galhos considerados supérfluos sem chegar ao ponto de perder o caráter excepcional da operação, ou ao ponto em que a diminuição de formato de um anúncio o impeça de ser visto, o tamanho de um cadastro alugado o torne quase confidencial, a redução de verba retire da operação promocional toda a atratividade prevista inicialmente. A lista poderia ser longa. Não se trata de defender os interesses do dono da agência de publicidade; trata-se de assumir uma postura lúcida que permita recusar a realização de uma operação dentro de um determinado orçamento, se ela não puder manter toda a sua atratividade e otimizar seu impacto.

Desse modo, portanto, se incluirmos todas as etapas, poderemos obter uma comparação das diferentes soluções de mídia/mídia alternativa partindo de uma base confiável. Abordaremos mais adiante as questões de planejamento de mídia da mídia/mídia alternativa. Nesta altura, para afinar a comparação entre os veículos, consideramos necessário precisar dois critérios.

Primeiramente, a *estrutura de custos de produção/veiculação* própria a cada solução. Não para constranger uma ou outra, pois esse tipo de estrutura depende, na verdade, do público-alvo e dos objetivos visados, mas para tomar consciência das diferenças e, eventualmente, eliminar os exageros. Contrariamente à mídia de massa em que os custos de veiculação são altos em relação aos custos de produção (geralmente 10 contra 1). Determinadas soluções de "mídia de participação" (relacionamento com a mídia impressa, relações públicas, seminários ou convenções, viagens de estímulo), por terem custos de produção muito altos para atingir pouca gente — embora alcancem um universo selecionado de pessoas —, podem se limitar à "compra individual ou comercial" do cliente. Deve-se reconhecer, entretanto, que o sucesso de uma operação de RP, por exemplo, depende de inúmeros fatores, desde um mailing de convite bem sofisticado até a organização original, a decoração, o bufê... Isso acarreta custos de produção bastante elevados, para criar um impacto inicial, fluxo e, em contrapartida, uma memorização que pode durar meses e até anos. Todos nós somos capazes de lembrar, ainda recentemente, de operações bem-sucedidas em que o custo de produção/veiculação estava fora dos padrões e foi a razão do sucesso.

Por outro lado, o segundo critério de comparação entre as mídias ou mídias alternativas a ser levado em conta nos custos globais é o *custo proporcional*. Desse modo, no planejamento de mídia costuma-se trabalhar com a base de "custo por mil"; na mídia alternativa pode ser o mesmo custo por mil ou um custo por 100, e mesmo um custo por pessoa, conforme o porte do público-alvo e da cobertura obtida. Essa relação pede, imediatamente, que a precisemos: custo por mil pessoas atingidas ou mil pessoas pertencentes ao público-alvo? A audiência ou exposição é o melhor critério de comparação? Não seria melhor, em determinadas comparações entre mídia e mídia alternativa, substituí-la pelo custo de mil mensagens veiculadas, o que possibilitaria que se comparassem quantidades tangíveis de elementos portadores da mensagem: correio, prospectos, telemarketing, embalagem...? Em outros casos, o custo proporcional será analisado para além da veiculação, na exposição real à mensagem ou na participação na ação: participação em um jogo, em uma operação de RP, em uma sondagem do tipo votação do cliente. Tomemos o caso de um salão profissional: que cifra será importante para o expositor: a freqüência global calculada sobre o número de visitantes, a freqüência real calculada sobre o número de visitantes que entraram no estande de sua marca, o número de contatos reais com o departamento comercial ou o número de reuniões efetuadas? Todas as cifras são interessantes para a política comercial: o número de visitantes do salão para conhecer a evolução de seu impacto, o número de pessoas que passaram pelo estande para medir o impacto da marca, ou o número de contatos reais e futuros para prever as possibilidades do negócio. Se todas as cifras são relevantes, elas não podem ser comparadas sem que se faça uma reflexão prévia. Se nos orientarmos para o marketing operacional e a promoção de caráter comercial, é certo que o custo de avaliação girará em torno de critérios bem concretos, de custo por mil compradores, custo por mil atos de compra, mas também de abordagens mais sofisticadas e segmentadas: custo por mil compras repetidas, custo por mil compras repetidas sem brinde... (ver o Capítulo 12, sobre o planejamento de mídia).

Seja qual for o programa de ação, os três critérios — custo global, estrutura de custo de produção/veiculação e custo proporcional — são o esboço de qualquer comparação.

Acreditamos que, em qualquer comparação do custo das soluções de mídia/mídia alternativa, é preciso ter em mente, antes de agir, os indicadores proporcionais que melhor traduzam os *objetivos* da ação (contatos, contatos modificados, volume de pedidos...) e comparar todas as soluções de mídia/mídia alternativa a partir desses indicadores, com toda a objetividade, e geralmente tendo por base diversos indicadores-chave, para evitar as distorções que favoreçam esta ou aquela solução de marketing.

Complementaridade das soluções de mídia/mídia alternativa

É cada vez mais raro que uma única mídia ou solução de mídia possibilite, através de seu próprio desempenho, a resposta a todos os objetivos dos veículos. É preciso raciocinar em termos de mix de mídia, em que cada solução contribui com uma determinada complementaridade e em que o conjunto do mix de mídia atende aos objetivos.

A complementaridade efetua-se primordialmente em dois níveis:

*1) **Complementaridade dos públicos-alvo:*** nenhuma solução de mídia/mídia alternativa pode ter a pretensão de cobrir todos os segmentos do público-alvo de maneira homogênea. Sempre existem segmentos que são atingidos de modo marginal, sobre os quais é preciso reforçar a pressão. Além disso, vimos como uma estratégia com públicos-alvo diferenciados dava mais ênfase a este ou àquele segmento, desenvolvendo a idéia de investir mais fortemente em determinados segmentos prioritários, por serem formadores de opinião ou por terem maior potencial, por exemplo.

Portanto, o anunciante poderá utilizar combinações de mídia/mídia alternativa em que as mídias garantam uma base de cobertura reforçada pelas propostas de mídia ou mídia alternativa orientadas para um público de grandes consumidores ou de clientes a serem fidelizados, por exemplo. Descrevemos, assim, uma complementaridade de públicos-alvo conjugados em que a mídia e a mídia alternativa somam seus resultados sobre os segmentos mais promissores. Contrariamente, falamos de complementaridade em públicos-alvo distintos quando as soluções adicionais de mídia/mídia alternativa são dedicadas especificamente a públicos que não se superpõem (ex.: o público-alvo do varejo para uma ação voltada para o grande público). Isso acontecerá com mais freqüência com as modalidades de mídia alternativa (com exceção da imprensa profissional) do que com as soluções de mídia, das quais nunca se conhecem os limites definitivos de audiência ou veiculação.

*2) **Complementaridade de objetivos:*** a natureza do problema é diferente. Consciente de que uma única mídia não é capaz de assumir todos os papéis num plano completo de comunicação, o anunciante e a agência agregam a ela outras mídias/mídias alternativas auxiliares, para reforçar tal objetivo ou linguagem. Uma campanha de rádio trará dinamismo a uma campanha feita pela mídia impressa ao criar um período de fluxo; uma campanha de promoção/degustação no ponto-de-venda tornará concreta uma campanha de TV e porá o produto na mão do consumidor; ou uma campanha de mídia impressa/cartaz dará sustentação à imagem de um único produto enquanto uma promoção desenvolverá as vendas sobre toda a gama de produtos: oportunidades múltiplas, infinitas combinações.

Para facilitar a análise, nosso raciocínio geralmente se dará sobre uma complementaridade de públicos-alvo, em que os públicos-alvo são diferentes e os objetivos comuns, e sobre uma complementaridade de objetivos, em que os públicos-alvo são comuns e os objetivos diferentes. Na prática do marketing diferenciado, em que o público-alvo se parece cada vez mais com uma matriz de segmentos, complementaridade de públicos-alvo e complementaridade de objetivos se combinam e se reforçam.

3) Surge também uma outra complementaridade: *a complementaridade do emissor.* Quem fala? A marca, o produto e a empresa podem se expressar em conjunto; ou, de maneira complementar, a empresa traz o discurso "corporativo" e os produtos trazem as promessas funcionais, perseguindo, assim, objetivos diferentes em relação a públicos-alvo distintos. Mas, para fundamentar o discurso, eles também podem passar a palavra a outros emissores (fundações, causas) ou expressar-se por meio da voz de pessoas de reconhecida autoridade (conferências de especialistas). Ao lado de um discurso publicitário da marca que utilize a mídia, outras vozes se farão ouvir, organizando-se em torno do relacionamento com a mídia impressa e das relações públicas, notadamente fazendo uso das mídias sob a forma de matéria jornalística. Exemplo: o GAN (Grupo Segurador Generalista), que, a par de suas campanhas centradas no produto ou na imagem, dá voz à Fundação GAN e utiliza o entusiasmo da equipe GAN no Tour de France para promover determinados valores da empresa (comprometimento, coragem, solidariedade...). Os diversos agentes que tomam a palavra são complementares, o mesmo acontecendo com as modalidades de mídia/mídia alternativa.

Por um planejamento de mídia para a mídia/ mídia alternativa

A mídia alternativa se desenvolveu muito rapidamente nos últimos 10 anos, porém os instrumentos de sua aferição não acompanharam esse desenvolvimento, deixando clara a dificuldade de se fazer um verdadeiro planejamento de mídia que inclua a mídia e a mídia alternativa. "E todos se sensibilizam com o fato de que 60% dos investimentos dos anunciantes são realizados no escuro[63]."

Os anunciantes têm razão de se preocupar, só que geralmente essa preocupação não tem resultado; as agências criam softwares e bancos de dados, mas constatam a carência dos próprios dados. As mídias, que dispõem de uma determinada abordagem quantitativa, jogam lenha na fogueira; os veículos da mídia alternativa realizam estudos fora das "normas", cada um no seu canto, sem uma possibilidade de interação. Os próprios institutos de pesquisa se beneficiam dessa obstrução e dessa cacofonia, tentando consolidar posições, como a IPSOS fez em relação à medição dos índices de leitura da mídia impressa, e a Médiamétrie em relação à TV e ao rádio.

Uma expectativa múltipla e ilusória

O que mais se deseja é poder dispor de dados acerca das modalidades de mídias alternativas num modelo bem clássico de veiculação/volume de audiência, perfil de público; mas nunca nos damos conta da impossibilidade de tal modelo, já que,

---

[63] Ver *Stratégies*, 1º de novembro, 1996.

em relação a diversas modalidades, a própria idéia de público não precede a ação e só vive para ela e em função dela.

O segundo desejo que é partilhado é que todos os dados de divulgação/audiência pudessem operar em conjunto, numa abordagem global de planejamento de mídia que inclua as mídias e as mídias alternativas. Excetuando-se as abordagens com duas ou três mídias clássicas (TV, mídia impressa, rádio), nos damos conta da dificuldade de comparar impacto, GRP e, portanto, cobertura e freqüência... e da inutilidade de qualquer acréscimo de contatos de mídia. Pois eles não cobrem a mesma realidade, nem em termos de exposição, nem em termos de transmissão, nem em termos de postura mental de recepção. Podemos imaginar, portanto, a completa falta de sentido de uma abordagem multimídia integrada que junte as ODV (oportunidade de ver) de uma campanha de TV/mídia impressa, de uma operação de marketing direto e de uma atividade promocional.

O problema não é tanto o fato de juntar contatos heterogêneos originários de mídias diferentes quanto o de elencar pessoas cuja ligação com uma marca, produto, mercado ou oferta comercial difere bastante. Como definir o público de uma promoção? Como contabilizar as pessoas expostas à mensagem, as que adquiriram o produto ou apenas as que participaram do jogo-concurso? Todas as respostas podem ser adequadas, segundo os objetivos e as questões que o anunciante ou a agência se coloca. Podemos perceber, a partir daí, que não nos situamos mais num planejamento de mídia só do contato, mas num planejamento de mídia mais completo, do contato, da atitude e/ou comportamento do consumidor.

Por conta disso, a busca de um planejamento de mídia global abre espaço, rapidamente, para a crítica dos limites do planejamento de mídia atual (cobertura, freqüência) e passamos a defender um *planejamento de mídia da eficácia das mídias/mídias alternativas*.

O objetivo do planejamento de mídia sempre foi compreender os contatos das mídias e sua distribuição, para reduzir as incertezas do investimento publicitário ou de comunicação. Isso foi relativamente fácil quando se tratava da exposição ao meio e à mensagem — embora qualquer comparação só seja verdadeiramente válida quando feita no interior da mesma mídia. Isso se torna muito mais complicado quando a variável medida não é binária (exposta ou não-exposta) e não é universal (não depende da mídia, mas do consumidor e de seu comportamento).

É lógico que os partidários da mídia alternativa confundem o senso comum em matéria de planejamento de mídia, já que sua crítica geralmente se dirige às insuficiências publicitárias que se contentam em medir os níveis de exposição à mídia, enquanto eles próprios só estão comprometidos com as compras, taxa de captação e de modificação.

Nesse sentido, eles têm razão: o planejamento de mídia do retorno sobre o investimento ainda tem, em grande medida, que ser inventado. Isso não significa, aliás, que os modelos de mídia/marketing estejam ultrapassados, mas que eles se aplicam em bancos de dados, e, portanto, sobre populações que não são apreensíveis de maneira fina e operacional.

Um modelo lógico comum

A redução da incerteza do planejamento de mídia origina-se de uma atitude quase idêntica, qualquer que seja a solução de mídia/mídia alternativa e a idéia. Inicialmente, procura-se conhecer o perfil do público exposto à mídia ou sensível a ela.

- *Uma atitude de conhecimento*, poderíamos dizer cultural, que se aplica a todas as soluções de mídia/mídia alternativa a ponto de se tornar um verbete de enciclopédia, quando se sabe que devem existir quase 500 maneiras catalogadas de utilizar a mídia/mídia alternativa, e que sempre é possível criar novas maneiras.
- *Uma atitude de simulação*, ou seja, que consiste em aplicar os dados e os números de cada solução de mídia/mídia alternativa desejada ao caso concreto do anunciante. Essa atitude de simulação vai do geral para o particular. É feita sob medida e integra o público-alvo e a pressão de mídia do cliente, buscando estudar o levantamento de contatos teóricos e como o público-alvo vivencia cada solução.
- *Uma atitude de gestão*, por fim, que, partindo dos custos, permite que se compare uma solução com outra (custos relativos), bem como com a verba orçamentária do produto ou da empresa, por meio de uma atitude de viabilidade.

Uma atitude de conhecimento por meio dos bancos de dados

Essa atitude teve início há 40 anos através do CESP[64]; hoje, todas as mídias importantes têm seu sistema de medir audiência. Mesmo o setor de painéis, para quem a exposição do público à mídia não é fácil de medir, inventou o seu, batizando-o de "Affimétrie". Duas observações quanto a isso:

• ainda não existe uma medida universal de exposição às mídias ou às mídias alternativas — isto é, uma medida que parta do *indivíduo* e que o acompanhe em todos os seus comportamentos relacionados à mídia. Se essa abordagem parece realista, é algo que, por ora, pertence ao futuro. Inversamente, as análises partem hoje das mídias, para medir seu volume de audiência e seu perfil. Isso cria uma grande diferença de raciocínio e no plano operacional, pois, nas análises, quase não se passa de uma mídia para outra. Ou, quando determinadas análises *ad hoc* permitem[65], os sistemas de medida "oficial" de audiência e de cálculo de distribuição de impactos obrigam o especialista em mídia a se voltar para as análises oficiais, perdendo o interesse da *single media source*;

• as mídias "retomaram o controle" de suas análises. Considerando-se talvez maltratados por aquelas que foram apresentadas pela interprofissão e o CESP, os sindicatos e organizações profissionais de mídia reforçaram a cisão das análises ao organizar eles próprios as análises de audiência de seus membros, com a cumplicidade de órgãos de análise que se alegraram com a possibilidade de se tornar um agente importante. A APPM criou a AEPM, dedicada às análises para o setor de revistas, o SPQR e o SPP criaram a EuroPQN e o setor de painéis pôs em funcionamento a Affimétrie. E hoje, com a Médiamétrie, as redes de TV e as estações de rádio organizaram sistemas de análise de alto desempenho a serviço dos usuários, sobretudo as próprias mídias, transformando determinados resultados em *happenings* permanentes: referimo-nos aos índices de audiência dos programas de TV pregados nos corredores e elevadores da redes, publicados diariamente por

---

[64] Centro de Análises dos Suportes Publicitários, criado em 1957: media, notadamente, o índice de leitura da imprensa. Hoje, o CESP é um organismo interprofissional que regula e controla as análises da mídia (AEPM, EuroPQN, Audiométrie TV...). Antes do CESP, que se preocupa com o índice de leitura, o OJT, que se tornou OJD depois da guerra e Diffusion Contrôle em 1992, é o organismo que controla e certifica a tiragem e a veiculação.

[65] Assim, podemos analisar a audiência de rádio/TV por parte dos executivos a partir da análise que o IPSOS fez dos executivos; o mesmo em relação aos altos rendimentos, podemos efetuar ligações entre as mídias partindo da análise SIMM... mas se quisermos fazer verdadeiramente um planejamento de mídia temos que nos voltar às análises "oficiais".

determinados diários e semanalmente pelos semanários importantes. Ou ainda, nos esforços despendidos pelas emissoras de rádio para alardear seus índices de audiência, informando ao público seus progressos referentes à este ou àquele público-alvo.

Podemos nos questionar acerca dessa retomada de controle, que tem, certamente, aspectos positivos, notadamente no rádio/TV, mas que apresenta lacunas no que diz respeito às novas mídias e à TV a cabo, mídias em ascensão que talvez ainda não tenham voz no seio das associações.

Também podemos nos questionar acerca da política de uma mídia impressa que, após ter retomado o controle das análises, observa, desde então, o crescimento regular dos índices de leitura de seus títulos (questão de metodologia) e, sobretudo, que não permite mais que estabeleçam pontes entre os resultados da análises do setor de revistas e os resultados da análise dos jornais diários. No entanto, o instituto IPSOS trabalha amplamente com essas duas análises. Esses estudos talvez sejam excessivamente voltados para os editores e pouco para os usuários. Dois exemplos: organize um plano de mídia impressa tendo, de um lado, *Le Point, L'Express, Paris Match*, e, de outro, *Le Figaro, Libération* e *Le Monde*: não é possível testá-lo através de uma única análise sobre um universo de grande público. Devemos testá-lo separadamente, setor de revistas e imprensa diária. Do mesmo modo, no estudo sobre a imprensa diária, dispomos de resultados abundantes para a "conexão 66[66]" sobre o conjunto da rede, mas faltam-nos resultados individuais sobre um diário em sua zona geográfica. Essas análises não são suficientemente *user-minded*.

Apesar dos problemas levantados, com o olhar do especialista, é fácil se dar conta da qualidade do arsenal de análises de mídia e da pobreza das análises de audiência fora das mídias tradicionais. Essa distância é a melhor barreira das mídias contra um crescimento excessivamente violento e anárquico da mídia alternativa.

Ainda que o tempo e as necessidades dos usuários possibilitem uma resposta a isso, é preciso que os veículos da mídia alternativa se organizem, com a opinião dos usuários, para trabalhar juntos visando ao estabelecimento de análises conjuntas, em vez de se restringir, com ciúmes, ao seu território, certamente com o pretexto da competição, mas sobretudo em meio a uma certa confusão de gêneros de análise que mistura medida de audiência e supervalorização de uma mídia. De tanto supervalorizar uma mídia, a tornamos opaca. Deve-se esperar que as atitudes

---

[66] O nome que antigamente era 66-3 e é hoje 66 designa o agrupamento comercial da maior parte dos grandes diários do interior, notadamente, que oferecem um espaço pré-formatado (página, meia-página...) no conjunto de suas colunas, para cobrir todo o território ao mesmo tempo.

tomadas pela AACC, a UDA e o CESP para organizar as medições de audiência da mídia alternativa encontrem eco e um resultado favorável.

O que procura o usuário ao compor um banco de dados de audiência das mídias/mídias alternativas? Como dissemos, trata-se de uma atitude de aquisição de conhecimentos para melhor compreender as modalidades de mídia e de mídia alternativa. Ela pode se articular em torno de dois pólos:

- o pólo de mídia, que traz o conhecimento da audiência de cada solução de mídia/mídia alternativa;
- o pólo de eficácia, que trata da questão dos resultados da comunicação, em termos de modificação de atitude e de comportamento:

Divulgação → Audiência → Vivência → Função

Qualquer que seja a solução de mídia/mídia alternativa, estes 4 pontos são quase universais. Entendemos por *veiculação* o *recenseamento das mensagens de mídia* de primeiro nível: número de exemplares de um jornal, mailing, revista ou livro de empresa, anuário, cartão telefônico; número de acessos ao videotexto, número de aparelhos conectados num determinado universo populacional que tenha TV a cabo, número de artigos (e de exemplares) de um plano de RP...

Quanto à *audiência*, compõe-se *dos indivíduos expostos a uma mídia (mensagem)*. Caracteriza-se por um volume e um perfil de indivíduos, abastecidos por questionário prévio ou específico. As características descritivas (sexo, idade, classe social) são objeto de uma padronização cada vez maior, mesmo que ainda persistam algumas dificuldades. Temos a tendência de acreditar que esse conceito de audiência é transversal e se aplica a diversos públicos. De mídia, é claro, mas também de mídia alternativa de veiculação (prospectos, cartões telefônicos...). O conceito de audiência é múltiplo e apóia-se em universos muito distintos. A audiência do *on-pack* será composta do volume e do perfil dos consumidores da marca que o contém. A audiência de um salão é seu *visitorat*, a audiência de uma campanha de relacionamento com a mídia impressa é o acumulado e a combinação das audiências de cada artigo.

Uma solução de mídia alternativa pode ter diversos níveis de audiência conforme os veículos de mídia utilizados: uma exposição tem uma audiência *primária* (visitantes), e audiências *secundárias*, de que a marca patrocinadora pode tirar proveito pela midiatização: imprensa, rádio, TV... Idem no que se refere a todas as modalidades de mídia/mídia alternativa que se beneficiam da midiatização: a própria publicidade pode ser objeto de uma nova midiatização eventual (para uma, o programa de C. Blachas na M6; para outra, um outro programa na RTL; mais todas as colunas de mídia da imprensa diária, cuja qualidade vem crescendo muito).

As próprias mídias importantes têm diversos níveis de audiência, notadamente conforme a prática da mídia: audiência da véspera (TV. rádio, imprensa diária), audiência do último período (últimos 8 dias para um semanário, últimos 30 dias para um mensário), bem como hábitos de consumo de mídia (diário, semanal). Para todas as soluções de mídia e mídia alternativa, podemos refinar a noção de audiência bruta (ou global: sim/não) por meio de uma *experiência* de mídia. Esta inclui a prática: freqüência, recência, exposição comprovada (memorizada), chegando até a satisfação com a prática e as opiniões ligadas a ela, notadamente em relação à publicidade ou à comunicação da marca nesse canal.

Essa prática e essa função segmentam a audiência, qualificando-a de maneira muito útil. A audiência global dos prospectos abrange uma quantidade abstrata e pouco útil; a audiência cruzada com o número de recepções/semana já é um dado mais segmentado da mídia. A audiência útil daqueles que declaram olhar os prospectos 1, 2 , 3 vezes por semana, abrir os envelopes dos mailings, torna-se um dado relevante de conhecimento da mídia.

Esses critérios particularizam a audiência global da mídia alternativa, como os critérios de escuta minuto a minuto particularizam a audiência da TV e os critérios de leitura do último período particularizam a audiência da mídia impressa. Esses critérios visam a precisar a audiência da mídia em geral, para aproximar de modo recorrente a audiência da mensagem. A atitude é idêntica, sendo mais fácil na mídia por apoiar-se diretamente no tempo; ele é o principal fator de medida de consumo no que se refere às mídias eletrônicas, bem como para a imprensa diária, semanal, mensal, que são lidas notadamente no espaço-tempo de sua periodicidade. Os critérios equivalentes para a mídia alternativa são, afora o tempo, determinados hábitos de consumo ou de vida (freqüência a hipermercados para a propaganda no ponto-de-venda, freqüência a exposições e óperas para o mecenato, a partidas de futebol para os patrocinadores...). Inúmeros comportamentos habituais vêm enriquecer o banco de dados. Nem sempre são dados das mídias, longe disso.

A experiência também se caracteriza pelas questões de satisfação e de opinião. Determinados profissionais concentram-se apenas nas questões comportamentais, por elas serem tangíveis. Embora possa satisfazer mais a mente, é uma visão da abordagem de mídia/mídia alternativa por demais restrita. Podemos querer caracterizar melhor os amantes dos mailings, saber se são mais "cigarras" ou "formigas". Isso permitirá trabalhar melhor, mais tarde, a mensagem e a forma de utilizar a mídia. De maneira mais geral, as questões de centros de interesse, sobretudo a opinião/satisfação em relação ao veículo considerado, são cada vez mais importantes para diferenciar um veículo de outro, além de questões puramente ligadas a volume e perfil de audiência.

No processo cada vez mais qualitativo que acabamos de evocar (veiculação →audiência→experiência), é preciso reservar um lugar à parte para um espaço de análise bastante qualificadora das audiências, as questões de *função das mídias/mídias alternativas*. A quem serve o veículo em questão? Qual sua função social? Que qualificação ele traz a seu público? Em qual atitude de relacionamento ele se insere? Qual a percepção que o público tem dessa função da mídia? São essas as próximas questões fundamentais a serem analisadas, para qualificar as mídias e as mídias alternativas por meio de uma nova audiência mais bem definida, em função tanto de características socioprofissionais como de ligações com o meio, para melhor inserir a mensagem nesse relacionamento. A bateria universal de itens de funções da mídia ainda tem que ser criada; mas seus primeiros sinais já podem ser vistos na CCA e na Cofremca, como nos grandes institutos de pesquisa de mídia. Ela permitirá que se compare melhor os sistemas de mídia/mídia alternativa. Baseada nesse relacionamento, ela oferecerá à mídia alternativa a possibilidade de se afirmar para além de um simples volume de divulgação ou de audiência, numa função de comunicação.

Para um planejamento de mídia da web

O planejamento de mídia da web está engatinhando, mas, influenciado pelos anunciantes pioneiros, progredirá a passos largos para tentar alcançar o mesmo nível de sofisticação do planejamento de mídia da TV. Nesse sentido, a web anuncia-se desde já como uma mídia por inteiro e não como uma modalidade de mídia alternativa de alcance talvez pouco confiável. Pelo menos na cabeça dos promotores da web... e dos institutos de pesquisa, que farejam nela uma aposta nova e ilimitada: IPSOS, Médiamétrie, Sofrès, BVA, Nielsen... todos apresentaram propostas.

No início, a questão parece simples: os promotores da web querem medir o número de vezes que um banner aparece na tela. Essa medida parece semelhante à de uma divulgação; um impulso elétrico numa imagem gravada ou sinalizada pode medir seu alcance. Os anunciantes da web e a própria realidade dessa mídia complicam o debate: os primeiros querem medir a exposição real do banner sem a possibilidade de subtrair nada, e integrando os "proxy", os famosos servidores de proximidade que possibilitam a estocagem das páginas da web que são objeto das buscas mais freqüentes. Um banner que chega a um proxy não consta necessariamente da contabilização da audiência do ícone, o que o subavalia.

Pelo contrário, a web evolui sem cessar, e determinadas possibilidades novas surgem regularmente. Por exemplo, os "intersticiais", que são telas que irrompem nos programas de acesso: quando o usuário clica num link, intercala-se uma mensagem entre as páginas do site. Ela talvez seja mais difícil de captar.

O CESP, que "audita" as grandes análises de audiência na França, debruçou-se sobre esse assunto e publicou uma "terminologia de medição de audiência". Do mesmo modo, a Médiamétrie oferece para seu produto Cybermonitor um cardápio dos seguintes indicadores:

- **Site visitado** – conjunto de páginas visto num site durante uma mesma sessão;
- **Sessão visitada** – conjunto de páginas vistas numa mesma seção durante uma mesma sessão;
- **Página visitada** – página vista ao menos uma vez durante uma mesma sessão;
- **Página vista** – número de vezes que uma página é exibida para um navegador;
- **Clicar** – clique num banner publicitário ou outro elo;
- **Clicar dentro** – número de vezes em que o clique no ícone publicitário ou em outro link conduziu ao site anunciante;

A proposta da Cybermotor é enumerar os indicadores básicos em função das necessidades do site:

- **Procedência** – informação sobre a procedência do internauta no interior do mesmo site ou a partir de um outro site;
- **Modelo de navegador e de plataforma** – Informação sobre os percentuais de navegadores e plataformas utilizados;
- **Origem geográfica** – divisão geográfica dos internautas por país e por provedor de acesso;
- **Enumeração dos meses, semanas, dias e horas dos indicadores** – em função das necessidades.

O que se pode levantar em relação a essa solução, como em relação a outras, é a capacidade de medir a audiência por meio de servidores de controle quando, em seguida a um evento, milhões de pessoas se conectam a um site em alguns minutos ou horas (ex. do servidor criado e consultado no próprio dia da morte de Lady Di).

A segunda questão fundamental é levar em conta o perfil da audiência de um site e de uma página específica. *A priori*, essa audiência será medida tendo por base um conjunto de participantes, o que, no entanto, corre o risco de ser limitado ou extremamente caro; futuramente ela também poderá ser medida por meio de uma identificação eletrônica espontânea ou sistemática ao ser feito o acesso à web ou a um site (assinatura).

A medição da eficácia publicitária passará, então, pela combinação desses elementos e pela divulgação da bandeira ou da forma de comunicação escolhida (jornalística, mecenato), identificada sempre por um "tag" invisível que mede o volume de audiência da página assim criada, qualquer que seja o modo de acesso e o perfil de audiência... Os indicadores de eficiência/cobertura/freqüência poderão ser aplicados a esses levantamentos.

A harmonização dessa bateria de itens deverá levar tempo. Hoje já existem, no entanto, inúmeras pesquisas individuais de mídia que oferecem informações importantes. O primeiro passo para conhecê-las melhor é elencá-las, analisá-las e tratá-las.

Ao lado da iniciativa de conhecer a mídia e a mídia alternativa, sua audiência e sua vivência, concretizada num grande número de pesquisas realizadas pelos próprios suportes, existe o pólo de pesquisa dos resultados da comunicação, dos resultados observados, diríamos, cujos números pertencem aos próprios anunciantes. Essa posse faz toda a diferença, pois é sinônimo de experiência, de *savoir-faire*, bem como de resultados ciosamente guardados. Aliás, 55% dos dirigentes empresariais e diretores de marketing não se declaram dispostos a transmitir confidencialmente seus resultados, para a formação de um banco de dados[67].

Podemos falar mais naturalmente de resultado do que de eficácia, na medida em que a eficácia das mídias/mídias alternativas cobre todas as noções de difusão de audiência e de exposição à mídia/mensagem, já que elas podem ser objeto de medições e que são necessárias (não suficientes) para qualquer resultado comprovado. *A eficácia da mídia/mídia alternativa reagrupa exposição e resultados.*

Estes últimos são de três níveis principais: *conhecimento* (medida de notoriedade), *atitudes* (imagem, atratividade) e *comportamento* (resposta, reserva, deslocamento, compra...). Os resultados individuais de cada campanha significam para a empresa um igual número de ensinamentos de marketing, e compreende-se que, na maior parte dos casos, eles permaneçam confidenciais. Mas enumerados, compilados, tendo sua média tirada, delimitados (o maior e o menor), aferidos (geralmente por quartil), eles constituem bancos de dados interessantes e fornecem indicadores adequados para as equipes de marketing. Como sempre acontece nesse tipo de discussão, é preciso saber a quem interessa a constituição desses bancos de dados: aos anunciantes, certamente, mas eles não se encontram equipados operacionalmente para fazê-lo e não podem, salvo exceção, ser juiz e parte interessada, encomendar e coordenar as pesquisas. Os maiores interessados em realizar, trabalhar e explorar essas compilações são os institutos de pesquisa: eles têm motivo para rentabilizar de maneira recorrente seus resultados e experiências.

Faz tempo que os institutos de pesquisa (como IFOP/Sofres) realizaram pesquisas de impacto da publicidade veiculada na imprensa, notadamente à base de pesquisas "visto/lido". Por meio do formato do anúncio, local de inserção, setor do produto, ramo de imprensa, o anunciante pôde comprar os resultados de sua

---

[67] Pesquisa do Club des 7/Anne Dollé Consultants, junho de 1996, *Stratégies* no. 996.

comunicação aos de outras campanhas, tendo uma idéia do impacto publicitário de suas criações.

Mais tarde, anunciantes e institutos de pesquisa perceberam que não era mais possível fazer comparações de impacto sem incluir na análise os níveis de pressão publicitária e, portanto, na base de referência, os investimentos dos anunciantes. Estes puderam ser comparados a uma mesma pressão.

É aí que entram as estatísticas extraídas do levantamento ("modelo") da Secodip. Reconstituídas a partir da contagem dos anúncios por marca, setor/produto e suporte (veículo da imprensa/emissora de rádio/rede de TV) cruzados com as tarifas, proporcionam uma contabilização satisfatória[68] dos investimentos dos anunciantes. Desde então, tornou-se possível a comparação investimento/resultados, e a idéia de retorno sobre investimento ficou mais concreta.

Em primeiro lugar, essa comparação ficou restrita ao setor de comunicação. Desse modo, IPSOS pôs em prática uma metodologia renovada de medição de resultados de impacto (reconhecimento/atribuição/aprovação/incitação à compra...) formada entre os maiores bancos de observação existentes na imprensa, no setor de cartazes e na TV (Callipsos). Com essa fonte de informação, o anunciante voltado para o grande público hoje é capaz não apenas de aferir sua própria comunicação, mas reforçar suas futuras escolhas, se estiver preocupado em inovar em matéria de escolha de mídia (formato, inserção, mix de mídia). Ele disporá de resultados médios por modalidade, por setor, por orçamento. IFOP, Sofree e BVA puseram em prática metodologias de medida de eficácia da publicidade em função de objetivos. O princípio em geral é o mesmo: criação de uma bateria de itens específicos, medição "barométrica" que permite analisar as variações e comparação com o conjunto de resultados das marcas analisadas para aferir os resultados[69].

No que diz respeito aos cruzamentos entre comunicação e marketing, Secodip conseguiu, antes de mais nada, comparar os resultados de seu quadro de consumidores e os investimentos publicitários, para medir os resultados destes últimos nas compras (número de compradores, quantidades compradas, tipo de embalagem, freqüência...). Nielsen realizou a mesma comparação, com seu quadro de varejo, para medir o resultado da publicidade nas vendas (vendas médias men-

---

[68] Desde 1993 e da entrada em vigor da Lei Sapin, as diferenças registradas entre os números fornecidos pela Secodip e a realidade dos investimentos reduziram-se de maneira considerável, graças a um aperfeiçoamento real da ferramenta.

[69] O instituto de pesquisa não pode, de modo algum, divulgar os resultados individuais de cada campanha, e o anunciante que tem acesso à pesquisa só compara seus próprios resultados a resultados médios ou delimitados (o maior, o menor).

sais por condicionamento, por tipo de comércio...). GFK realizou cruzamentos semelhantes para os produtos do lar (eletrodomésticos, TV, aparelhos de som, computadores pessoais...). Nos quadros profissionais agrícolas, BVA pôde fazer a mesma comparação, fornecendo à indústria fito-sanitária indicadores preciosos. IDG e Ziff Davis fazem o mesmo em relação ao setor de informática. Uma nova etapa foi ultrapassada, notadamente na TV, com os dados da Médiamétrie: como a TV é uma mídia linear do ponto de vista temporal, é bem fácil tecnicamente mensurar a pressão de mídia por marca e por anunciante sobre o público-alvo no momento T, e cruzar essa informação com as vendas ou compras. Portanto, não se trata mais apenas de relacionar investimentos/resultados, mas de relacionar pressão de mídia/resultados, cruzando GRP com vendas, modulável por semana, mês, final de semana/semana, por "part time"... Devem-se também assinalar os progressos feitos na TV por determinadas empresas de marketing direto, que aperfeiçoaram bancos de resultados baseados não mais no GRP, mas na rentabilidade dos anúncios por número de inserções e sobre custos correspondentes.

Sejam voltados ao grande público ou aos profissionais, pode ser que os bancos de informação estejam se constituindo muito lentamente: culpa dos anunciantes, que nem sempre se dão conta da importância desses dados "barométricos" na orientação de seus negócios.

Na mídia alternativa, a partir do momento em que o banco de dados está disponível, o progresso é bem rápido, pois a informação se mostra muito útil e os operadores estão ansiosos em ocupar o espaço. Podemos citar, no setor de promoção, o banco BIPE[70], um levantamento das promoções que permite que se "sinta" a evolução das técnicas promocionais por setor de produto (jogos-concursos, animação, "sweepstake"...). Mencionemos, ainda, a Nielsen, que soube tirar partido de sua predominância no ponto-de-venda para analisar as gôndolas de promoção, a presença do PLV, da promoção, da PG (ponta de gôndola) e cruzar suas informações com as vendas. Empresas como IRI especializaram-se em medir a rentabilidade da PG, da presença das marcas nas *consumer magazines* e nos folhetos, e sobre o teor da oferta (notadamente no contexto de operações de *trade marketing*).

As empresas que administram operações baseadas em cupons ou em promoções acumularam um grande volume de informações que permite que se faça uma reflexão consistente. Atualmente essas informações continuam geralmente restritas à área de *expertise* de cada empresa, mas apostamos que futuramente elas farão

---

[70] Empresa de estudo econômico e conselho em estratégia. (N.R.T.)

parte de bancos de informações disponíveis a seus assinantes. No que diz respeito aos prospectos, Médiapost e Delta Diffusion confiaram a Médiamétrie a criação de uma ferramenta de medida, à qual esse instituto deu o nome de Isamétrie e que é acompanhada pelo CESP. Quando dizemos que a mídia alternativa faz de tudo para ser considerada uma mídia completa... Abaixo, a ilustração disso:

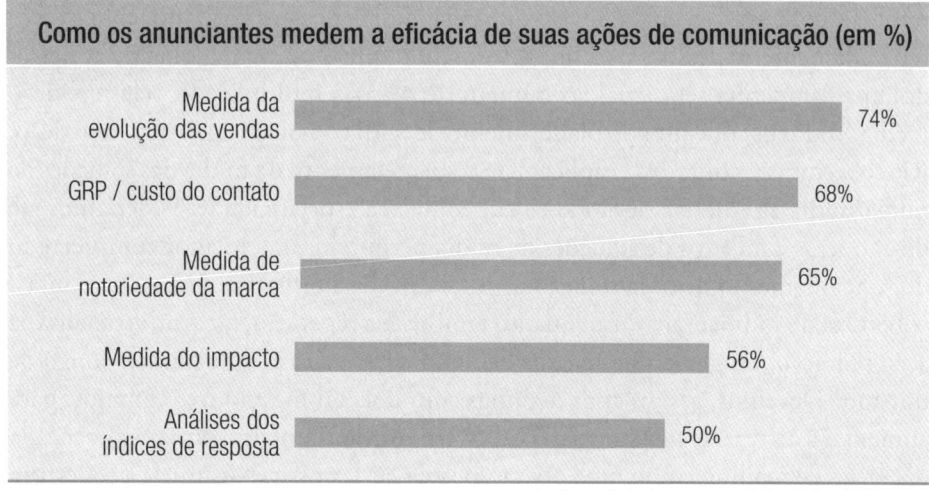

Como os anunciantes medem a eficácia de suas ações de comunicação (em %)	
Medida da evolução das vendas	74%
GRP / custo do contato	68%
Medida de notoriedade da marca	65%
Medida do impacto	56%
Análises dos índices de resposta	50%

Análise do Club des 7 — Anne Doller, em *Stratégies* nº 986

Uma atitude de avaliação e simulação caso a caso

Os bancos de dados servem para alimentar o conhecimento que antecede a ação, sustentando as avaliações específicas necessárias para cada caso. O modelo de reflexão é idêntico àquele que propusemos para descrever os bancos de dados:

Divulgação→Audiência→Experiência→Função→Efeitos da comunicação→Efeitos comportamentais

A abordagem de mídia/mídia alternativa caso a caso apóia-se, antes de mais nada, numa enumeração por solução escolhida: número de exemplares do veículo de imprensa, de prospectos, de mailings enviados, de multipostagem, de inserções de TV, de *spots* de rádio, de ligações telefônicas... A emissão de mensagens pode ser enumerada por totalidade. O levantamento é uma maneira simples e concreta de analisar cada solução. Evitaremos somar o levantamento de mídias cujas linguagens sejam completamente opostas ou que não estejam relacionadas; por outro lado, pode fazer sentido, num plano de marketing direto, fazer o balanço do número de mensagens enviadas (pelo correio, para as caixas postais sem endereçamento, por panfletagem ou em multipostagem, mesmo que seja só para analisar a pressão sobre o público-alvo (número de mensagens por indivíduo).

Depois de contabilizar os veículos de mensagem, é preciso enumerar as pessoas atingidas ou expostas aos diferentes vetores de comunicação. Após a divulgação, a audiência. Cada mensagem pode ser percebida por uma ou por diversas pessoas, e também pode ser percebida novamente pela mesma pessoa. Portanto, contaremos separadamente as pessoas e os impactos, sendo que o número global de contatos de uma campanha será igual ao número de pessoas multiplicado pela repetição média. Todos os conceitos do planejamento de mídia clássico (cobertura, repetição, RP, cobertura × contatos...) aplicam-se ao planejamento de mídia das soluções de mídia/mídia alternativa, levando-se em conta sua especificidade. Poderíamos até dizer que os conceitos de soluções de mídia permitem uma melhor compreensão do funcionamento de cada solução de mídia/mídia alternativa. Como se monta a cobertura do público-alvo? Em quanto tempo? E a repetição, faz sentido analisá-la ação por ação, ou globalmente considerando-se as ações acumuladas ao longo de um ano? Devemos, assim, criar mailings com dois ou mesmo três contatos, para aumentar a certeza de transformar o ODV em comportamento, ou considerar cada operação de mailing como uma operação isolada? É possível assimilar a cobertura e a repetição multimídia ou multi-operacional? Ela tem um sentido operacional? Nesse nível, às vezes é desejável efetuar uma descrição das pessoas, acompanhando o número e a natureza de seus contatos, que permita isolar o público-alvo em grupos homogêneos de acordo com a pressão de mídia/mídia alternativa alocada. Quanto mais precisa for a constituição desses grupos, mais clara e precisamente será possível analisar os resultados da comunicação e do marketing, segmento por segmento da população: índice de transformação segundo o número de impactos, globalmente e por nível de pressão (1, 2, 3 contatos anuais, dois contatos por mailing + um contato por meio da visita de um representante...). A partir desses cálculos, vamos nos interessar por outros recortes: existe um modo de contato que funciona melhor que os outros, quaisquer que sejam os contatos adicionais? A análise dos resultados da comunicação/marketing também será feita em termos de tempo: tempo/calendário, tempo de campanha e, também, tempo de reação e de transformação.

As avaliações/simulações têm a ver com a análise clássica de mídia, ao mesmo tempo que se inspira, em grande medida, nos mapas de sondagem. A partir dessas duas técnicas, cobrimos quase todas as necessidades de descrição e análise, e de inventário das soluções de mídia/mídia alternativa.

Esses cálculos podem ser realizados numa avaliação-simulação anterior à campanha para estudar as soluções mais apropriadas, aquelas que melhor se combinam... Elas também devem ser analisadas ao longo e ao término da campanha para fazer um balanço.

Repartição das diferentes pressões de um plano de mídia/mídia alternativa				
Ações de mídia e de mídia alternativa Segmento do público-alvo	Mídias Ação nº 1 Imprensa	Mídias alternativas		Pressão global por segmento
		Mailing Ação nº 2 Prospectos	Mailing Ação nº 3 Mailing	
Segmento 1	80% de cobertura 4,5 de freqüência	2 distribuições de lançamento	2 mailings de relançamento	= 75% 4 impactos de mídia, 4 impactos de mídia alternativa
Segmento 2	70% de cobertura 3,2 de freqüência	1 distribuição inicial	1 mailing de relançamento	
Segmento 3	70% de cobertura 3,2 de freqüência			
Número de pessoas atingidas	Cobertura média: 72% Freqüência média: 3,8 Número de pessoas atingidas: 3,8 milhões			

A onipresença das análises de custos

Segundo a mesma iniciativa, podemos montar os custos das diferentes soluções de mídia/mídia alternativa e analisá-los de acordo com os três indicadores citados: Divulgação→Audiência→Efeito.

Preâmbulo metodológico: para qualquer comparação de custos de mídia/mídia alternativa, é preciso considerar a totalidade dos custos de cada operação técnica; por exemplo, as compras de espaço, bem como os custos de serviços externos, honorários e direitos de imagem. Quando a comparação estava restrita à mídia, já se falava de uma economia de produção no rádio e na IDR, enquanto , em determinadas situações, a TV, o cartaz e a revista acarretavam despesas técnicas mais significativas. A comparação das despesas técnicas + compra de espaço assumia, então, todo um sentido.

Atualmente, a dicotomia não tem lugar na mídia/mídia alternativa, pois ela nem sempre tem o mesmo sentido (novas mídias), e até mesmo nem tem sentido quando não se paga pelo espaço (relacionamento com a imprensa, parceria, *on-pack*) e, como às vezes acontece, a logística da operação é muito pesada, anulando "a economia" obtida na compra de mídia. Daí a necessidade de uma contabilização global dos custos de produção e divulgação por operação (ver Capítulo 3), para conhecer o custo total de implantação. Como dissemos, esse custo global deve ser analisado, antes de mais nada, com a intenção de conhecer *o custo de acesso* à modalidade, isto é, incluindo todos os parâmetros, com seu nível correto de força e cobertura, com todas as possibilidades de ter uma operação bem-sucedida, no mínimo em termos de logística. Pudemos presenciar inúmeras comparações feitas por anunciantes ou agências que, preferindo esta ou aquela solução, onerava menos o orçamento inicial para torná-lo globalmente competitivo, fazendo com que sua opção fosse vencedora. Essa iniciativa é mais freqüente na mídia alternativa (notadamente MD e RP), em que determinados custos podem ser absorvidos nas despesas gerais sem recorrer à verba de marketing.

Não obstante essas dificuldades indispensáveis na montagem do orçamento, a comparação pode ser feita globalmente em termos de custo de acesso e, sobretudo, em termos de *custo proporcional*.

O desmembramento Veiculação→ Audiência→ Efeito que serve de padrão para uma abordagem individual dos custos: custo por exemplar ou por mensagem enviada (imprensa, MD...), custo por impacto útil (até mesmo por pessoa atingida, o que nem sempre é a mesma coisa), custo por pessoa convencida, por visitante, comprador..., a lista pode ser longa, depende dos objetivos de comunicação. Geralmente se costuma raciocinar, no planejamento de mídia clássico, em "custo por mil pessoas pertinentes" (pertencentes ao público-alvo). Essa convenção pode estender-se aos exemplares, "custo por mil exemplares" (CPME) para as mensagens enviadas numa operação de mailing ou de panfletagem. Ela pode

até mesmo ser estendida a noções mais refinadas que qualificam consumidores e comportamentos[71]:
- CPMC: custo por mil compradores;
- CPMG: custo por mil francos gastos;
- CPMP: custo por mil ações de compra;
- CPMV: custo por mil vendas.

Ao definir assim as normas de modalidades de cálculo, podemos comparar as soluções de mídia/mídia alternativa em bases sólidas. Os indicadores de pressão e de retração podem, então, ser encontrados, quaisquer que sejam as modalidades, os públicos ou os comportamentos analisados. O terceiro indicador é a rentabilidade, isto é, a contribuição financeira estimada ou real da ação, levando-se em conta seus custos. Ela é muito pouco utilizada, de modo errado, sem dúvida, no planejamento clássico de mídia[72], em que as noções de orçamento e de investimento geralmente são preexistentes à aplicação deste. Na mídia/mídia alternativa, desde o momento que nos interessamos pelo resultado das vendas, a rentabilidade retoma seu lugar. Ela é analisada globalmente ou em CPM e faz parte dos investimentos e dos recursos suplementares, sendo que a rentabilidade de uma operação é medida globalmente aplicando-se a fórmula seguinte: R = margem bruta suplementar – custo dos espaços + custos técnicos + eventual margem a ser ganha (se as vendas tivessem sido alcançadas sem um esforço específico, esforço de aceleração por meio de mailing, por exemplo, ou esforço promocional de desconto no preço). Essa análise daquilo que eventualmente se poderia ter ganho é necessária para que se tenha uma visão exata da margem líquida real.

No marketing direto, o modo de calcular a rentabilidade é idêntico, sendo que a análise dos custos técnicos deve incluir inúmeros itens: despesa com aquisição de endereços + custo da gestão informática do cadastro + despesas de preparo, encaminhamento e exposição das mensagens + preço de custo dos produtos vendidos e as despesas de gestão e de expedição dos produtos, despesas de entrega, despesas permanentes de manutenção do cadastro... sem esquecer o custo da própria oferta.

---

[71] Cf. entrevista de Carole Fagot, diretora do Departamento de Análises da EMAP da França, *in Décisions Médias*, dezembro de 1995.

[72] Existem, certamente, noções de rendimento do planejamento, mas elas remetem prioritariamente ao custo do contato complementar exposto.

A dificuldade está, às vezes, em se levar em conta o conjunto de custos técnicos ou de gestão, evitando-se esquecimentos ou omissões. No marketing direto, e em inúmeras operações de mídia/mídia alternativa, existem dois grandes tipos de cálculos que são operacionais: *cálculos de rendimento* e *cálculos de rentabilidade*. O primeiro é simples, basta dividir o custo global da operação pelo número de clientes potenciais obtidos, de clientes compradores (NC), de produtos vendidos (QC) ou de compras efetuadas, distribuídas segundo os índices de freqüência, recência ou valor que vêm qualificar compradores e compras (ex.: número de compradores (NC), há menos de cinco anos, que encomendam mais de três vezes por ano e num montante superior a 5 KF). O cálculo de rendimento diz que: se investimos X francos, devemos atingir Y vendas.

O interessante desse cálculo é que apresenta ao diretor de vendas a seguinte escolha: queremos investir 10, 100 ou 1000 francos por indivíduo desse segmento para atraí-lo ou fazer com que venha até nos? O diferencial de custo com o restante do público-alvo é desejável ou aceitável? A resposta vem dos planejamentos experimentais passados, das taxas de resposta e índices comerciais da empresa ou de um banco de dados. Ela pode ser analisada a partir da primeira compra, o que é excessivamente exigente, ou, mais naturalmente, considerando-se um período mais longo que inclua a segunda e até a terceira compra.

O segundo cálculo, o cálculo de rentabilidade, faz parte dos *custos*: custo bruto de implantação da ação, custos proporcionais acrescidos a cada contato. Para cada ação, analisaremos os patamares que se devem ultrapassar em termos de rendimento para, levando-se em conta os custos, alcançar uma rentabilidade com X% da operação. Esse cálculo inclui um plano de recuperação que faça parte das taxas de recompra e de re-adesão, que verdadeiramente traduzam o capital de confiança da empresa e de satisfação do produto vendido. Nas assinaturas dos órgãos de imprensa, por exemplo, um dos grandes setores do marketing direto, e na venda por correspondência, a taxa de renovação de assinaturas é um dos principais indicadores da atratividade e do estado de saúde financeira de cada órgão, dado mantido zelosamente confidencial pelo editor.

A seguir, uma visão esquemática do processo de estudo de rentabilidade.

Banco de dados

Mídias ←	Anunciantes →
Divulgação – Audiência – Função – Valorização	Efeitos da comunicação de marketing
Conhecimento	Experiência

↓

Enumeração caso a caso

Divulgação	Audiência	Resultado
Número de mensagens enviadas	Número de pessoas expostas	Número de pessoas transformadas
(avaliação)	*(simulação)*	

↓

Estudo de rentabilidade

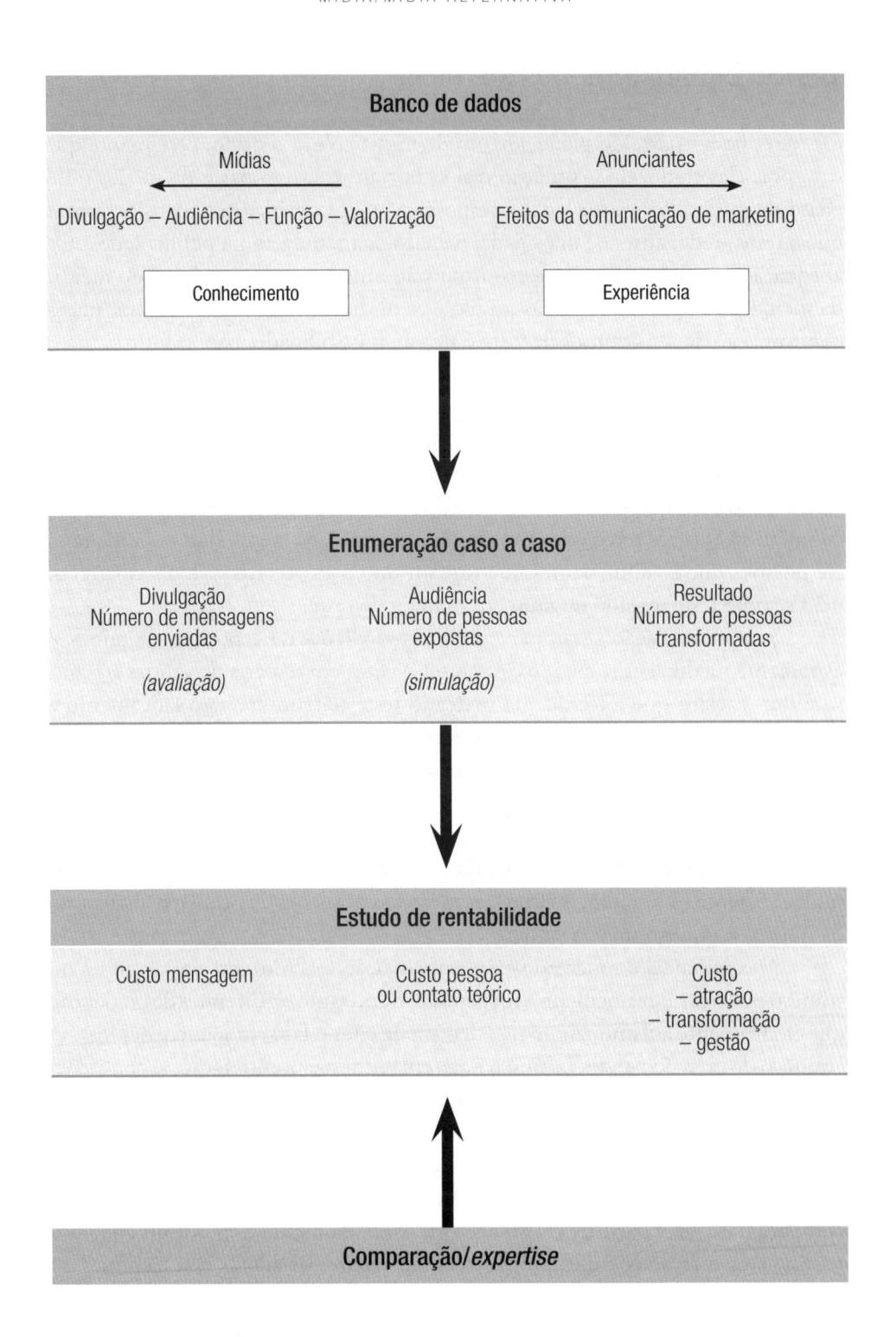

Custo mensagem	Custo pessoa ou contato teórico	Custo – atração – transformação – gestão

↑

Comparação/*expertise*

Testes e planejamento de mídia

Os testes fazem parte do planejamento de mídia? Num sentido, certamente que sim, pois eles traduzem a situação real e, portanto, fazem parte da medição do efeito da mídia. Por outro lado, a resposta não é tão evidente se considerarmos que o teste mede, antes de mais nada, o efeito da mensagem na publicidade, ou a adequação da oferta no MD ou na promoção, numa percepção global do meio e da mensagem. Quanto a isso, as mídias e as mídias alternativas divergem, mas a confrontação de seus pontos de vista é rica de possibilidades para o futuro.

O planejamento de mídia clássico contentou-se, muito freqüentemente, com as simulações. Satisfeitos com o sistema de medição de audiência e a matemática probabilística que o acompanha, os profissionais de mídia privilegiaram as medições de exposição de mídia de uma campanha futura, com cobertura, freqüência e distribuição de impactos. A busca da medição de audiência, por meio da medição competitiva entre os veículos de uma mídia, marcou fortemente toda a abordagem, e é possível que os anunciantes que tinham outras expectativas, mais concretas, nem sempre tenham sido ouvidos em matéria de teste.

Sua preocupação geral, para além das medições de exposição da mídia, é claramente medir seus resultados, o mais das vezes em matéria de vendas ao consumidor. É claro que a técnica do mercado-teste (circunscrever o lançamento a uma área reduzida, extrapolando os resultados para todo o país) existe faz tempo. Nielsen, Secodip, GFK, entre outros, foram os artesãos de seu advento, tanto no estrangeiro como na França.

Esse procedimento talvez não tenha sido suficientemente generalizado, em razão do custo e da dificuldade de criar, em nível local, com o equipamento de mídia existente (TV, rádio, revistas), as mesmas condições de pressão e divulgação de impactos que em nível nacional.

A experiência do mercado-teste em situação real, durante vários meses ou trimestres, é rica de ensinamentos (os gerentes de produto ou diretores de marketing que efetivamente as conduziram não deixam de citar o fato em seus currículos). O emprego do mercado-teste continua, hoje, em seu apogeu; entretanto, as condições econômicas necessárias para sua realização restringem-lhe o uso: *só o montante da compra de espaço é verdadeiramente diferente* entre o teste e o lançamento verdadeiro; todos os investimentos na produção, marketing, divulgação e comunicação têm que ser realizados a partir do teste, e geralmente devem ser objeto de uma segunda cobrança para fazer parte de eventuais correções... Somente os produtos com alto retorno e os mercados muito promissores são capazes de adotar essa técnica.

Quando o produto está sendo lançado ou quando o mix do produto foi totalmente renovado, a técnica dos mercados-teste continua sendo a mais confiável, ainda que dispendiosa. Se apenas alguns elementos do mix mudaram, o mini-teste em alguns pontos-de-venda bem determinados pode bastar. Mas, e quanto ao acompanhamento?

O desejo constante dos profissionais de marketing é ligar permanentemente o esforço promocional com o impacto nas vendas, num prazo mais ou menos curto, sendo que a crise atual tem acentuado de maneira geral a urgência por resultados concretos. A técnica de acompanhamento de resultados geralmente é a conhecida como *single source*. Em vez de diferenciar, de um lado, as análises de mídia, e, de outro, o consumo, na forma de análises de audiência e painéis de consumidores, por que não fundir os dois? Por que não pesquisar o consumo recente de mídias e de produtos de uma mesma pessoa, e isso de maneira recorrente (painéis) ou "padronizada" (grandes amostras aparelhadas). A resposta parece clara: podemos, portanto, relacionar diretamente, sem analisar por meio de uma simples medição, a associação da exposição a uma campanha e o consumo de um produto pesquisado.

De fato, o princípio é bastante adequado, e toda pesquisa sobre o consumo de um produto deve, quando for possível, conter uma abertura para o consumo de mídia, a fim de cruzar os resultados. As pesquisas *ad hoc* (Nielsen, Secodip, Médiamétrie) contêm esses cruzamentos, ainda que, na maior parte do tempo, seja preciso voltar à comparação estrutural do consumo com as pesquisas de mídia. De maneira ainda muito freqüente, essas enquetes de *single source* nem sempre são neutras, tendo o "viés da comunicação" ou o "viés do consumo". No entanto, graças à experiência dos institutos, a técnica tem evoluído.

Deve-se observar, aliás, que a técnica da *single source* não se aplica somente ao consumo; ela pode ser estendida a outras variáveis que precisam ser explicadas: freqüência, fluxo, notoriedade, itens de imagens ou de atitudes diante do produto, e cruzadas com variáveis explicativas tais como a exposição às mídias de acordo com diferentes níveis (divisão em quartis, por exemplo), ou ainda a exposição/participação numa promoção, operação de RP, sondagem após o recebimento de uma onda de mailings.

> O procedimento da *single source* é ideal para uma marca/produto que é permanentemente acompanhado e que deseja testar a evolução de seu mix de mídia/mídia alternativa.

As marcas que não são permanentemente acompanhadas podem fazer uso de maneira pontual de iniciativas idênticas, com "antes-depois", cuidando para que o número de perguntas dirigidas aos consumidores esteja suficientemente próximo do ritmo de compra ou consumo, a fim de que os resultados não recorram em demasia a uma memória conduzida.

Diante dos testes, a mídia alternativa não é homogênea, não tanto em termos de metodologias — elas acabam sempre por se parecer — quanto em termos de possibilidades de teste. Todos os sistemas de mídia alternativa de divulgação que funcionam a partir da quantidade podem facilmente ser objeto de testes, isolando-se uma parte da divulgação (extraída de um cadastro, prospectos de divulgação geográfica restrita). Diferentemente da cultura de mídia, que continua sendo antes de mais nada uma cultura da simulação de exposição, a própria cultura dos veículos de mídia alternativa, marketing direto em primeiro lugar, mas também a promoção, é uma cultura de teste em situação real. Quase nenhuma operação de envergadura de marketing direto é lançada sem teste, ainda que o motivo seja apenas a otimização da linguagem e da definição do público-alvo. Os resultados são dissecados antes de se fazer qualquer extrapolação. Assim, no marketing direto feito através da mídia impressa — o lançamento de campanhas anuais de divulgação, por exemplo, pode custar milhões cada uma por veículo — é comum testar combinações de mensagens, brindes e cadastros (nove ou 12 possibilidades). O esquema dos testes é bastante complexo, tornando-se possível apenas porque a informática permitiu cruzamentos e análises que os sistemas mecanográficos anteriores impossibilitavam. A análise dos parâmetros nem sempre é fácil, e o sucesso não pode ser 100% garantido; no entanto, o editor conhece antecipadamente a amplitude do seu número de assinantes, podendo fazer um plano de marketing seguro.

Os sistemas de mídia alternativa de caráter participativo, ou que privilegiam a qualidade do contato (e, portanto, seu custo individual), são mais complicados de testar, porque são caros e, sobretudo, pouco reproduzíveis. Desse modo, no que diz respeito a RP, mecenato, patrocínio esportivo ou cultural, os testes são quase impossíveis, sendo substituídos geralmente pela experiência profissional e pela análise da experiência alheia.

Assim, na abordagem do planejamento global de mídia/mídia alternativa, a mídia demonstra a vontade de conhecer melhor os veículos, sua audiência privilegiada e suas funções. A mídia alternativa traduz a preocupação de mensurar os resultados e os rendimentos dos contatos e de conhecer melhor os parâmetros ativos de cada contato, para melhorar os rendimentos. Existe aí uma verdadeira complementaridade entre mídia e mídia alternativa.

Principais análises de audiência

MÍDIAS				
Cartaz				
4 X 3	Medida de circulação de pessoas diante dos outdoors (GIE Avenir, Dauphin, Giraudy)	BVA	50.000 entrevistados	– Confrontação/itinerários das pessoas e dos outdoors – ODV, cobertura, freqüência – Resultados por mil e por categorias sociodemográficas
Metrô lateral e traseira de ônibus	Métrobus	ESOP (empresas de cartazes)	1.500 entrevistados Paris/RP	– Reconstituição de 300 trajetos típicos – ODV, cobertura, freqüência → Cruzamento com o controle estatístico da divulgação, transportes habituais, freqüência de exposição à mídia e aos Hipermercados
Rádio				
O 75.000	Rede de TV + UDA (União dos Anunciantes) + algumas agências e centrais (rádio, mas também TV e cinema)	Médiamétrie	75.000 entrevistados por ano, ou 250/dia	– Audiência por quarto de hora (rádio, TV) – Audiência acumulada – Duração da escuta – *Share* de mercado – Hábitos → ODV, cobertura, freqüência No cinema, audiência nos 7 últimos dias/freqüência (12 meses, 30 dias, 7 dias) Hábitos → Todos os critérios do planejamento de mídia clássico
Painel de rádio		Médiamétrie	Tirado da "75.000"	– Método de questionário preenchido pelo ouvinte + um questionário auto-administrado aplicado a 22 públicos-alvo
Teste Ile-de-France	Rajar	IPSOS	2.000 domicílios da Ile-de-France ao longo de 8 semanas	– Método de carnê de escuta – Notoriedade das emissoras de rádio – Hábitos de escuta TV/rádio e de leitura (IDN) – Audiência por quarto de hora → ODV, cobertura, freqüência global e de acordo com o local

TV			
Painel oficial	Médiamétrie	2.300 domicílios em audiometria com o "people meter"	– Audiência acumulada – Audiência instantânea – Duração média da escuta – Fatia de mercado das outras – Audiência dos comerciais → GRP, cobertura, freqüência
Audicable	Médiamétrie	2.300 domicílios com questionário auto-administrado + questionário preenchido pelo ouvinte	– Base de assinatura de lares – Audiência a cada quarto de hora – Perfil dos assinantes de cabo – Perfil por emissora → Dificuldade de fazer um planejamento de mídia preciso

Cinema			
O 75.000	Médiamétrie	75.000 entrevistados	– Expectadores dos 7 últimos dias – Perfil dos expectadores de cinema → Ainda não existe planejamento de mídia por sala e por filme

Imprensa			
IDR IDN	EuroPQN (SPQR, SPP)	IPSOS	20.000 entrevistas em 10 meses Sistema Cati	– LUP (Leitura último período) – Leitura número médio (LNM) – Leitura regular confirmada – Hábitos de leitura → ODV, cobertura, freqüência na região parisiense e nacional
Revista (+ cotidiano)	AEPM (p/APPM)	Sofres, ISL IPSOS	15.000 entrevistas em 2 levas de 6 meses	→ LUP – Hábitos de leitura – Modalidades de leitura da véspera – Duplicações – Áreas de interesse → ODV, cobertura, freqüência – Cruzamento possível com a freqüência de consumo de outras mídias

Revista + Diário + de economia	Executivos franceses em atividade	IPSOS	5.350 entrevistas com 15 públicos	– Audiência mídia impressa (e rádio) – Cruzamento com o tipo de executivo (15 tipos) e a participação nas tomadas de decisão de compra (critério interessante para o marketing) → ODV, cobertura, freqüência
Revistas (+ outras mídias)	SIMM (Interdeco + outros)	SECODIP Sofres	14.800 entrevistas 9.821 casos responderam (amostragem)	– Análise enciclopédica do comportamento dos franceses em um número bem grande de mercados – Posse itens/marcas, intenção de compra, freqüência de bandeiras – Cruzamento por títulos – Penetração/eficácia → ODV, cobertura, GRP em relação a públicos-alvo de mercado
Mídia impressa agrícola	Agrimédia (France Agricole FNPAR)	BVA	14.800 entrevistas 9.821 casos responderam (amostragem)	– Análise de audiência do setor agrícola em número de negócios e em SAU (Conceito estatístico de avaliação em áreas rurais) – Estudo específico varejo → Planejamento de mídia específico
Mídia impressa médica	CESSIM		14.800 entrevistas 9.821 casos responderam (amostragem)	– Análise de audiência do meio médico clínicos gerais + especialistas

Destaque para as análises: IPSOS Renda elevada, que mede o índice de leitura da mídia impressa (+ outras mídias) nos domicílios ≥ 320 KF/ano (quilo/francos) (ou 8% da população)
IPSOS Executivos de Informática
IPSOS Coletividades Territoriais, IPSOS valores mobiliários
Existem projetos voltados a setores específicos como o grande varejo e a indústria.

MÍDIA ALTERNATIVA

Marketing direto

Impresso sem endereçamento (14 tipos analisados segundo o emissor)	Isamétrie (para Médiapost Delta Diffusion)	Médiamétrie	Painéis domiciliares (1.000) Painéis indivíduos (4.500)	– Número de prospectos nas caixas de correspondência (semana) – Medição de audiência dos prospectos ao sair da caixa de correio e após
Prospectos + mailings	Audiboîte (p/ Médiapost)	Sofres	20.000 entrevistas	– Análise de comportamento (e de audiência) dos franceses em relação à sua caixa de correspondência – Modos de leitura e de conservação

Sobre mailing, telemarketing e marketing direto, consultar a análise Démoscopie/Union Française du Marketing direct, no que se refere a audiência e comportamento, e algumas questões da análise SIMM

Promoção

Atitudes, Comportamentos	SIMM (Interdéco)	SECODIP Sofres	—	– Inúmeras questões de comportamento, atitude e opinião em relação às diferentes técnicas promocionais (jogos, concursos, ofertas baseadas em preço, liquidações...), que podem ser cruzadas com o varejo freqüentado
Sob medida	Homescan (Nielsen)		8.400 domicílios escaneados	– Resumo de compras com código de barras, permite medir o impacto das promoções/cupons, ofertas de redução..., notadamente comparando-as com os dados recolhidos em pontos-de-venda (GSA) ou caixas de correspondência
Sob medida	Consoscan (SECODIP)		8.000 domicílios escaneados	– Idem quanto à primeira parte

Deve-se ressaltar, também na promoção, a criação dos "megapainéis" (Sofres IPSOS) da ordem de 20.000 domicílios, que permitirão um acompanhamento declaratório de produtos, promoções e ofertas.

NOVAS MÍDIAS

Ainda não existe estudo de referência. Dentre os vários estudos que competem entre si, citamos:

Observatório multimídia	Sofres		– Equipamento e comportamento audiovisual, telefonia, videogames, informática
24.000 Multimídia	Médiamétrie	20.000 entrevistas	– Idem, incluindo internet e CD-Rom
A microinformática para o grande público	TMO	20.000 entrevistas	– Ligado ao grupo de teste (computador individual), um estudo dos domicílios franceses e seu comportamento diante da informática (micro, modem, CD-Rom, internet) e sua maneira de utilisá-la – Intenções de compra

Devem-se destacar as análises sobre os ambientes profissionais de informática realizadas pelas empresas de análises Dataquest, IDC, Intellquest...
e as análises do grupo France Télécom sobre os serviços Minitel e Audiotel.
Do mesmo modo, o cartão telefônico é objeto de questões no 75.000 Médiamétrie.
As novas mídias atraem inúmeros institutos de pesquisa.

Parte quatro

Uma estratégia de mídia/mídia alternativa na prática

Depois de definir mídia/mídia alternativa, verificar suas práticas, examinar o que está em jogo no futuro e compreender seus mecanismos, é hora de passar para a prática da estratégia de mídia/mídia alternativa. Nada de receitas milagrosas — que induziriam ao erro, sem dúvida —, nada de um *diktat* absoluto a relacionar objetivos e soluções dentro de um figurino prático mas enganador. Em vez disso, o que se propõe é uma iniciativa que cada um poderá acomodar a seu modo, estabelecendo, assim, sua própria abordagem. Com excelente desempenho, por ser original. Eficaz, porque inovadora. Como em toda parte, o conformismo na mídia/mídia alternativa leva à estagnação. Quanto à experiência, ela é enriquecedora porque constrói uma cultura pessoal. E a inteligência está em questioná-la para enriquecê-la novamente, num processo de análise numérica em que o objetivo é o aumento de desempenho.

Essa prática se desenvolve principalmente em cinco etapas essenciais, cada uma delas representada por um verbo de ação que a designa:

1. ORIENTAR
2. DEFINIR
3. CONSTRUIR
4. PÔR EM PRÁTICA
5. VALIDAR

Orientar, para: orientar a empresa de maneira geral, dando um sentido a sua ação.

Definir, para: definir os objetivos, os públicos-alvo e as eventuais respostas da mídia/mídia alternativa.

Construir, para: construir um arcabouço de comunicação coerente e eficaz.

Pôr em prática, para: pôr em prática a campanha, com suas dificuldades e oportunidades, em cada uma das técnicas utilizadas.

Validar, para: validar os desempenhos e resultados do ano 1 e preparar o exercício seguinte.

Essas cinco etapas parecem obrigatórias para o balanço completo de uma estratégia. Seu estudo sistemático constitui um bom memento e uma salvaguarda para quem quiser trabalhar diretamente numa campanha sem esquadrinhar previamente todo o terreno.

Diferentemente das três primeiras partes, em que nos expressamos naturalmente na terceira pessoa ("a agência", "o anunciante"), o aspecto prático desta quarta parte permite um tom direto, na segunda pessoa, eventualmente usando o imperativo para dar mais clareza e concisão.

13

Orientar

Acima do marketing e da comunicação, a análise e a ação fazem parte da política geral da empresa. É aí que se tomam as decisões importantes que orientarão a própria empresa. Elas são atribuição dos grandes proprietários ou, nos grupos, dos executivos superiores da holding. Sua área de influência abrange tudo, tanto que por vezes elas têm conseqüências importantes e universais, aplicando-se a todos os níveis de decisão e afetando os mais ínfimos detalhes da vida da empresa.

É o que acontece, por exemplo, com o design global da empresa, que deriva de decisões estratégicas pertinentes ao conselho administrativo, na visão que ele tem da empresa nos mercados atuais e futuros, e que encontra aplicações extremas nas normas gráficas que definem os objetos mais simples da empresa. Essa coerência descendente e ascendente (percepção) cria a própria personalidade da empresa e constitui uma grande parte de sua origem.

O exemplo do design global descreve bem a ambição da estratégia de mídia/mídia alternativa. Retirar sua orientação da política geral da empresa, para poder se expressar de maneira absolutamente coerente com ela, e dar resposta a objetivos de venda, de notoriedade e de fluxo tangíveis e cotidianos... até no mais anônimo ponto-de-venda cadastrado.

Reencontrar a missão da empresa

Não se trata de reinventar a roda, mas, por meio de perguntas simples e discussões abertas (que podem ser duras), apreender como o proprietário ou o conselho administrativo vê a empresa, seu papel e missão. Tente, você mesmo, responder a essa pergunta ou fazer com que seu presidente a responda: a resposta não é, de maneira nenhuma, evidente, e a pobreza ou riqueza de linguagem já é um sinal da maturidade da reflexão sobre o tema. Determinados donos de empresa imediatamente se expressam por meio da *função social* da empresa, seu papel diante da coletividade, sua inserção social, sua proximidade com o cidadão ou consumidor e suas necessidades atuais e futuras. Esse é um território natural dos donos de empresa visionários, que querem dar sentido a sua ação e uma história a sua empresa. Não é difícil imaginar que esse território é essencial para qualquer idéia de comunicação dessa empresa, e que qualquer idéia de estratégia de mídia/mídia alternativa deve se inserir nessa perspectiva de sentido e de valor. Um material magnífico para ser trabalhado por qualquer profissional de comunicação, uma mina de idéias para uma reflexão geral sobre mídia/mídia alternativa.

Outros donos de empresa, aparentemente mais grosseiros, referir-se-ão a respeito de suas empresas *por meio de números especialmente de caráter financeiro*, como o patamar de contribuição de margem líquida de sua empresa para os resultados da matriz. Por trás desses números pode muito bem se esconder uma falta de reflexão, mas cuidado para não generalizar. Tente suscitar a tomada de consciência de uma missão mais ambiciosa para a empresa, capaz de enriquecer o discurso, sabendo, entretanto, que o aspecto grosseiro de um número pode ser, ele próprio, revelador: "15% depois do imposto" é um testemunho da lógica econômica da empresa, concentrada ao redor das necessidades ou exigência dos acionistas, prioritárias em relação a qualquer noção de técnica e de *savoir-faire*. Em nome dessa lógica, um grupo de empresas desse tipo progredirá por meio da aquisição de outras empresas, da evolução das competências setoriais para acompanhar os mercados promissores ou com elevado valor agregado, que permitirão que se responda a esse imperativo financeiro. Naturalmente, função social e imperativo financeiro não precisam estar sempre em oposição, e, felizmente, um grande número de empresas tem a felicidade de cultivar tanto uma quanto outro. Seja como for, quando se procura conhecer uma empresa, é bom prestar atenção ao discurso inicial ou imediato, pois ele é rico de ensinamentos para a empresa e para a análise futura que você vier a fazer.

Por fim, existe outro tipo de dono de empresa, especialmente os que têm formação em engenharia, que abordam a missão de sua empresa através de seu *savoir-faire* tecnológico, de sua técnica, de seu *diferencial de competência*. Sua análise baseia-se na riqueza da empresa em termos de procedimentos, de produção, e nas vantagens que esses trunfos possibilitam. Sua reflexão em relação ao futuro articula-se em torno de saídas técnicas ou de mercados que possam acolher, de maneira lucrativa, sua tecnologia.

Função social, contribuição econômica, diferencial de competência tecnológica: três pontos de vista (não restritivos, que definem, *de facto*, um território que pode orientar as ações de mídia/mídia alternativa.

Situar o mercado da empresa

Você conhece e é capaz de delimitar o mercado da empresa, em termos de oferta (você mesmo e seus concorrentes) ou de procura (a que necessidade os consumidores satisfazem quando consomem seus produtos?). Essa definição é verdadeira num determinado momento, e continua ocupando o primeiro lugar. No entanto, é preciso ir além. Se, por exemplo, você possui fábricas de processamento de café, sua missão e seu mercado podem assumir um sentido diverso de acordo com o que você desejar. Você pode visar apenas ao segmento de cafés finos, por razões técnicas ou de contribuição financeira, e seu mercado pode assumir o caráter de um mercado "de produtos finos que proporcionam um determinado prazer gustativo, que devem ser consumidos em casa". Toda ampliação da linha de produtos e toda aquisição da empresa será orientada por esse modelo: é fácil imaginar até que ponto a estratégia de mídia/mídia alternativa — que será parte integrante de promoção, relações públicas ou mecenato — estará impregnada de uma tal concepção de mercado.

De modo contrário, com essas mesmas empresas de café, um outro grupo talvez desejasse se concentrar no produto café, tornando-se o especialista obrigatório e emblemático de todas as redes de distribuição, enriquecendo sua linha de produtos com inúmeras variedades que ocupariam nichos específicos. Sua temática de ação de mídia/mídia alternativa, a própria procura pelos territórios de mídia serão influenciadas pela devoção ao café preto.

Por fim, um outro empreendedor na mesma situação poderá, por exemplo, situar seu mercado na relação com o momento do café da manhã e todos os desdobramentos em termos de cereais e outros produtos que isso pode abranger em operações de *co-branding*. Outro, ainda, poderá situar-se no mercado do *soft drink*, por ser vendido para a indústria alimentícia, tendo antes como concorrente a Coca-Cola que os cafés X/Y.

Delimitar o mercado da empresa nesse nível é saber projetar e se situar para poder se exprimir melhor, saber com quem se está competindo e, portanto, definir uma concorrência que, também ela, se exprime em termos de território específico e ocupa nichos reais e/ou baseados em diferenciações psicológicas.

Compreender o funcionamento do mercado

Complemento essencial da definição de mercado, essa procura tem o objetivo de explicar o que o faz funcionar e progredir, para, em seguida, melhor situar a busca de valor agregado da empresa.

Determinados mercados progridem, antes de mais nada, em razão da oferta e da renovação de produtos. Os produtos se sucedem por meio de inovações reais ou fictícias, criando *mercados de anúncio*. A informática, as telecomunicações e os setores de valor tecnológico agregado são um bom exemplo disso. A mídia e as marcas falam de produtos com a antecipação de uma ou duas gerações em relação àqueles que se encontram efetivamente à venda. E quanto mais o mercado amadurece, mais essa distância se reduz.

Outros funcionam num *mercado de imagem*. Uma marca que está na moda ocupa o mercado durante um certo tempo, sendo depois substituída pela concorrente ao custo de milhões (por país). É um mercado mais permeável às marcas novas e ricas, que podem fazer parte dos "cometas". Um desses mercados típicos é o dos calçados esportivos: a extrema sofisticação dos produtos não tem nada a ver com a capacidade do consumidor (ou então seríamos todos campeões), nem com a verdadeira tecnologia. A marca é o veículo de um mercado que vive sob a *sedução das imagens*.

Existem ainda outras marcas que funcionam a partir da *evolução do consumidor*. É, não se pode negar, a evolução dos atuais mercados de produtos alimentícios. Essa evolução diz respeito, principalmente, a três fatores: os gostos (autenticamente local, mas também exotismo globalizado), os modos de vida (crescimento da alimentação fora de casa) e os equipamentos (microondas, por exemplo) dando forma a mercados muito diferentes e influenciando a política das marcas. A análise das grandes tendências das aspirações dos consumidores num contexto social, geralmente ilumina a mente do profissional de marketing, possibilitando que ele encontre idéias novas a respeito dos mercados e suas atribuições, especialmente por setores.

Existem hoje obras de reflexão a respeito de todos os assuntos. Não deixe de consultar os jornalistas que, na imprensa voltada para o grande público e, sobretudo, na imprensa especializada, estão atentos a tudo que surge, refletindo e debatendo. Conheça o trabalho dos pesquisadores, com suas inúmeras teses sobre assuntos e objetos da vida cotidiana. Os editores publicam ótimos livros de reflexão sobre temas ao mesmo tempo promissores e muito acessíveis (*Que sais-je?*, *Autrement*...) que possibilitam, a um custo baixo, que se faça um balanço e uma comparação de sua cultura e de suas reações: leia esses textos e dê uma opinião pessoal. *Regulamentos e leis* também podem mexer com o mercado. As leis contra o fumo afetaram profundamente as marcas de cigarro, acarretando modificações nas missões de empresas importantes. A Philip Morris tornou-se um dos grandes da área de produtos alimentícios, Marlboro no *prêt-à-porter*, Peter Stuyvesant no setor de viagens... Aliás, as leis podem criar mercados, o que geralmente acontece no que diz respeito ao meio ambiente. O mercado da coleta seletiva de lixo residencial ou industrial constituiu-se a partir de uma lei de 1992, que previa que, até 2002, toda comunidade e empresa deveria regularizar as questões de incineração, reciclagem e enterramento de dejetos. Criou-se, assim, um mercado de bilhões de francos com base numa lei e dentro de um prazo determinado. Cada vez mais, aliás, são criados mercados em torno de uma lei e de regulamentações que modificam a oferta, possibilitando a disputa entre as empresas e criando uma nova concorrência. E as empresas de telecomunicações comprovam isso, elas que, graças à atual desregulamentação e à possibilidade de operar em qualquer país, tornaram-se enormemente atraentes. O mesmo acontece com todos os mercados padronizados (de vídeo, por exemplo), em que o crescimento da oferta e as normas legais combinam-se para funcionar como um acelerador (VHS, 16/9e...) ou freio (Secam...). Ou ainda os mercados de química aplicada (fito-sanitários, remédios...), que podem ser completamente renovados com a entrada, em domínio público, de moléculas, por exemplo, que modifiquem totalmente a oferta de produtos.

Esses exemplos ilustram a diversidade de registros da evolução dos mercados, que criam escalas, às vezes passageiras, nas quais as empresas devem se situar e encontrar seu próprio valor agregado.

Descobrir o valor agregado da empresa

Missão, mercado, território: realidades que, às vezes, são difíceis de pôr em destaque sem cair no lugar-comum. Uma maneira de auxiliar nessa reflexão poderia ser a busca do valor agregado da empresa ou marca. Onde está sua especificidade, qual é a competência que a distingue? Em que ela se diferencia de suas co-irmãs? Em que seus clientes a diferenciam (ou, aliás, seus não-clientes, o que pode explicar seu não-consumo)? Essa diferença é tangível, exprimível, mensurável economicamente? Este último aspecto é o mais importante, pois ele geralmente sinaliza um diferencial de margem durável e explorável, que pode ser o fundamento da rentabilidade da empresa. Essa noção de valor agregado recorre, antes de mais nada, ao aspecto técnico, especialmente de fabricação. Em relação a seus concorrentes, em que a empresa tem um bom desempenho? Pode ter a ver com uma escolha excepcional de matérias-primas e de fornecedores ou, algo mais original, como uma máquina de embalar que assegura um determinado frescor que se tornou emblemático da empresa. É o caso do café Grand-Mère, cuja embalagem transparente permite que se veja o grão. Ou, ainda, com um *savoir-faire* histórico ligado a uma atividade tradicional de forja e fundição que passa uma imagem de solidez de geração a geração. É o caso da marca de eletrodomésticos Rosières.

A busca desse valor agregado revela-se, às vezes, uma tarefa de longo prazo, pois, assim como os territórios são em grande número, os métodos de investigação são múltiplos.

Procure trabalhar a história da empresa, a história de seus fundadores, sua origem geográfica, busque seus valores e dimensão cultural... Tudo que possa fundamentar a legitimidade e a imagem...

Trabalhe a clientela. Quem é ela? Quem foi ela? Foi famosa? Manifestou-se a respeito da marca?

Trabalhe seus atuais porta-vozes. Como Michael Jordan, no início um simples modelo contratado por uma marca de tênis, tornou-se algo muito maior quanto à percepção da marca? Em que momento e por quê? Qual o sentido que se deve dar a isso? Você pode trabalhar por analogia seguindo esses exemplos.

Essa busca do valor agregado da empresa representa uma escolha, uma eleição entre todos os recursos e *reservas* que você descobre no pessoal, no maquinário etc. Essa busca pelas reservas pode ser feita por meio do envolvimento de consultoria externa; de todo modo, é preferível controlar a reflexão do interior da empresa, para melhor fazê-las despontar. Garanta a participação de estudantes ou de pesquisadores especializados em função dos territórios investigados. Um analista de gráficos pode trabalhar com o patrimônio, um "supervisor de comunicação" analisar o atual portfólio marca/cliente, um engenheiro pesquisar os recursos técnicos, e, assim, você talvez descubra "filões" dentro da empresa que ultrapassam em muito uma simples estratégia de mídia/mídia alternativa, estruturando a empresa em seu conjunto e em sua imagem.

Em determinados casos, essa busca assumirá a forma de *desk research*[73] e de investigações; em outros, será preciso recorrer também a entrevistas. E, se a personalidade da empresa ou das marcas depende de sua imagem, será preciso realizar sondagens externas.

---

[73] *Desk research*: estudo realizado a partir de uma compilação de documentos existentes e de reflexões pessoais, sem consulta externa de uma clientela ou público-alvo.

Os procedimentos são variados, e devem possibilitar um ajustamento que deixe transparecer os diversos veios que revelam e alimentam essa diferença.

Como dissemos, a busca do valor agregado é uma escolha e eleição, porque, muito freqüentemente, ela é voluntarista e seletiva entre as diferentes fontes. O valor agregado deve ser suficientemente plural; deve refletir a realidade (mesmo que ela seja embelezada ou romanceada) e as aspirações da direção, sensibilizar ou encontrar uma reação favorável da parte dos públicos da empresa, sejam eles internos ou externos.

Fazer o balanço dos diferentes públicos da empresa

Não se trata, ainda, de definir os públicos-alvo, mas de compreender quem são os diferentes públicos, enumerá-los eventualmente, e, sobretudo, analisar aquilo que os liga à empresa, à marca ou ao produto: descobrir o "ponto sensível", pode-se dizer.

Esses públicos não são forçosamente consumidores, mas, por esse motivo, podem ser vitais para a empresa. Comecemos por estes.

Em primeiro lugar, o Estado, o poder político, econômico, jurídico e social, e as coletividades locais. Eles definem o espaço de atuação da empresa, ao mesmo tempo em que constituem cada vez mais um público a ser levado em conta, ao qual se deve informar e sobre o qual se deve exercer pressão para existir ou para defender território. O *lobby* ocupa o centro das discussões, geralmente estimuladas pelo outro ambiente composto pela mídia. Esta se constitui num público essencial para qualquer empresa ou organização, construindo a reputação de uma marca ou ignorando-a, o que pode ter a ver com uma desaprovação ou, no mínimo, com um não-reconhecimento.

O segundo público é, sem dúvida, o dos acionistas, identificados (bancos, investidores, institucionais...) ou não-identificados e variados — tanto mais importantes, então, a serem sensibilizados à empresa pelas marcas de mercado. É o caso, especialmente, das sociedades cotadas em bolsa, no primeiro ou no segundo mercado, para quem a imagem da empresa e de seus resultados é fundamental para a boa gestão do portfólio dos acionistas. Compreender esses acionistas, suas motivações e expectativas em relação à empresa, o peso que eles têm em sua evolução ou missão, é uma necessidade.

O mesmo no que diz respeito ao varejo: é conveniente, hoje, criticar as grandes superfícies, acusar seu peso em relação às marcas e denunciar a dependência que resulta disso. Para além dessas oscilações de humor, é importante conhecer sua participação linear de mercado por bandeira de distribuidor, compreender os mecanismos de cadastramento, tanto permanentes quanto promocionais, para medir a importância de cada rede: hipermercados, supermercados e lojas de departamento, tradicionais-especializados ou atacadistas. Para além dos números, levante a questão da dependência em relação ao varejo. E, já que se está analisando os públicos, procure saber quais são as pessoas físicas (número e identidade) que realmente detêm o poder.

Existem outros públicos de varejo que deverão ser futuramente estudados: venda por correspondência, televendas, comércio eletrônico ou, talvez, o retorno a determinadas formas especializadas. Os varejistas não são os únicos parceiros comerciais. Fornecedores (de matérias-primas e embalagens) e prestadores de serviços (bancos, informática, logística) constituem públicos que, no caso de determinadas empresas, são fundamentais, pois cada vez mais se exige que eles respeitem programas de qualidade, enquanto, muitas vezes, essa exigência não leva em conta suas necessidades e identidade. Olhe ao seu redor e defina aquilo que o liga a cada público, a importância do meio e a possibilidade eventual de reforçar esse elo. Disso poderá nascer a estratégia multipúblico que vá além do consumidor.

Ele é o centro de toda atividade empresarial, o responsável pelo faturamento, quem alimenta a marca. Antes de analisá-lo enquanto público-alvo a quem desejamos passar uma mensagem, procuremos conhecê-lo e defini-lo: qual o nome que damos a esse famoso consumidor? A marca tem um nome que distingue esse consumidor dos outros (assim, o "peugeotista" faz parte de uma tribo à parte que constitui um capital para a marca)? De modo mais simples, falamos em compradores, consumidores, pessoas ou residências equipadas? Quando se trata de um público de profissionais, estamos falando de tomadores de decisão estruturados ou mais individuais? Aliás, quem é o verdadeiro cliente/usuário, a empresa ou o indivíduo?

Antes mesmo de abordar os perfis dos consumidores de uma maneira bem precisa, você é capaz de tentar apreender as *variáveis explicativas* do consumo ou da compra? É o gênero, a idade, o tipo de moradia, o fato de ter um jardim, ou um critério mais cultural? O objetivo disso é compreender melhor o que une o consumidor potencial e a marca. Que valores eles partilham? Em que ambiente ou cultura se insere essa relação de consumo ou de não-consumo? Explicar o não-consumidor pode ser, às vezes, mais interessante: trata-se de um não-consumidor absoluto ou alguém cujas necessidades estão satisfeitas e, portanto, que poderá tomar uma decisão no futuro (quando for trocar seus equipamentos)? É alguém que consome pouco a marca ou produto? Nesse nível, nos parece importante, ao abordar um mercado — ou quando se reinicia, retornar aos fundamentos culturais do mercado e do consumidor.

Não se trata de alinhar os públicos um depois do outro, e sim de analisar *sua importância* em relação à empresa, de compreender a natureza de seu vínculo com ela e, depois, de hierarquizá-los. Toda estratégia acarreta, inevitavelmente, uma escolha de público: o público principal será geralmente o público final (o cliente, o consumidor), por razões comerciais, sem que isso seja algo obrigatório. Por exemplo, campanhas direcionadas aos distribuidores, formadores de opinião, acionistas...

Determinar os objetivos

Quais são os objetivos da empresa para os próximos três ou cinco anos? O que espera o acionista? O que pode ser feito diante dos concorrentes e nos mercados atuais? Existem potenciais que desejamos valorizar? Queremos fazer com que o valor agregado da marca ou da empresa evolua, alterando-o em função de futuros mercados?

São perguntas difíceis, que só podem ser verdadeiramente respondidas pelo dirigente da empresa ou responsável pela marca. A agência pode aconselhar; no entanto, a última palavra não deve caber a ela. Essas perguntas, ou outras mais específicas, têm a ver com a missão da empresa, a chave de sua evolução. Para onde queremos conduzi-la, que objetivos lhe atribuímos?

As apostas são a expressão de uma vontade (a missão), que leva em conta os potenciais e o valor agregado diante dos diferentes públicos da empresa: hierarquizar os objetivos ou hierarquizar os públicos, e vice-versa.

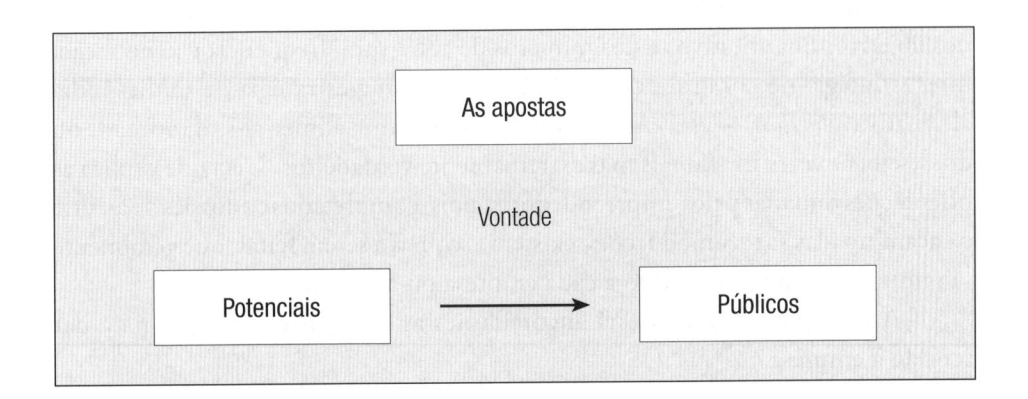

```
                    As apostas

                     Vontade

   Potenciais  ———————————→   Públicos
```

Quais são as apostas da ação comercial ou da ação de comunicação, para além dos objetivos comerciais ou de comunicação? É bom defini-las para melhor ancorar a estratégia de mídia/mídia alternativa no longo prazo.

O método para defini-las resulta de todas as abordagens precedentes: missão da empresa, valor agregado, mercado e trunfos da concorrência, consideração dos públicos. Ele se apóia em entrevistas com os principais responsáveis internos e externos da empresa capazes de avaliar seu alcance e suas possibilidades. As entrevistas podem ser feitas pela pessoa encarregada do assunto. Ela também pode ser assistida por um conselho de marketing estratégico, que terá provavelmente uma visão de conjunto e um julgamento mais amplo que ultrapasse os círculos habituais da empresa, e uma independência de espírito e de relações talvez mais adequada.

Definir as apostas, no plural, porque geralmente há muitas que respondem aos eixos de desenvolvimento preciso da empresa. Elas não serão as mesmas para todos; escolha as suas e hierarquize-as em função da orientação que você deseja dar à empresa. Use uma prática quase seletiva elencando os territórios em que elas podem se situar. Exemplo: em relação ao mercado (posição, hierarquia, símbolo), em relação ao produto (criar os produtos de uma geração ou de uma regulamentação), em relação a uma região (qual função socioeconômica), em relação ao consumidor (que percurso queremos percorrer com ele ao longo dos próximos cinco anos), em relação à concorrência, à mídia, aos acionistas (queremos vender em cinco anos? Em caso afirmativo, o que seria aceitável para a empresa, como lhe dar um valor agregado psicológico que reforce o aspecto material da negociação), enfim, qual aposta (e, sobretudo?) em relação a si próprio, se você for o dono, e em relação aos empregados, por qual aventura você quer que eles passem ou quer passar com eles?

Todos esses exemplos e digressões são propositais para mostrar que, para além dos objetivos quantitativos e dos números de cobertura, freqüência e penetração, uma estratégia de comunicação — e, portanto, uma estratégia de mídia/mídia alternativa *a fortiori* — está enraizada no fator humano, alimenta-se da vontade ou do desejo, às vezes irracionais mas extremamente verdadeiros. É ela que explica as orientações tomadas pelos empreendedores, pois, completados os dossiês de análise e encaminhadas as recomendações, existem escolhas a serem feitas, que geralmente são imitadas e que dão sentido a cada empresa ou a cada marca.

A estratégia de mídia está ancorada nessas escolhas e contribui para dar sentido à empresa.

14

Definir os públicos-alvo e os objetivos em relação a eles

Ao contrário da etapa anterior — orientar —, que só deve ser posta em prática por ocasião de reuniões importantes e estratégicas para a empresa ou a marca, a etapa de definição dos públicos-alvo e dos objetivos é obrigatória antes de qualquer ação. Mesmo as mais insignificantes ou anedóticas. Definir públicos-alvo e objetivos é dar a si próprio os meios para buscar as melhores soluções sem se perder num ceticismo exagerado.

Os objetivos de mídia/mídia alternativa dependem dos objetivos da empresa e de seu detalhamento em objetivos de marketing e/ou objetivos de comunicação. Quanto mais fazemos parte do universo corporativo, mais é preciso respeitar os objetivos de comunicação. Quanto mais assumimos uma perspectiva de vendas, mais é preciso respeitar e pôr em cena os objetivos de marketing. As estratégias de imagem de marca geralmente se apóiam nas duas situações ao mesmo tempo. É preciso haver coerência entre esses níveis de objetivos, cada um deles deixando claro o nível superior.

Por onde começar a trabalhar: pelos objetivos ou pelos públicos-alvo? Isso depende do que for mais determinante ou mais apropriado a influir numa estratégia já existente. Em geral, como os objetivos estão inseridos nas lógicas (corporativa, de imagem, de venda...), preexistindo, portanto, em larga medida, parece-nos preferível começar pela procura dos públicos-alvo, que funcionarão como filtro dos objetivos de marketing e de comunicação.

Trabalhe a busca de públicos-alvo

Sem temer a repetição, é preciso dizer novamente que o público-alvo não se confunde com a clientela. Por duas razões principais: primeiramente, porque o público-alvo pode não pertencer à clientela, nem mesmo ao universo de consumidores (campanha voltada aos formadores de opinião ou anunciantes); depois, porque a busca de público-alvo é, sobretudo, uma ação voluntária: você diz, por exemplo, que deseja "atingir os jovens...". A recomendação sistemática também será de analisar os públicos da empresa (acionistas, formadores de opinião, fornecedores, consumidores...), analisar a contribuição que possam trazer aos objetivos de marketing e de comunicação. O objetivo de entrar na Bolsa não visa ao mesmo público que o de dobrar a participação no mercado em três anos. Qual o público que pode permitir que se atinja cada um desses objetivos? Qual seu elo de dependência com a empresa: cliente, fornecedor, formador de opinião, empregado...? Como ele está estruturado? Temos estudos que permitam conhecer seu perfil, em termos sociodemográficos ou de comportamento? Se você não dispõe de pesquisas específicas para saber quem são seus clientes e quais são os aspectos em que eles se diferenciam em relação aos não-consumidores de produtos similares ou aos clientes das marcas concorrentes, realize-as — esse investimento permitirá que se economize no futuro — ou utilize análises coletivas existentes. Consulte os institutos de pesquisa, adquira deles triagens das pesquisas existentes, consulte os bancos de dados (Calyx, Consodata...), eles certamente têm respostas a suas perguntas; utilize as análises de mídia-mercado do tipo SIMM[74], você geralmente obterá os perfis de compradores de sua marca ou das marcas concorrentes ou líderes, o perfil das pessoas que se interessam por seu setor, que gastam uma certa quantia com ele, e mesmo que desejam adquirir um determinado produto. Do mesmo modo, as análises clássicas de mídia (AEPM, EuroPQN, IPSOS Executivos ou Altos Rendimentos) sempre trazem um conjunto de questões comportamentais. Analise esses números tanto em relação aos índices quanto à estrutura. Pois é aconselhável, por exemplo, isolar um grupo com um consumo três vezes maior do que a média. Mas, se ele representa apenas 0,1% de seu mercado, seu interesse permanecerá limitado. Ou, se ele representar 5% ou 20% do mercado, os meios de alcançá-lo serão diferentes.

Uma vez analisados esses públicos, e quando você estiver submerso em números e tendências, dê uma parada e simplesmente raciocine, depois retome os cálculos novamente. Esse ritmo de análise, cálculo + reflexão, geralmente

---

[74] Metodologia de análise de tendência de mercado. (N.R.T.)

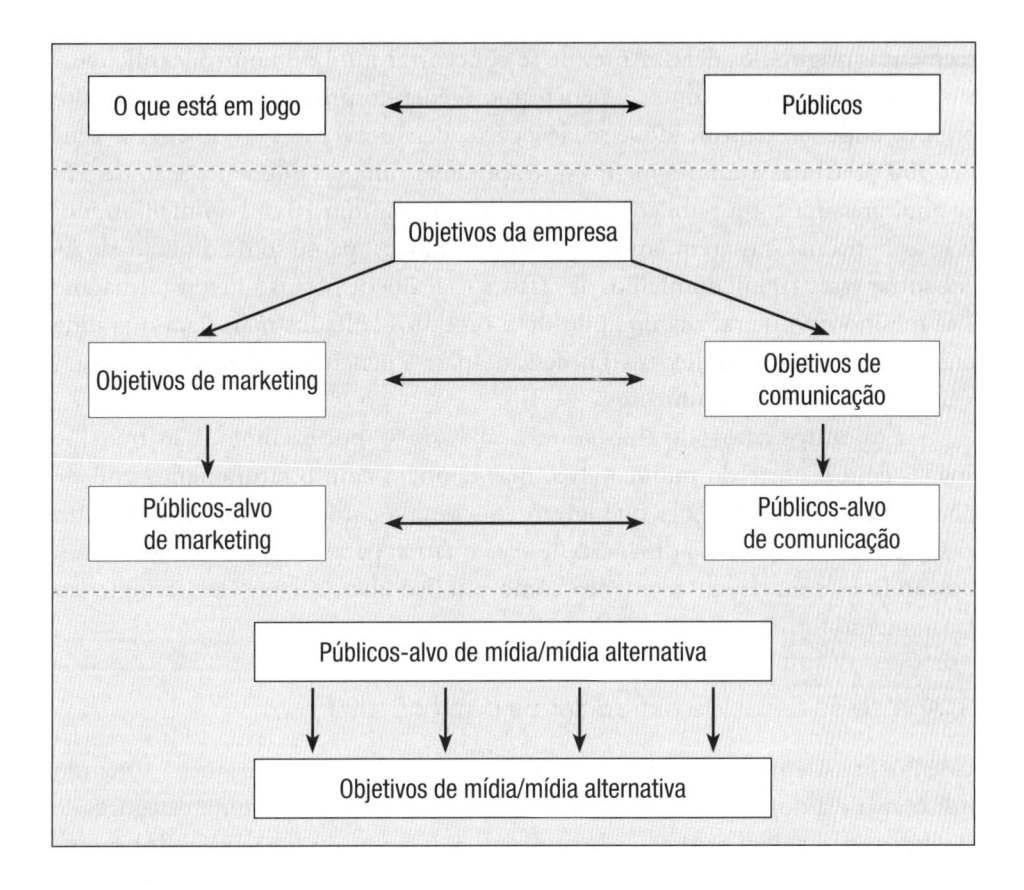

```
┌─────────────────────────────────────────────────────────────────┐
│  ┌──────────────────┐                      ┌──────────────┐     │
│  │ O que está em jogo│ ◄──────────────────► │   Públicos   │     │
│  └──────────────────┘                      └──────────────┘     │
│ - - - - - - - - - - - - - - - - - - - - - - - - - - - - - - -  │
│                    ┌──────────────────┐                         │
│                    │ Objetivos da empresa│                      │
│                    └──────────────────┘                         │
│                      ↙              ↘                           │
│  ┌──────────────────┐                    ┌──────────────┐       │
│  │Objetivos de marketing│ ◄──────────► │ Objetivos de │       │
│  └──────────────────┘                    │ comunicação  │       │
│           ↓                              └──────────────┘       │
│  ┌──────────────────┐                           ↓               │
│  │  Públicos-alvo   │                    ┌──────────────┐       │
│  │  de marketing    │ ◄──────────────► │Públicos-alvo │       │
│  └──────────────────┘                    │de comunicação│       │
│                                          └──────────────┘       │
│ - - - - - - - - - - - - - - - - - - - - - - - - - - - - - - -  │
│              ┌─────────────────────────────────┐                │
│              │Públicos-alvo de mídia/mídia alternativa│         │
│              └─────────────────────────────────┘                │
│                    ↓   ↓   ↓   ↓                                │
│              ┌─────────────────────────────────┐                │
│              │Objetivos de mídia/mídia alternativa│             │
│              └─────────────────────────────────┘                │
└─────────────────────────────────────────────────────────────────┘
```

beneficia uma abordagem clara. Em sua reflexão, analise especificamente alguns pontos essenciais.

1) Procure a variável explicativa

Qual a natureza da população que você quer visar? O que a caracteriza? O que explica melhor essa discriminação em relação ao produto? Qual a melhor variável explicativa que permite que você conserve determinadas pessoas e exclua outras — critérios sociodemográficos, sociopsicológicos, de equipamento (possuir um computador multimídia é um critério adequado para a compra de CD-Roms)?

2) Explicite os públicos

A experiência nos permite adiantar que um ou dois critérios são verdadeiramente explicativos da maioria das segmentações de mercado. Isole essas variáveis e os segmentos originários delas. Antes de se concentrar num ou noutro, explicite-os e observe se, considerando-se a penetração média do produto no mercado, esse público pode ser identificado, e se ele é capaz de absorver os seus objetivos. Vender 500 poltronas a um segmento que apresenta uma taxa de renovação de 5% ao ano, pressupõe um público-alvo inicial de no mínimo 10 mil domicílios/ano. E se as poltronas custarem entre 25 e 35 mil francos, pense só na dificuldade de encontrar esses 10 mil domicílios de classe social alta dispostos a investir. Imagine esse mesmo tipo de raciocínio aplicado a produtos voltados mais para o grande público: o porte do público-alvo necessário para a penetração desejada alcançará a casa dos milhões de domicílios.

Em outros casos, do tipo *business to business*, por exemplo, não trabalhe apenas com o porte do público-alvo, mas também com o faturamento que ele pode gerar. Faça simulações que levem em conta a compra média do segmento em questão, ou fazendo a distinção de seus quartis, para entender melhor como, buscando este ou aquele segmento como público-alvo, você poderá atingir seu faturamento futuro.

3) Analise os riscos de extrapolar os públicos-alvo

Geralmente, além do problema econômico, não existe nenhum outro. Quando nosso alvo é a dona de casa de menos de 50 anos e atingimos uma categoria de mulheres mais velhas, isso não é prejudicial, pois o consumo não vai se interromper aos 49 anos e onze meses. Por outro lado, particularmente em determinados mercados de luxo, extrapolar o público-alvo pode trazer prejuízo à imagem. E nos mercados de *business to business*, a extrapolação do público-alvo em mercados estanques (verticais e especializados, por exemplo) constitui-se em perda total, pois não pode haver rendimento. Recordemos, por fim, o caso de campanhas para produtos especializados que freqüentemente padecem de extrapolações para o grande público.

4) Utilize critérios de descrição dos públicos-alvo que pertencem às análises clássicas e às análises de mídia

Assim como é adequado inovar em matéria de busca de variáveis explicativas dos comportamentos, também é importante para a inicialização do público-alvo voltar aos critérios universais: sexo, idade, classe social, moradia etc., ou, no *business to business*, a critérios como a função do indivíduo, o serviço a que pertence, o porte e o setor da empresa. Esses critérios permitirão que você afira suas atitudes em relação a outras análises similares, dando uma base de apoio a seus raciocínios. Por outro lado, isso permitirá que você faça comparações diretas, sem critérios substitutos que possam falsear a transcrição. Isso permitirá, por exemplo, abordagens semelhantes à do Scan Planning, desenvolvido pela EMAP a partir de dados da Nielsen, para integrar em sua diferenciação de públicos os critérios de francos gastos, de ticket médio, de pequenos-grandes-médios compradores, detectar os potenciais de sua marca... e, afinal de contas, compreender melhor.

5) Hierarquize os segmentos dos públicos-alvo

Você talvez não queira atingir o conjunto de seu público com a mesma força. Conseqüentemente, a técnica do *público-alvo nuclear* é adequada? Ela define o segmento prioritário que você quer atingir. Ele se traduz por características precisas em relação ao produto, à marca ou à empresa, que você definirá como fundamentais (quantidade de produto comprada, local de compra...), e como uma norma para o conjunto dos públicos.

6) Identifique sua relação com cada segmento

Analisar a ligação do público-alvo com o produto, a marca... ou a campanha. Quais são os pontos de ancoragem dessa relação? São da mesma natureza conforme os segmentos, ou determinados segmentos têm uma *relação muito privilegiada* que merece ser individualizada por serem, por exemplo, geradores de potenciais? Essa relação limita-se às diferenças entre as quantidades compradas? Podemos precisá-la por locais de compra e momentos de compra ("clientes históricos"...)? Em cada público, seja ele o dos acionistas, varejistas, formadores de opinião ou consumidores, você encontra essa diferenciação de relação?

7) Finalmente, e sobretudo, entenda como a separação de seu público-alvo em segmentos nucleares tem uma conseqüência direta em sua política de mídia/mídia alternativa

Quanto mais você individualizar os segmentos de seus públicos-alvo, mais você será tentado a trabalhá-los separadamente em mídia/mídia alternativa, invocando a especificidade de um em relação ao outro. Por exemplo, um público-alvo único motivará um tratamento não-diferenciado e uma solução única de mídia. Contrariamente, a fragmentação do público-alvo em diversos segmentos conduzirá a abordagens bastante diferenciadas, sem extrapolações e bem enumeradas, mas talvez de realização mais dispendiosa. Os excessos serão os culpados, dos dois lados.

Um conselho: analisar a dispersão do público-alvo. Pode-se notar a ocorrência da norma 80/20? Ou uma concentração ainda maior? Essa concentração poderia autorizar um tratamento diferenciado para os públicos-alvo? Além dessa dispersão, queremos, em termos de marketing, aumentar a penetração no núcleo do público-alvo nuclear (QC – quantidade comprada) ou ampliar a base do mercado (NC – número de compradores)? A conseqüência em termos de mídia/mídia alternativa será a seguinte: aceitamos investir nos grandes consumidores por conta de suas características, ao contrário dos 80% restantes do mercado, que representam somente um consumo ocasional? Os primeiros merecem uma atenção especial, um investimento de contato individual, ainda que oneroso, e os 80% conseguirão se contentar com uma abordagem mais indiferenciada, do tipo da mídia de massa?

Qual é a estrutura do seu trabalho com públicos-alvo múltiplos?

Uma vez que, numa primeira etapa, você tenha identificado seus públicos, escolhido e depois hierarquizado os segmentos, analise mais uma vez a coerência desses segmentos em relação ao seu produto, a sua empresa, a seus objetivos. Qual é o elo que une esses públicos entre si e que os liga a sua empresa: uma simples relação comercial ou algo mais? Uma comunhão de valores expressa pelo produto, a empresa ou a comunicação; uma fidelidade a alguém ou a uma idéia? Qual a linha de ruptura que os diferencia? Uma questão de comprar/não comprar, de volume, de poder de compra, de interesse, de envolvimento, de paixão? É uma distinção comercial, de comunhão de valores, de hierarquia? Essa análise da diferença é, no mínimo, tão importante quanto a do elo.

Após essa análise qualitativa, retome as noções de quantidade e da teoria dos conjuntos. Seus públicos constituem conjuntos separados que devem ser tratados separadamente, pois nada têm de comum entre si? Seus públicos fazem parte de conjuntos unidos, com os mais envolvidos sendo uma divisão dos outros?

Um exemplo, em *business to business*. Você vende produtos e serviços a setores industriais que não têm nada a ver entre si (são separados). Talvez você não tenha nenhuma solução ou desejo de atingi-los conjuntamente, pois isso não faria sentido. Por outro lado, num público-alvo não mais composto em termos de setores, mas de funções e peso hierárquico, estaríamos falando, mais naturalmente, de conjuntos unidos, com os quais você quer trabalhar de maneira conjunta, exercendo uma pressão superior numa parte do público-alvo.

No primeiro caso, esquematicamente, você escolhe trabalhar uma ação por público, sem se preocupar com os outros segmentos. No segundo caso, você geralmente exercerá uma *supressão no segmento discriminador*.

Falando ainda de maneira esquemática, o primeiro conjunto de segmentos se parece mais com uma matriz (sempre se poderá fazer alguns reagrupamentos), o segundo a uma pirâmide ou a um sistema de "convexos" mais ou menos imbricadas.

O primeiro sistema pode se satisfazer com um tratamento específico por mercado (imprensa profissional vertical ou mailing por setor) ou com um tratamento similar para todos os segmentos (por exemplo, uma campanha na *L 'Usine nouvelle* e *L 'Entreprise* pode atingir diversos segmentos profissionais de empresas). O segundo sistema implica forçosamente a utilização de diversas soluções de mídia/mídia alternativa, que se combinam e se reforçam, diferenciando os públicos. Em *business to business*, essa dupla abordagem, por segmento ou uniforme, também existe. Ela pode, evidentemente, transformar-se em trabalho diferenciado de um público-alvo piramidal, privilegiando os atores mais adequados. É o caso dos produtos de luxo, por definição bastante "fragmentadores" num público assíduo. Tome o exemplo de uma marca como Guerlain; ela trabalha seu público-alvo mais amplo por meio do outdoor e da TV, reforça a pressão no núcleo feminino mais sofisticado do público-alvo utilizando a mídia impressa feminina de primeira linha, desenvolve um sistema de marketing direto bastante sofisticado ligado ao orçamento investido pelo cliente, e presentes de valor significativo (a diferença da relação de custo entre a mulher pertencente ao público-alvo e a cliente regular do público-alvo nuclear certamente é de 1 para 20).

Se você quiser pôr em prática um marketing diferenciado por público em função de seus objetivos de públicos-alvo, preencha o quadro seguinte, alimentando-o com seu orçamento (obstáculos) e suas experiências (rendimentos).

	Aumentar a notoriedade	Melhorar a imagem	Aumentar as vendas
Tamanho do público			
Faturamento do público			
Faturamento por pessoa e por cliente			
Margem por pessoa e por cliente			
Custo aceitável por contato			
Investimento por segmento			

A análise deste quadro dará a você a estrutura de seus investimentos por público. Estude-a e compare essa estrutura de custo àquilo que ela corresponde em termos de retornos. Este quadro permitirá que você questione seus segmentos de público-alvo, podendo diminuí-los ou aumentá-los. Ele também permitirá que você saiba se deve trabalhar seu público-alvo de maneira completamente distinta, de maneira completamente conjunta e homogênea ou de maneira conjunta e diferenciada (piramidal).

Retome seus objetivos de marketing e comunicação e transcreva-os em objetivos de mídia/mídia alternativa

Seus objetivos de defesa da imagem, aumento de notoriedade, valorização da empresa ou, simplesmente, de conquista comercial de partes do mercado, de gôndolas, de quantidades compradas ou de número de compradores vão se expressar em termos de mídia/mídia alternativa.

A. Os objetivos de pressão

Eles geralmente são os responsáveis por uma determinada eficácia, diante de objetivos concretos de marketing ("vender") ou de comunicação ("tornar conhecido"):
– ***Objetivos de cobertura*** do público-alvo (ou de cada segmento).
– ***Objetivos de freqüência:*** o que você escolhe como política de impactos de mídia? Um grande número de impactos por público-alvo, para ser eficaz (lógica de divulgação), ou poucos impactos, mas com um grande valor unitário? Queremos um número de impactos preciso ou um patamar de impactos por indivíduo atingido?
– ***Objetivos de alcance de impactos por públicos-alvo:*** você quer que todas as pessoas recebam de maneira uniforme o mesmo número de impactos ou, ao contrário, gostaria de privilegiar um segmento? Em que proporções?

A campanha precisa de uma divulgação uniforme de impactos por público-alvo no período *ascendente* ou progressivo (antes de uma data de abertura, por exemplo), ou *descendente* (ligada a um evento inicial, por exemplo). Pense bem nas datas limites da campanha: data de início (primeiro dia da primavera, por exemplo), datas comemorativas... As questões de data, se elas forem importantes, poderão se constituir na ocasião de diferenciar as soluções de mídia/mídia alternativa.

Estes três indicadores devem ser mensuráveis: % de cobertura, número de impactos/pessoa, índices de memorização por impacto, expresso em % de pessoas que se lembram depois da exposição, número de GRP por dia, por semana ou por mês, para acompanhar a evolução da veiculação do número de impactos ao longo do tempo.

B. Os objetivos de conteúdo

O que, de maneira bem concreta, a campanha deve veicular? Um ambiente, um visual, um movimento, uma cor, um ponto de ancoragem pertencente ao patrimônio da marca (visual histórico, logo...)?

A campanha é argumentativa, e sua principal característica de mídia/mídia alternativa será veicular essa argumentação?

A campanha deve veicular encaminhamentos ao marketing direto (número de telefone, endereço), de maneira suficientemente legível ou audível, repetidos ou compreensíveis para serem facilmente percebidos e, depois, suscetíveis de serem utilizados?

A campanha deve pôr em destaque um objeto físico? Edição especial ou brinde direto...

C. Os objetivos de resultado sobre o público-alvo

Ainda que eles pertençam aos objetivos de comunicação ou de marketing, é bom precisá-los novamente na parte de mídia/mídia alternativa.

O que esperamos da ação ou da campanha em termos de resultados sobre o consumidor ou sobre o público-alvo? Um comportamento preciso, uma mudança de atitude, um fluxo nesta ou naquela data? Podemos combinar esses resultados entre eles (planejamento de data), num dado sentido (atitude, comportamento →fluxo, que será o sentido clássico, ou, ao contrário, com uma ótica ligada a um fluxo específico, depois uma mudança mais lenta de comportamento e de atitude, dentro do quadro de uma ação ligada a evento).

Todos os objetivos de *feed-back* e de interatividade de público-alvo devem ser classificados nessa rubrica. São os objetivos de resultado que influenciam a mídia/mídia alternativa. Como o público-alvo responde? Por meio de um bônus a ser destacado, uma ligação telefônica, um contato pela web... A escolha da mídia/mídia alternativa deve integrar a natureza dessa resposta e ser capaz de estimulá-la por meio de uma presença e impacto suficientes, a fim de aumentar a eficácia da operação.

D. Os objetivos de natureza de impactos

Você deseja que os impactos tenham lugar prioritariamente num contexto específico (trabalho, domicílio ou transporte, antes de entrar numa grande loja, por exemplo), em um momento preciso do dia, da semana ou do ano, para responder a um objetivo de consumo?

Esse impacto deve atingir o homem-alvo num contexto isolado ou coletivo, ou, por exemplo, as crianças poderão ter um papel de influenciador afetivo?

Para apreender bem a natureza do impacto que se quer buscar, geralmente é preciso refletir sobre o momento (quando?) e o local (onde?), e sobre os hábitos cotidianos de seu público-alvo: trajetos, itinerários, hábito de usar transporte coletivo... de fato, integrar desde já seu comportamento de mídia suposto ou verdadeiro.

E. Os objetivos de expressão do emissor

Se o emissor do discurso que se quer promover for a empresa, a marca ou o produto, os objetivos de mídia/mídia alternativa podem influir na expressão que devemos lhe dar. Além do simples transporte de informações, que poderia se contentar, por exemplo, com uma relação *one-to-one* essencialmente discreta, como a que o marketing direto é capaz de trazer, o empresário pode muito bem desejar que sua empresa ganhe destaque por meio da valorização de quem toma a palavra ou age. Um objetivo assim talvez passe por uma certa midiatização da marca, que, então, perseguirá um objetivo de *aparecimento ou de visibilidade* para marcar seu território.

Estes objetivos mais qualitativos, que devem ser manipulados com precaução, são os mais delicados de guardar. Eles geralmente satisfazem o ego dos diretores de marca, mas podem ter um custo muito elevado, por apelarem para uma certa midiatização direta ou indireta.

F. Os objetivos de impressão do receptor...

Eles são o contraponto dos objetivos precedentes, vivenciados do lado do público-alvo, da pessoa visada. Para além da natureza do impacto, que analisamos anteriormente, e através dela, você pode querer deixar uma marca psicológica. Pense na *imagem específica* que você quer dar à campanha. Força, originalidade da campanha, lembrança do lançamento ou de um determinado ponto de ancoragem da marca... Os objetivos geralmente respondem à pergunta: "o que queremos que o público-alvo retenha da campanha?". Esses objetivos mais qualitativos, ligados à expressão do emissor e à impressão do receptor, talvez não visem a todos os segmentos do público-alvo; eles podem dizer respeito apenas ao seu núcleo ou apenas a um segmento paralelo como os influenciadores.

G. ...e as dificuldades

Você pensa bastante nos seus objetivos, mas para que eles não penetrem o domínio dos sonhos, que tal se você também pensar nas dificuldades, integrando-as? Podem ser compromissos com a escolha de mídia (ex.: você já garantiu uma vaga em um imóvel urbano da Decaux para o ano que vem?), ou com o orçamento (X milhões para gastar aqui ou ali, em função de compromissos, seja com as mídias, seja com o varejo — por exemplo, após um cadastramento difícil e que o obriga a determinadas operações promocionais datadas que acontecerão ao longo do ano), ou obrigações locais, regionais ou culturais. Aliás, cuide para que essas obrigações, por vezes excessivamente "políticas", não onerem uma parte muito grande do orçamento.

As dificuldades não são exclusivamente financeiras, elas podem estar no âmbito da mensagem: uma marca com um nome difícil, um logo ilegível, embora às vezes possam ser transformadas em trunfo (a cerveja Hoegaarden), são dificuldades que impedem uma ou outra solução de mídia ou mídia alternativa.

Enfim, para alguns, a maior dificuldade é a *dificuldade legal*. Inúmeros setores produtivos têm sua comunicação proibida (tabaco), dificultada (álcool), regulamentada (medicamentos e produtos de saúde) ou mesmo têm o discurso vigiado (pela BVP, órgão regulador da publicidade, responsável pela concorrência), em geral por terem veiculado promessas exageradas. Essa dificuldade regulamentar também pode impedir o acesso a determinadas mídias, como por exemplo a TV no que diz respeito à distribuição e à edição de livros ou de imprensa (mas não de produtos de informática!), ou de produtos regulamentados como o álcool. Verifique o caderno de encargos de seu produto ou setor. E pense numa solução paralela, como o patrocínio na TV, por exemplo.

Analise os comportamentos de mídia/mídia alternativa de seus segmentos de públicos-alvo

Você acaba de fazer um balanço dos seus segmentos de públicos-alvo, seu perfil, seu peso numérico, sua importância psicológica e, eventualmente, terminou de definir a ordem na qual gostaria de atingi-los. Perfeito. Mas você analisou o comportamento de mídia/mídia alternativa desses segmentos? Antes de mais nada, a freqüência com que usam a mídia: eles são *consumidores significativos de mídia*? Inúmeros estudos de mídia possibilitam que se conheça o perfil comparado dos consumidores de mídia (TV, rádio, imprensa, revistas...) em termos de idade, sexo, classe socioprofissional para as abordagens do grande público, ou em termos de poder de decisão de investimento, por função ou por setor, para as abordagens *business to business*. Compare esses perfis de consumidores de mídia aos seus próprios perfis de públicos-alvo. Onde se encontram as oposições e as conexões possíveis?

Esse primeiro olhar permitirá que surjam determinadas mídias nas quais você não teria necessariamente pensado de maneira espontânea (por exemplo, considerar a TV para um público popular da terceira idade, cuja cobertura não é cara, enquanto a TV, em si, talvez lhe parecesse uma mídia fora do alcance). Esse olhar sobre as mídias pode ter a ver com o volume de consumo mídia por mídia (em cobertura, duração de escuta...), ao estudar os PMG (pequenos-médios-grandes consumidores), mas também com o comportamento do seu público-alvo em relação ao consumo de mídia. Pode ser que ele se diferencie do comportamento da média dos franceses, escondendo "nichos de mídia adequados" em termos de momento ou de local. De momento, especialmente em relação ao rádio ou à TV: assim, o primeiro horário é consumido bem cedo no dia, sobretudo por aqueles que, na região parisiense, vão pegar o avião em Roissy ou Orly (5h-6h30). A manhã é, de um modo geral, o *prime-time* dos altos executivos, sendo que, para eles, além do rádio, há a leitura dos jornais de economia e a exposição aos cartazes em lugares específicos (estacionamentos de aeroportos, estações ferroviárias de onde partem os TGV). Existem, dessa maneira, roteiros de mídia que podem surgir quando analisamos o modo como o público-alvo emprega seu tempo. A noite poderá proporcionar o espaço predileto para um *tracking* multimídia (rádio→TV →revista ou imprensa de economia). O consumo de seu produto chega a produzir até comportamentos atípicos em relação à mídia? Um produto adquirido numa grande loja pressupõe o deslocamento de carro para o shopping center (logo, escuta de auto-rádio), com uma exposição a um determinado tipo de cartaz (no centro da cidade, para quem está passeando no shopping center, no estacionamento...).

O consumo de mídia também pode ser indicativo da atividade ou do perfil psicológico do público-alvo. Os ocupantes de cargos eletivos ou os funcionários de alto escalão escutam muito mais France Info que os executivos do setor privado. A própria leitura da mídia impressa feminina é um sinal de envolvimento com moda e beleza, e essa simples leitura é um sinal de segmentação para determinadas marcas.

Não limite seu olhar ao consumo e ao comportamento diante da mídia, estenda-o para a mídia alternativa. Antes de mais nada, para a mídia de divulgação (marketing direto ou promoção), procurando conhecer comportamentos e opiniões em relação à técnica de marketing direto que você pretende utilizar (telemarketing, seqüência de cupons, pacote de correspondência, mailing personalizado...) ou em relação à multimídia (equipamento em computadores com multimídia, abertura psicológica para a web e para as novas tecnologias).

Meça a atitude de seus públicos-alvo com relação às ações promocionais: em função da idade e da família, eles são *a priori* receptivos ou, ao contrário, pouco abertos? Se se trata de um público-alvo profissional, a própria prática promocional já está difundida? Em benefício de quem: da própria pessoa que decide ou de seu assistente (exemplo dos móveis e artigos de escritório)? Podemos inovar ou isso não será visto com bons olhos? Verifique as mídias alternativas de participação ou de sedimentação. Seu público-alvo encontra-se em momentos ou locais importantes? Essa concentração pode sugerir idéias de mídias/mídias alternativas? Em *business to business*, por exemplo, seu público-alvo participa de grandes encontros anuais (feiras, congressos, simpósios)? Ele é constituído de pessoas que normalmente assistem a conferências/debates na França e no estrangeiro? Lêem em inglês, desejam ler mais? Ao número de perguntas corresponde o número de respostas que podem jorrar.

Está claro que, para além dos estudos, a observação e a análise dessas práticas podem comportar um certo grau de subjetividade. No entanto, não é proibido buscar informações junto ao varejo ou aos formadores de opinião (*business to business*), que também podem ter formado sua própria opinião. O mesmo acontece na mídia alternativa: você pode testar suas proposições de maneira proveitosa com uma amostragem reduzida, medir seu impacto e, assim, evitar fazer bobagem.

Sempre na mídia alternativa, ao estudar o comportamento cotidiano de seu público-alvo, considere com ele o que pode lhe faltar para o trabalho e que você possa lhe proporcionar, sem abandonar sua missão enquanto empresa. Pode ser um objeto ou um equipamento que melhore seu dia-a-dia ou responda a uma necessidade mais profunda como uma formação e conselhos para ser mais competitivo. O abandono de qualquer preconceito quanto ao modo como será feita essa doação (presente, estímulo, *trade marketing*[75]...), talvez possibilite que você encontre um território de mídia/mídia alternativa que lhe seja adequado.

---

[75] *Trade marketing*: operação de comunicação ou de promoção montada de maneira diferenciada com as lojas de uma rede ou de uma plataforma regional, que leva em conta as necessidades específicas dos distribuidores.

Estude os comportamentos de mídia/mídia alternativa do setor concorrente

Depois de estudar os comportamentos de mídia/mídia alternativa dos clientes e dos segmentos dos públicos-alvo, analise os dos seus concorrentes. Em matéria de investimentos de mídia, o estudo das quantias gastas é bastante fácil, graças à "medida" Secodip[76] para a maioria dos setores, ou junto às sociedades especializadas em setores muito específicos como a comunicação agrícola, industrial, médica ou, ainda, informática. Todas essas empresas desenvolveram uma medida quantitativa dos volumes de comunicação e investimentos correspondentes. Mesmo se algo pudesse ser levantado acerca da exatidão das cifras, à medida que se trata de cifras relacionadas a tarifas e não reais, o problema não seria tanto de exatidão quanto de comparabilidade das cifras entre si. Essas cifras que servem de medida permitem que se conheça o peso dos investimentos de seus concorrentes por mídia, por veículo, mas também conhecer a política de investimentos deles: peso por órgão da imprensa, por estação ou por rede, peso por mês, até mesmo por semana, e, portanto, revelação da sazonalidade das ações. E, ao serem cruzadas com a medição de audiência, elas permitem que se compreenda a estratégia de mídia de cada concorrente. Desse modo, na TV, podemos analisar a distribuição de GRP por semana constatada em relação à média, para conhecer a força real e a duração de um lançamento, a tática de mídia utilizada e a eficácia do planejamento em matéria de exposição na mídia. As cifras de medida permitem ainda que se compreenda em que fatia (*day-time*, *prime-time*, *peak-time*), em qual estação e, portanto, com que custo presumido por público-alvo seus concorrentes trabalham.

Conhecendo, assim, a agressividade comercial de seus prezados concorrentes, você poderá decidir por se envolver numa luta frontal contra eles, na mesma mídia, ou, ao contrário, pegá-los no contrapé, trocando de mídia ou utilizando mais intensamente a mídia alternativa.

Justamente, na mídia alternativa é mais difícil saber exatamente o que se passa e o que fazem os concorrentes; existem determinados dados que nem sempre estão acessíveis. Consulte, assim, a BIPE[77], que lhe oferecerá o resumo das operações, e poderá orientá-lo acerca da quantidade de operações de cada tipo (jogo-concurso, brindes diferenciados...), por setor de produto, quando se trata

---

[76] Instituto de pesquisa que levanta grau de consumo, mídia, equipamentos. (N.R.T.)
[77] Empresa de estudo econômico e conselho em estratégia. (N.R.T.)

de concurso. Consulte a SOGEC (empresa de marketing), que poderá orientá-lo acerca das retomadas e as taxas habituais do setor.

No que diz respeito aos folhetos, foram implantados instrumentos de medida (Arbalet, A3 Distribution...), que permitem acompanhar sobretudo os impressos, os folhetos e as *consumer magazines* das grandes redes, e, portanto, medir eventualmente a presença de seus concorrentes e sua agressividade comercial (preço, oferta de quantidade...) rede por rede. Por outro lado, a análise dos quadros de varejo da Nielsen ou da GFK, conforme o caso e os mercados, poderá lhe revelar a parte do faturamento alcançado na exposição de produtos permanente (prateleira), em PG (ponta de gôndola), em promoção ou não.

Enfim, parece que em determinados mercados específicos você não conseguirá acompanhar os concorrentes com ferramentas tão sofisticadas. Nesse caso, confie em seus clientes e parceiros, e forme você mesmo seu banco de informações a partir de mailings e de operações que lhes são encaminhadas. O sistema D pode funcionar. A verdadeira dificuldade é conhecer as operações montadas pelos concorrentes, e, sobretudo, medir sua amplitude (tamanho do mailing, quantidade de convites...), contrariamente aos instrumentos de medida das mídias para os quais a quantidade de folhas distribuídas, a audiência de um *spot* ou de uma campanha são dados mensuráveis e medidos. Confie no seu bom senso e nas recomendações dos profissionais do setor para avaliar essa amplitude.

Munido das informações sobre os concorrentes, a decisão acerca da tática de mídia/mídia alternativa a ser usada é sua.

Saiba como passar dos objetivos de públicos-alvo para as grandes opções de mídia/mídia alternativa

No dia-a-dia, você é igual a todo mundo. Quer chegar bem depressa à conclusão, queimando alegremente as etapas que levam à decisão: a escolha das técnicas de mídia/mídia alternativa. O perigo dessa precipitação é levar ao conformismo, àquilo que já se faz ou àquilo que você já faz, uma vez que você faz as perguntas e as responde ao mesmo tempo. Por exemplo, se você perguntar qual o público-alvo, a pressão e o número de impactos para atingir um objetivo de venda, imediatamente vem a resposta de uma escolha de mídia, talvez da TV, porque você não vislumbrou verdadeiramente uma outra solução.

É por isso que aconselhamos que se respeitem as etapas: o que está em jogo, pontos fortes, depois os públicos-alvo e objetivos, antes de mergulhar. Para continuar rigoroso sem deixar de ser pragmático, e a fim de passar dos objetivos de públicos-alvo à escolha de mídia, adote inicialmente esta dupla postura:

1) Quais são as soluções de mídia/mídia alternativa que respondem a um objetivo com relação aos públicos-alvo anteriormente definidos (objetivos→soluções)?

2) O que cada técnica de mídia/mídia alternativa pode trazer a meus objetivos de públicos-alvo (soluções→objetivos)?

A primeira iniciativa é acadêmica, clássica; a segunda, mais reativa e, para alguns, um fator de inovação mais natural.

De fato, você irá confrontar seus objetivos com sua cultura de mídia/mídia alternativa: cultura de números (divulgação, audiência...), mas também cultura de resultados e de eficácia (impacto, taxa de retorno, taxa de transformação...). É a resposta da experiência e do conhecimento; é também a necessidade de um certo questionamento das idéias consagradas.

Essa é a razão pela qual é adequada a abordagem "em pinça". Ela depende, além disso, do *background* de cada um: o profissional de produto ou o profissional de marketing em geral reflete mais naturalmente em termos de problema/solução; o homem de mídia, por exemplo, geralmente reflete mais segundo um esquema inverso. Ele privilegia, ao lado de sua cultura, a competência, que cada técnica de mídia/mídia alternativa traz. Faça também esse exercício sozinho ou em grupo (do tipo *brainstorming*), para ampliar seu campo de visão para essa abordagem, e inovar.

Cruzamentos objetivos→soluções

A partir da grade de objetivos específicos (ver quadro a seguir) que você construir, repasse sistematicamente as idéias de mídia que lhe vierem à mente.

Comece por se lembrar bem das dificuldades (tamanho do público-alvo, tempo ou momento, obrigações ou acontecimentos recorrentes). Hierarquize seus principais segmentos de público-alvo por importância. Reflita livremente, deixe que aflorem as idéias, começando pelas mídias habituais, para, a partir delas, imaginar soluções inusitadas. Você tinha feito publicidade clássica na mídia impressa, com página inteira ou página dupla; mas seus objetivos de argumentação não permitiam outras formas de utilização da mídia: reportagens publicitárias, encartes, crônicas, publicações de índices mensais em parceria, e, se for na TV, pense eventualmente num infomercial. Retome seus objetivos qualitativos e seus objetivos de comportamento na mídia impressa, isole-os e busque a idéia de mídia/mídia alternativa que eles trazem neles próprios: uma idéia promocional, uma sugestão de marketing direto, uma proposta de evento ou de mecenato?

Não se censure, produza idéias. Se você deseja se orientar no sentido de uma iniciativa fragmentada com diversas soluções de mídia/mídia alternativa, procure saber qual a sua contribuição na idéia à qual pode conduzir tal segmento de público-alvo em comparação a outro. Aquilo que o distingue do segmento precedente talvez contenha em si uma idéia de mídia/mídia alternativa diferente. O segundo público talvez seja mais envolvido, mais especializado ou situado num patamar mais alto da hierarquia. Ele gostaria que isso ficasse evidente, por meio de uma ação mais característica ou elitista, que mereça um apoio tático (marketing direto a partir de cadastro, por exemplo, além de uma campanha para todos os segmentos, ou ainda convite para uma jornada de estudos...).

Você produzirá, dessa forma, uma lista de idéias, entre as quais algumas se destacarão de imediato como potencialmente interessantes.

A iniciativa é bastante empírica: faça uma avaliação de todos os seus objetivos de marketing e de comunicação, tanto objetivos de comportamento como de imagem, objetivos de curto e longo prazo, e busque as formas de utilização da mídia que eles inspiram. Depois faça o mesmo com os trunfos da empresa ou do produto. Independentemente, talvez, de seus objetivos, proceda — se ainda não o fez — a esse inventário a que nos referimos mais acima, das qualidades distintivas, dos valores agregados; analise as eventuais conseqüências, na mídia ou mídia alternativa, de cada um desses pontos fortes. Sua empresa tem um presidente mediático? Considere sua midiatização ou eventual utilização no relacionamento com a imprensa, numa convenção. Sua fábrica é nova? Pense numa cerimônia de inauguração, claro, mas vá além: se ela é bonita, por que não midiatizá-la também, numa revista de arquitetura (reportagem), por que não inscrevê-la num concurso de design, o qual, se você vencer, acelerará sua notoriedade juntamente com a da empresa. Sua publicidade constitui-se num trunfo histórico (Ripolin) ou bastante atual (Dom Patillo)? Como tirar partido disso?

Avalie os trunfos da empresa, da marca ou do produto, liberando, assim, algumas idéias de mídia/mídia alternativa de forte impacto, e cuja adequação se evidenciará se você a cruzar com seus objetivos. Elas são capazes de sustentá-los? Como?

	Busca das idéias de mídia	
	Segmento 1 (tamanho do segmento)	**Segmento 2** (tamanho do segmento)

- **Dificuldades**
- Tempo/duração/data limite/ordenamento
- Custo: limite de custo por contato desejado por segmento ou sobre o conjunto
- Mídia/mídia alternativa: acontecimentos recorrentes

- **Objetivos de pressão por públicos-alvo**
- Nível de cobertura
- Nível de repetição

- **Objetivos de transporte de informações**
- Argumentação (breve ou longa)
- Sentimentos, emoções

- **Objetivos de resultados por público-alvo (comportamento)**
- Fluxo
- Apelo
- *Feed-back* esperado e quantificado

- **Objetivo de natureza de contato**
- Profissional/pessoal
- Individual/coletiva
- Aprendizagem/lúdica

- **Objetivo de expressão do emissor**
- Destaque
- Imagem veiculada pela campanha
- Veículo de determinados pontos de ancoragem

- **Objetivos de impressão do receptor**
- Sentidos mais especificamente mobilizados
- Memorização esperada da campanha

Este quadro é um exemplo. Cabe a você construir o seu, adaptado aos seus objetivos. Faça-o de maneira bem completa, sem a obrigação de preencher todos os espaços num primeiro momento.

Cruzamento de idéias de mídia/mídia alternativa→ objetivos

Trata-se da mesma iniciativa, só que no sentido contrário. Parta das técnicas de mídia/mídia alternativa e verifique, uma a uma, o que elas significam para a empresa, a marca e o problema apresentado. O que elas trazem de novo, de significativo?

Comece pela mídia, cuja escolha pede geralmente um maior envolvimento inicial, e pela publicidade. Queremos estar presentes na mídia? Por quê? O acesso à TV, ao cartaz e ao rádio oferece algo a mais, de maneira global ou segmentada? Pode ser que você diga não à TV em termos de publicidade; e se for de outra maneira? E no rádio, não existem outras formas de estar presente além da campanha publicitária clássica? Enumere, assim, todas as formas de utilização da mídia que lhe ocorrerem, e verifique como elas podem tornar claro um objetivo de cobertura, de freqüência, de argumentação.

Faça o mesmo com a mídia alternativa ou com a publicidade alternativa clássica. Passe em revista a promoção, o marketing direto, a ação por meio de eventos, o terreno, as novas mídias. O que a promoção poderia trazer ao problema apresentado? Ela dá um aspecto original à marca, responde a um esquema econômico possível que não desvalorize o produto nem a empresa? Pode-se aspirar à famosa promoção qualitativa — às vezes quimera, às vezes realidade — que permite que se venda mais por meio de uma promoção que não afeta o orçamento (e até traz um ganho com o *co-branding*) e que, além disso, reforça a marca? Considere a possibilidade de utilizar a promoção, o marketing direto, o mecenato e as novas mídias no princípio; depois, só se volte para as dificuldades num segundo momento.

Faça o mesmo com as outras técnicas participativas (convenções, por exemplo), e você perceberá rapidamente que as idéias de mídia/mídia alternativa que lhe parecem adequadas são de três ordens:

1) *As que respondem de maneira evidente ao problema apresentado* (ex.: iniciativa promocional de fidelidade, diante de um crescimento que se mostra necessário das quantidades adquiridas por indivíduo ou por pedido).

2) *As que fazem sentido em relação aos trunfos da empresa, aos potenciais ou ao valor agregado.*

Esses trunfos apresentam temáticas que rapidamente vêm alimentar as idéias de mídias alternativas, dando-lhes conteúdo. Exemplo: as idéias de RP para as empresas que têm uma história, um patrimônio — um número muito maior de empresas do que geralmente se acredita, mas é preciso ainda buscar essas informações e ter o talento para fazer seu levantamento e estruturá-las. Essa "autenticidade" geográfica ou histórica de uma empresa pode servir para um evento, a produção de livros, a organização de museus ou de espetáculos, na alimentação do marketing direto, no universo da "dotação", seja para um estímulo interno ou da rede, seja para uma dotação promocional temática.

A empresa cujo valor tecnológico a diferença dos concorrentes não pode deixar de buscar a técnica de mídia/mídia alternativa que lhe possibilite retirar o melhor partido disso. O diretor de marketing apresentará todas as técnicas diante desse ponto de ancoragem tecnológica: exposição, publicação técnica, reportagem publicitária, criação de uma pressão extra que permitirá que se destaque esse trunfo, desenvolvimento de uma política de relacionamento com a imprensa para que as publicações técnicas tomem sempre a empresa como referência ao escreverem artigos relacionados à área em que ela se destaca (redacional, mas também criação de uma fototeca).

3) A terceira alavanca que possibilita que se faça um bom cruzamento entre idéias de mídia e objetivos consiste na seleção *daquelas que fazem sentido porque se inserem na relação produto-consumidor ou marca-consumidor*.

O que faz este último? Como ele adquire o produto? Em que momento? Em que local? Compra o produto separadamente ou junto com outros produtos necessários ao seu consumo eventual? Como o consome (momento, local, relação)? O que ele faz entre dois momentos de consumo (hierarquização, classificação, caráter ostentador ou, ao contrário, íntimo e pessoal)? Como o consumidor vivencia a função do produto (motivo da compra e/ou do consumo)? O que está na órbita da compra individual de um produto mais voltado para o grande público continua válido para a compra feita por uma empresa ou coletividade, para um bem de equipamento e para um formador de opinião.

É preciso compreender a experiência e a finalidade para encontrar as técnicas que podem se inserir nessa relação e, desse modo, saber como operá-las, alimentá-las, acelerá-las, reativá-las... As técnicas (especialmente em mídia alternativa) mais oportunas são as que são próprias a essa relação ou cuja utilização provocará nela um choque a partir do interior.

Faça a triagem das idéias de mídia/mídia alternativa

Você produziu um grande número de idéias, algumas resistem, outras talvez sejam tão espontâneas quanto extravagantes. Faça uma triagem dessas proposições utilizando dois critérios principais: adequação e confiabilidade.

Após uma primeira e rápida triagem, que eliminará as idéias irreais ou inadaptadas, faça um teste verdadeiro de adequação em relação aos objetivos: adequação cobertura/freqüência, capacidade de veicular os elementos da mensagem, capacidade de obter resultados de comportamento concretos (compra, fluxo), coerência com a imagem da marca/produto.

Uma vez garantido o princípio da ação, a viabilidade deve ser seu critério mais importante: viabilidade operacional e financeira. Operacional porque é bastante comum que, durante os *brainstorming* de mídia/mídia alternativa, as idéias brotem em grande número, às vezes pertinentes, mas nem sempre realistas. Elas pressupõem autorizações impossíveis de se obter e a negociação com pessoas incapazes de entender suas expectativas, pois estão a anos-luz de suas preocupações. É verdade que, muitas vezes, é preciso persistência para vencer, o que pode valer a pena.

Todas as idéias conservadas devem ser realizáveis no prazo (o que não é algo de pouca importância) e com um orçamento correspondente. O orçamento geralmente é a decisão mais difícil. Dois critérios principais permitem julgar o investimento e sua viabilidade, como vimos na terceira parte: o custo de acesso real para ser eficaz e o custo por impacto e sua coerência com os objetivos. O custo de acesso é o orçamento total para montar a operação. Todos os gastos estão incluídos: analise sua estrutura e decomponha-os em gastos técnicos e gastos de veiculação. Normalmente, os gastos técnicos devem ser baixos em relação ao orçamento de veiculação, quando o público-alvo é amplo e grande (15–20%). Eles serão proporcionalmente mais elevados quando o público-alvo for estreito, limitado, preciso e o valor do impacto esperado for bastante significativo: podem, nesse caso, alcançar 90% da despesa. O custo de acesso real inclui um estudo analítico da pressão necessária para se ter certeza de levar a operação a bom termo com uma real visibilidade. O custo por impacto (em MD, na promoção, em eventos) ou o custo em % de mercado (na mídia) é o custo proporcional. Ajustado à unidade de medida, sua análise permite incluir ou excluir a técnica ou a mídia, em função do plano de financiamento elaborado anteriormente, segmento por segmento.

Fazer a triagem já significa ter uma idéia da composição mídia/mídia alternativa

Todas as idéias que você desenvolveu, aferiu e mediu nem sempre têm o mesmo peso nem, aliás, o mesmo público-alvo. Elas não são intercambiáveis, mesmo que algumas delas concorram entre si e não possam ser levadas a cabo conjuntamente, especialmente por razões orçamentárias.

Uma outra atitude prática, que permite distinguir com clareza a idéia em meio às idéias que surgem, é classificá-las e ordená-las, para, em seguida, melhor compará-las ou combiná-las. Não existe, a nosso ver, uma classificação universal; tudo depende da chave de sua estratégia de mídia. Diversas chaves podem ser utilizadas, a escolha depende de você. Eis aqui algumas:

1) O tempo

Distribua suas idéias de mídia num planejamento para demarcar aquelas que concorrem entre si e aquelas que se impõem sozinhas em um momento T — na verdade, talvez prioritárias, pois possibilitam a ocupação do espaço-tempo no lugar de outras idéias. O estudo da cronologia também pode possibilitar que você se dê conta de que lhe faltam idéias para determinadas etapas de seu plano de comunicação.

2) Os objetivos

Relacione seus objetivos principais e destaque as soluções de mídia/mídia alternativa propostas. Aqui também você constatará os excessos, as concorrências e as carências.

3) Os públicos-alvo

Use o mesmo procedimento, especialmente no caso de um marketing diferenciado. No caso da busca de um público-alvo matricial, todos os segmentos úteis devem ser objeto de pressão, talvez específica em função de sua ligação com o público-alvo. No caso da busca de um público-alvo piramidal ou com público-alvo nuclear, cuide para que o segmento prioritário receba uma pressão extra diferenciada, mesmo valorizadora, se você precisar isolar e gratificar o público-alvo nuclear para que ele se reconheça como tal — por exemplo, no contexto de um marketing de relacionamento.

Você também pode proceder a uma classificação com critérios variados, usando uma planilha de cálculo, por exemplo, para classificar as soluções de mídia/mídia alternativa segundo seus critérios tomados dois a dois. Exemplo: classifique as soluções em objetivos/tempo, no contexto de um plano de comunicação em que a sustentação é prioritária (pode ser o caso de um plano para um shopping center, em que os espaços de publicidade se alternem com os eventos e as animações). Outro exemplo: classifique as soluções em objetivos/públicos-alvo, no caso de uma ofensiva em marketing diferenciado, aliás, antes de fazer o cruzamento com o fator tempo, pois, em muitos casos, não seria possível abstraí-lo, tamanha a sua importância para o ritmo do plano de comunicação. A informática nada mais é que um veículo de decisão, graças às possibilidades de classificação e de visualização que ela oferece, mas esse suporte pode ser decisivo na pesquisa.

Algumas perguntas que devem ser feitas antes de concretizar as escolhas de mídia/mídia alternativa

Você avançou bem nas escolhas, mas ainda não consolidou definitivamente sua estratégia. Existe ainda a possibilidade de refletir e de eventualmente modificar suas proposições. Estas são algumas perguntas que você pode se fazer para ter mais certeza acerca daquilo que você deve conservar e daquilo de que deve abrir mão.

A. Quem deve falar? Você ou outra pessoa?

Pode parecer uma pergunta absurda, mas não é. Se você quer passar a idéia de que é o melhor, deixe que outro o diga, isso só reforçará o que for dito! Na publicidade, *a priori*, se você tomar a palavra, será você o emissor, mesmo que você transfira aos consumidores ou veiculadores "a comprovação testemunhal". Você também pode dar a palavra a um outro qualquer, criar uma associação de usuários especializada em comunicação, ou então utilizar técnicas indiretas em que um terceiro fale bem de você: um conferencista num simpósio, participantes de uma mesa-redonda organizada com uma mídia profissional, um autor que escreve um livro de encomenda, um jornalista que escreve um artigo a respeito de você e de sua empresa, uma reportagem (do tipo "Enviado especial") sobre um assunto próximo da atividade de sua empresa, um jogo de prendas que faça com que seus parceiros se coloquem em seu lugar... Faça os outros falarem com originalidade e colha os resultados.

B. Você precisa de midiatização? De quem e por quê?

Perguntas importantes, porque elas podem verdadeiramente pôr suas escolhas em questão.

Primeiramente, por que você precisa de midiatização? Será porque *você se dirige a um grande número de pessoas* e a midiatização lhe permite esse contato massificado pelo melhor custo e de maneira completamente controlada (distribuição de impactos ao longo do tempo, cobertura instantânea e acumulada semana a semana...). Se, por algum motivo, você não pudesse realizar essa campanha de mídia, o que poria em seu lugar? Reflita sobre essa solução substitutiva: ela é um tapa-buraco ou, ao contrário, o germe de uma excelente idéia de mídia? Você precisa de *midiatização pelo efeito de origem*? Por que você deseja que a informação seja transmitida por uma mídia que a chancele, a amplifique, a credibilize, em suma, reforce o discurso por meio de sua imagem? Você precisa dela porque a mídia dá um valor agregado a sua mensagem? E, se você não pudesse utilizar essa mídia? Faça o exercício de procurar outra técnica que pudesse substituí-la.

De qual midiatização você precisa? De uma *midiatização publicitária* porque ela lhe garante a célebre distribuição de contatos, ou de uma *midiatização mais ligada a eventos*, mais instantânea? Nesse caso, talvez seja melhor pensar numa parceria com a mídia (um dia com uma emissora de rádio, um número especial com um semanário ou diário...). Essa midiatização que você busca é, antes de mais nada, *um aval e uma credibilidade de imagem* de sua empresa ou de seu produto? Nesse caso, organize em paralelo à campanha publicitária (ou, talvez, em seu lugar) uma operação de relacionamento com a imprensa para que os jornalistas funcionem como intermediários da informação, transmitindo-a e avalizando-a. Leve em conta, no entanto, o fato de que, para uma operação de relacionamento com a mídia, seja ela voltada para a imprensa, o rádio ou, *a fortiori*, a TV, você não consegue controlar a data de divulgação e, portanto, não pode montar antecipadamente toda uma estratégia em torno disso (exceto se você controlar o evento em questão, se ele for importante e com data marcada...; mesmo assim, você sempre estará sujeito ao acaso de uma informação mais importante, mais urgente ou mais política, que tomará o lugar da sua no noticiário de TV ou nas páginas regionais).

Um conselho: trabalhe com a complementaridade das midiatizações. Por exemplo, midiatização do produto pela publicidade, midiatização de um valor agregado pelo relacionamento com a imprensa, midiatização da campanha publicitária na imprensa especializada, e, no item comunicação, midiatização de uma distinção do produto quanto ao sabor, design, midiatização da empresa por meio de uma ação de relações públicas ou de mecenato que fará com que se fale de seu envolvimento, por exemplo. Midiatize seus clientes... Midiatize, mas mantenha o controle das repercussões para evitar as incoerências.

C. Romper as normas de mídia/mídia alternativa do setor ou conformar-se com elas?

Não nos enganemos, o único valor verdadeiro de uma estratégia de mídia/mídia alternativa é realmente se destacar de forma a ser notada pelo público-alvo, e que este possa, desse modo, assimilar a mensagem que lhe queremos transmitir.

Para se destacar, é preciso transgredir as normas do setor ou se conformar com elas? É claro que tudo depende dos seus objetivos, porém ainda mais dos seus recursos e da posição que você ocupa no mercado. Se você é o líder e conta com recursos quase ilimitados, vá em frente, faça o que quiser, é você que criará as novas normas do mercado, diante das quais todas as outras marcas se verão confrontadas. Se você é um competidor com bastantes recursos e com o desejo de se tornar a referência clássica do mercado, ataque o líder de frente, utilizando as armas do setor. No caso contrário, aja como um terrorista. Aplique táticas de guerrilha, apresente-se onde não é esperado, faça uma ofensiva diferente. Ganhe pouco a pouco pontos de notoriedade, de público, do mercado... Isso significa o seguinte: use a mídia alternativa se o mercado for bastante voltado para a mídia. Isso também pode significar: use o telemarketing se o mercado costuma usar mailing impresso, seja o primeiro a fazer *co-branding* com uma marca forte diante da força do líder. Vá buscar seus pontos fortes em outros lugares da mídia, nas marcas externas, na associação, no reconhecimento, na inovação da linguagem.

Voltaremos a tratar disso, mas, enquanto isso, fique atento para respeitar bem as regras do jogo e para se certificar da viabilidade da técnica que você vai utilizar; senão, você não atingirá seus objetivos de se destacar.

15

Elabore seu planejamento geral de mídia/mídia alternativa

Antes de se lançar, faça um último balanço de seus objetivos, recursos, públicos-alvo e do panorama das diversas soluções de mídia/mídia alternativa que você imaginou, tendo claro que você não seria capaz de realizá-las todas. A escolha deve ser importante. Atente uma vez mais para as dificuldades e para tudo que possa influenciar suas escolhas de mídia/mídia alternativa: orçamentos, datas, eventos ou encontros anuais obrigatórios, renovações obrigatórias de mídia... Essas dificuldades podem fazer com que você elimine esta ou aquela solução de mídia/mídia alternativa ou, ao contrário, as torne quase obrigatórias.

Procure sua lógica de elaboração

Existem tantas maneiras de elaborar ou de projetar um planejamento quantos são os profissionais de mídia/mídia alternativa. Cada um acaba por assumir hábitos que constituem sua maneira de trabalhar. Não existe uma ordem preestabelecida, desde que o levantamento geral de recursos e possibilidades tenha sido organizado. O procedimento de triagem e elaboração do planejamento é uma atitude pessoal, com a qual cada profissional de mídia/mídia alternativa se investe e se envolve, com sua lógica e sua personalidade. Ele segue uma racionalidade aparente que é sua e que o leva a se mover numa grade de dificuldades←→objetivos/públicos-alvo←→idéias, da qual ele deve sair vencedor, tendo respeitado um certo número de parâmetros e de pontos de controle. É fundamental passar por esses pontos e verificar as adequações, e a ordem de elaboração pode continuar sendo bastante pessoal respeitando os fundamentos. Como num procedimento de certificação, todos os aspectos devem ser analisados e respeitados, mas o ordenamento continua variável.

Se você busca um método próprio, considere então, cada vez, o que deve animar a lógica da elaboração, analise o que é prioritário, o que vai criar o efeito de alavanca do plano. Escolha uma porta de entrada (públicos-alvo e trabalho diferenciado dos públicos-alvo, objetivo principal, instante prioritário, retomada da onda de campanha...) e elabore toda a sua arquitetura de mídia/mídia alternativa a partir dessa porta. Então desloque-se, mude de perspectiva, comece pelos objetivos e não mais pelos públicos-alvo, e reavalie sua arquitetura de mídia/mídia alternativa. Compare as soluções: existem elementos constantes que permanecem e se impõem, ou, ao contrário, idéias que se eliminam por não resistir à comparação?

Pode-se continuar a analogia com a arquitetura com a idéia de volume em termos de orçamento. Você pode construir uma "arquitetura de *loft*", isto é, um cômodo grande com pequenos cômodos úteis ao lado, ou construir uma "casa" mais desmembrada, em que cada morador tem um quarto, um cômodo para si. O mesmo acontece com a arquitetura das mídias, você pode optar por uma campanha única e poderosa, que atinja o conjunto de seus públicos-alvo, englobada simplesmente por alguns veículos táticos funcionais. É o caso de uma campanha de bens de consumo de ciclo de compra rápido e regular, e com público-alvo amplo, para a qual você decide não fazer um marketing diferenciado (quando menos, porque os critérios de diferenciação são mínimos ou inexistentes). Os únicos acompanhamentos serão as ações paralelas sobre o público-alvo do varejo, e algumas ações promocionais no chão de loja (*on-pack*, ponta de gôndola, participação nas operações de varejo, por exemplo). Inúmeras campanhas de produtos de consumo de massa e inúmeras campanhas de imagem são feitas assim: uma onda na TV + eventualmente um apoio tático por meio de cartaz (para a cobertura e a força imediatas), rádio (para criação de fluxo e apoio promocional), mídia impressa (para sustentar a imagem no público-alvo nuclear). Uma campanha mono ou bi-mídia bem concentrada, apoiada pela promoção no chão de loja.

Contrariamente, uma campanha de um bem durável para o lar ou um bem com alto envolvimento (isto é, diante do qual a noção de risco subsiste) construir-se-á mais naturalmente como uma casa mais clássica. Cada ação, como cada cômodo, tem seu destinatário principal, e tudo se comunica: todas as ações devem ser coerentes e organizadas. Isso não exclui derrubar as divisórias, dando vida aos cômodos que receberão um grande número de pessoas. Traduzindo: campanhas com vários públicos-alvo que congregam todas ou parte das ações/públicos-alvo, que respondem melhor a situações em que os públicos-alvo são fragmentados e/ou que desejam ser percebidas de maneira específica. Neste caso de uma única campanha principal ou várias ações separadas, questione-se acerca da visibilidade global de sua campanha dentro do orçamento, e sobre o respeito aos patamares de entrada, ação por ação. Para evitar a dispersão de recursos, sempre dentro do método da construção, questione-se acerca do número de andares da casa. Você quer construir uma casa térrea, em que tudo se comunica com o exterior no mesmo nível, através das mesmas portas-janelas, isto é, onde todas as ações de comunicação, quaisquer que sejam elas, ajudam a responder aos mesmos objetivos: imagem, *pull* e *push*, com seus atributos próprios que criam nuances na expressão da marca? Ou então sua escolha o conduz naturalmente a construir uma casa de três andares, por exemplo, que se comunicam entre si, mas onde a função individual está claramente identificada: um andar/uma campanha corporativa, um andar/uma imagem de marca-produto, um andar/chão de loja acelerando o fluxo... A escolha é importante, a conseqüência é imediata na maneira de apreender a construção de sua campanha. Como na construção da casa, questione-se acerca da capacidade de financiamento de uma campanha em três níveis.

Comece pelo núcleo da campanha

Comece, portanto, trabalhando o ponto central de sua campanha, depois organize os outros elementos ao redor. O ponto central é aquilo que fica se você tiver que esquecer ou cancelar todas as outras ações por razões de orçamento. É o objetivo central, a resposta aos seus objetivos, a ação central. Em inúmeros casos clássicos de estratégia, ela pertencerá mais ao domínio da mídia, com a mídia alternativa articulando-se em torno dela. É o caso de inúmeras estratégias voltadas para o grande público em que, por sensibilidade ou pelo peso financeiro de que ela necessita, a campanha específica de TV, cartaz ou mídia impressa — ou a campanha específica bi ou tri-mídia — fica no centro de toda a campanha, com a mídia alternativa articulando-se em torno dela.

Pode-se imaginar, contudo, que o núcleo de uma campanha pertença à mídia alternativa, seja porque ela substitui a mídia (caso da mídia alternativa de divulgação do tipo *consumer magazine* ou jornal empresarial), seja porque ela é um evento em torno do qual tudo se articula: exposição de lançamento, feira ou publicação de catálogo de venda por correspondência, por exemplo.

Uma vez trabalhada a ação central e as ações satélites que a acompanham interna e externamente (varejistas ou formadores de opinião), busque um segundo ponto de ancoragem ao redor de um segmento do público-alvo ou ao redor de um segundo objetivo, e organize novamente uma ação completa. Proceda dessa forma fazendo desfilar seus objetivos um a um, organizando as respostas e fechando-as por público-alvo: com os recursos disponibilizados, todos os segmentos de públicos-alvo foram atingidos dentro da ótica buscada? Inverta o sistema: relacione os públicos-alvo, organize suas ações segmento por segmento, população por população, e utilize os objetivos como trancas da adequação e abrangência de suas recomendações.

Jogue com o tempo

Numa segunda etapa, inscreva suas ações no tempo (a menos que já o tenha feito, caso o tempo seja seu critério de entrada), confrontando esse plano de ação com as dificuldades de tempo (eventos internos, feiras...) e as dificuldades naturais de calendário.

A passagem pelo tempo geralmente é um importante critério de filtragem. Pois, para além das dificuldades e das reuniões obrigatórias, o tempo cria obrigações que devem ser respeitadas: prazos de organização, produção de filme para a TV, estabelecimento de um plano de testes antes do lançamento de um plano de marketing direto voltado para um público-alvo amplo.

O tempo também é *o ordenador das ações*. Algumas devem vir antes ou depois de outras. O cadastramento e a colocação dos produtos nas prateleiras precede a ação de comunicação, ou os produtos não teriam como ser comprados. O ordenamento promoção/publicidade em relação a um lançamento de produto ganha um significado diferente conforme seu desdobramento: antes da publicidade, a promoção permite que se descubra o produto dando-lhe a palavra e atraindo por conta do inesperado e de um preço atraente ou uma oferta de efeito imediato (ex.: "satisfação garantida ou seu dinheiro de volta"). Após a campanha, ou ao longo dela, a promoção estimula a passagem ao ato de compra de um produto, e, se seu objetivo real for o de originar uma segunda compra, a técnica de desconto ou reembolso diferenciado, por exemplo, será mais adequada.

O tempo também é *o ordenador do trabalho dos públicos-alvo*. Paralelamente ao ponto precedente, procure atingir os públicos-alvo de acordo com um planejamento que respeite seus objetivos, mas também as prerrogativas dos públicos-alvo: formadores de opinião e/ou distribuidores na origem da ação, depois consumidores ou usuários. Entre estes últimos, também poderemos tomar a decisão de visar aos consumidores líderes antes dos outros, a fim de ampliar o leque de clientes pouco a pouco, beneficiando-se do efeito do boca-a-boca.

Assim, o tempo cria "espasmos" e "nós" que devem ser respeitados para que a campanha tenha ritmo. Espaços amplos de expressão, seguidos de momentos breves de concentração em diversos públicos-alvo ou de uma natural volta às origens do plano, trampolins para uma retomada.

Esse ritmo pode, aliás, ser acentuado, e o tempo também pode se constituir no eixo, na "coluna vertebral" de sua campanha. Existem *timings de mercado* no seu setor? Existem *timings das redes de varejo* na sua distribuição, com os quais você poderia agir em *trade marketing*? Procure combinar seu *timing* de comunicação e promoção com o *timing* da rede de varejo mais forte. Em vez de fazer deste, como freqüentemente acontece, uma dificuldade imposta pelo varejo (aniversário, festa de preços, 20 dias disso ou daquilo), transforme-o num trampolim para vender mais ou para que se fale bem de sua marca. O varejo agradecerá sua participação.

Abordar o plano de mídia/mídia alternativa pelo tempo pode ser também atribuir um papel a cada etapa do plano e, portanto, reter as linguagens de mídia/mídia alternativa adequadas a cada etapa: tempo de descoberta (necessidade de impacto, portanto mídia curta e rápida), tempo de aprendizagem (tempo de argumentar através da imprensa ou tempo de se comunicar por meio de operações de marketing direto — amostras-grátis ou promoções), tempo de fidelidade, tempo de proselitismo... Crie, assim, cenários comportamentais bem concretos, de acordo com os quais seu público-alvo deve pensar e fazer isto ou aquilo, neste ou naquele momento.

Já existem *tempos de públicos-alvo* ou de segmentos de públicos-alvo (como o Dia das Mães ou o Dia dos Namorados), ou que podem ser criados? Aliás, você mesmo é capaz de criar, de modo competitivo, *tempos da marca*, em alternância com os tempos da concorrência, ou, de maneira inovadora, *tempos específicos*, porque a concorrência ainda não os vislumbrou?

Para explorar, com fins pessoais, os *tempos da marca*, analise os atributos históricos e geográficos de sua marca, e crie ou recupere uma data ou momento que pertença a você e que o qualifique. Exemplo: o Dia da Avó tornou-se um verdadeiro sucesso, o Dia dos Namorados foi monopolizado pela indústria de perfume, San Marco criou jornadas da Itália na Europe 1, inúmeras marcas de uísque irlandês aproveitaram a festa de São Patrício, mas nenhum deles realmente enfatizou, ano após ano, sua ação na mídia/mídia alternativa, para se apropriar dessas datas. O dia de volta às aulas já foi utilizado, mas nenhum produto escolar ficou ligado a essa data, embora uma empresa como Larousse ou Nathan pudesse ter criado um evento recorrente nesse dia.

O tempo, finalmente, é *uma dinâmica de datas limite*. Uma data é um início, um ponto de passagem ou um final de campanha. Nesse sentido, ela indica uma certa dinâmica dos tempos da campanha. E, como na música, cada tempo pode ser crescendo (<) ou decrescendo (>), isto é, estampar uma progressão da pressão publicitária para chegar ao dia D, antes da abertura de um shopping center, por exemplo, ou uma pressão decrescente após um lançamento de produto com data fixa. Adquira, assim, o hábito de anotar cada tempo de campanha por meio destes sinais (<) e (>); eles exprimem bem a idéia da forma de pressão de mídia/mídia alternativa e a distribuição de contatos dia a dia, ou semana a semana, que você espera divulgar.

Reparta os papéis

Se você optou por uma estratégia de mídia/mídia alternativa bem diferenciada segundo os objetivos/públicos-alvo, procure repartir formalmente os papéis entre as diferentes ações e soluções. Essa repartição pode muito bem ser determinada segundo os objetivos principais: corporativo/empresa, marca/imagem, comportamento/vendas... Assim, você cobriu bem, por meio da publicidade e das técnicas utilizadas, os objetivos que persegue? Foi claro sobre o papel de cada um? Se o planejamento anterior não lhe convém, crie o seu ou recorra aos modelos de comportamento do tipo AIDC (Atenção, Interesse, Desejo, Compra), e ponha-o em prática na mídia/mídia alternativa. Deseja cobrir progressivamente o conjunto das quatro etapas? O que as etapas principais se tornam em sua seqüência de comunicação? Esta se divide pelo conjunto de etapas ou se resume a uma única estratégia de Desejo-Compra, que pode ser satisfeita por uma simples abordagem de ponto-de-venda? No primeiro caso, você identificou os valores de atenção e de desejo, e descobriu as soluções de mídia apropriadas? TV ou cartaz, pela atenção e pelo impacto. Ou, para aumentar o interesse, pode-se passar pelo caminho do relacionamento com a imprensa, se os jornalistas se apropriarem do assunto e passarem à argumentação e aos testes...?

Passe a palavra ao público-alvo e organize o *feed-back*

Em seu esquema de mídia/mídia alternativa, é sobretudo a marca, a empresa ou o produto que toma a palavra, quem é o emissor? Que lugar você deixa, então, para o consumidor ou para o distribuidor que constituem seu público-alvo?

Organize sua fala ou reação: qual o meio que ele pode usar para transmiti-la, fazer com que ela chegue até você? Um cupom-resposta, o telefone, uma *hot-line* posta a sua disposição, um e-mail ou site da internet? É bom abrir esses canais, mas isso pode não ser suficiente: estimule seu público-alvo a reagir, faça *appels packs*, organize o tempo, os fóruns e os temas de resposta e de reatividade. Organize a dimensão física da resposta pondo uma urna num shopping center ou numa grande loja, através do fornecimento de um envelope para um varejista (venda por correspondência) ofertando um cartão telefônico para um público-alvo do varejo... Por que não dar espaço de mídia ou de mídia alternativa, ou tempo no rádio a seus clientes? Talvez eles tenham algo a dizer, e seu testemunho talvez seja seu melhor aval ou, conforme o caso, sua melhor bússola. Para fazer com que a experiência de seus clientes apareça, encoraje-os! A reatividade canalizada e controlada é sempre mais positiva que uma reação desordenada e mesmo agressiva: quando você tiver problemas de qualidade, por exemplo, a cumplicidade que foi criada com os públicos-alvo poderá atenuar as reações. *Saiba passar da reatividade do consumidor para a interatividade com ele.*

Quanto mais seus produtos são envolventes, mais você tem clientes fiéis e mais você deve dialogar com eles: eles desejarão responder. Você toma a palavra ao custo de milhões e milhões de francos, e geralmente só deixa aos clientes alguns milímetros quadrados num anúncio ou cartaz, ou dois ou três minúsculos segundos num filme. Não é assim que você conseguirá instaurar o diálogo. Você fala no tempo N; sempre se pergunte de que maneira o consumidor poderá se exprimir no tempo N+1, pois é você que conduz o diálogo.

Questionar-se nesses termos significa também considerar o marketing de relacionamento com seu público-alvo como um todo ou como parte dele; você é claro quanto a isso? Definiu a relação ou tipo de relação que deseja estabelecer com seu público?

Em que ela se baseia? Na adesão aos valores da empresa, na prática de encontros regulares ou simplesmente num determinado número de compras de produtos por ano? No seu esquema de mídia/mídia alternativa, dê ao seu público-alvo as condições de vivenciar a relação que você lhe propõe: por meio de um jornal interno, artigos na grande mídia, publicações disponíveis em seus pontos-de-venda, um jornal da internet de acesso restrito. Sua estrutura de produto, de empresa ou distribuição contém, sem dúvida, pontos convergentes ou arestas passíveis de gerar sistemas de informação que lhe sejam apropriados.

Aja para tornar sua estratégia de mídia/mídia alternativa compreensível

O risco de inúmeras estratégias de mídia/mídia alternativa, complexas por serem múltiplas e terem vários públicos-alvos, é de se perder, de confundir o principal e o secundário, de se enrolar nos detalhes, perdendo de vista o objetivo prioritário. O primeiro reflexo deve ser o de simplificar a estratégia de mídia/mídia alternativa. A agência, o prestador de serviço, mesmo o diretor de comunicação que elabora um plano de mídia/mídia alternativa muitas vezes quer se justificar, fazer e dizer tudo, mostrar aos interlocutores clientes ou aos superiores hierárquicos que ele pensou em tudo, que não se esqueceu de nada... E ele acabará mostrando, e é por isso mesmo que não fez opções de forma a chegar ao núcleo de sua estratégia de comunicação. Você certamente examinou todas as idéias que lhe ocorreram e que lhe pareceram adequadas; no entanto, é preciso escolher, eliminar as ações concorrentes que visam aos mesmos objetivos, eliminar as ações paralelas que correm o risco de se tornar parasitas, quando menos em termos de organização ou carga de trabalho. Você mesmo talvez não possa fazer tudo, com a equipe interna ou externa de que dispõe. É melhor pôr em prática menos ações e realizá-las bem, começando por explicá-las bem aos outros.

Para otimizar isso, esquemas, diagramas e planejamento geralmente são muito úteis, tanto para si e sua própria reflexão quanto para os outros. Um plano de mídia/mídia alternativa geralmente tem que ser explicado e valorizado junto a um grande número de interlocutores. Seu esquema, especialmente hoje com a PAO (software de apresentação), é uma ajuda visual indispensável. Ilustre a coluna vertebral de sua campanha e ponha em prática focos nas ações paralelas. Se você não consegue ilustrar a inteligibilidade de sua estratégia, isso certamente se deve a um problema gráfico, mas, sobretudo, trata-se sem dúvida de uma opacidade da estratégia, em que os elementos importantes não seriam expressivos ou não teriam suficiente destaque. Trabalhe a inteligibilidade de sua estratégia.

Se não por causa dos outros, faça-o por você. E se você não gosta de trabalhar por meio de esquemas, aja de outra forma. Por exemplo, conte sua estratégia em voz alta, como se fosse uma peça, um filme ou um roteiro, explique a intriga e valorize o papel de seus públicos-alvo... E, se for possível, faça com que um interlocutor devolva sua estratégia decifrada. Simplesmente.

Algumas perguntas a se fazer diante de sua própria construção de mídia/mídia alternativa

A primeira pergunta que você deve se fazer é, com certeza, a respeito da precisão de sua construção quanto à intenção. O plano que você elaborou permite que se transmita(m) a(s) mensagem(ns) que você deve divulgar? Os meios respeitam o objeto do discurso? Melhor, eles o valorizam de modo a facilitar: 1) sua recepção, 2) sua compreensão, 3) seu interesse junto ao público-alvo ou aos públicos-alvo que você visa? O "como" está a serviço do "quê"? As perguntas que se seguem têm um caráter mais financeiro e encaminham para a resposta à pergunta geral: você dispõe dos meios para realizar suas ambições?

A. O custo inicial, ação por ação, é respeitado?

Nunca é demais repetir: o risco de inúmeras estratégias de mídia/mídia alternativa é pretender responder a vários objetivos e querer lançar um número excessivo de ações simultâneas ou sucessivas. Além do fator humano (carga de trabalho), que às vezes só pode ser compensado recorrendo-se a uma ajuda externa, pode se apresentar uma questão de nível de pressão. Foi prevista uma pressão suficiente para a ação ou campanha de mídia X (cobertura dos públicos-alvo, número de impactos por indivíduo...)? Ela atingiu o patamar necessário para ser eficaz? Esse patamar é considerado em termos absolutos de cobertura e de freqüência, portanto de GRP ou de número de impactos por público-alvo. Ele é considerado em termos relativos em relação às pressões da concorrência direta ou indireta (*share of voice*). Ele é considerado, sobretudo, em termos de número de pessoas efetivamente alcançadas por cada ação, e sua eventual capacidade de responder aos objetivos quantitativos próprios a cada onda de campanha (população do público-alvo × cobertura memorizada × taxa de transformação = população transformada × pedido individual = faturamento esperado da operação).

Só lance as ações que atinjam esse custo inicial, e que sejam eficazes por si próprias.

B. O orçamento alocado permite que se realizem adequadamente todas as ações previstas?

Determinadas ações secundárias conseguem transpor o muro de seleção, e seu custo se soma ao das ações prioritárias inicialmente previstas. Afinal, levando-se em conta tudo, elas são perigosas, especialmente para o financiamento da ação central?

Da mesma maneira, determinadas operações que eram exclusivas nos cenários iniciais encontram-se associadas no final. Isso é oportuno (patamar, concorrência psicológica...)? É economicamente possível? Escolha entre elas.

Inversamente, seja prudente no futuro se você não o foi ao elaborar o plano, e pense que o orçamento de comunicação pode ser diminuído. Isso não é uma fatalidade, é uma possibilidade que é preciso antecipar: o que você fará se o orçamento for reduzido? Eliminará certas ações porque elas não terão mais a mesma adequação, e eliminará outras para se concentrar na espinha dorsal da campanha de mídia/mídia alternativa; ou podará todos os orçamentos para poder fazer tudo, o que certamente seria um erro.

C. A distribuição do orçamento corresponde bem à sua intenção inicial?

Uma estratégia diferenciada de marketing parte do princípio de que todos os públicos não são iguais diante da marca. E, como conseqüência, que a empresa admite investir mais neste ou naquele público porque é mais estratégico para ela. A partir de um tal postulado, ao menos dois indicadores merecem ser analisados quanto à coerência de sua estratégia de mídia/mídia alternativa: 1) o cálculo de custos proporcionais (custo por mil ou custo de impacto), mídia por mídia, solução por solução, segmento por segmento; 2) o respeito à estrutura de diferenças tal como você a definiu inicialmente, X vezes mais para este ou aquele público-alvo do que para um outro... Ao final, sua estrutura de investimento respeita o interesse estratégico que você tem em seus públicos-alvo ou você desequilibrou involuntariamente o orçamento na direção deste ou daquele segmento? Essa comparação das estruturas de custo também deve ser efetuada em termos de importância das soluções de mídia/mídia alternativa. Assim, foi respeitado o equilíbrio previsto entre mídia/mídia alternativa, ou, muito além do que fora previsto, privilegiou-se o MD ou a promoção? Essa modificação de importância atribuída a cada técnica é facilmente corrigível? Apresenta uma dificuldade verdadeira ou riscos não calculados?

D. A mídia e a mídia alternativa estão bem coordenadas?

Mesmo numa estratégia simples de mídia, a coordenação entre os recursos de comunicação nem sempre é ideal; não é difícil imaginar a dificuldade numa estratégia de mídia/mídia alternativa. Públicos-alvo diversos, veículos diversos: o problema é mais agudo. Para além da coerência econômica sublinhada anteriormente, quanto ao simples respeito àquilo que havia sido definido inicialmente, é preciso retornar à função de cada técnica. Ela é bem utilizada, no momento certo, e seus objetivos são coerentes e realistas diante do trabalho sobre o público-alvo que terá sido feito na etapa precedente? Você só pode avaliar cada técnica e sua utilização na perspectiva do plano geral de comunicação.

Aliás, você pode ir mais além e falar de sinergia no interior das ações de mídia ou mídia alternativa, e sobretudo de sinergias entre as ações dessas mídias; entre as funções de transporte da informação da mídia e da mídia alternativa de divulgação e as da mídia alternativa de participação ou de sedimentação, que geralmente visam aumentar o peso psicológico do contato unitário para melhor fazê-lo passar do estágio de possibilidade de contato para o de probabilidade quase certa de contato.

Verifique também se o balanceamento entre extensivo/intensivo, isto é, privilegiando o número de contatos ou a importância atribuída a cada contato, foi devidamente respeitado em seu espírito, e se os dois estão sendo suficientemente alternados. Quando atuamos de maneira muito extensiva no público-alvo, não nos atemos o necessário aos segmentos; falta cobertura e corremos o risco de não deixar nossa marca. Quando atuamos de maneira muito intensiva, corremos o risco de nos tornarmos enfadonhos; cansamos os segmentos significativos do público-alvo. É necessário um equilíbrio preciso, em que os tempos de campanha e seu ritmo estejam bem presentes.

E. Você é capaz de fazer mídia alternativa com a mídia?

Ultrapassando a coerência, existe a sinergia das energias. Cada vez mais as mídias propõem operações de mídia alternativa, a fim de ampliar seu leque de serviços e de aumentar suas receitas financeiras. Você analisou suas propostas? Parece-lhe haver aí uma oportunidade?

Para ajudá-lo a responder, faça-se duas perguntas simples: uma qualitativa, a outra quantitativa. A primeira acerca da credibilidade. Trabalhar com uma rede de TV, uma rádio, uma grande loja ou uma loja especializada, conforme o caso, melhora sua imagem e credibilidade diante do seu mercado (consumidor ou formador de opinião)? A segunda pergunta é mais racional: esse aumento de credibilidade será levado ao conjunto do público-alvo ou unicamente ao núcleo do público-alvo, com uma cobertura e um impacto suficientes, a um custo aceitável, e até mesmo competitivo? Permitirá que você atinja um nível de força e imagem ou de reconhecimento? Se as respostas forem positivas, não hesite.

O que você pode fazer com este ou aquele veículo para aumentar seu impacto neste ou naquele segmento de público-alvo? O que você gostaria de propor ao veículo líder do setor, por exemplo, na imprensa profissional especializada, se você está no *business to business*, o que o posiciona fortemente e possibilita que sua campanha ganhe importância? Geralmente a imprensa é bem o tipo de parceiro que se pode utilizar em operações de mídia/mídia alternativa, mas você também pode utilizar uma emissora de rádio em parceria para dar importância a um jogo-concurso de grande envergadura. Do mesmo modo, com uma rede de TV aberta ou uma rede de TV por assinatura. E se você optar por uma operação com um órgão de imprensa, influa na aparência do título, faça um *excart*[78], uma cobertura de sobre-divulgação. Organize uma divulgação complementar voltada para um segmento de público-alvo em que ela seja valorizadora (ex.: ofereça a sua rede de divulgação um mês de assinatura do *Libération* para ter certeza de que ela será atingida por sua campanha, inserindo no jornal uma operação de jogo-concurso...). Retome seus objetivos de mídia/mídia alternativa, sua complementaridade, e desrespeite as regras, misture as técnicas, chame a agência e faça uma reflexão conjunta para inovar e produzir esse pequeno diferencial da campanha. Isso faz sentido? Produz uma diferenciação forte e um determinado impacto? A que custo? Compatível ou não com seus objetivos?

F. Qual será a marca de sua estratégia de mídia/mídia alternativa?

O que dirá o público-alvo? O que chamará sua atenção? O que ele lembrará da campanha? Do conjunto? Não sonhe, além dos concorrentes diretos, ninguém terá uma visão global de sua campanha. Certamente cada um poderá se ater a uma ação, a um detalhe criativo (o manequim, a cor do vestido, o tratamento gráfico, o gesto, o jogo de palavras...), bem como a uma manifestação que deixe uma lembrança positiva. Geralmente é importante procurar a eficácia desse ponto de referência futuro, e reforçá-lo para fazer dele um dos pontos significativos da campanha, certamente para um impacto imediato, mas também para uma memorização afetiva. Isso pode ser um presente, uma atenção por ocasião de uma operação de MD ou um instante por ocasião de um evento.

Isso também pode passar pela criação de uma fórmula de utilização da mídia que tem um impacto muito forte, e cuja memorização será associada durante muito tempo à marca: fazer um infomercial para a Philips, criar uma coluna fora da tela de TV para a Danone ou Intermarché, patrocinar "Perguntas para o Campeão" para a Larousse, criar uma parede pintada na marginal para o grupo Fiat ou Citroën, criar

---

[78] *Excart*: termo utilizado para designar um encarte localizado na parte externa do veículo.

o primeiro encarte musical para a IBM, correspondem às mais conhecidas entre as marcas fortes de campanha. Em mercados mais estreitos ou específicos, é fácil encontrar idéias ligadas a um sistema original utilizando a imprensa especializada. Assim, uma capa dobrada no sentido contrário da capa, ou um encarte com um sinal que conduz diretamente à leitura de uma página dupla na imprensa agrícola (que aprecia bastante essas inovações que forçam o impacto para além do próprio conteúdo da mensagem de inúmeros anúncios, geralmente banal).

Esses traços psicológicos se apóiam numa busca de inovação para se destacar, tirando partido das qualidades das mídias e rompendo com os códigos habituais de sua utilização.

Multiplique as ações com o menor custo

Você não está sozinho no mercado. É claro que existe a concorrência a ser enfrentada, mas você trabalha com fornecedores, distribuidores, parceiros financeiros (bancos), coletividades locais ou nacionais, organismos oficiais que influem na qualidade de sua produção (sindicatos profissionais, certificadores), mídias setoriais, locais ou nacionais, conforme a sua inserção e as dificuldades enfrentadas pela empresa. Em suma, um tecido importante que talvez esteja sendo subutilizado por você.

Parta do princípio de que essas entidades podem retomar a informação que você divulga, e mesmo co-financiá-la. Seu fornecedor pode se interessar em que o nome e o logo do novo ingrediente descoberto por ele apareçam na embalagem ou na comunicação de seu produto, que é seu principal cliente. E isso pode merecer uma determinada contribuição ou retribuição: seu produto torna-se uma mídia do fornecedor, sua marca o recomenda e sustenta. As marcas de automóveis entenderam isso muito bem em relação às marcas de lubrificantes, as marcas de sabão em pó, em relação às máquinas de lavar roupa e (por que não?) as marcas de pilha em relação aos jogos eletrônicos ou aos telefones celulares.

Inverta a análise no comércio. Em vez de "financiar" as redes de varejo, veja como esta ou aquela rede pode ajudá-lo. Pode ser que essa colaboração tenha um objetivo promocional ou de imagem. Assim, um fabricante de café, Stentor, voltado para o mecenato, trabalhou em *trade* com determinadas lojas que, em conjunto com a marca de café, recolheram recursos para os *Pharmaciens sans Frontières* (Farmacêuticos sem fronteiras), com um grande retorno em termos de imagem ética para ele. Para obter a contribuição do varejo, descubra o tipo de colaboração que as redes esperam de você no dia-a-dia, dialogue, e faça propostas que permitam a união dos interesses de ambas as partes. Isso será mais eficaz ou mais rentável que enfrentar freqüentemente as condições comerciais!

Consulte as coletividades locais. Elas também têm objetivos de imagem, também perseguem resultados que se medem em número de empregos, em dinheiro exportado, em toneladas transportadas... Sua atividade participa dos resultados delas. Você poderá obter subvenções, reduções de impostos e um grande aumento no volume de informação. Em troca, você talvez seja obrigado a colocar um logotipo externo em sua comunicação, mas essa justaposição a sua própria marca pode ser vantajosa. Idem no que se refere à colaboração com organismos certificadores ou outros sindicatos profissionais.

Multiplique suas iniciativas com a mídia para uma melhor comunicação. Olhe ao seu redor e note que são sempre as mesmas pessoas, as mesmas fábricas e as mesmas empresas que são mencionadas, direta ou indiretamente, ao longo de um determinado período. Isso é válido em termos nacionais, locais e regionais. Existem pessoas, fábricas e empresas emblemáticas citadas como exemplo ou que estão na base de discursos e artigos na imprensa ou em programas de TV. Marcas como Rossignol, Moulinex, Salomon, Bénéteau, Paul Prédault, Akaï têm sido objeto desse tipo de atenção, ainda que, há algum tempo, algumas delas tenham saído de cena. Em nível local, essas "estrelas" do mundo econômico, sindical e cotidiano monopolizaram a mídia a seu favor, multiplicando toda a sua comunicação a um custo mínimo. Isso não substitui a publicidade ou o marketing direto, mas vem se somar a essas técnicas, amplificando seu impacto.

Não se trata de exagerar nenhuma espécie de narcisismo, trata-se de compreender que, em todos os níveis, a mídia precisa de você assim como você precisa dela. E se ela não falar de você, de sua comunicação e de sua visão, falará de seu vizinho e concorrente. O que é melhor? Mas, atenção: isso é algo que precisa ser organizado, em termos de pontos de referência nos quais você deseja se concentrar de maneira específica. Não fale de tudo, escolha uma área em que você se destaca e construa ali uma verdadeira especificidade pessoal ou coletiva que traga vantagens à sua marca. Suas aparições na mídia não devem criar "diferenciais de ego" significativos com sua empresa, elas devem alimentar a imagem desta.

Na busca da multiplicação de sua comunicação, existem outros caminhos a serem trilhados: invente o seu. E pense em ações de *co-branding* com as marcas não-concorrentes e complementares, no momento do consumo, por exemplo; lembrando sempre que a escolha da co-marca não é algo sem importância. Retomando o exemplo do café, a marca se posicionará de maneira diferente se oferecer, como brinde, um chocolate extra-amargo e não uma torrada.

Pôr em prática as técnicas utilizadas

A arquitetura global da campanha foi definida: um ou vários níveis de campanha conforme os objetivos de comunicação e os públicos-alvo visados, uma ou mais ondas para respeitar ou criar tempos de comunicação, produzindo assim uma determinada dinâmica.

Agora é preciso pôr em prática a campanha, peça por peça, técnica por técnica, ação por ação.

Sai a reflexão, entra a logística. Isso não significa a exclusão de qualquer idéia nem a recusa de tirar partido de qualquer oportunidade; ao contrário, uma campanha deve se situar na atualidade e se beneficiar das alterações do calendário, do mercado ou das possibilidades oferecidas por parceiros da mídia, promoções, fornecedores ou concorrentes. Mas, salvo exceção, sua concretização não deve pôr em questão a elaboração inicial, sob pena de cair no imobilismo e na ineficácia, com o risco de desequilibrar o conjunto.

Trabalhe por técnica e por ação

O conjunto da campanha, da criação e dos recursos de mídia/mídia alternativa estão na sua cabeça. Esboços, roteiros e filmagens, geralmente já realizados ou em andamento, são animadores: todos eles o impelem sempre a pôr em prática, mais especificamente, o lado criativo (ou a idéia) do qual eles tiveram a primazia ou a responsabilidade, por meio de uma iniciativa entusiasmada bastante natural que é própria de toda produção criativa. Participe desse entusiasmo, não só para estimulá-lo, mas também para otimizar a sinergia entre criação e tática de mídia/mídia alternativa: o local da filmagem pode ser um ponto de apoio para uma manifestação específica, a escolha do ator ou do diretor pode dar motivo para uma ação de relações públicas que chame a atenção da mídia? Aplique essa tática de sinergia até o fim, mas, na própria elaboração da campanha, isole-se e faça uma reflexão individual. Trabalhe por técnica e por ação; ou, se determinadas ações estão muito imbricadas e têm objetivos comuns, trabalhe por seqüência. Divida seu planejamento anual em zonas a serem analisadas conjuntamente. No entanto, de todo modo, volte no final ao trabalho por ação e unidade orçamentária.

Respeite os fundamentos de cada técnica

Quaisquer que sejam as qualidades individuais, artísticas ou criativas, quaisquer que sejam os trunfos da equipe ou da marca, não perca de vista as regras e os objetivos básicos. Valorize os atributos de cada mídia; respeite também suas dificuldades de utilização. Aplique-os friamente, simplesmente, tire deles os ensinamentos necessários, leve em conta as diferentes hipóteses táticas, saiba avaliar seus recursos financeiros, humanos ou de varejo (progressão e peso de cada bandeira, importância por rede) e os de seu adversário, para saber como "jogar" com eles na mídia, na promoção, no MD... ou neutralizar sua ação no mecenato. Como no futebol, o respeito aos fundamentos só estimula o prazer do esforço, o sentido do jogo. E, eventualmente, a exploração da individualidade, que então se torna a transgressão, consciente e talentosa, desses fundamentos.

Para reencontrá-los, ponha-se diante da tela do computador e faça-os surgir por ação, objetivos, públicos-alvo, momentos, orçamentos... depois passe ao detalhamento, passo a passo, para construir a ação.

A. Alguns exemplos de mídia

1) Para um plano de TV, tratar-se-á, por exemplo de: duração da campanha, número de GRP por semana/público-alvo, peso das redes, as relações *day/prime/nightime*, mas trabalhando especificamente a entrada, o *prime* e o *peak time* das campanhas de alto risco, a relação semana/fim de semana. Como sempre, a abordagem pode ser puramente matemática; no entanto, ela poderá incluir uma proporção mais qualitativa, apoiando-se nos intervalos entre programas ou nos intervalos dos filmes, por exemplo — sem deixar de validar quantitativamente essa escolha, pois, em média, a última palavra geralmente continua sendo dos números.

Confie no profissional responsável pela compra de espaço na TV, entre em contato com as redes para conhecer a evolução de sua programação, consulte seus planejamentos semanais e mensais de desempenho, respeite os objetivos e padrões, e, portanto, os célebres fundamentos. Depois concentre-se em dois tipos de quadros: os planejamentos que mostram a pressão/dia, e, portanto, os eventuais buracos que é preciso preencher insistindo junto aos planejamentos das redes, e os quadros dos programas antes/depois. Cada vez mais a diferença se situa nesse nível. Obter uma determinada pressão num ambiente definido antecipadamente por ser mais promissor, é mais difícil. Quanto mais a audiência de TV se segmentar, mais essa análise temática se desenvolverá. Definição de intervalo *a priori* (como a escolha de um plano entre intervalos de TV tal qual definido anteriormente) ou grade de escolha de comerciais em função do ambiente ou da quantidade excessiva de publicidade e promoções. Pois, de tempos em tempos, o problema não é a duração do programa individual, mas da justaposição de dois comerciais simplesmente separados por uma mensagem de autopromoção da rede que estimula a audiência do filme que passará à noite ou do programa desse ou daquele animador.

Com essa busca qualitativa de adequação da TV, inclua a TV a cabo e o computador em sua iniciativa. Além do apoio de cobertura não desprezível de determinados públicos de classe socioeconômica alta, eles trazem uma cobertura temática pertinente que possibilita a adequação desejada entre mídia/público-alvo, emprestando a ela os trunfos da revista com centro de interesse, especialmente a afinidade sobre o público-alvo e a força psicológica sobre o público-alvo nuclear, geralmente a um custo de acesso mínimo.

2) *Na revista*, será por exemplo: a duração da campanha, as famílias dos títulos mantidos, o tipo de periodicidade esperada para obter o nível de repetição sobre o público-alvo, a combinação das periodicidades, famílias de mídia impressa e formatos, para criar um impacto suplementar no público-alvo nuclear.

Na mídia impressa com centros de interesse femininos, econômicos ou profissionais, estude, portanto, a programação de pauta das publicações candidatas a fazer parte de alguns encontros significativos em seu planejamento. Cuide, entretanto, para não basear seu plano de imprensa apenas nesses encontros temáticos. Sua campanha corre o risco de, ao longo do tempo, ter um alto grau de dispersão, você enfrentará a cada vez seus concorrentes, especialmente os mais importantes, para quem essa iniciativa temática talvez não seja mais do que um apoio tático de campanha. Só o faça se seu orçamento for reduzido e sua marca for forte e conhecida. Nesse caso, você se beneficiará do "efeito catálogo" desses números, e reforçará sua presença no campo de escolha das marcas a serem levadas em conta pelo consumidor. Nesses números, talvez seja bom analisar uma presença específica para destacar (2 ou 3 criações em seguida, com cobertura...), claramente atribuível, que consagrará sua posição de competidor reconhecido ou de líder histórico nesse mercado.

Continuando na mídia impressa, dê vida à sua campanha. Muito bem, você escolheu os títulos e inseriu uma criação bem precisa, mas o ritmo de uma campanha não pára na escolha dos títulos. Escolha sua distribuição de contatos (ascendente, descendente ou parada, regular ou por onda...), utilize a prática do momento forte discutida anteriormente, mude a forma de utilização da mídia para renovar o impacto sobre a mesma audiência. Produza um encarte mais explicativo no núcleo da campanha; se sua campanha for muito bem aceita e se tornar referência, faça um encarte-pôster em um número especial, crie sobrecapas que levem à descoberta do seu anúncio, faça um encarte interativo a partir de sua criação, ou de um jogo-concurso, de uma votação, de uma "raspadinha": faça com que seu anúncio seja manipulado, que brinquem com sua mensagem para que seu público-alvo tome posse dela. Levante sua campanha em revista pela utilização de um ou mais diários nacionais que enalteçam o visual em grande formato. O canal revista faz um formidável trabalho de aprofundamento da marca em seu público-alvo, como nenhuma outra mídia talvez seja capaz. Assim, retome sua campanha de revista com o varejo tradicional, sob a forma de "folhetos" para os consumidores, por exemplo, com perguntas ou jogo-concurso. A mídia impressa é uma mídia muito fácil de ganhar vida no ponto-de-venda, no acompanhamento global da marca até a data da compra.

Pense em acrescentar um tempero em sua campanha para surpreender seu público-alvo, e, para isso, tire partido especialmente das qualidades físicas do canal revista.

3) Na imprensa diária, dê uma atenção toda especial aos formatos utilizados. Na imprensa nacional, ou você está atuando numa freqüência econômica (*Les Echos, La Tribune, Le Figaro Eco, Le Monde Affaires*...), e deve respeitar uma determinada *share of voice*, tanto em volume quanto em número de inserções; ou você trabalha numa perspectiva de prolongamento de uma campanha de cartaz ou de revista, e pode confiar na cor e em formatos importantes; ou ainda sua campanha expressa-se localmente, em Paris ou no interior: comece olhando o que se passa tanto com os concorrentes quanto no jornal escolhido, e saiba aproveitar as oportunidades de formato. Em Paris, na imprensa nacional utilizada para penetração diária, você pode usar os diários, com formatos bem pequenos em páginas específicas (2, 4, cultura, ciências, em UH — última hora, geralmente situada na última página); em produtos culturais ou que envolvem luxo, eles chamam bem a atenção. No interior, preste atenção aos formatos utilizados pelos concorrentes ou pelos líderes e não exagere, especialmente nas campanhas nacionais da imprensa diária regional — os famosos "66-3" ou "66"[79]. Essa "dobradinha" da imprensa diária é um produto fabuloso, muito poderoso, que aproxima a marca de seu público real... Mas utilizar o 66 num formato muito pequeno quando seu distribuidor está se expressando na base — e ao custo — de página inteira, às vezes é difícil, se isso não demonstrar a força ou a liderança de sua marca. Sem discriminar, isso merece uma reflexão.

4) No cartaz, comece estudando a mobilidade de seu público-alvo, seus deslocamentos e locais de reunião, para saber como melhor utilizá-lo, aumentar sua cobertura e freqüência. Atenção: no cartaz, a disponibilidade é um fator importante. Você pode muito bem elaborar uma estratégia de destaque, de força ou de freqüência em itinerários adequados, mas, se você não tiver os espaços disponíveis na data esperada e não puder alterá-los, tudo será tempo perdido. Portanto, escolha os dois ou três estratos da rede de espaços que você procura (ex.: penetração nas grandes cidades + grandes avenidas ou marginais + zonas de circulação de clientes, shopping centers...), e contrate o que estiver disponível na data adequada. Analise as sobreposições dia a dia, para limitar os buracos muito significativos ao longo da campanha, ou, eventualmente, aumente esses buracos de maneira a separar duas ondas.

Não esqueça da colocação de cartazes direcionados nos lugares de baldeação, estacionamentos de supermercados, centros empresariais (La Défense, Bolsa...) ou nas estações ferroviárias e rodoviárias, aeroportos, metrôs... Não se preocupe com o custo de impressão dos multiformatos. Sua utilização múltipla aumenta o impacto, criam itinerários de mídia que aumentam a visibilidade e a impressão de vigor da campanha. Acompanhe seu público-alvo em seus deslocamentos, e não hesite em estender a campanha nos dias úteis aos locais de passagem que seus representantes irão freqüentar (feiras, congressos).

Enfim, a respeito de datas e períodos, não cometa o erro de fazer campanhas curtas demais. Apesar de inúmeros testes realizados por meio de empresas de outdoor terem levado à redução da duração das campanhas de 14 para 10 dias, depois para 7, deixe que seu público-alvo respire, dê-lhe tempo de sonhar diante de sua campanha. Deve-se trabalhar com uma ou várias empresas de outdoor em 4×3? Além do aspecto econômico, que pode ser importante, a diferença provém

---

[79] Tipo de anúncio. (N.R.T.)

das implantações. Com um número igual de painéis, uma campanha dividida entre vários porta-cartazes trará mais pontos de cobertura para um público-alvo. Uma campanha com um só porta-cartaz permitirá, naturalmente, uma concentração e uma justaposição de painéis que aumentarão o impacto e os desdobramentos.

5) No rádio, pense em seus públicos-alvo e na característica das emissoras. Seus clientes mudam de uma emissora para outra, como todos os públicos-alvo, mas entre quais emissoras? Qual é sua emissora de referência, aquela para a qual as pessoas que fazem parte do público-alvo sempre voltam? A partir dessas emissoras, você pode esperar uma cobertura suficiente? Essa pergunta pode lhe parecer despropositada, entretanto, com a dispersão da audiência de rádio, às vezes é difícil alcançar 50% de cobertura de um determinado público-alvo... Cabe a você decidir se quer escolher um número bem grande de emissoras ou incluir as periféricas, mesmo as voltadas para os jovens.

No rádio, as questões de cobertura nem sempre são suficientes. Cada vez mais é preciso analisar as questões de ambiente redacional. Quais são os anunciantes habituais de uma determinada emissora que sua marca corre o risco de estar próxima nos mesmos intervalos comerciais? Esse ambiente é favorável ao seu produto ou você corre o risco de um hiato, para além da busca do público-alvo? Respeite os níveis de pressão suficiente por emissora. Às vezes somos tentados a aumentar a cobertura de uma campanha passando 3 a 4 *spots* num grande número de emissoras. Essa técnica constitui uma cobertura "matemática" que otimiza a resposta ao sistema atual de análise de audiência e aos modelos de planejamento de mídia, sem que isso sempre constitua, por essa razão, uma pressão eficaz. Mantenha uma quantidade bem alta de *spots* por dia e por emissora. A seguir, trabalhe horizontalmente e verticalmente em suas construções: horizontalmente, quando sua tática remete aos programas diários, "Festival Roblès", na NRJ, "Grosses Têtes", na RTL, ou às grandes entrevistas da programação da Europe 1, construída sobre o princípio do "horizontal" e da regularidade dos programas, dia após dia. Trabalhe verticalmente também, isto é, introduzindo uma quantidade suficiente de *spots* por faixa horária, por programa, por duração da escuta no momento T, para otimizar sua eficácia dia por dia, e não somente no final sobre o conjunto da campanha. Enfim, no rádio — como, aliás, na TV amanhã —, considere a proximidade da rádio local ao fazer a seleção de emissoras. Quando não for mais possível atingir uma audiência de mídia de massa, é melhor se concentrar com as mídias que alcançam vários locais, que reforçam o envolvimento do público-alvo, possibilitam desdobramentos e variações locais que enriquecem sua mensagem e, quem sabe, permitem cruzamentos locais de mídia/mídia alternativa: *winner per store*[80], jogos-concursos ou, de maneira mais ampla, *trade marketing*... A rádio local, em especial, é uma bela ferramenta de acompanhamento das ações de mídia alternativa e promocional, é claro, assim como de acompanhamento dos mailings de aliciamento de consumidores (assinatura de imprensa, *fund raising*...); ela pode servir como estímulo de consulta nas campanhas pela internet.

B. Alguns exemplos de mídia alternativa

1) Em impressos sem endereçamento, utilize ao máximo as técnicas de geomarketing. As grandes empresas distribuidoras de folhetos, Delta Diffusion, Médiapost..., recortaram a França em bairros e quarteirões. Eles podem ajudá-lo a afinar uma busca geográfica de público-alvo bem precisa. Retenha os "quarteirões típicos" de públicos-alvo em função de seu produto, de sua clientela e daquilo que você pede a esta última. Distribua por diferentes estratos e meça os resultados. Na verdade, as segmentações nem sempre são operacionais; a experiência pessoal geralmente é a melhor verificação. Enquanto testa os quarteirões típicos, experimente também formas específicas de mensagem. Na realidade, hoje o impacto das mensagens depende em grande medida de sua forma. A oferta exagerada de folhetos nas caixas de correspondência faz com que se crie uma necessidade de diferenciação, para se conseguir um destaque diante do público-alvo. Experimente carta personalizada, revista, tablóide, amostra-grátis de produtos, para entender o que funciona melhor, e atenha-se à linguagem definida para construir um diálogo com seu público-alvo. Acompanhe regularmente a evolução do hábitat em termos humanos, e não se contente com os resultados de testes mais antigos. Além da distribuição em caixas de correios, não hesite em procurar os pontos complementares de distribuição, que podem forçar o público-alvo à leitura. Da mesma forma, como no caso de TV ou rádio, procure saber quais são as outras mensagens veiculadas juntamente com a sua: mensagens de hipermercados alimentares ou especialistas em artesanato... Peça a lista e, sobretudo, solicite ou intercepte a distribuição nas caixas de correio, para poder entender por que e como sua mensagem terá ou não destaque. Eventualmente, discuta com as empresas que distribuem mensagens ao mesmo tempo que as suas, para montar ações comuns, ou sistemas de reenvio recíproco em folhetos não concorrentes.

---

[80] *Winner per store*: técnica promocional de jogo-concurso que garante um ganhador por loja, muito apreciada pelos responsáveis de seção das grandes lojas.

*2) **Na mídia impressa gratuita***, você dispõe da força da distribuição precedente, mas, *a priori*, sem uma definição geográfica de público-alvo tão precisa. A força compensa o público-alvo; como quando um anunciante utiliza *Télé 7 Jours* e não um jornal de notícias voltado para um público-alvo de executivos, ele confia na força indiferenciada e na penetração em todos os tipos de domicílios, mesmo de classe social alta. Fique atento, no entanto, para a diferença entre o centro da cidade e a periferia. Os públicos nem sempre reagem da mesma maneira, especialmente em Paris, em que a mídia impressa gratuita não conseguiu descobrir a porta de entrada de determinados imóveis, apesar de inúmeras tentativas. Verifique a divulgação, obtenha a análise de cada título, verifique o quanto ele é conhecido em cada região e mergulhe nos pequenos anúncios. Os profissionais recorrem a eles ou as mensagens têm apenas caráter pessoal? Se você encontrar os mesmos anúncios diversas vezes no mesmo jornal, é sinal de que esse anúncio gratuito está com dificuldade de se firmar. Analise as diferentes formas de inserção de sua mensagem no jornal: chamada de capa + página interna, quarta capa, novas modalidades de encarte...

*3) **No marketing direto***, portanto, comece por retomar os objetivos e defina bem a razão pela qual você escolheu essa ferramenta, sobretudo se a prática for novidade para a empresa. Dois tipos de questões principais iluminarão suas escolhas. Antes de mais nada, a questão de saber se se trata de marketing voltado para o produto ou para o cliente. O objetivo do primeiro é anunciar uma oferta (evolução do produto, aumento da variedade ou produto novo) e vender, diretamente ou não. O segundo põe o consumidor no centro da discussão ao dar-lhe a palavra e ao oferecer-lhe respostas eventuais a suas expectativas. Evidentemente, tratar-se-á sempre de anunciar e vender, mas o raciocínio não é o mesmo. Aliás, trata-se de marketing de conquista ou de marketing de relacionamento? Essas distinções são importantes, certamente porque condicionarão a busca de cadastros, mas também o modo de expressão. O folheto é a forma mais natural do mailing de oferta, com cupom de pedido, ou de um mailing por meio de fax na comunicação empresarial. Um mailing voltado para o cliente pode apoiar-se no jornal da empresa — talvez devêssemos chamá-lo, mais apropriadamente, de um jornal de clientes, como as *consumer magazines*. Além da provável diferença de custo por contato entre o mailing-catálogo e a *consumer magazine*, a mensagem divulgada pelos dois canais é muito diferente. Preocupe-se com a forma, inove, busque sua própria mensagem integrando o custo unitário a quantidades compatíveis com seu mercado. Saiba aproveitar a oportunidade que o mercado oferece. Existem pacotes de correspondência? São de qualidade? Você já os testou? Se não, teste!

E se agora você criasse seu próprio pacote de correspondência, sozinho, se você for multiproduto/um só público-alvo, ou junto com os fornecedores, e até mesmo com os clientes, se você puder atuar conjuntamente, isto é, com outros produtos complementares voltados para o mesmo público-alvo (ex.: criar um pacote de correspondência voltado para um público-alvo de apreciadores de *brunch* com produtos finos para o café da manhã). Se houver catálogos e revistas, você poderá utilizar panfletagem e método de acompanhamento de uma correspondência enviada... Busque soluções originais que sejam compatíveis financeiramente. Tenha uma postura aberta e escolha seus veículos de marketing direto, faça um conjunto de experiências e técnicas mais seguras.

A seguir, saiba **bem concretamente** com quem você vai falar. Com clientes potenciais? Com clientes bem diferenciados dos seus próprios cadastros? Você é capaz de qualificá-los em termos de iniciativa RFM (*Récence-Fréquence-Montant*[81]) ou segundo outros critérios ativos de segmentação? Você vai se dirigir indistintamente a possíveis clientes e a clientes já existentes ao mesmo tempo, alugando cadastros externos? Quanto a estes últimos, analise bem seu critério de formação antes mesmo de analisar o critério de diferenciação. O início e a atualização desse cadastro datam de quando? Quem o formou, e por quê? Quem já fez uso dele (foi adequado em matéria de montante da compra)? Quem o utilizou entre seus concorrentes, e com que proveito? Essa utilização deve ser considerada como um impedimento ou, ao contrário, como uma mobilização prévia da qual você pode usufruir? Um número muito grande de empresas responde, sem fazer uma verdadeira análise, pela primeira proposição, o que não é tão seguro.

Se sua iniciativa de marketing direto quer ser durável, não seria interessante formar seu próprio banco de dados permanente? E baseado em quais fontes de dados e com qual riqueza de informações? Cadastros de compradores do seu produto, de produtos concorrentes, com garantia, cadastros das pessoas que pedem informação (cupom-resposta, 0800, internet), de pessoas que participaram de jogos-concursos ou de diferentes operações pontuais, ou cadastros constituídos a partir de megabases (do tipo Calyx ou Consodata) com critérios de consumo ou de *tracking* (com uma aproximação por meio de critérios explicativos: sexo, idade, classe socioprofissional, consumo de X ou Y produtos...)? Retome seus critérios iniciais de determinação de público-alvo (Capítulo 14) e construa seu plano teórico de banco de dados. Ele é legível, específico, adequado? Você poderá

---

[81] RFM (*Récence-Fréquence-Montant*): critério simples de qualificação de cadastros em relação a uma marca. Recência do último envio, e sobretudo do último pedido, freqüência do pedido, montante médio do pedido... Estes critérios podem ser mais sofisticados.

dotá-lo de uma bateria de itens de entrada que traduza sua riqueza de informação e que lhe permita segmentar os diferentes mailings anuais, permitindo, por outro lado, economia de gestão e de expedição por público-alvo — bem como melhora de resultado por público? Se não for o caso, esqueça essa idéia de banco de dados personalizado, que é exigente e cara, e contente-se com os instrumentos existentes no mercado (cadastros, megabases…), aperfeiçoando os testes e controles para limitar os riscos; mas não se precipite em formar um banco de dados que poderá lhe acarretar despesas elevadas. Para se convencer disso, analise quanto seria aceitável pagar em termos de custo de contato por pedido médio realizado, e compare esse montante com os custos de seus fornecedores de bancos de dados: o resultado pode ser esclarecedor.

No entanto, se você decidir investir em marketing de relacionamento e de banco de dados para reforçar a ligação cliente/empresas:

- obtenha o aval de sua diretoria, pois é uma decisão que envolve a empresa, tanto financeiramente quanto psicologicamente;
- ponha em prática o recurso de informática específico para gerenciar esse banco de dados e explorá-lo ao máximo no futuro;
- não leve em conta o meio, mas a finalidade, isto é, saiba quais laços você irá estabelecer com o cliente final, o lugar que você lhe dará. A partir dessa constatação, saiba como irá dialogar com ele. Crie uma *consumer magazine*, e, então, como deixar o cliente se expressar? Qual é o seu *feed-back*? 0800? Videotexto? E-mail?
- inicie paulatinamente, tanto em número de clientes "recrutados" dessa maneira quanto de recursos postos à disposição deles. Não acelere o ritmo da empresa, trabalhe por etapas, por amostragem, antes de generalizar a abordagem.

Voltemos ao marketing direto de oferta ou de produto (que, aliás, pode fazer parte integrante do marketing de relacionamento). Quanto mais perto você estiver do ato de venda direta, mais você deverá ser preciso, concreto, "de acordo com as normas" em termos de oferta de planejamento de testes, de medição de resultados e de rendimento final. Mesmo que os resultados dependam de maneira bastante ampla dos públicos-alvo e dos cadastros, não se esqueça da influência da mensagem, e leve em conta aquilo que se passa na mídia, em que o congestionamento atrapalha o impacto, e que você precisa trabalhar a mensagem sem interrupção. Diretamente ou por meio de aceleradores de rendimento, um brinde adicional que você acrescenta a sua remessa, por exemplo. Considere que às vezes um acelerador barato pode dobrar o rendimento. Considere, por fim, que pôr em prática uma política de marketing direto leva tempo: geralmente são necessários vários meses, às vezes até mesmo várias temporadas, entre recrutamento, apropriação, montagem do banco de dados, testes e exploração, e considere que, se você espera respostas imediatas do marketing direto, é preciso trabalhar com uma dupla abordagem — dos cadastros alugados e de formação do banco de dados —, arriscando-se a fundir e desdobrar o conjunto mais tarde.

Encerrando por ora este capítulo do marketing direto, pense que seu banco de dados não pode se limitar apenas aos clientes. Talvez sua empresa possa pôr em prática o marketing direto e de relacionamento para públicos-alvo específicos, como os acionistas, os meios financeiros ou os formadores de opinião. Iniciativas e conselhos de como pôr em prática são idênticos, com nuances, em razão sobretudo da característica dos públicos.

4) Em promoção de vendas, tenha uma postura mais aberta. É curioso observar as posições bem categóricas dos anunciantes diante da promoção. Os adversários sempre a acusam de matar as marcas por só estarem interessadas no preço, ou transferindo a compra da marca para a oferta; os partidários geralmente sabem o que lhe devem. Do mesmo modo, toda técnica tem seus fãs e seus detratores. Reflita sem parcialidade, mesmo que a experiência lhe tenha fornecido alguns elementos concretos. Volte aos fundamentos para definir objetivos e respostas. Quem é preciso alcançar: compradores ou não-compradores? É uma ação de conquista ou de fidelização? Visamos prioritariamente a um crescimento da QC (quantidade comprada) ou do NC (número de compradores)? Trata-se, aliás, de um problema de demanda ou de uma exposição fraca nas prateleiras? Os grupos de pesquisa da Nielsen, Secodip e GFK são bons instrumentos de resposta. Sua leitura permita que se "ponha o dedo na ferida", em relação ao varejo e à saída de produtos. Verifique, portanto, uma última vez, seus objetivos, e aplique as técnicas.

Você tem quatro alavancas nas mãos: o preço, a quantidade, o brinde e a expectativa de ganhar. Pode escolher entre o efeito imediato e o efeito retardado, e, por fim, seu produto geralmente está situado entre lançamento, e relançamento (fórmula nova), e seu objetivo sempre é QC ou NC. A partir daí, pense que as empresas de promoção dispõem de uma infinidade de ferramentas (que as más línguas chamariam de "relíquias") que elas utilizam com conhecimento de causa. No lançamento, faça como eles, pense em amostra e reembolso do produto (direto ou posterior), combinado ou não com um preço de acesso imediato ou posterior, ao contrário do reembolso. No período normal, trabalhe com preço, ou com preço/quantidade quando as redes de varejo lhe pedirem para participar de suas operações especiais: Feira de atacado, Feira de 20 francos, operação pós-férias... Crie embalagens especiais para evitar qualquer comparação frontal da parte do cliente entre duas redes, ou pior, entre a prateleira do fundo da seção e a ponta de gôndola — isso pode lhe custar muito caro.

Se você detectar uma queda na venda de produtos do conjunto de sua linha, ou uma irregularidade crescente, explore a fidelidade. Inúmeras fórmulas são possíveis: da loja de marca ao cartão de fidelidade clássico que oferece redução a partir de uma certa quantidade comprada, até os novos cartões óticos que registram todas as compras do cliente. Quando seu produto ou marca perder atratividade, crie valor agregado, desloque a compra, utilize o brinde direto. Este, aliás, pode se combinar na busca de um objetivo de fidelidade, quando a acumulação de brinde ganha sentido. O brinde direto pode ser em produto ou um brinde clássico cujo valor permaneça limitado (no máximo 7%, consulte os dispositivos legais). Ele pode ser igualmente um brinde cruzado com uma marca parceira que, ela também, precise se fazer conhecida e que pode participar no financiamento de sua operação. O brinde diferenciado ainda pode ser portador de valor agregado, fazendo com que a fidelidade da segunda ou terceira compra ganhe sentido. Por fim, a técnica que traz mais valor agregado é, certamente, a do jogo-concurso, em que o prêmio faz sonhar... e, às vezes, atrai os profissionais dos jogos. Eles vivem disso, no sentido próprio e figurado, têm jornais internos, internet, e podem, com bastante freqüência, ganhar a parada. Exigentes, não deixam passar nenhuma irregularidade, pedem o reembolso de todas as suas iniciativas e trocam informações entre si. Não é raro obter 10 mil, 30 mil, 40 mil respostas em um jogo-concurso, sem que por essa razão as vendas se modifiquem profundamente. Portanto, é bastante lógico que se critiquem os jogos-concursos; contudo, façamos algumas correções. Esses jogos possibilitam, por meio do universo posto em destaque, reforçar o surgimento de um conceito de marca comunicado pela publicidade: promoção e publicidade trabalham a sinergia e aumentam mais rapidamente o reconhecimento da campanha. O jogo-concurso faz sonhar. Não é uma boa escolha só dar como prêmio um mês em Hollywood, pois nesse caso é evidente (salvo exceção ou erro) que o ganhador será um profissional. Assim, a escolha da dotação influencia fortemente a aceitação ou a recusa da técnica. Faça, portanto, um trabalho de pesquisa em analogia, ao lado de seu conceito publicitário, para alimentar melhor essa escolha. Busque no contexto e na época os temas capazes de fazer de sua promoção um verdadeiro sucesso. E se você continua temendo pelo fraco impacto dos concursos, dobre sua oferta promocional: oferta de preço ou de quantidade bem tangível, bem concreta, além do sonho que o jogo oferece.

Abandone a prateleira, tanto no sentido prático como no figurado, parta para a ponta de gôndola, parta da prateleira de promoção de animação, e mantenha seu fundo de prateleira bem sinalizado para que sua marca possa existir. Para deixar a prateleira, trabalhe com a loja, com a plataforma regional, com a rede de varejo. Do *winner per store* às grandes operações de *trade marketing*, a iniciativa é similar. Ajude a loja a vender melhor para usufruir disso. Ela cria seu fluxo, anima o chão de loja, e você vende mais; isso paga o sacrifício de alguns pontos de margem ou de alguns serviços suplementares. Determinadas redes se comportam mal nesse assunto, mas isso não é novidade; outras compreendem a importância da iniciativa e aproveitam para ganhar pontos, respeitando as marcas e seus posicionamentos.

Para não ser surpreendido pelos pedidos das redes de varejo, tome a iniciativa. Organize, com sua agência, seu catálogo de operações para a próxima temporada, e ofereça-o às redes. Não seja rígido, incorpore com naturalidade as expectativas das redes; será, em especial, o papel das diretorias de vendas ou dos departamentos comerciais que cuidam das grandes contas conhecer bem as redes, suas expectativas e seus projetos.

Considere, entretanto, que no *trade marketing* existem duas partes: a rede e você. Essa evidência serve para lembrá-lo de que o outro, a rede, ao trabalhar com você, exige conhecer com precisão os resultados da operação, e tem meios de comparar o profissionalismo das marcas. Como conseqüência, é preciso ser mais profissional ainda no *trade marketing*: dispor de ferramentas de coleta de informações, de estatísticas precisas, de tratamento dos ganhadores ou das ofertas... A rede também tem seus clientes, e ela não pode negligenciá-los. Uma boa promoção é aquela que é temática, mecânica e que tem uma administração perfeita, sem incidentes nem imprevisto, ainda que mais não seja para usufruir da atenção da rede no ano N+1.

Considere, enfim, que para funcionar bem sua promoção tem que ser anunciada. Ao público, por meio da embalagem, da propaganda no ponto-de-venda e até (talvez) da mídia, seja seu dispositivo atual de mídia, seja acrescentando uma mídia específica (rádio, mídia impressa, TV...). Anunciada também à sua equipe de venda, e à equipe de venda do varejo, por meio de uma informação adequada, geralmente reforçada por um estímulo, se a rede concordar. Por que aqueles que trabalham em prol de seu produto não podem ganhar, quando aqueles que o consomem ganham? É bom, às vezes, dividir o papéis, fazendo com que os profissionais do varejo ganhem.

Quanto aos setores de *business to business*, não devem deixar de lado a promoção, ela está totalmente aberta para eles. Mesmo que o procedimento de compra seja racional, entre dois produtos de desempenho semelhante, a compra pode ser deslocada por meio de técnicas de promoção e de estímulo. As empresas que compreenderam isso e que utilizam essas técnicas para ganhar pontos de participação de mercado sem enganação, respeitando seus produtos e sua área de atuação, puderam medir o acerto dessa afirmação.

*5) **Nas novas mídias***, ceda à modernidade. Opte por elas se quiser, se sua empresa puder usufruir delas concreta e psicologicamente, e se seus públicos-alvo estiverem em sintonia com essas técnicas, especialmente quanto ao público-alvo jovem, "na moda", ou em *business to business*. Um CD-Rom vale mais que todos os catálogos do mundo, se seu público-alvo dispõe do tempo e dos recursos para consultá-lo. Um site na web é um ponto de encontro extraordinário, se você souber como alimentá-lo continuamente, e como criar seu próprio fluxo. Defina o objetivo e para que serve o site, sua concepção depende de sua utilização futura: página de consulta sobre a empresa e os produtos, encontros interativos de serviços ou jogos, site comercial para a venda de produtos, plataforma de criação de uma sala de bate-papo na qual você deseja assumir uma determinada liderança setorial. Escolha sua implantação isolada e trabalhe as palavras-chave, ou hospede seu site num dos grandes servidores *on-line* (Globe *on-line*, por exemplo), ou associe-se às galerias comerciais que estão se abrindo (ex.: IBM com Surf and Buy). Não se esqueça de que a net funciona como uma butique. Tudo bem abrir as portas, mas é preciso saber o que se quer vender, fazer com que saibam que você existe e que faz liquidações... Anuncie na internet, crie *banners* dinâmicos, compre "páginas visitadas" (número de contatos num dado período). Dê vida ao site, em especial pelo anúncio de suas funções e endereço em todas as suas mensagens que possam suscitar o diálogo com o público, especialmente do tipo *on-pack*.

*6) **Em relações públicas***, as coisas se complicam pouco a pouco, pois a dimensão industrial da mídia ou da mídia alternativa dá lugar a uma dimensão individual, que geralmente não pode ser reproduzida. É preciso distinguir, antes de mais nada, o relacionamento com a imprensa, em que os elementos se articulam em torno de uma coletiva ou de uma ou mais reuniões com a imprensa. Tendo sido feito o contato, segue-se uma política de relações mais diretas com a empresa que participa de sua zona permanente de influência, sobretudo quando o movimento se inverte, e que são os jornalistas que vêm procurá-lo acerca de determinados assuntos, nos quais reconhecem a competência de seu corpo diretivo ou de sua empresa. Mas voltemos àquela etapa inicial marcada por uma ou mais reuniões com a imprensa. Existem inúmeras obras voltadas para os assessores de imprensa; não se trata de substituí-las. Deixe que os profissionais se manifestem, e reflita sobre dois ou três aspectos simples. Você realmente tem alguma coisa pertinente a dizer? E, se não, você é capaz de, pela forma, tornar a informação pertinente? Seu modo de se expressar (*release* para a imprensa) é ágil e original? Na falta dessa qualidade de informação, como você estimula os jornalistas e as pessoas que compõem seu público-alvo para que venham à sua reunião: tipo de convite, local escolhido, animador da reunião? Não há nada pior do que uma operação de RP que dá errado, pois ela deixa uma marca negativa durável. Às vezes é melhor investir um pouco mais e obter o resultado desejado. Mas, atenção: por mais paradoxal que seja, o trabalho começa depois da reunião com a imprensa — contato, retomada, otimização... no verdadeiro marketing de relacionamento.

• *Relações com a imprensa, relações públicas*: entre as duas, em matéria de reunião, os públicos são diferentes, a abordagem geral é a mesma: reunir pessoas selecionadas em razão de sua função, trazer-lhes a "mensagem adequada" da maneira mais agradável possível, e conseguir que elas se tornem, seja por intermédio de seus veículos de mídia, seja por sua habilidade pessoal, os porta-vozes da marca. O que, de um lado, é marketing de relacionamento, às vezes é chamado de *lobby*, de outro. Utilizam-se as mesmas técnicas com finalidades diferentes, com apostas importantes, e um lado aleatório de não-retomada da informação (relações com a imprensa) ou de esquecimento (relações públicas) que faz com que determinados donos de empresa hesitem, e que deve ser permanentemente combatido. É assim que se alcançam os grandes sucessos.

• *Relações públicas, eventos*: se você já decidiu tomar esse caminho por conta da história da sua empresa, de suas raízes culturais ou sociais, ou se decidiu perseguir objetivos de mecenato que se traduzem em eventos, então, seja como Janus. Louco e sensível, de um lado, para melhor revelar o aspecto artístico, e racional, do outro, para alcançar um êxito completo e explorá-lo ao máximo. Seja um organizador sem igual, convoque administradores profissionais (os militares, às vezes, revelam grandes talentos na área), cronometre as apresentações, desafie os imprevistos... e organize antecipadamente as reprises na mídia, no mínimo para garantir a repercussão e para fazer com que sejam incluídas outras "pautas" ou outras reprises na TV ou no rádio. Se você tiver medo de que o evento não seja suficiente, procure organizá-lo ou inseri-lo em torno de uma data forte existente, suficientemente fundamentada para ser útil, criando uma certa atração, mas sem se deixar neutralizar pelo próprio evento. Aproveite um evento cultural local, uma feira, organize seu evento em parceria com a prefeitura, a câmara de vereadores, a câmara de comércio, setorial, os museus nacionais; eles também precisam se comunicar, e sua presença, bem como sua participação no financiamento, pode interessar-lhes. Aliás, é geralmente na associação com organismos públicos ou semipúblicos, trabalhando nas causas importantes com as ONGs, encontrando pessoas apaixonantes e entusiasmadas que penetramos diretamente ou aos poucos no **mecenato empresarial**, forma mais avançada da atividade de eventos. Adentre esses espaços com entusiasmo, sabendo onde você quer chegar; seja antes um condutor que um seguidor, organize mecenatos cruzados (artísticos + coletividades locais, por exemplo); se quiser ser reconhecido, seja um líder entusiasmado.

Aliás, em relação a todas as técnicas aqui citadas, não se esqueça de um aspecto importante: ponha sua assinatura na campanha, para que tudo que você venha a fazer seja atribuído à sua marca ou à sua empresa. Vá além da simples assinatura: transforme sua marca em *agente indispensável* da repetição da informação, no nome do evento e no próprio espetáculo... e, se necessário, compre espaço e midiatize a operação para ter certeza de usufruir dela.

Transgrida as regras

Contrariamente a tudo o que você acabou de ler, e deixando de lado aquilo que deve ser conduzido de modo racional, faça um *break* e inove. Ao lado das soluções que você elaborou metodicamente, e para responder aos seus objetivos, não existem soluções mais inovadoras? Geralmente, as idéias que brotam estão mais próximas do evento, lembrando alguns sucessos alcançados pelas marcas e que se tornaram um referencial. Os 3 segundos da Cachous Lajaunie, o infomercial da Philips, a distribuição de amostras-grátis da Maison du Café com o *slogan*: "Provavelmente o melhor café do mundo". A primeira parede pintada pela Danone, o monopólio publicitário de um número do *Point*, pela Bull, o encarte musical da IBM no mesmo semanário, os Champs-Elysées transformados num campo de cereais... Essas idéias geralmente privilegiam o valor do contato mais do que a freqüência, confiando na força criativa imediata que leva à memorização, e elas se apóiam na expectativa de amplificação do evento através de citações na mídia impressa (seções de comunicação...) ou, melhor, nas colunas de atualidades da mídia impressa, do rádio, da TV, das revistas ou do noticiário das 20 horas — consagração mediática suprema da publicidade. Imagine seu próprio evento, sua própria transgressão, controle a viabilidade de sua operação, ratifique a audiência teórica, máxima e mínima, em função dos "β de memorização" (cf. trabalhos de Armand Morgenstern), analise a midiatização de sua operação para que ela tenha todas as oportunidades de ser repetida. Aliás, se você tiver amigos na mídia, pergunte a eles se gostariam de comentar sua operação, caso você venha a pô-la em prática. Isso valerá sempre como uma referência. Mas seja prudente, não ponha todos os ovos na mesma cesta... e, se necessário, tenha à mão uma saída de emergência, na forma de uma ação clássica.

Retome a coerência e o sentido de sua ação

Não é possível analisar todas as técnicas, aliás, todo dia surge uma nova, e elas estão em permanente transformação de acordo com os objetivos e o talento de cada um. Não é possível teorizar sobre elas, ou somente *a posteriori*. Elas fazem parte do operacional. Na mídia/mídia alternativa de divulgação, da TV ao mailing, meio e mensagem são bem diferenciados: o primeiro deve otimizar a transmissão da segunda, e a mensagem deve tirar partido da força do canal. Nesse caso, os papéis são claros, as técnicas e os especialistas existem, os procedimentos são naturalmente "regulamentados" e precisos, especialmente desde a vigência da canga da Lei Sapin. Na mídia alternativa de participação, que pressupõe um certo envolvimento do público-alvo e, com freqüência, seu contato com a marca ou produto, seja em teatralização ou mecenato, "regularize" seus próprios procedimentos para evitar os imprevistos, crie pontos de referência que não devem ser ultrapassados (tempo, orçamento, público-alvo).

Cada um dos especialistas que vai operar as técnicas supracitadas, cada um dos seus interlocutores, vai levá-lo para o seu terreno, tanto em termos financeiros (para fazer com que você gaste mais) como em termos de envolvimento em seu próprio setor (mídia, compra, *trade*, MD, banco de dados, eventos...). Eles podem fazer com que você se afaste de sua lógica e de suas temáticas promocionais. Retome sua lógica inicial, dimensione as evoluções ou diferenças em relação ao projeto inicial, e faça as correções. Retome a coerência temporal entre as diversas ações, que podem ter fugido imperceptivelmente do controle por razões perfeitamente válidas, mas que alterarão a inteligibilidade do todo.

Saiba eliminar as sobras e fazer escolhas. Ao longo da elaboração, você pode ter acrescentado ações que são adequadas separadamente (suporte de ação), mas que poderiam ser assumidas por outros recursos da campanha. Também, uma vez que seu planejamento global esteja quase pronto, tente procurar as sinergias entre as diferentes ações, cruze as técnicas e economize. Antecipe alguns anúncios ou *spots* para comunicar uma operação de RP. Organize uma parceria com os veículos publicitários que você utiliza, eles não terão como recusar. Utilize o jornal da empresa para anunciar uma declaração e criar repercussão. Utilize seu setor de eventos para alimentar o marketing direto de relacionamento... Torne ainda mais eficaz o mecanismo que você acabou de montar.

Pague o preço justo e saiba como tirar proveito das oportunidades

Não é fácil saber pagar o preço justo. Exigir demais das equipes sem uma contrapartida é um erro. Aliás, o inverso também, pois isso geralmente elimina o respeito da parte do outro. Remunere bem o desempenho e a criatividade. Negocie com os fornecedores e os responsáveis pelo gerenciamento. Enfim, saiba como "ter um tanque de reserva", isto é, orçamento para aproveitar uma oportunidade. Isso vale para todas as mídias ou mídias alternativas, e a verdadeira questão está em saber distinguir as boas oportunidades das que não são tão boas, ou das ruins, que não se venderam porque talvez não valessem a pena. Saiba como separar o joio do trigo.

Escolhas seus parceiros

Eles também estão na base de seu sucesso, e, uma vez que os escolheu, você deve confiar neles sem perder o controle, determinando, em intervalos regulares, momentos de avaliação dos avanços, do respeito à coerência e às sinergias citadas anteriormente. Convoque profissionais e delimite bem seus territórios. Ninguém é capaz de fazer tudo, especialmente quanto aos detalhes. Por outro lado, utilize um arquiteto para sua comunicação de mídia/mídia alternativa e dialogue com ele: um verdadeiro mestre de obras para o conjunto de sua comunicação, que saiba cobrar de cada um dos técnicos que estão sob sua coordenação (ou a responsabilidade direta, conforme o caso). Esse arquiteto deve fazer parte de sua agência de comunicação, cujo papel é fundamental. Pivô de sua comunicação, deve ser alguém experiente que possa orientá-lo em 80% dos problemas e saiba como agir para encontrar a resposta nos outros 20%.

    Além dele, cerque-se de especialistas nas técnicas que você irá pôr em prática. Eles podem pertencer à agência ou serem externos, isso depende das estruturas e das capacidades. Procure o valor agregado de cada técnica, ou seu *savoir-faire*, qual a equipe ou pessoa que a domina e envolva-os. São eles que farão as coisas acontecerem e poderão ser o diferencial em relação às equipes já formadas. Encontre, em caráter individual, o responsável por cada técnica ou ação, conforme o caso, e evite aqueles que sabem fazer tudo, pois você os estará chamando como especialistas ou técnicos dedicados a esta ou àquela ação. Faça com que sejam testados antes naquilo para que foram convocados por você.

Inversamente, não sucumba à síndrome do "não fez ainda". É uma síndrome comum diante de fotógrafos e ilustradores, mas tende a se estender: muitas vezes contratamos um fotógrafo porque ele já "fez" aquele tipo de imagem que esperamos (nós a vimos), e não por ser perfeitamente capaz de fazê-la dentro do espírito que desejamos. Evite a armadilha da repetição (ou mergulhe nela com conhecimento de causa), e crie sua imagem com o artista de talento que você escolheu. Procure não pedir a um diretor o mesmo evento que ele já realizou para uma outra empresa. Se você utilizar seu estilo, baseando-se em seu currículo e experiência, aplique-o a uma área um pouco diferente, senão nem você se surpreenderá nem seu público-alvo, o que será mais grave, pois você se arrisca a não alcançar o resultado que procura. Quanto mais industriais forem as técnicas de mídia/mídia alternativa utilizadas, mais você deve se valer da colaboração de técnicos intransigentes. Quanto mais você utiliza soluções de mídia alternativa sob medida, mais terá que confiar em atividades e especialidades que talvez não domine tão bem. Use o tempo necessário para escolher os colaboradores; depois de tomada a decisão, confie neles e delegue tarefas, sem o que não é possível obter o melhor dos interlocutores. Ao mesmo tempo, estabeleça, juntamente com eles, um procedimento de controle. O envolvimento nesse procedimento será prova de seu profissionalismo.

Valide sua estratégia de mídia/mídia alternativa

Debaixo da palavra "validar" escondem-se inúmeras abordagens, tão diferentes quanto complementares, que não medem os mesmos elementos e não têm o mesmo significado. Saiba o que você quer medir, escolha os itens correspondentes e permaneça fiel a eles.

Observe as práticas dos concorrentes

Salvo exceção, o que você quer realizar em sua próxima campanha já foi tentado, de uma maneira ou de outra, por essa ou aquela marca. Nunca exatamente a mesma coisa para o mesmo público no mesmo momento, já que os parâmetros mudam mas os ensinamentos permanecem. Observe o comportamento das marcas ou das empresas em situação semelhante e tire as lições. Um lançamento somente em MD não foi percebido num mercado paralelo? Tire proveito dessa experiência, acrescentando uma campanha de lançamento impactante na imprensa econômica e profissional. Você se pergunta a respeito das virtudes das amostras-grátis: verifique o que já foi feito, leia a literatura de marketing sobre o assunto, e veja se o responsável de produto não fala (demais) em *Stratégies, CB News* ou *Marketing Magazine*. Analise os dados que proliferam por toda parte na mídia alternativa, assim como já estão presentes na mídia. Ao relacionar dados e grupo de consumidores, dados e pesquisa de notoriedade, você pode acompanhar facilmente sua marca, observar o que funcionou neste ou naquele mercado. Discuta com os responsáveis das marcas que realizaram essas experiências, faça com que seus consultores se manifestem, o mesmo em relação à mídia. Cada um através de seu prisma específico e de seu discurso dirigido, apresentará uma visão parcial; cabe a você fazer a síntese. Recorra ao varejo. Hoje ele está onipresente, e inúmeras ações são bem-sucedidas ou fracassam por conta de sua boa ou má vontade. Não se esqueça, também, de informar o que você quer fazer; ao mesmo tempo, sonde-o e peça sua opinião especializada, associe-o a sua decisão e a suas escolhas. Dessa maneira, você o valorizará ao mesmo tempo que obterá uma decisão favorável.

Escolha diversos níveis de critérios de validação

Um único nível não é suficiente para determinar o sucesso ou o fracasso de sua campanha. Situe seus critérios nos três ou quatro níveis seguintes: critérios de contato, de conhecimento ou de atitude, de comportamento ou de resultados globais. Os três primeiros contabilizam mais os indivíduos, o quarto contabiliza as entradas financeiras. Não estabeleça seus critérios levando em conta apenas o número de contatos ou a caixa registradora, pois eles só representam uma visão parcial.

Antes, crie uma grade de análise pessoal, cujos critérios sejam escolhidos em função de seus objetivos e que tenham como resultado a aprovação. Os critérios de contatos provêm diretamente da elaboração de sua campanha. Trabalhe por ação e, antes de mais nada, enumere as questões de *divulgação dos veículos*. Na mídia impressa, qual o número de inserções e de exemplares... Na promoção, quantas embalagens portadoras de mensagem, quantos folhetos distribuídos; em RP, qual o número de convites; no MD, quantos mailings de cada tipo enviados... Essa enumeração é um trabalho de base. Comparada às questões de custo, ela fornecerá os elementos para uma análise estatística bastante precisa dos fluxos.

A seguir, enumere as *audiências* de suas ações: não se trata mais de veículos, mas de pessoas atingidas, somadas, globalmente ou em termos de lucratividade. Na mídia, o conceito é fácil; na mídia alternativa, o volume de audiência ainda se confunde às vezes com as quantidades precedentes (um mailing recebido geralmente ainda é igual a um contato, o que pode ser falso). Sobretudo, qualifique essas pessoas em termos de perfil. Meça a diferença com o perfil inicial procurado.

Para além desses critérios de veiculação e de audiência, que são universais, você pode sofisticar sua abordagem de validação por meio de critérios de natureza de contato (local, tempo...), de *vivência de contato* e de *função* reconhecida de contato (por meio de opinião). Se você está em condições de isolar as respostas e de se ater a elas de maneira duradoura, crie esses critérios.

Os critérios de *awareness* também vão do mais simples ao mais complexo, do "regulamentar" ao fora de padrão. Eles começam pelas questões de *notoriedade* (espontânea, assistida, sem esquecer o *top of mind* e a permanência na mente), de *imagem* (escolha dos itens quantificados na escala verbal ou numérica), de *atitude* em relação ao produto ou à marca (questões de desejo e de estímulo à compra, ao consumo ou à freqüência). Inclua, nesses critérios de conhecimento, os critérios de *reconhecimento* da campanha: memorização deste ou daquele elemento e, sobretudo, uma bateria completa de três itens (reconhecimento, atribuição, aprovação) ou outra formulação dos elementos de teste de memorização.

Os critérios de *comportamento*, na seqüência desses critérios, medem a passagem à ação: compra, freqüência, consumo; mas também, numa campanha de prevenção de doenças infantis, a prática efetiva da vacinação; ou o voto numa eleição regional, numa associação profissional... ou simplesmente comportamento promocional: quantos jogaram? Quem eram eles? Pois está claro que esses critérios de comportamento não poderiam ser julgados exclusivamente a partir de uma enumeração geral, e o serão a partir dos perfis simples ou sofisticados que você almejar.

Os critérios de *resultados* originam-se de uma análise dos resultados de suas ações que geralmente é contábil. Análise estatística dos grupos de consumidores que são objeto de pesquisa (Nielsen, GFK), com todo refinamento possível acerca das modalidades de venda (em prateleira, ponta de gôndola...), os métodos de venda (produto individual ou em promoção), dinâmica de venda (exposição, giro, VMM, isto é, venda média mensal...). Análise diferenciada em QC (quantidade comprada), em NC (números de compradores), global ou por rede de varejo, análise cruzada com compradores de outros produtos. Os responsáveis pelos grupos de consumidores pesquisados não rejeitam nenhum tipo de refinamento para alcançar uma análise de resultados precisa. E, além dos grupos de consumidores, utilize a análise contábil de venda e compra, do tipo controle de gestão, nas suas estatísticas comerciais.

O ideal, mais freqüente e fácil de realizar do que se pensa, consiste em trabalhar o conjunto de critérios: **contato→awareness→comportamento→resultados**. Faça você mesmo o teste e procure construir sua própria grade.

Exemplo de grade de validação por objetivos			
	Observados	Objetivos	Diferenças
• *Critérios de contato* – Número de mensagens – Número de produtos portadores			
• *Critérios de cobertura* – Número de pessoas atingidas – Número de pessoas atingidas X vezes ou mais – Número de GRP			
• *Critérios de natureza de contato* – Domicílio/empresa – Mensagem *a*/mensagem *b*			
• *Critérios de awareness* – Notoriedade – Imagem/atitude			
• *Critérios de reconhecimento* – Memorização			
• *Critérios de comportamento* – Número de compradores – Número de visitantes, de participantes – Globalmente ou particular			
• *Critérios de resultados* – Critérios por cobertura – Critérios globais			

NB: *Podemos fazer o mesmo quadro com a comparação de soluções, ou com um comparativo anual ou de um período N e N+1.*

Ponha em prática o antes e o depois de maneira recorrente

Para medir os efeitos de uma ação ou de uma campanha, quaisquer que sejam os critérios, o melhor sistema continua sendo a comparação entre "antes e depois", isto é, a capacidade da ação ou da campanha para movimentar os índices, em relação a critérios escolhidos, especialmente critérios de *awareness*, comportamento e resultados. Meça as diferenças de notoriedade, as mudanças de imagem, os ganhos de fluxo e o crescimento das vendas de um período para o outro. Donde a utilidade de "regulamentar" seu procedimento de validação levando em conta vários anos (três a cinco, em função de seu ciclo de marketing); donde a utilidade de pôr em prática uma série de análises idênticas de um período para o outro: mesmo questionário, mesma metodologia de pesquisa (telefone, pessoalmente, por correspondência, a partir de uma amostragem idêntica). Ao analisar as variações, cuidado com as interpretações enganosas que poderiam originar-se de diferenças não significativas, mesmo que estas lhe pareçam estar na direção correta.

Faça simulações e fixe objetivos

Com todos os critérios de contatos em mídia, ou em mídia alternativa, faça simulações, individualize cada ação e calcule o número de elementos significativos, o número de impactos e a audiência de cada ação. Nas ações de mídia, as análises de planejamento de mídia possibilitam que você aborde de maneira muito concreta a audiência dos planos que você põe em prática. Nas ações de mídia alternativa, utilize as análises de valorização e calcule as audiências de cada uma de suas ações. Não some os resultados dos contatos interações, pois estaria somando elementos díspares (um contato feito por meio de cartaz não pode ser somado com um contato obtido por meio do marketing direto). Uma vez efetuados esses cálculos, faça simulações com os critérios de comportamento e de resultado. Para fazer essas simulações, trabalhe a partir de resultados de penetração (número de compradores em relação à população global, número de compradores em relação aos públicos-alvo, número de novos compradores em cada grupo de cem pessoas presentes...) que você conhece por meio dos grupos de consumidores e as análises de mercado. Aplique esses resultados brutos ou corrigidos aos seus efetivos de impactos ou de audiência. A partir desse tipo de cálculo, você pode fazer simulações de taxa de transformação, de fluxos estimados, do número de compradores, até mesmo trabalhar com critérios de resultado, com os volumes de venda gerados ação por ação. Assim como não é possível comparar e somar contatos gerados por soluções de mídia/mídia alternativa diferentes, do mesmo modo é legítimo, uma vez efetuadas as estimativas que produzem os resultados, somar estes últimos, e eventualmente compará-los. A estimativa das taxas e dos mecanismos de transformação, que não é a mesma para cada solução de mídia/mídia alternativa utilizada, permite essas práticas.

O auge da simulação é o teste em situação real. Ele é mais difícil numa ação de imagem, pois todos os parâmetros devem estar integrados, exigindo, portanto, uma realização complicada, de tipo mercado-teste com extrapolação. Desde que você possa isolar o fator público-alvo e persiga objetivos de comportamento (compra, fluxo, doações...), desde que utilize recursos independentes (que não ponham em prática uma estratégia de mídia de imagem ou de ambiente de maneira visível), faça testes. Esse será o caso no marketing direto ("mala direta", telemarketing, internet), em promoção (sobre uma parte da produção, em *on-pack* com uma abordagem de tipo *sticker take-me*). Planeje os testes para isolar a importância das principais variáveis em relação aos resultados.

A partir desse tipo de cálculo, você pode (até mesmo deve) dimensionar seus objetivos, seguindo sua grade de critérios. Objetivos de contatos a atingir, objetivos de ganhos em critérios de comunicação, em critérios de atitudes e de comportamentos, e, enfim, em critérios de faturamento ou de margens geradas dessa maneira. E, de modo recorrente, você comparará os resultados com seus objetivos no ano N, mas também os objetivos no ano N+1 em relação aos objetivos no ano N, e a facilidade (ou a dificuldade) que você teve para alcançá-los. Simulações, comparações e objetivos possibilitam uma validação dinâmica de suas ações de mídia/mídia alternativa.

Faça uma análise de custos integrada em todos os níveis

Assim como vimos no capítulo "Por um planejamento de mídia para a mídia/mídia alternativa", é preciso integrar os custos em suas avaliações, simulações e testes. Não apenas para comparar as técnicas entre si, com sua rentabilidade; não apenas para orientar suas ações entre o ano N e o ano N+1, mas sobretudo para analisar a rentabilidade própria de cada operação, podendo eliminá-la se necessário.

Retome a análise dupla de custos/custos variáveis, e trabalhe o custo de acesso de cada solução, isto é, o custo para pôr em prática a operação na configuração desejada: quantidade de mensagens veiculadas, cobertura e freqüência em relação ao público-alvo... e trabalhe em termos de custos proporcionais em relação aos seus índices de avaliação. Retome os custos um a um (impacto, *awareness*, atitudes, comportamentos...) e verifique os critérios em relação aos quais você pode estabelecer uma correlação de tipo custo por mil. Será mais fácil em relação aos critérios de contatos e de comportamentos. Os critérios de conhecimento e de atitudes, geralmente originados de enquetes por sondagem, não servem muito para calcular esse tipo de proporção.

Do mesmo modo que você criou sua própria grade de validação, defina sua grade de análise de custos. Ex.: custo por mil contatos expostos, custo por mil pessoas atingidas, custo por mil respostas, custo por mil pedidos, custo por mil pedidos a um determinado nível de preço ou com um determinado acelerador de fluxo. A análise dos custos possibilita que você teste suas ofertas, e, uma vez tendo optado por um marketing diferenciado dos públicos-alvo e de tratamento dos públicos-alvo, que analise o acerto de seu raciocínio. Um segmento que você considerou como núcleo de público-alvo, e no qual você talvez tenha decidido investir duas vezes mais que a média, tem o potencial necessário? A economia de seu público-alvo nuclear vai ser confirmada ou desmentida?

Dê continuidade à sua ação e atue em tempo real para corrigir os efeitos de suas ações. Na compra pela TV, por exemplo, essa prática tornou-se um exercício quase diário, e mesmo semanal. Os planos são reatualizados em função dos resultados e da evolução dos programas ou em função de dificuldades externas. No marketing de comportamento, você pode ter a mesma iniciativa apoiando-se não mais nos custos de contato ou de GRP, mas nos custos de impactos transformados e nos custos de rendimento. Acompanhando esses elementos como um diário de bordo, você pode reorientar continuamente seu plano de ação. Fique atento, no entanto, para ter a mesma atitude daqueles que trabalham na Bolsa, que levam em conta as tendências de longo prazo, e não as oscilações diárias, que podem traduzir apenas fenômenos secundários. Além disso, se na Bolsa (ou, aliás, na TV), a reação pode ser imediata, a dimensão dos efeitos da decisão é quase contínua. O mesmo não acontece com as operações de marketing comportamental, em que o tempo de modificação e o tempo de resposta podem ser bem demorados. Essa é a razão pela qual os planos de testes e de análises baseiam-se em cadastros parciais (X% de cada segmento do cadastro global) para medir a incidência desta ou daquela modificação, sem comprometer as respostas, que são as vendas no dia-a-dia.

Para evitar esse risco de mudança bastante freqüente, estabeleça para si horizontes temporais (a cada três meses) ou quantitativos (a cada mil pedidos); isso o obrigará a uma determinada constância, ao mesmo tempo que, inversamente, o estimula a fazer, a cada etapa, um balanço das ações em curso. A troca constante de perspectiva leva a uma tomada de riscos, e a reação torna-se inconstante.

Exemplo de grade de validação por custo			
	Custo por mil impactos	Custo por mil objetivos	Diferenças
• Critérios de contato			
• Critérios de cobertura			
• Critérios de comportamento			
• Critérios de resultados			
• Critérios de rentabilidade			

Procure ajuda para suas avaliações

Não fique completamente voltado para dentro. Ao contrário, abra-se para o exterior para evitar um grau exagerado de subjetivismo em suas estimativas/avaliações.

Em tudo aquilo que diz respeito às estimativas de cálculos de impactos e de audiência, e nos estudos de taxas de transformação, procure o apoio de sua agência de comunicação: é seu papel, ela deve participar desses cálculos junto com você, tanto na avaliação como na realização. Um contrato que inclua uma remuneração "de incentivo" ligada a objetivos a serem alcançados é uma iniciativa que faz sentido. Sua agência também pode ajudá-lo a pilotar os balanços de campanha propostos pela Sofres[82], IFOP[83], IPSOS[84] ou BVA. Nem todos têm a mesma metodologia, mas levam a estudos semelhantes que medem, em conjunto, a notoriedade, a imagem, a resposta às expectativas e, eventualmente, o fluxo ou o comportamento declarado.

Como nunca é demais repetir, fique com o método que lhe pareça mais adequado, e permaneça fiel ao instituto responsável durante todo o ciclo do produto/marca. Além disso, esses institutos oferecem bancos de dados regulados que lhe permitirão comparar seus números não apenas com aqueles do exercício N-1, mas também comparar seus resultados com os de outras marcas que pertençam ao mesmo setor, que tenham investido a mesma quantia nesta ou naquela mídia, ou

---

[82] Instituto de estudos sociais, economia, serviços, mídias etc. (N.R.T.)
[83] Instituto de pesquisa de mercado e opinião. (N.R.T.)
[84] Instituto de estudos de agricultura, mídias, opinião, serviço e indústria. (N.R.T.)

que tenham desenvolvido abordagens de mídia/mídia alternativa similares. Esses bancos de dados serão muito úteis para tornar clara a avaliação que você fizer de seus resultados.

Por fim, busque a ajuda de seus fornecedores de mídia alternativa (marketing direto, promoção...). Eles também se constituem, cada vez mais, em bancos de experiências esclarecedoras. Seu parecer individual, enquanto profissionais, pode ser de grande valia.

No entanto, essa ajuda tem seus limites. Cada um lhe traz sua parcela de conselhos e opiniões, mas só raramente quem dá conselho é quem paga; é você e sua equipe que estarão envolvidos com os objetivos que devem ser alcançados e com a maneira de alcançá-los. A estimativa e a avaliação são opiniões, não a decisão; esta cabe a você. Este é também o prazer do operacional.

Pense no ano N+1

Quando você tiver levado em conta todas as soluções ou idéias de mídia/mídia alternativa para sua campanha, você certamente terá transferido algumas do primeiro ano para os anos seguintes, não porque tenha achado que elas não eram prioritárias, mas porque estariam mais bem adaptadas quando seu produto tivesse vencido esta ou aquela etapa.

Agregue esta reflexão a seus procedimentos de validação e aproveite para, no ano N, antecipar e testar determinadas idéias para o ano N+1. Teste uma abordagem não convencional de marketing direto, através do geomarketing, por exemplo; teste, desse modo, os resultados da mídia impressa no núcleo de uma campanha de imagem; teste uma mudança de rádio ou um mix de mídia numa área.

Na promoção, teste a oferta e a mecânica numa situação reduzida, extrapolando no ano seguinte. Construa, desse modo, um barômetro de seus índices que compare o período N/N+1, X objetivos/Y realizados, projeção Y realizados/X objetivos. Trata-se, nem mais nem menos, de uma iniciativa de controle de gestão, aplicada a suas validações de mídia/mídia alternativa. Essa iniciativa é muito fácil e geralmente não muito dispendiosa quando tomada a tempo, e quando se sabe antecipar. Ela geralmente se mostra custosa, e mesmo impossível de ser posta em prática, quando é feita com urgência. Ao analisar melhor os entraves técnicos e as alavancas de otimização, ela possibilita que você otimize suas operações, mas também os custos.

Alguns objetivos e algumas respostas de mídia/mídia alternativa

Desenvolver a *awareness*	– Publicidade em mídia de massa se o público-alvo for grande – Evento a ser midiatizado se o público-alvo for reduzido
Desenvolver o reconhecimento	– Patrocínio de TV/Rádio, se marca = conteúdo do produto = função (marca + definição)
Fazer com que sua marca ou produto seja comentado	– Relacionamento com a mídia impressa de houver mensagem a ser desenvolvida – Relações públicas se houver evento a ser criado – Midiatização
Sustentar a imagem do produto/marca	– Publicidade voltada para um público-alvo amplo – Trabalho sobre o núcleo do público-alvo (mailing de evento, pressão extra, por exemplo)
Desenvolver uma argumentação voltada para o produto	– Publicidade na mídia impressa (ativa), rádio (mais passiva), infomercial (TV), encarte ou operação especial – Cartaz, se os argumentos forem simples e pouco numerosos – Marketing direto explicativo (mailing, telemarketing)
Modificar um comportamento de compra	– Promoção para o grande público • Conquista..........satisfação ou reembolso • Recompra..........reembolso diferenciado na compra seguinte • Fidelização........cartão de fidelidade, cartão-brinde • Prova................ponta de gôndola/animação, mostruário • Ofertas de MD em *business to business* (prova, recompra, fidelização)
Atrair, criar fluxo	– Criação de um evento comercial – Animação, jogos-concursos ligados a fluxo – Suporte publicitário com forte freqüência/dia (rádio/cartaz)
Explicar o alcance da oferta	Se for um fabricante de mercadorias – Marketing direto com catálogo (divulgá-lo ou fazer com que peçam) – Encarte de catálogo ou de *fac-símile* na imprensa (público em geral ou *business to business*) – Estimular a rede de varejo acerca desse objetivo *Na promoção:* – Fazer uma oferta do produto por meio de um outro produto da gama (*cross fertilization*) Se for uma empresa de serviços – Criação de uma revista interna que dará destaque a todos os ângulos + MD de fidelização
Aumentar o grau de lembrança	Mercado quantitativo – Publicidade (freqüência forte) – Patrocínio esportivo (estádio) Mercado qualitativo – Estar sempre presente na hora certa (RP, presença de imagem ou comercial)

Assumir a liderança de um mercado	– Mídia de divulgação e de imagem – Mídia alternativa de força e de valorização (evento) – Proximidade valorizadora num segundo momento
Atrair a atenção	– Evento, midiatização – Ação de mídia ou de mídia alternativa que criará uma (re)midiatização – Repercussão entre as mídias
Desenvolver as vendas	NC – Publicidade de identidade e/ou de vantagem para o produto + veículo promocional/produto (MD se o público-alvo for limitado e impermeável) QC – Priorização da promoção – Fidelidade (promoção + MD) – Criação de oferta específica
Assumir partes do mercado	Público-alvo consumidor/usuário Num mercado fechado e de alta rentabilidade: – Jogar com a força da mídia (e da mídia alternativa de participação) para tomar o lugar do líder – Pôr em prática uma estratégia de guerrilha no contra-pé das práticas de mídia/mídia alternativa do mercado, passando por uma fase de reconhecimento da mídia – Fazer ofertas promocionais + MD (em *business to business*) Público-alvo varejo – Vendas de sistema de cadastramento – Otimização do sortimento – *Trade marketing*
Venda rápida (de estoque)	Varejo bem distribuído – Mídia rápida + evento, portas abertas... – Distribuição de informação a partir de banco de dados Varejo específico limitado – Vendas de sistema de cadastramento – MD ágil, e até MD de venda
Reforçar o relacionamento com a clientela	Criação de ocasiões de contato – Jornal dirigido ao cliente sobre bens de equipamento ou compras que exigem envolvimento e que são pouco freqüentes – Parceria de mídia com a imprensa especializada (ou profissional, em *business to business*) – Site na internet – Criação de um clube Prolongamento do relacionamento – Promoção numa próxima compra, criação de uma loja de marca (com uma marca forte ou universo promocional forte)

Conclusão

"Tudo é meio", dizia, há alguns anos, Mac Luhan, pondo antecipadamente lado a lado a mídia e a mídia alternativa, fundindo-as numa mesma realidade. "Tudo comunica", poderíamos dizer hoje, na medida que se trata de uma questão de vontade, a de se servir de todas as realidades da empresa, do produto ou do ambiente espaço-temporal para emitir mensagens e comunicar. *Não existe limite para a imaginação criadora* na utilização das técnicas de comunicação, na utilização da mídia ou da mídia alternativa. Hoje em dia fala-se cada vez mais em *live media* para descrever o veículo efêmero de comunicação que existe aqui e agora... e que não tem a vocação de perdurar. Ele nasceu de uma idéia na oportunidade de um espaço-tempo. Aparecerá toda uma geração de *live medias* pondo em jogo questões que antecipam o terceiro milênio, mas também comemorando o próprio ano 2000, em sua dimensão mítica. Essas *live medias* podem utilizar todos os veículos, pertençam eles ao registro de expressão da mídia (mídia impressa, rádio, TV, cartaz...), numa forma de utilização da mídia tão nova quanto circunstancial, ou pertençam à cena do puro evento (espetáculo, show...) ou às novas mídias (especialmente *on-line*).

Se não existe limite para a imaginação criadora na mídia/mídia alternativa, existem, no entanto, regras que devem ser seguidas de início, ainda que seja para melhor transgredi-las quando as condições o permitirem. Essas regras a serem seguidas são tanto mais rígidas e imperativas quanto as apostas de comunicação são mais tangíveis e mais próximas de uma comunicação de comportamento — enumerável e traduzida em dados de fluxo e faturamento. Quanto mais nos aproximamos desse universo que está próximo *do próprio ato de venda*, mais raciocinamos em termos de número inicial de contatos, em pressão da mídia/

mídia alternativa sobre o público-alvo, em taxa de transformação e em custo de aliciamento. Esse procedimento, que se alimenta de planos experimentais por natureza extrapoláveis e, portanto, repetitivos, não se adapta bem com aquilo que é efêmero, no mínimo porque o irracional desorganiza um racional já em si com um desempenho muito bom.

Contrariamente, quando as questões fundamentais da comunicação situam-se mais naturalmente do lado do *awareness* e da imagem, por uma maior adesão a valores ou a promessas de produtos ou marcas, *a noção qualitativa do peso do contato da mídia/mídia alternativa, e a de seu impacto, podem exprimir-se melhor.*

A enumeração dos impactos autentica, a seguir, a audiência da campanha, dando-lhe uma realidade estatística. No entanto, a realidade individual permanece mais forte, e deve ser trabalhada inicialmente: tudo acontece no nível do contato. Mais tarde, quanto mais o mercado for um mercado de massa, mais a quantificação será importante e demandará as ferramentas estatísticas mais sofisticadas existentes hoje, da medição de audiência da mídia até os modelos de cruzamento de pressão de mídia/mídia alternativa com os QC e NC.

Essa reunião do qualitativo e do quantitativo — em que a qualidade de contato e de transmissão dos elementos da mensagem e a quantidade de pessoas efetivamente alcançadas poderiam se somar em perfeita sinergia — continua sendo um objetivo dificílimo de atingir com uma única ação de mídia. Ela explica a necessidade de se montarem operações de mídia/mídia alternativa mais sofisticadas, completas e que persigam diversos objetivos. Fazemos, portanto, uma justaposição contínua das utilizações de mídia com regras bem rígidas de utilização em GRP por semana, por dia, por *day-part* etc., e utilizações de mídia/mídia alternativa que realçam as campanhas, dando-lhes fôlego e ritmo, e espicaçando o interesse de um consumidor saturado com as abordagens da mídia de massa e que percebe claramente que não passa de um número dentro do universo de um público-alvo.

Quando é que se podem transgredir as regras da mídia/mídia alternativa? Quando podemos fazer com que a ruptura assim criada seja portadora do reconhecimento e do impacto trazidos pelas ações de mídia comentadas por todos, e que, em razão do inusitado, continuam sendo uma referência mesmo depois de dez anos? Adiantemos algumas respostas:

Primeiro fator: quando, confiantes em relação ao nosso *métier*, podemos acrescentar uma pitada de loucura a um número bem azeitado e somos capazes de medir o sucesso futuro. Isso pressupõe um posicionamento forte da empresa em relação a uma marca e um produto conhecidos e respeitados, com um orçamento inicial significativo que permita essa loucura com um controle de risco adequado.

Inversamente, esse tipo de transgressão também é possível quando a empresa só tem a ganhar, quando sente que pode construir algo de original a partir dessa transgressão, e que ela dispõe ou disporá dos recursos e da vontade para tal.

O segundo fator que permite essa transgressão é a originalidade da idéia. Tendo por base um conceito inovador, ele próprio criador de uma verdadeira ruptura, podemos nos permitir (quase) tudo. Nesse caso, a ruptura da idéia e a ruptura causada pelo evento de mídia/mídia alternativa podem se reforçar. O único perigo é a falta de objetividade. Só há um jeito de evitar isso: testar a inovação para ter certeza de seu impacto — o que é mais fácil de dizer que de fazer. Pois, em matéria de metodologia e inovação, o ser humano costuma imitar o que os outros fazem e é pouco sensível a uma ruptura que o incomode, salvo se ela for avalizada por outrem (pessoa ou mídia).

Terceiro fator: a capacidade de midiatização. A transgressão das regras de mídia/mídia alternativa tem geralmente como objetivo alcançar um destaque, de maneira espetacular, dentro do panorama publicitário, compensando o desrespeito às normas estatísticas de uma campanha clássica por uma repetição gratuita na mídia, de caráter jornalístico e com aval social. No pior dos casos, pensamos — às vezes de maneira errada —, ela produzirá os mesmos resultados. No melhor, alcançaremos a lua. Uma midiatização expulsa a outra, ou, mais precisamente, para que uma midiatização expulse uma campanha de mídia, ela precisa ter força e impacto.

Quarto fator, e último, porque não podemos nos estender demais: a confiança. Se não acreditamos suficientemente na idéia, se não temos carisma para nos comunicarmos, tanto internamente quanto com a mídia, nossa própria energia positiva, se não temos a coragem para remover montanhas para alcançar nossos objetivos, é melhor esquecer tudo e permanecer no conforto das estratégias de mídia/mídia alternativa clássicas. Sem esquecer, nesse caso, de acrescentar-lhes um novo tempero para realçar o sabor. Não construa um sistema de mídia/mídia alternativa bem equilibrado, salpicado com um pouco de cada uma das técnicas. Ele não terá personalidade, arriscando-se, por falta de confiança num envolvimento mais forte nesta ou naquela solução, a não conseguir que sua marca ou mensagem se destaque. Desequilibre sua estratégia, no mínimo para lhe dar uma movimentação.

E, por falar em confiança, mantenha-a por inteiro nas mídias. Não as enterre muito rapidamente, as mídias ainda têm uma longa vida pela frente. Certamente é de bom-tom criticá-las, e nós mesmos, neste livro, não as poupamos, tanto no que diz respeito ao seu balanço social quanto publicitário, pois elas não são perfeitas, nem como fator de coesão social nem como ferramentas de comunicação. Desse modo, procuramos analisar suas limitações, mas também seus trunfos.

Mantenhamos nosso entusiasmo em relação às mídias, em especial nosso entusiasmo profissional. Elas trazem às campanhas uma visibilidade e uma força que nenhum outro meio de comunicação pode dar. Aliás, a mídia alternativa, freqüentemente elogiada por aqueles que criticam de maneira excessiva a mídia, encontra sua realização numa midiatização que lhe confere notoriedade, credibilidade e sucesso. Utilizada numa publicidade de forma comercial, a mídia combina uma audiência programável antecipadamente, e cuja força e planejamento de distribuição de contatos podem ser verificados. Quem pode dizer o mesmo?

Essa segurança de contato, principal trunfo da mídia publicitária, é, ao mesmo tempo, seu calcanhar-de-aquiles, para aqueles que, em cada campanha, sonham com milagres sempre novos e com ações publipromocionais que se tornem acontecimentos sociais e ocupem as manchetes da mídia. Um belo sonho, mas, como todo sonho, não pode ser reproduzido nem programado.

A segurança da audiência da mídia é uma base sobre a qual todos podem erguer a efígie ou o monumento de glorificação das marcas. É uma base sólida porque a natureza mediática dos contatos que ela traz depende pouco da publicidade, e, sim, sobretudo da informação que ela filtra e em razão da qual ela é adquirida ou consumida.

Falamos bastante da independência da mídia impressa e da mídia em geral diante da publicidade. Invertamos a discussão, e falemos da independência da publicidade e da comunicação diante da mídia: elas se beneficiam de um contato preestabelecido, de uma relação de confiança mídia-espectadores, na qual elas se inserem. E essa ingerência limita o risco da não-exposição à mensagem publicitária, ela é a garantia mínima, acabamos esquecendo. Aliás, se podemos criticar a mídia nesse aspecto, é de ter privilegiado a conquista de seu volume de audiência e a otimização de sua divulgação, o que contribuiu para tornar cada vez mais seguro seu contrato mínimo com as marcas, e de não ter analisado suficientemente os mecanismos de sua ligação com os leitores e espectadores, sua função de mídia e sua influência. Podemos criticá-la por não ter analisado suficientemente a dimensão psicológica da publicidade em seu espaço-tempo: mal necessário ou, ao contrário, parte integrante do espetáculo da mídia?

Como conseqüência, a mídia hoje se defende falando exclusivamente de volume e levantamento de audiência, enquanto seu papel principal é validar e não simplesmente distribuir contatos. O resultado é que os profissionais de comunicação geralmente utilizam a mídia em razão de sua audiência (volume e perfil garantido), enquanto poderiam utilizá-la melhor em razão de sua linguagem e forma de comunicação.

A compra de espaço tornou-se uma compra de audiência. Tal evolução, que levou duas ou três décadas, é lógica. Ela profissionalizou o negócio. Mas hoje em dia, por outro lado, isso já não basta mais. Indo além da compra quantitativa de audiência, é preciso que a compra de espaço volte a ser uma compra de espaço e de tempo, na qual se insira uma nova criatividade em termos de forma de utilização da mídia e uma nova capacidade de inovação no tratamento das mídias. Vamos tirar mais proveito da linguagem das mídias, utilizar melhor suas funções; façamos com que as marcas e os produtos se beneficiem da relação tão forte que, em inúmeros casos, elas estabelecem com seu público.

Pois, para além da audiência, cada mídia tem seu público privilegiado, com o qual ela mantém um forte relacionamento inter-individual.

Hoje em dia, em que se fala bastante em marketing de proximidade, tanto através do marketing de relacionamento quanto do geomarketing, é bom lembrar dessa força de relacionamento das mídias, da própria proximidade com sua audiência, não para se curvar a uma imposição quantitativa da audiência, mas para otimizar a utilização dessa proximidade intimista com o alvo nas estratégias de mídia/mídia alternativa eficazes. Para grande felicidade das marcas e de seu faturamento.

As escolhas de mídia/mídia alternativa se inserem no tempo. No mínimo para otimizar o impacto das ações de comunicação, que não podem pretender atingir seus objetivos logo após uma vaga ou campanha publicitária: geralmente são necessários dois ou até mesmo três anos para modificar uma atitude ou comportamento.

As escolhas de mídia alternativa se inserem cada vez mais nesse espaço de tempo, pois elas orientam fortemente a própria estrutura da empresa. A evolução da empresa para um marketing direto aprofundado necessita de escolhas em termos de profissionais e sistemas de informática que não se pagam nem se otimizam de um dia para o outro. A orientação da empresa para um marketing de relacionamento forte com seus clientes acrescenta à dimensão anterior uma mudança de estado de espírito que exige formação e prática. Além do mais, essas evoluções não são passageiras, e não é fácil para a empresa deixá-las: "desfazer" é no mínimo tão importante e perigoso quanto "fazer".

Estas considerações não valem apenas para o marketing direto e seus prolongamentos logísticos; elas se aplicam a toda mídia alternativa que envolva a empresa e sua imagem. Uma companhia que se volta para o mecenato ou o patrocínio toma uma atitude importante que a compromete com um ciclo de vários anos e com ações que transformarão de fato a imagem da empresa. Ela não pode, impunemente, parar no meio do caminho.

Estas palavras não pretendem frear o entusiasmo dos diretores gerais e de seus conselhos administrativos, muito ao contrário. Seu objetivo é chamar a atenção daqueles que, por vezes, poderiam utilizar a mídia alternativa de maneira tão isolada como o fazem com a mídia, limitando seu envolvimento somente à assinatura do cheque para pagar a compra de espaço. Ele não pára por aí. A mídia alternativa — o que, paradoxalmente, é sua força — pode transformar as mentes e as organizações.

O mesmo vale para certos compromissos com a multimídia. No nível mais baixo, o lançamento do CD-Rom da empresa implica uma reatualização e uma transparência de comunicação que não pode ser comparável com a publicação de um folheto ou de um catálogo da empresa. A implantação de um site na web pode ser uma ação menor, cujo objetivo seja fincar pé na nova mídia "em que é preciso estar presente". Se for bem compreendia, ela é a ocasião para renovar a empresa numa ótica *consumer-minded* ou *citizen-minded*, na qual todos possam questionar permanentemente a empresa, seus produtos e valores. Por fim, as novas mídias abrem-se naturalmente para o comércio eletrônico, para o qual alguns prevêem um futuro brilhante no curto prazo. Enveredar por esse caminho significa modificar profundamente a empresa e o relacionamento com os clientes.

Tais escolhas representam muito mais para a empresa do que o simples fato de escolher entre duas mídias para próxima campanha publicitária de uma marca.

As estratégias clássicas de mídia distribuíam contatos do lado de fora da empresa, nas mídias. Salvo exceção, essas campanhas tinham um peso pequeno na realidade da firma. Hoje, com o desenvolvimento das estratégias de mídia/mídia alternativa (sejam elas multimídia ou utilizem as novas mídias), desenvolve-se uma comunicação que atua de maneira duradoura na estrutura e no espírito das empresas. Com as estratégias de mídia/mídia alternativa, as marcas e as empresas passam para a linha de frente.

Os profissionais responsáveis por tais estratégias também devem, certamente, rodear-se de especialistas para analisar os parâmetros técnicos e financeiros das decisões, mas, antes de mais nada, eles devem ser empreendedores, para, com todo o conhecimento de causa, comprometer suas empresas nesses novos caminhos.

O investimento na mídia/mídia alternativa não é somente financeiro, é também pessoal.

COLABORARAM NESTE LIVRO

Supervisão editorial Maria Elisa Bifano
Revisão técnica Eliane Zacharias Gabriel (publicitária)
Revisão da tradução Marylene Pinto Michael
Produção gráfica e direção de arte Vivian Valli
Assistente de produção Regiane Wagner Jorge
Revisão Flávia Portellada
Composição Julio Portellada

FICHA TÉCNICA

Impressão Paym Gráfica e Editora Ltda.
Papel Offset 75g/m² (miolo), Couchê 150g/m² (capa)
Tipologia Adobe Garamond Pro 11,5/14,3

Para preservar as florestas e os recursos naturais, este livro foi impresso em papel 100% proveniente de reflorestamento e processado livre de cloro.